SIR VIDIA'S SHADOW

維迪亞爵士的影子

一場橫跨五大洲的友誼

A Friendship Across Five Continents

PAUL THEROUX
保羅・索魯
秦於理——譯

目次

第三部　維迪亞爵士的影子

第四部　逆轉

你一定要讓我感受到如此的喜悅，讓我看見自己的樣子，就像聽見自己的聲音，看見自己從街道一端走來。你一定要心無罣礙。我知道，舉例而言，我也曾經年少；而我也變了；隨著年歲虛增，馬齒徒長，有得有失，偶爾也迷途忘返。快讓我看看！

——V. S. 奈波爾，一九七〇年寫在致保羅・索魯的信中

一個人想要在另一段關於第三人的回憶中醒覺，是個明顯的弔詭。而無拘無束地探討這個弔詭是所有傳記作品中無害的意圖，雖然我認識卡理柯，卻無助於，我要再三強調——尤其在這件事上——稍釋這項任務的困難。

——喬治・路意斯・波赫士，《伊瓦理斯多・卡理柯》（*Evaristo Carriego*）

第一部

非洲

第一章
名滿坎帕拉

時光，時光，還好，時者光也，因為生命裡充斥著囁嚅咕噥的陰影，未來也只是一片黑暗與寂靜。不過，時光流轉，時間的火炬熊熊，映照當下，釐定關聯，澄清混淆，揭現真相。不經歲月，你又當如何探諳生命的異數呢。然後，你盡嘗箇中滋味。你也有了些年歲，回顧前塵。某一段歷程，見山是山，你可以說，現在我全看清楚了。所有的事情，我全記得。

名人裘利安

恍然大悟可以在轉瞬之間。裘利安跟他見面後不過幾天，心下隨即了然，先前U. V.普拉迪施臉上，被他誤會為微笑的表情，其實是極臻痛楚，近乎殉教受難的神情。那人的全名，烏爾瓦施・維施努・普拉迪施，裘利安從來沒聽過如此稀泥弛濘的發音，這個名字像是鎮咳藥片一般刺激唾液泉湧，逼得你緊收雙頰，將舌頭潤浸在起泡生沫的音節裡。

坎帕拉市裡多少人從來沒聽說過U. V.普拉迪施，反而讓他在裘利安眼中愈發重要。人家都說他才氣卓越，同時也絕非易與之輩。他跟本地的印度人比起來，身型要再矮小些，卻更為狂熱——本地的印度人也許喜歡譏諷，卻狡猾油條。U. V.普拉迪施的面容，緊繃而不與苟同，閃熠在烏干達的炎熱中。他的頭髮因戴帽而平滑油亮。烏干達的印度人不戴帽子，或許是因為烏干達的非洲人偶爾戴帽的緣故。

U. V.普拉迪施寡於微笑——他身受巨大痛苦煎熬，抑或，他自己是這麼說的。人生苦海無垠，寫作猶如阿鼻地獄，他也說自己痛恨非洲。他怕。許久過後，他才向裘利安解釋，他感受自己被那些「叢林土番」威嚇脅迫。他有種「恐懼，害怕自己會給叢林生吞下去，怕躲在林子裡的土人」。初來乍到烏干達，U. V.普拉迪施嘴角下垂地抿著，厭惡地看待這個地方。從某些他提到有關非洲熱情的事端，與他自己的束縛堅持，裘利安從他身上察覺到一絲悶燒的火焰。

確實，U. V.普拉迪施不是無端疑懼。布干達的卡霸卡[1]，愛德華．斐德列克，穆泰薩爵士，烏干達人都尊稱他斐迪王，當時正遭受北方部落軍人要脅，推翻與處死不一而足。稍後，亂局降臨，隨即又吞沒在規模更大的災禍之中，處境更為悲慘，其暴力激烈更甚於U. V.普拉迪施先前的預言。

「聽我說，裘利安。」

裘利安凝神諦聽，可是，他想要U. V.普拉迪施叫他裘爾，跟他的家人與朋友一樣。

U. V.普拉迪施說道：「裘利安，這裡遲早又會是一片荒煙蔓草。」有時以斥責的語氣，有時又像一道詛咒。然後再擺出那副煎熬的苦臉。他走在坎帕拉西斜的日頭下，身影猶如一個圈套。「所有的一切，統統回歸叢林。」

或許是他胸有成竹，或許只是喜歡這句話的發音，他重複再三，口語上的痙攣就叫重複。他總是成見篤定，因此重複頻仍，言談中反覆吟詠與迴響，仍然不脫西印度群島最為隱約微弱，抑揚平乏的誦經聲——那是U. V.普拉迪施的出生地，也是他許多部小說的背景所在——猶然流連在音調之中。

裘利安起先一片空白，對這些事情一無所知，甚至連U. V.這兩個縮寫代表什麼也不曉得，一直要過了許久，他才逐一透悉。當年他太年輕，無法轉身回顧，只知道時時必須前瞻的恐懼，眺瞰眼前迫在眉睫的陰暗，不見任何康莊大道，只見得動盪不安與駭人抉擇，或是毫無選擇餘地，以及風險，與疑惑，他只感到害怕。

裘利安年輕時，斜眼蔑視無以卒讀的人生版圖，連非洲輝煌的亮光也不濟事。然而，他還是懷抱希望。他覺得自己心想事成，尤其是他有巴拉卡——用他們斯瓦希里語來說——就是好運道，老天保佑。他是個教師，不過，他大部分的時間都拿來寫作。他不在乎自己在美國沒沒

1 布干達的卡霸卡：英國勢力於一八六〇年代進入烏干達，英王室於一八八八年授權英國東非公司接管全區，一八九四年英國正式宣布烏國境內之布干達（Buganda）、邦祐若（Bunyoro）、圖魯（Toro）、安可爾（Ankole）、布果薩（Bugosa）等王國為其保護地。一九六二年烏干達正式獨立，初由民主黨黨魁班尼迪克多．基瓦努卡（Benedicto Kiwanuka）出任總理，唯未獲布干達政治精英支持，一九六三年烏干達改為單一共和國，由布干達的卡霸卡（Kabaka，即其國王）擔任虛位元首。

無名。他可是名滿坎帕拉。

「裘利安，要珍惜所有，心存感謝，」他的父親在他離家之前告誡過他，「誰也不欠你什麼。」

對於即將遠赴非洲國家的人來說，這可是句至理名言。每次一碰上好事兒，裘利安就自感幸運，而他待在烏干達的第一個年頭——也是他進入非洲的第三年——那一整年運道最為亨通。他找到了一個好工作，開著一輛性能可靠的車子，住在一間遮蔭舒適的房子裡。烏干達是他有史以來見過最為濃綠的地方。他和一位非洲姑娘兩情歡愛。她芳齡十九，他二十四。他正在寫一本小說。他的生活終究開展了。

那位非洲姑娘，悠默．阿黛芭蕉，個頭與裘利安一般高，幾達六呎，纖細，出身於奈及利亞西部地區，一支身材高大、樣貌堂偉的部落。裘利安年前曾經到過該地遊歷。他邀請她一同前往東非，就這樣，她跨越整個非洲大陸，與他會合。烏干達是個充斥著滾燙流言，以及異國僑民醜聞的溫室，他倆的曖昧關係特別為人矚目——他倆兒沒結婚，他倆兒住在一道，他倆兒自成一國，疏遠坎帕拉的其他熟人，還有她的穿著打扮。烏干達罕見西非人士，他們的異國風味更勝於白人和印度人。烏干達女人穿著長裙與洋裝——用他們的話說，叫做「連身裙」——以及鵝媽媽裝，垂墜繁重，還有裝飾過度的寬肩細腕羊腿袖，過時流行的舊式用語，出於上個世紀交替期間的傳教士設計，力求表現淑女的嫻靜端莊。悠默披掛著她黃紫相間的袍子亭亭玉立，猶如公主一般脫穎出眾，頭戴硬挺的織錦頭巾，金線交錯織成她腰間的寬幅繫帶。

這位年輕女子，雙目深邃迷離，精巧的面容五官，猶如你在她奈及利亞家鄉一帶可見的迷人青銅雕像。她行走在貧困凋敝的烏干達鄉間，往往被村人誤認為衣索比亞人，或是埃及人——「尼羅人」，人家這麼說，以為她是來自尼羅河上游過境的訪客，從她的容貌看來，像是盤腿端坐，乘著飛毯翩翩到來的旅人。

烏干達人目瞪口呆地看著悠默——他們身型袖珍，還得昂首瞻仰——彷彿，她來自優越的黑色人種國度，定居在月山後方的樂土。

她只是輕蔑地嘲笑他們，並說道：「烏干達這些人真是原始。」

悠默比看起來更要沉溺性愛歡愉。當她跟裘利安做愛的時候，經常，與總是傍著燭光一豆，她熱切地高聲呼喊著性愛的狂喜，好似毒蟲注射解癮，她的雙眼向著她的頭骨內翻，而她注視著，持續呼嗥，白色大眼猶如視野無限的目盲僵屍。她的歡嗚，與她劇烈起伏的胴體，鬧得燭焰振顫，裊裊生煙。稍後，癱軟欲眠，性交過後的遲鈍疲憊，她會像條蛇一樣纏綣在裘利安身上，要他給她一個孩子。

「裘爾，給我個寶寶。」

「你要寶寶幹嘛？」

「因為你聰明啊。」

「誰說的？」

「大家都這麼說。」

他在邦迪布吉歐出名得很；谷碌與西尼羅河地帶都有人跟他招呼問好；他名滿坎帕拉。部分原因是他不時在地方雜誌《過渡時期》（*Transition*）上，不顧後果地寫些頑固武斷的文章。

他替印度人辯護，譏嘲當權，他冒犯茶農大戶與糖業大亨。一個白種大農場主人曾經投書雜誌，揚言只要在街上與這個名喚裘利安・拉佛爾的傢伙狹路相逢，一定會對他飽以老拳的。

不過，他成名坎帕拉的深層理由卻與他的文章無關。而是因為他曾經列名法庭，一宗揚揚沸沸的離婚官司，他身為共同被告，何等慎重的法律專有名詞，意指婚外不倫中遂行通姦的第三者。他曾獲保密承諾，此事將不足為外人道也，不料，就在官司聽證過後頭一天，他的名字就刊在《烏干達觀察報》（*Uganda Argus*）上面。每個人都看到了，他給寫成一名卑怯小人與流氓惡棍，因為綠雲罩頂的王八（法庭上稱為原告）正是他最好的朋友。

裘利安從未染指過朋友妻（又稱被告），雖說這位朋友信誓旦旦，指稱裘利安正如狀紙上第五項所詳細描述一般，一而再，再而三地私通其妻——「前述被告於一九六五年八月二十三日，私通裘利安・亨利・拉佛爾（以下簡稱共同被告）於坎帕拉市」——同樣記載於第六項：「自從一九六五年八月二十三日起，前述被告與共同被告即經常幽會私通，原告無從得知其詳細地址，僅知如前述於烏干達坎帕拉市。」

後面更是滿紙謊話：「原告從未寬恕前開通姦行為。」相反的，他最好的朋友曾經說過，如果裘利安想要假戲真做，那個女人也不反對的話，裘利安盡可隨心所欲地跟她睡。接著：「原告絕無協助或是縱容前開之通姦行為。」相反的，他強力頻催，他懇求裘利安與他同謀。然後：「該原告並未顯現與被告或前述共同被告共謀，亦未遭起訴。」沒錯，這純然是一樁共謀串騙。

某一日，裘利安門上響起擾人的敲門聲，來人是一名印度初級律師的辦事員，遞交一份繕打精美的文件。上頭不但簽章，還封上大印。烏干達官箴圖樣是一柄當地傳統盾牌，波浪與鋸齒花紋區隔紅色紋章，銀白色的完整全日映照下方銀白色的傳統鼓器，盾牌後面交叉兩桿刺槍，盾牌下還有兩隻動物拱著，右邊一頭直立瞪羚後腳立起，左邊一隻冠羽鶴同樣後腳立起。完整的紋章牌下方襯滿了本地花草，花草之下，一桿卷軸上銘著烏干達銘言：「敬效上帝與我的國家」。

該文件係一紙烏干達高等法院出庭傳票，經E. A.歐勝簽署，即代理副書記長。傳票還包含一則警告。倘若裘利安未能於指定時日出席法庭，苦主——即原告，與他共謀串騙的朋友——可以逕行訴訟，並在他缺席的情況下達成判決。

「我總不能隨便找個人幫我這個忙，」他的朋友說，「我來拜託你，因為你是我認識的人當中，我最尊敬的一位。」

然後，這位朋友保證，離婚官司的任何細節都不會上報。這段陰謀會永久保密。於是，裘利安首肯，兩個朋友就共同編造一段通姦款曲，以加速離婚訴訟。男方急於再婚。女方則一心想要加入印度南方的一處嬉皮村。通姦當然是不合法的，不過，裘利安觸犯的法律要比他撒的謊還嚴重——在烏干達，如此共謀串騙的罪行更甚於妨害家庭。

法官問道：「這位拉佛爾先生不是你的朋友嗎？」

「是的，庭上。」

「什麼朋友！」

翌日上午，裘利安的大名就登在《觀察報》上。「法庭記事」欄內的印刷小字不啻為斗大的頭條要聞。

「這些現急（shenzi）非洲人總是教你失望，」他的朋友說道。現急意指毫無可取，毫無價值可言。「我怎麼會蠢到相信這些現急報紙的白痴排版工人。」

就這樣，裘利安聲名狼藉。這般心術不正恰好符合他身為作家的形象。當年不同於現在這種行銷年代，作家也得參與銷售大作與鋪書，必須經常曝光，扮出親切和藹的笑臉——在你家街角書店，對著一小群肅穆景仰的聽眾朗朗誦讀，乍看你還會以為那是一團早期的基督教徒聚會；或是在晨間節目裡，對著魚眼漆髮的空洞男人侃侃而談；在電台節目裡，或是深夜電視上，對著主持人大開玩笑，偏偏主持人才是節目裡真正的名人，以及衍生如此粗俗與過度熟稔的邂逅的原因。

早於這個強力促銷的時代之前，在行銷作者先於販售書籍的年代之前，作家不過是沒沒無聞的人物，也還帶著一絲神秘，不可避免地獨來獨往，也是交頭接耳時的主題——一個不法之徒，一個謎，一個異鄉逐客。作家遙不可及與緘默無聲時，反而倍增力道，光是作家的名字就是一圈光環。許多例子裡，作家從不在公共領域露臉，你只知道他的作品。而今，臉面優先，作品殿後。過去，作者著書立言，猶如祭司，或是魔術師，不只在寫書，更像在闢建一個世界，創造一種新的語言。這就是裘利安成長的年代，五〇年代間與早期六〇年代間。作家就是英雄。

非洲人與印度人

裘利安在坎帕拉是個自命不凡的傢伙，在這個非洲城鎮裡，人盡皆知他身為美國人的輕率魯莽。他略知自己的狂妄，稍加思忖後，心想：反正我不過光棍一條。我一個人過日子。他自可隨心所欲，不過，他手頭拮据。他看著自己待在非洲，年復一年，越加深入叢林，而今終於跨過月山，與悠默，他的奈及利亞美人，安家立命在山後。他只知道這個地方，邦迪布吉歐附近村落的一塊空地，落腳在陡峭的魯文佐里山的投影之下，伊圖里森林潮濕的青苔蔭庇，以及盈溢眼眶的鬱鬱濃綠，置身姆布提俾格米人與巴灣巴（Bwaamba）人之間，剛果邊界上，一處小小的殖民地，囥居在非洲之心上。

他曾經多次過訪該地，喜歡這地方隱而不為人知。邦迪教會的薇若娜神父們對於廣袤無垠的原生荒野，只是輕聲笑笑。他們老早就放棄大幅改宗皈依的雄心壯志了，一位高齡八十過五，正在編纂字典的老教士，伴陪著裘利安，讀者對讀者坦白，當地的非洲人，姆布提和巴灣巴都一樣，每每在字義上，或是精準的發音上自相矛盾。這種語言根本就不穩定。恩東果拉是造物者——不，造物者應該是鞏果拉——且慢，其實是干嘎拉。那老教士早就死心，此生無望完成福音書的翻譯。不過，這一點兒也不打緊。教士長年旅居此地，身中巴灣巴族咒語蠱惑，許多習慣也都回歸叢林了。他們甚至像俾格米人與巴灣巴人一般，終日閒扯，推諉搪塞。其中至少有一位教士，業已締結生產幾個咖啡膚色的蒙童，小孩就在教士宿舍附近嬉耍，裘利安不由暗羨，渴望見到他自己的黑膚子女遊戲在邊域地帶。

悠默說道：「這些人還真原始。」一面以她特有的奈及利亞低沉笑聲暢笑，眼瞼傲慢地低垂，她顯得艷麗萬端。不過，她說自己願意跟他過去。她想像自己跟裘利安將是那裡唯一的兩個真人。她也說自己天涯海角都會跟著他，他也因此而更加愛她。山後這個小小的潮濕谷地，四周環繞著廣袤的東部剛果，正是遁世隱形的理想桃花源。這個地方未曾登載在任何一張地圖上，只待裘利安著手畫出地圖。身為作者，這是他再冀望不過的事了，一個屬於他自己的世界，而他將隻手打造開闢，奠基在這個幾乎一片空白、無以企及的地方。這個地方不在邦迪布吉歐，只是靠近邦迪布吉歐，話說回來，邦迪布吉歐又在哪裡？

這樣子正稱了裘利安的心，持續嘗試寫作，居住在世間教育最為落後的共和國。識字人口寥寥可數沒關係。他的秘密可以守住，寫作的行為似不可信，他對誰也沒講，因為至今他所完成的仍然如此微薄。他深知名滿坎帕拉的代價。再怎麼說，人家多半只知道他是個被指名道姓的姦夫，而非已獲出版肯定的作家。悠默知道那宗離婚官司背後的真相，只覺得是樁荒唐滑稽的詐欺案件，屬於奈及利亞的那種，再說，從頭到尾沒有受害人，除了法律遭到踐踏以外。

悠默起身遲，黑色的赤裸胴體僵直，裹在白色的床單裡，像個木乃伊一樣，呼喊著：「裘利安！」要他過來吻她，她深吻著他，在他的嘴裡呼號著，給她一個寶寶。然後，他就出門去上課。幾堂課過後，他走到行政樓上的資深教師共同休息室，喝杯咖啡，讀份報紙。他回家跟悠默一道午餐，接著小睡片刻，她會剝卻他的襯衫，兩人做愛：「給我個寶寶！」下午近黃昏，他收取郵件，前往教職員俱樂部，坐定飲酒，直到悠默過來跟他共飲，告訴他晚餐可以上桌了。烏干達男人跟悠默調情，過於露骨之時，她會說：「企你的。」他們就知難而退了。

此間茂林密布，處處可見齧食綠葉的象群，以及闊步奔馳的長頸鹿，新綠巒丘起伏，刺槐樹頂平展，散立在乾黃的草原上。湖泊瀚漫。維多利亞湖是一片內陸海。烏干達連農作物都亮眼耀目，遍植茶樹灌叢的山坡地，鮮綠枝葉著色如玉，蒼翠繁茂世間無出其右。咖啡樹結果纍纍時更顯燦爛，還帶著節慶的喜氣。蔗田濃密，而且不知道為了什麼，誰也無法解釋的原因，通過蔗田開往金佳的路上，總是鋪滿了白色的蝴蝶，蝶翼深厚，有時，車輪輾過，車子還會打滑失控。河馬逐水畔棲遲，白尼羅河裡還躲著鱷魚。木奔地（mubende）有一棵女巫樹[2]，傳說特別邪門，不過，只要敬獻蛇皮一紙、鳥羽數莖即可破解消災。米堤亞納一棵印度榕樹樹根上，竟然供著一顆年代久遠，煙熏棕黑的頭顱，凶兆如此猙獰，竟無人膽敢移除。顱內深深釘入一根鐵釘，不為辟邪的後見之明，而是那非命枉死人的直接死因。某位王子負責處決，下令誅殺的卻是某位國王。烏干達全國上下充斥名號顯赫的帝王諸侯——布干達之卡霸卡、安可爾的歐穆卡貝、布索加的克亞霸幸駕——他們都住在破敗不堪，搖搖欲墜的皇宮裡，殿外環繞著削尖竹竿紮成的要塞圍欄。

裘利安與悠默一同開車奔馳在塵砂滾滾的路上，沿路逢村暫停，進行鄉間教師訪談。當時，他編制在校外部門，必須經常遠行到偏僻的鄉下：北部地區如谷碌、里拉與犀營；還有西

2 木奔地的女巫樹：女巫樹正式的名稱是娜卡瑪樹。烏干達口述歷史中，木奔地山區即為傳說中巴柯維茲王國所在地，建國者恩達乎拉的精靈據說就鎮在這棵樹齡高達四百餘年的樹幹中。娜卡瑪是恩達乎拉的妻子，富有特異功能，因此，幾個世紀以來，這棵大樹也成為祭祀崇拜的對象。

尼羅河地區，悠默在當地被誤認為蘇丹人；在泛恩佐亞，依傍著伊爾貢山，好個完美的火山錐；直到盧安達邊界，他們在紫色迷霧中，同看一系完整的藍綠色火山山脈。

烏干達一直都只是保護國，而非殖民地，白人屯墾只是時有所聞，當地人鮮少怨憎白人，不同於非洲其他地區，從來也沒人因此被驅逐出境。慕尊古（muzungus）只是稀奇，算不上威脅。烏干達人以其君主為榮，其優越遠在任何歐洲人之上——不但足智機敏的探險家如柏頓爵士，不配與他們相提並論，所有的外國政客都望塵莫及。傳教士更應記取教訓，烏干達惡名懾人，非洲第一群基督徒殉教烈士中，烏干達就「成全」了不少，斐迪王的祖父穆泰薩一世，當年就活活燒死了三十個基督徒。然而，這些死亡事例只會進一步促進宗教活動，而烏干達的殉教史，更激勵了深入叢林的傳教士。

印度人就另當別論了——慕興迪（muhindis），「亞洲人」。外人總是抱怨印度人，不過，或許總不如他們自家人相互牢騷得多，因為，他們又分作穆斯林與印度教徒，彼此取笑，顯露些許不安全感。許多印度人看來已經掙脫了種姓意識的束縛。在非洲人的想像中，印度人家產富裕，黨派性格根深柢固，讓人既羨慕又嫌惡。印度人認為非洲人軟弱，不牢靠，視為落後的「哈布西仔」，意即衣索比亞人。然而印度人也感到，非洲人在烏干達政治獨立一事上搶功太過，印度人對於獨立也多所貢獻，論功行賞時卻冷落在一旁。印度人以為西方人如此在意非洲人委實可笑。送錢給非洲人，有如肉包子打狗。印度人跟非洲人朝夕相處，印度人開店營生，非洲人是他們的顧客。兩族人歷來不通嫁娶。各自都嫌對方體臭。

他們都曾經是殖民地人民，印度人與非洲人都一樣。不過幾年以前，他們都還唱著「天佑女皇」。坎帕拉路上的歐甸戲院裡，每一場電影開演之前，都還要放映足足一分鐘的紀錄片，米字旗在強風中，幡幡鼓動，特寫伊莉沙白女皇身著合身鮮紅軍裝，頭戴黑色貝雷軍帽，騎在馬背上，檢閱軍旗敬禮分列式。而今，記憶猶新，卻已人事皆非。某些肉鋪子還將零碎肉塊標做「小弟肉」──主人家買給幫傭吃食的肉──而「廚房小弟」可以是一個年過六十，白髮蒼蒼的男人，「庭院小弟」也早已做了阿公。

悠默說：「真拿那個管家丫頭沒辦法。」

悠默在膳食方面，有著非洲人的專一偏執。吃不到山藥泥和椰子酒的地方，就是奈及利亞人的惡夢。她輕鬆自然地叨念著這事兒，其熱情執著，如此在乎，卻教裘利安感動，她在生存大事上，竟然這般一心一意。她應該會是個好媽媽的。

悠默說：「那個丫頭從來沒聽說過可樂果。」

管家丫頭是個已婚婦女，三十上下，帶著三個孩子，裘利安讓他們在廚房裡玩耍。悠默卻把他們趕到後面陽台去。

裘利安說道：「你說自己喜歡孩子的。」

「我只想要自己的小孩。」悠默回道，「給我個寶寶。」

兩個月孜孜不倦的嘗試，至少一天兩次，卻不見明顯的進展。裘利安還是自得其樂，心滿意足。目前為止，他還是吉星高照，運道亨通。暫時聽任緣分，等候孩子報到也對，就像剛果邊境上的教士一樣。倘若裘利安以人力干預或是自尋煩惱，就一定會節外生枝，連連差池。注定的就錯不了。他建議悠默讓他的印度醫生看看，可她總一意拖延。據她各種拐彎抹角的藉口，總是推諉到約魯巴地[3]的江湖郎中的託詞判斷，裘利安猜想她只是怕看醫生。

悠默不知該如何與他的印度朋友相處，他們談些什麼，她一個字也聽不懂；他們也無法理解她講話的方式。可是，她很有耐心。她靜坐一旁，微笑，稍後，她總會說，「他們的樣子真稠！」她也說，印度男人聞起來像印度菜一樣，而印度女人總有股椰子油味道。

烏干達的印度人，對印度不抱任何希望，喜愛東非的生活——喜愛這裡的氣候、芒果、空盪盪的道路、無邊綠意，尤其喜愛這裡的公園，他們每個星期天都在公園裡蹓躂，讓太太出門透氣，孩子可以嬉戲。他們在住宅周圍築起圍牆。圍牆確實有用；圍牆保護了他們的隱私。烏干達遍地黃金，空間充裕。烏干達共和國在許多方式上與英屬烏干達保護國如出一轍。公營機構運作順暢——郵局、電報、警察、火車、維多利亞湖上的渡輪。

U. V. 普拉迪施

一日，裘利安正跟幾個印度人聊到印度，其中一人提到U. V.普拉迪施。這是他第一次聽說這個名字。

「你想知道東非印度人跟印度的巴布[4]之間有什麼差別嗎？」這個人，迪賽，說道，「去讀U. V.普拉迪施寫的《祖國印度》（*Mother India*）。」

誰也不曉得這兩個縮寫代表什麼。這兩個縮寫讓這個名字聽來直率，而不帶個人情感，像是銘刻在門上的重量級名諱——緊掩深鎖的大門——像是某個你急於晉見的當局要人：牙醫、中學校長、一位巡官，某個不友善的人，說不定還威嚇迫人。那個名字給裘利安的感覺就是這樣，不假顏色，而目前為止，他也不過只知道這個名字而已。

每次只要是智慧歷練為裘利安所尊敬的人，向他推薦書籍，他就會取而閱之。他即刻尋索《祖國印度》一讀。他直接跳到〈位階〉一章中，敘述東非印度人的段落。這人的靈魂業經解放，悠遊於非洲的自由精神，可是在回訪印度的旅途中，他迷失了，盡遭種姓偏見迷惑與煩擾。裘利安認同這個人，他信任這本書，然後，他又再從頭細讀全書。書中懷疑主義的風格、溫柔、滑稽、複雜，而敘述者的音調從未見提高，從不虛張聲勢，總能發掘潛在的關聯與吊詭。對話之摘選優美而有力。然而，《祖國印度》只是個名字。有時，他提到「我的旅伴」，徒然混淆了議題。「旅伴」可是個再模稜兩可不過的遁詞，同時，表面看來，也像是刻意掩飾。

「裘爾，你還在看這本書啊！」悠默把他的名字念得像「糾沃爾」（Jewels，珠寶）一樣。她側身躺在長沙發上，姿態有如土耳其蘇丹皇宮裡的妖艷宮女，分開雙膝，撫摸著自己，刻意要嚇他一跳。

「我喜歡這本書，才慢慢地讀。」

「把你的小弟弟帶過來，給我個寶寶。」

她言僅於此，不過她說話的方式，以及愛撫自己的樣子，確實讓裘利安吃驚，也引誘著

3 約魯巴地（yorubaland）：指非洲西南部奈及利亞和貝南一帶。

4 巴布（babu）：巴布是印度人對印度紳士的尊稱，相當於「先生」或是「老爺」。

他。他也因此而愛她，愛她可以直接挑明要他的身體，而她總能教他對她俯首貼耳。

日子就這樣過下去。悠默在家等他辦完公事，兩人共度公餘時間。她嘲笑烏干達人如此原始。他則睜著充盈血絲的雙眼瞪著她。裘利安寫詩，一邊繼續他的小說，同時將喬治．歐威爾與U. V.普拉迪施的隨筆，並列為寫作非小說的私淑範本。每逢週末，他就帶著悠默一同驅車開向叢林。

她說道：「每次都要去林子裡。」

「我喜歡叢林。」

每天早上他都在坎帕拉，在資深教師共同休息室裡喝咖啡。每個坐在裡頭的講師和職員，都穿著短褲與及膝長襪，像一群大男孩一樣，喋喋不休。他看《觀察報》——而今，他可是專研「法庭記事」的讀者兼學者。他喝咖啡。他看信。在這個電話罕見而不穩定的國家，沒有人打越洋電話，郵件送達可是一樁大事。

有一天，一個名喚哈吉．霍爾史密斯的男人，踱進資深共同休息室，重重地落坐在裘利安身邊的沙發上。如此費力，只為招引一旁眾人的注意力。他本名亞倫，可是他先前改宗回教，好跟一位旁遮普女子結婚。年輕女人的兄長反對，狠狠地修理了霍爾史密斯一頓，還偷偷地把小妹帶開，他這段歷險只落得宗教與暱稱，雖然，他還沒動身去麥加「哈吉」（按：「哈吉」〔haj〕即朝聖之意）過。

他的臉肥漲著挖苦的神色，兩眼無神，霍爾史密斯傾近裘利安，他看得出來這人已經喝醉了，也聞得出來，一陣陣強烈酒氣，瓦藍吉（Waragi），香蕉杜松子酒。

裘利安問道：「那杯子裡是什麼？」

霍爾史密斯大笑。他八成飲酒作樂多時，說不定還在前晚暢飲的宿醉中，現在，他喝點咖啡提神，準備上下一堂課。他是英語系的講師。

「只有咖啡。」

「你喝的不光是咖啡吧，」裘利安說，「我想，應該還有瓦藍吉，明吉撒納（mingi sana）。」

「那又怎樣？」霍爾史密斯以酒鬼慣有的蠻橫頂了回來。

「這樣不會跟你的信仰牴觸嗎？」

霍爾史密斯咆哮道：「喝酒沒事，只要禮拜的時候不喝就好。」

或許是先前鼓足了力氣說話，他猛地打了個嗝，呼出一口氣，更濃厚的香蕉酒臭。

他問道：「你知道U. V.普拉迪施要來嗎？」

裘利安說他不知道，不過很開心。其實，他心裡比表面流露的還要高興，不只是因為他剛剛看完《祖國印度》，也因為他從未跟這般備受尊敬的作家接觸過，而他一直將作家視為祭司一般，強而有力的人物。

天高地闊總在他方，鮮少有人造訪這座小城與大學。偶爾有專家飛抵——專研俾格米人的學者、謹慎的經濟學家、年高德劭的建築師、激動難抑的音樂學家；從來沒有詩人來訪，從來就沒有小說家光臨過。

大家都歡迎來自非洲以外地區的訪客。這些僑民需要同伴，因為他們還沒形成社會。他們需要訪客與目擊證人，帶進外部世界的消息，傾聽他們自己的故事——因為這些僑民早就厭煩於傾聽彼此，厭惡其遭逢之千篇一律，更甚於故事中的謊言與杜撰成分——更重要的是，他們需要陌生人，好作為自我評量的判準。

「我已經訂購了一些普拉迪施的書，」哈吉說道，「書店已經到貨了。下禮拜我打算請他到我的公寓，開個歡迎會。他會在我那兒待上一陣子，過來跟他見個面吧。」

由是，哈吉．霍爾史密斯將U. V.普拉迪施當作他的聽眾與見證。哈吉也寫作；寫些叫他的朋友汗顏的懺悔詩。不過，他們還是照讀不誤，在詩中尋覓有關那段短暫而令人迷惑的穆斯林婚姻的線索。

裘利安問道：「我的馬萊卡（malaika）也可以參加嗎？」

馬萊卡的意思是天使，而霍爾史密斯知道他講的是誰。

「裘爾，我永遠歡迎你美麗大方的馬萊卡。」

當天下午，裘利安跑去書店，買下店裡庫存所有的U. V.普拉迪施著作——《兼差學究》（*The Part-Time Pundit*）、《加力騷路》（*Calypso Road*），還有其他幾本小說。他看《兼差學究》的時候，悠默就看《加力騷路》。

她說：「這些千里達人講話還真奈及利亞。」

「此話怎講？」

她讀道：「要你煩了她，給她一頓打，不需過多久，只要你一吼，快快來侍候。」

「這樣就像奈及利亞？」

「當然。」

《兼差學究》書中的主角，學究加納施．雷姆蘇邁爾，裘利安從來沒有在小說中讀到任何一個類似的人物。敘述方式，時而以第一人稱，時而第三人稱，簡潔有力，異於尋常，詼諧而曲折，富於自信。這本書描寫了一個裘利安聞所未聞的世界。每個名字、每個人物、每個場景，率皆陌生新奇，然而對人性層面卻熟稔貼近。除了其他主題之外，這是一本討論變形轉化的書。

他又讀了另外三本U. V.普拉迪施的書。三本書率皆精采，篤定地敘述轉變。他察覺不出作者的文風受誰影響，前無古人。真實原創而力道無窮，文字平實而不花梢，毫無寬憫的幽默，反而引人感傷。

他認出自《祖國印度》以降，一貫的敘述聲音：不偏不倚、毫無惻隱、近乎冷酷。歐威爾在論及查爾斯．狄更斯的隨筆中寫道，所有的第三人稱敘述背後，都有一張人臉，不過，裘利安在書中卻看不出這張臉。裘利安對於U. V.普拉迪施這人一無所知，只知道他出生於西印度群島，求學於英國，現居倫敦，獲獎無數，年近四十——都快老掉牙了，裘利安心中思忖。U. V.普拉迪施書中的作者介紹只有寥寥數語，言簡不宣。

普拉迪施在他的幾本小說中，都沒有明顯的立場。其中一本與選舉有關，構想複雜，情節蕪蔓而未必確實。另外一本，場景設在倫敦，讀來直出一位年老而足智的英國人之筆，其中關於老化與軟弱的觀察，賦予全書一股陰沉的力道。《加力騷路》走筆輕盈，卻引人入勝，奇妙的角色讓人目不暇給。每個人物都信心飽滿，清新自然，言簡意賅，有如賦詩，新穎原創得讓裘利安感覺像在讀新聞一樣。

悠默說：「那你覺得怎麼樣？」閱讀讓她不耐，肉慾的渴望頓塞她的英語。她拉著他的袖子，把他的手牽進她兩腿之間。

「我喜歡這本書。」

《兼差學究》急轉直下的結局，如此出人意表，卻也合乎轉變的邏輯，他著迷不已。他怎麼就沒料到結局理當如此？害得他一心期望，倘若這書是他寫的就好了。書中最精華的片段就是：在他改變了所有的方向之後，這個千里達學究消失了，只有在數年之後，重現倫敦街頭。

「加納施？」他不敢置信地說著。

這個學究似乎完全改變了，穿著一件蘇格蘭呢外套，一頂軟帽，燈芯絨長褲與一雙厚實的鞋子。他帶著一根手杖，大步走過一處火車終點站。

敘述者見到加納施．雷姆蘇邁爾的時候，一再驚呼道：「加納施學究嗎？」

「他說，『G.雷賽．邁爾』，冷冷地，」然後，這個深棕膚色的男人就急忙走開了。

悠默問道：「你在笑什麼？」

裘利安想，我馬上就要見到真實本尊了。

第二章
「我可不是一般人」

他的微笑不是真的微笑，可是他的笑聲卻不只是歡笑而已，尤其是當他——嘿，慢著，等等，等一等。你也知道我在撒謊，對不對？這不是一本小說，這是一本回憶錄。

那個人不是「U. V.普拉迪施」。他是V. S.奈波爾，而我在前章提到的書，書名是《神秘的按摩師》（*The Mystic Masseur*），主角是千里達的加納施．雷姆蘇邁爾，日後蛻變為倫敦的G.雷賽．邁爾。悠默還是悠默，霍爾史密斯還是霍爾史密斯，不過，那個年輕人卻不是裘利安．拉佛爾。他就是我，保羅．索魯，而我正重新檢視過去。我無法增減損益這個故事，因為，V. S.奈波爾總是說，別給它上粉，以及，最偉大的寫作，就是站在力量的位置上，刻畫騷動人心的景象——竭力追摹，還有，敘述事實。

六月的早晨，鱈魚角，明亮而乾燥——長達一個月不曾下雨——而我要求自己逐一寫下三十年前發生在非洲的點點滴滴，當時我跟他初次見面，因為，每一件小事都有其意義。我無力改寫任何往事。我坐在書桌前，用原子筆寫在拍紙簿上。這樣怎能成就一部小說？即使戴上虛構小說的面具，還是無法加強敘述的語氣。只需按照時間順序一一排列。我反而豁免於改寫與虛構化的束縛。

無論如何，你都會恍然大悟說道：「那不是V. S.奈波爾嗎？」

初次見面

我們的關係如此深厚。原本，我這只是一篇簡短的回憶錄，不過，現在，我看會寫成一本書，因為，所有的事情，我全記得。我剛剛講到哪兒了？是了。當時，他正開懷大笑。——尤其在奈波爾玩味自己尖酸刻薄的言語，頓時發笑之際。猛然領悟爆出的狂笑，多年吸食菸草與氣喘共鳴之下，笑聲更形深沉。讓你在心裡納悶，他是不是看到了什麼你沒看到的。我在我們初次見面後不過幾秒鐘就全然體會到這一點，那是在霍爾史密斯家的歡迎會上。奈波爾一臉厭惡與挑剔的表情，批評坎帕拉竟然如此髒亂。當時，我剛剛讀完《神秘的按摩師》——這個書名要比「兼差學究」高明；接下來我會謹守事實發言——我說道，引用他小說中店老闆的話，「只是看起來髒而已。」

他在肺葉裡隆隆響起老菸槍深沉渾厚的笑聲，他向我表示他的愉快，然後對我朗誦接下來的一行，以及下一行。他幾乎複誦了那一整頁。他甚至可以對我逐字背誦全書。我還在想，他怎麼對自己的作品這般瞭如指掌。稍後，他才告訴我，每一本書他都默記在心，先是在緩慢的寫作過程中，一一貯存，然後再以非速記的方式重新改寫。

在他被介紹給更多人認識以後，他臉上殉教式的堅忍笑容又回來了。他迅速陷溺在深層苦惱之中。當悠默說：「你的書裡面，你的人物講話都好像奈及利亞人喔。」他只是瞪著她瞧，皺起眉頭。

「是嗎。」

對於不解反諷意涵的人來說，他的語調彷彿在表示熱氣晃動的迷惑。悠默無心的有感而發，讓他茫然若失，或許，悠默本人就害他吃驚不少了，她皮膚非常黝黑，顴骨高聳，迷離雙眼，像要催人入夢一樣；她頭上裹著硬挺的頭巾，就像一尊高塔般俯瞰著奈波爾。她有種本事，個頭矮小的人見到她就急急低頭迴避。奈波爾正好如此舉措，他側身移步，向我靠近，閃過悠默，彷彿，他不習慣跟這樣一位高䠷而自信飽滿的黑人女性討論他的作品。

我問道：「你要住在哪裡？」

他說：「這兒吧，恐怕如此了。」言下顯然不盡於此，卻被他的太太硬生生地截斷了。她用警告的聲音說道：「維迪亞。」那是我第一次聽到他的名字，這是省略的簡稱，全名應該是維迪亞德哈爾。

「帕芝，」他回道，勉強聽從，臉上慘慘地微笑。

他的太太，帕翠西亞，是個嬌小而蒼白的女人，還有一張甜美的臉蛋，華髮早生，淡藍色的瞳眸可愛可親，嘴唇飽滿，唇形輪廓的起伏，即使在沉靜不語之際，也教人猜想她是否口齒不清。她很標緻，大約比我年長十歲，雖然她講話斬釘截鐵，樣貌卻弱不禁風。

「當初他們承諾我們一棟房子，」他說道，「巴瓦郭先生。我沒講錯名字吧？巴瓦郭先生。」他點點頭，像在吟誦這個名字一樣，拉長音，平添多餘的音節：「巴─瓦─估─窩」。「好像什麼事都少不了巴瓦郭先生。」

我說：「他是這裡的住屋事務長。」

「住屋事務長，」奈波爾說道，卻也只是嘴裡念著，再度用他陰鬱的聲音複誦一次，這個頭銜經他念過，顯得既荒唐又恢弘，反而不適合形容巴瓦郭先生了。

我說：「我確定他一定會妥妥貼貼地照顧你們的。」

他一時心血來潮地強調，就像還要再來一杯一樣，他說道：「我要見見這裡的人。告訴我，我該見些什麼人？」

這倒讓我為難了，問題本身以及他迫切要我登時回覆的問話方式，都令我無所適從。不過，這樣也讓我受寵若驚，主要還是因為他熱切等候回應的態度。他的面容因集中注意力而緊繃，甚至連他的肌肉都費盡犍力，擺弄他的姿態，遠甚於接納信息──反而像在哀求。初次見面，我就略略感知到，他是個讓人背脊發毛的傾聽者。

我問道：「你想知道些什麼呢？」

「我想要了解，」他說，「我想要見見知道這裡發生過些什麼事情的人。讀書人。還沒跟世界脫節的人。你可以幫我找到這些人吧？是不？我的意思不只是見馬克瑞瑞（Makerere）這個小圈子裡的人。」

他微微一笑，重新拼湊大學的校名，發音像「馬卡─蕊─蕊」。

「因為，我感覺不學無術的騙子很多，」他說道，「本人時有聽說。因此有這個印象。」

帕特聽到「馬卡—蕊—蕊」的時候，略微退避了一下，接著她惱火地說道：「再詰屈聱牙的印度人名發音也難不倒他。」

奈波爾說道：「你知道拉加句帕拉查理翻譯的《摩訶婆羅多》嗎？」然後他轟然大笑，肺腔裡的笑聲直追某種高分貝的水壓幫浦。

我介紹他認識我系裡的主任，他是個英國僑民，名喚傑若德．摩爾，他選編文集，也致力於發揚非洲詩學。傑若德曾經在奈及利亞待過一陣子，偶爾還試著以約魯巴方式跟悠默致意，而她的回應方式就是尖聲重複他的招呼，嘲笑他的錯誤發音、嘴巴大張，愚弄滿臉通紅的他。不過，他是個挺友善的傢伙，而且他還給了我一份工作。他向奈波爾提到他的非洲詩選。

奈波爾回道：「是嗎？」用他一慣深刻的困惑不解加以嘲弄，現在，我也體會到，他的語調中完全是狐疑和排斥。

傑若德聽出奈波爾話中帶刺，隨即忸怩不安，又說道：「有些詩挺不錯的。」

「是嘛。」

「李歐波德．沈顧爾。」

「他不是哪裡的總統來著？」

「塞內加爾，」傑若德說道，「還有拉底艾瑞維洛（Rabearivelo）。」

「他也是個總統嗎？」

「其實已經是先總統了。馬達加斯加。」

「你講起這些名字來，舌頭大得很呢。」

「我可以給你一本，」傑若德說，「這是企鵝出版的。」

「企鵝出版的啊，是囉，」奈波爾說，「你還真客氣。」

「我自己也寫點東西。也想請你過目，聽聽你的感想。」

奈波爾貪狼猙獰般一笑，說道：「你真要我讀你的詩嗎？我先警告你，我會源源本本地跟你交代我的感想。」

「那全沒關係。」

「不過，我一點也不會客氣喔，你知道吧。」

傑若德倒抽一口氣，稍後在陽台上，他對我說：「他和我原先預期的不一樣。」

「怎麼說？」

「相當貴族氣息。」

可是，我心裡暗想：我要讓他看看我的作品。我要知道他確實感受如何。我還沒給任何人看過我的小說。我要他一點也不客氣，毫無保留。

我看到奈波爾在跟杜德尼教授交談，他研究烏干達北部一省，卡拉摩仲（Karamoja）的草原原住民，卡拉摩仲人的權威。卡拉摩仲人習於袒胸裸體，一絲不掛有如初出娘胎，男人經常毫無愧恥地對著鏡頭弄姿，陰莖晃盪猶如得獎的暗紫茄子。杜德尼娶了個卡拉摩仲女人，她深中坎帕拉雞尾酒派對之召喚，正如杜德尼著迷於卡拉摩仲人狂飲牛血的傳統儀典。

將近五點鐘時，哈吉．霍爾史密斯開始調撥一具大型木殼收音機的旋鈕。他要所有的賓客坐定，收聽他和他的非洲學生共同製作的節目。我認識那個節目的製作人邁爾斯．李，他是血緣純正的俾格米人，在為烏干達廣播電台工作之前，他所受的訓練充其量是在納汀漢的鵝市裡，幫客人算了多年的命。他同樣也皈依伊斯蘭，晉身穆斯林，還將原有的中間名，全日（Allday），改做「阿默德」（Ahmed），經常可見他與哈吉．霍爾史密斯共飲。他也會說：「穆斯林當然可以喝酒。只要禮拜的時候不喝就好了。」

那個廣播節目名稱為〈黑與白〉，節目主題為非洲書寫。節目一開始，先撥彈一段名為南加琴的七弦樂器，然後霍爾史密斯強忍著麥克風怯場症，開始以老大嬸尖銳的音調介紹詩人。

奈波爾坐定在椅子裡，隨著節目進行，他的臉色也就越發沉重幽黯。這種表情一方面像是熱切專注，另一方面也代表絕望無助的厭煩。詩篇朗讀在收音機的吱嘎雜音之間，非洲人詠頌非洲詩作，透過大型音箱箱框上布質隔層震動傳送，聲調模糊低沉。奈波爾可能始料未及，他的歡迎會時間竟然是如此刻意選定的，正是每週播送一次的〈黑與白〉節目時間。

——現在，請聽溫斯頓．瓦班巴朗誦他的新詩〈花生燉湯〉。

奈波爾的面容逐漸僵硬，終致極端不耐的表情。我可以想見，那同樣也是殉教烈士的死亡面具。每當霍爾史密斯對他微笑，奈波爾就雙眼失焦，當天下午炙熱難當，火傘高張在棕櫚與鵝掌楸樹頂，透過窗櫺燒烤房舍。專供傭人集居的低矮磚房雜院裡，傳出陣陣嘲弄與詛咒。

其他所有待在屋子裡的人，圍坐在收音機前，個個都凝神諦聽，或有人側首一旁，或是低頭冥想。傑若德．摩爾專注地拿指尖按摩雙眼。窗外的鸚鵡和雄雞聒聒嘎叫，嘲笑我們，太陽隱落下山之時，另外一種聲音又如蛇起蟄在四周迴響，人間哪得幾回聞，有如火星人入侵時引發的電波騷動，一聲聲尖銳嘶鳴，夜空中，瘋狂地撕扯著空氣。

奈波爾感受到強烈的震懾，驚駭莫名。

我說：「蝙蝠。」

他極度興奮地望著風馳電掣般閃過窗外的蝙蝠，又再度茫然若有所失。之前，我從來不曾從頭到尾聽完整個節目。這個節目平時播出時間，通常正是我匆匆趕赴教職員俱樂部的時候。現在，被迫收聽整個三十分鐘的節目，我只有一種感覺，這些詩真是濫情太過，拙劣差勁。這些詩刊載在大學的文學雜誌上，感覺還沒那麼糟糕，偏偏在邁爾斯·阿默德·李的指導之下，在烏干達電台時誇張朗誦，竟然如此空洞滑稽，不忍卒聞。陳腔濫調的詩句，在高聲朗誦以期動人心弦之際，更顯得薄弱乏力。

難道，那個時候，我就已經祭起奈波爾的雙耳聆聽了嗎？他初來乍到，之前，他從來沒聽過。這些詩作讓我聽得難過。屋子裡烝焗著一日將近的疲憊熱氣，夕陽低垂，餘暉炎炙，塵埃與濕氣還有鳥鳴叨噪，傭人粗口咒罵，巴士的喇叭聲間或攪雜。

節目播送完畢，奈波爾站起身來，情緒使然，略略蹣跚，說道：「好極了，好極了。」

悠默說道：「我們可以回家了嗎？」一手伸進我長褲前面的口袋裡。

奈波爾被歡迎會的客人團團圍住，不過，我們走到門口時，他突破重圍，對我喊道：「給我找些人——我要見見那些人。」

「很榮幸跟你見面。」我說。

他跟著我們出門，走到前廊。

「我昨天晚上看完了《米奎爾街》（*Miquel Street*），」悠默說道，「整本都看完囉。」

奈波爾憐憫地瞧著她，搖了搖頭。他說：「這本書要像品味好酒一樣，小口慢慢啜飲。」

「哈，我才不啜酒喝呢！」悠默大笑道，「我喝椰子酒都是乾杯的！我是奈及利亞來的！」

「是嗎？」奈波爾看來無動於衷。「烏干達一定讓你很迷惑囉。」

「這些烏干達人好原始喔。」

奈波爾的面具滑了下來，他哈哈大笑。然後，他上下打量著我，問我覺得那個廣播節目怎麼樣。

一開始，我猶豫不決，自覺不該告訴他，我其實並不欣賞那個節目，這樣對霍爾史密斯太過殘忍，畢竟他還是歡迎會的主辦人。再說，當時，奈波爾深深坐進他的扶手椅裡頭，表情神秘難解，倘若不是礙難恭維的話，稍後他不也說過「好極了」嗎？

可是，我喜歡他，我喜歡他的作品，我想要冒個險，我想要坦承無諱。

我說：「我覺得很糟糕。」

他說：「這就對了！」接著大笑，低沉而深表同感的笑聲。「恐怖哦！恐怖！」

這麼說著的時候，他看來比較開懷，不像剛剛杵在屋子裡頭，那麼孤單，那麼折磨。帶著交過心的信任，以及鄭重的友誼情分，他碰了碰我的手臂。

「我們不久就會再碰面。我們要好好聊聊。」這對我而言，比什麼都重要。然後，他說：「你有沒有車啊？」

回家的路上，悠默說道：「他講話不像他書裡頭的人。」

那倒是真的，不過，我卻想著，我有多希望交他這個朋友。我跟悠默提到這一點，她卻說他只是個醜八怪小印度人而已，而且，講他講那麼多有什麼意思啊？

我說：「他是個了不起的作家。」

她說：「你才是了不起的作家呢。」我們到家了，而她一面說著：「我要一個寶寶。給我一個寶寶。」一面剝掉我的衣服。

聰敏苛求的奈波爾

接下來幾天，我就對他更加了解了。我給他看我寫的詩，其中一首開頭寫道：「賤人凶殘之美的鏡像倒影」，另外一首，「前來賣鴿子的女孩將死」。

他說：「真是性衝動氾濫。」

我聽了不禁微笑。

他說：「不過，我已經禁絕房事了，你知道。」

當時我們只有兩人獨處，開車前往市場的路上。

「那你太太怎麼辦？」

「每天晚上，我都會給她一個堅貞的吻。」

那不是我要問的問題，不過，我也按下不表，因為我的車被成群的市場攤販圍住了，擎著一籃籃的水果向我們推銷。

「我最討厭吃的東西露在外頭了，」他說，「我討厭灰塵。」

討厭灰塵的人絕對不會在坎帕拉中央市場感覺賓至如歸。

「義大利人的乳酪是用泥巴做的，」他說，「不過，你也知道，對吧？」鐵鉤上掛著扒了皮的精瘦山羊與綿羊肉塊，蒼蠅嗡嗡圍聚，「小弟肉」招牌下方，盤子上疊著切開來的厚肉片和碎骨頭。他喜歡那塊招牌。他流連再三，嘴裡咕噥著招牌上的字樣。他說自己是素食者。我問他為什麼。

「腱子。我怎麼也嚼不動。」

他說，他寧可不吃肉，也不要摸到肉。他曾經在餐館裡頭大肆爭論，只因為人家給他端來一碗摻了肉塊的蔬菜湯。他斷斷續續地向我說明他的健康與消化機能。

我跟他說：「肉是『尼軋瑪』（nyama，按：斯瓦希里語）。」

「沒錯。」

「動物這個字也是尼軋瑪。」

「沒錯。」

「娼妓——俚語說法，也是同樣一個字。尼軋瑪。」

「是嗎。」

我們經過炸蝗蟲的攤子，蝗蟲在豬油熱鍋裡炒過，滴盡餘油，收進麻袋，袋袋都塞得鼓脹累累，男男女女坐在麻袋後方，各自在一方報紙上量取一客份量的油炸昆蟲。木褐色的蝗蟲閃閃發亮，油漬光鮮，蝗蟲小販高喊叫賣著「恩吉給」（nzige，斯瓦希里語之蝗蟲）。

這個時候正好當季，我說。他們花上整晚的時間，守在街燈下面捕捉蝗蟲。

「恩吉給，恩吉給。」奈波爾說成「納—吉—給」，然後輕笑著向一名正在裝盛大包蝗蟲給一個男人的小販招手。「這些傢伙一定愛死那些蟲子了。」

他對著藤籃攤販周圍堆著的籃子皺眉頭。他發現攤子上的魚肉生蛆。他說，某些蔬菜，尤其是木瓜芎蕉，特別引他懷念童年。

「你家裡還有些什麼人？」

他無助地笑笑說：「我說不上來。」拜託我跳過這個話題，他揚揚手，意指他不會對這個問題多做交代的。

我說：「我家是大家庭。」期望能引起他的興趣。

他說：「我們看完這個市場了。」他沒聽見我講了什麼。他想走了。接著：我們看完公車總站了。然後：我們看完公園了。然後：我們看完博物館了。再接下來：教堂害我心情沉重。他總能在一瞬之間，上下打量一個地方，接著他就準備走人了。他踩著警局探長的步伐，兩手合在背後，迅速前進，卻又無所遺漏。他性好探究，他步履敏捷。我想我們已經看完這個了。

他似乎急於讓我更加了解他。他說他睡得很差，他飲酒相當節制，他苦於頭疼，苦於氣喘。他也說自己脾氣火爆。他喜歡打板球，要我替他找個板球場，他好練習投球。他跟我問起傑若德．摩爾為人如何，當我跟他說傑若德覺得他貴族氣重的時候，他看起來還滿開心的。

「傑瑞這麼說嗎？真的？」

我們從來不會喊系主任「傑瑞」。

「那杜德尼又怎麼樣？」他又問道，「他那個太太真是醜得要命，當然，那正是他娶她的原因。醜得難以置信哪。」

我說，在烏干達大部分地區看來，她算是美人了——既渾圓又搶眼，能生也能養，說不定還接受過割禮，嘴唇豐滿，牙齒縫隙足足有四分之一吋寬。

「我正好就是這個意思。」

他說，目前為止，他在烏干達所見到的白人，大部分都在頹廢退化。他們酗酒過度。他們在心智上已經僵死了。他們是下等人。有時，他會用那種說法，不過，他更常講的是「他們很平庸」。他們是些劣等貨色。

「劣等貨」就是他通常用來指稱他們的名詞。某個英國僑民在資深共同休息室滔滔不絕，大發議論之時，他會說：「你聽聽那個劣等貨。」「還有，他們大多是些搞屁眼的。」

他發現斯瓦希里語嘔啞嘲折，難以發音，尤其應付不來某些鼻音，例如，某些子音，根據所有班圖語言規則，緊跟在m或n後面時，就要軟化發音，或是簡短摩擦發音。他沒法兒發出mbuli（愚笨）的鼻音，或是相反詞，mwambo，字義較為複雜的字眼，好比，mkhwikhwiziri（體味，身體不潔所發出的氣味），雖然讓他興致盎然，我也深有同感，可是，他卻認為這些字眼根本不可能用來交談。然而，偶爾，他還是嘗試學舌，外人難以得知，當他夾雜不清，任意措詞時，他究竟是在取笑這些字彙，還是只是用字錯誤。他將「姆撥亞」（Mboya）的名字念成「馬撥亞」。「馬紀」就是他口中的「姆紀」（mzee，按：貴人、長者、父母）。奈波爾這位外僑出了名的優柔寡斷，而且，在對非洲男孩施以小惠之時，還喊著「馬布嘎」，有時卻也歪打正著地成功發出「姆布嘎」（Mbugga）。

我想尋索他寫作的線索，就問他平常都讀些什麼？

「本人閱讀聖經。內容非常好，你也知道。還有馬提雅爾[1]——津津有味。你拉丁文讀的來吧，你當然讀的來。」

他引述了幾段猥褻的雋語和詩篇，許多都在嘲諷雞姦，他說，這些詩詞都挺有抒情味道的。「而且非常簡明。」

他相當坦白地說，來到烏干達真是天大的錯誤，害他懊悔不堪。雖說，美國法費爾德基金會贊助他全程旅費，他還是說自己虧錢了。不過，他也即將要完成一本書。

由於他自信飽滿，又直言無諱，所到之處，無不引來莫大關注。他大步通過坎帕拉市，全面評估，正如他自己說的「不留情面」，好似總公司派出一名稽查，勘核落後的分支辦事處。他的結論是：即刻進行大規模解僱。撤銷所有贊助基金。關門大吉。貼緊封條。再見。

而那不過是初次見面後兩個禮拜左右。我從來沒遇到過任何人像他這樣，如此確切，如此認真，觀察力如此敏銳，如此飢渴，如此急躁，智慧卻又如此深奧。跟他相處，啟發既多，也很累人，像是在看顧一個聰明敏捷又苛求的小孩——時時需要滿足，精於磨人，有趣，偶爾一本正經地開玩笑，只為博我一粲，而我算得上哪根蔥啊？不過，他好像也喜歡我。他開口要再多看些我寫的東西。我看著他評估我的文章，彷彿可以聽到他腦中線路啪啦作響，一連串滿意的喀嗒聲，神經突觸收緊，像他在處理資訊時，穩穩扣住環節一樣。他只說了句：「繼續寫下去。」他從不閒扯，而且他會抨擊隨興而發的話語。

「這是個挺繁榮的國家。」我信口說道。

「你這話什麼意思？」

「我是指成功的農業經濟。茶葉、咖啡、砂糖……」

他要求道：「請你界定成功和成就之間的差別。」

而他仔細地傾聽所有的回答。實在很難一邊開車，一邊還要維持這種類型的對話，不過，我也勉力為之了。

「我們了解這裡是有政府機構，」他說，「不過，最重要的還要看他們怎麼維持下去。文明的賡續才能證明文明的意義和它的凝聚力。而烏干達呢，都是別人在幫他們的忙。外人變成關鍵。這些外人一撤退，烏干達就又回歸叢林了。一切都會淪為荒煙蔓草。」

早先時候，某一天在我的車子裡，他摳著坐墊的塑膠椅套，說道：「美國作家總是知道這些東西的名稱。」

我說：「那是個固定環（grommet）。」

「這些個呢？」

「那是塊角板。」

「還有這個。」他拿拇指和食指沿著一道縫邊來回摩挲。

「那叫做滾邊。」

1 馬提雅爾（Martial）：古羅馬詩人，生於西元四〇年間，卒於西元一〇四年前後，定居西班牙，主要作品為警世詩一千五百餘首，常為後人引用與模仿，成為現代警世詩的鼻祖。

在我說出「固定環」之時，他喉嚨裡已經隱隱包含一股笑意了，現在他更笑得前仰後合。天下只有終生菸槍的笑聲，差可比擬氣喘患者濃稠的狂笑，強力隱抑，掙扎迴響在肺葉的林立雜木間。

「你說吧？不過，那都是些個蠢字，只不過是些技術字眼不帶意象，講了跟沒講一樣。不要當那種作家。答應我，你絕不用那樣的字。」

他講話總是胸有成竹，篤定的像個領導者或一位教師，一個不具任何明顯疑惑的人。於是，我聽著，也諾諾答應。

「告訴我，我該看些什麼書？我想讀些和這個地方有關的書。」

我推薦《白尼羅河》（*The White Nile*）。

「要是亞倫．摩爾黑德（Alan Moorehead）知道怎麼寫書就好了。」

我告訴他我喜歡喬治．歐威爾。

「人家曾經拿我跟喬治．歐威爾相提並論。你想得到嗎？一篇書評裡頭講的。他本來是想恭維我的。」然後，他又「仰天長笑」一番。「我不懂他是什麼意思。我對歐威爾的作品評價很低的。」

我說，我正在讀卡謬。

「他的小說集乏善可陳。我很納悶那算哪門子成就。」

他了解自己的心智。他知道自己要什麼。顯然，他在烏干達找不到他一路探尋的——不論如何，他早已看破、放棄我們了。他的標準高不可攀。他說，除非標準高，不然訂定標準還有什麼意義。他不打折扣，毫不妥協。他總是期望見到最好的，寫作、言談、舉止、閱讀。馬提雅爾？聖經？他私淑欽慕的作書籍與作者一定還另有他人。

他說：「告訴你我不喜歡什麼人比較容易些。」然後就開出一串名單，一臉嘴裡泛酸的苦情，像是一頓難以下嚥的餐點，留下的鮮明回憶，文學界的巨人：珍・奧斯汀、哈定、亨利・詹姆士。「有人跟我說，我該看看詹姆士。我試過了，看不出什麼名堂，他的書不值得多看。」他還未曾廣泛涉獵過美國文學。當時，我正在讀艾蜜莉・狄金遜。他向我借了書。第二天，他說道：「恕我難以分享你的熱愛。這書對我而言，不值得多看。」

「非洲文學如何呢？」

「有這種文學存在嗎？」

「渥爾・索因卡、奇努亞・阿奇貝。」

「他們寫些什麼？」

「小說。」我回答。

「邯鄲學步，」他說，「小說不是打打鼓就拍得出來的。」

奈波爾當時年僅三十四，言談神色卻極為老成，簡直已經高齡化了。他固執己見，不滿不豫，偏又不歇不休，難以取悅，卻仍然一心追尋。然而，這可不是個適合追尋的地方。就光提一端吧，這裡的白人幾近病入膏肓。

「別當個劣貨，保羅，」他說，「我就知道，我自己絕對不想做個劣等貨。」

非洲人不是劣等貨。白人則率皆劣等。鎮上還有幾個他喜歡的印度人。剩下的印度人就叫他絕望無奈。他質問人家，硬要人家說出他們的應變計畫。他預言，印度人遲早要被趕出烏干達，生意家當全數充公。某些印度人也是劣貨。

為了在赤道驕陽下，戰勝水往低處流的劣化趨勢，他跟著我到運動場上，他練習投擲板球，我則繞著跑道跑步，通常跑個六趟，有時更多。他也想跟著跑，可惜肺葉先出局了，到頭來，他只能在一旁氣喘如牛，汗如雨下。「絕不做劣貨！」運動讓我胃口大開，尤其想吃些甜點，每次運動過後，我們都會開車進城，喝茶吃蛋糕。我總是狼吞虎嚥，塞得滿嘴，一邊抱歉，一邊還是咀嚼不停。

「自己的身體最清楚，」他說。他相信直覺、預感和渴望。「繼續吃。你的身體需要。咱們再往推車上點些甜點。服務生！」

為了變換我的甜點口味，他還介紹我幾道印度甜點：拉杜、卡邱里、拉斯古拉、格拉布果醬。

「這些格拉布果醬可是用餿牛奶做的。」他又說一遍。他喜歡說「餿牛奶」。

他到底還是選定了一套服裝組合，一件接著一件——起先是一領叢林衫，然後一條叢林褲，手杖，最後，再加上一頂叢林帽。那頂帽子軟趴趴的，帽沿四周下垂。烏干達的印度人從未見如此裝扮，雖說，觀光客也確實這麼穿。我們看他們在旅館大門，跨入車身上繪有斑馬線條的探險小巴士，或是路華越野車，向西前進叢林。

我說：「那些非洲司機跟我說過，女性觀光客總會追求他們。」

「那一定會讓他們開心得不得了。」

他一身獵裝，汗流浹背，走在坎帕拉一處名為「完迪集亞」的地方，我跟在他身後幾步，喊他轉向。我想要讓他看看這裡的萬蝠洞。

他對蝙蝠不為所動。相反的，他說：「你注意到四處都是小徑了嗎——穿過每一處草坪，校園裡縱橫交叉，上上下下的。又不是真的沒路可走，不過，非洲人就是非得踐踏草坪不可。他們就是非要走出自己的小路不可。你注意到那個沒有？他們對正規走道就是視若無睹。」

之前，我渾然不覺，沒注意過，不過，那倒是真的：坎帕拉隨處可見捷徑，與草坪被踐踏得亂七八糟的小路。我尋思不解，這究竟是為什麼。

「因為，」奈波爾說，「非洲人一開始就沒有修好正規走道。整個社會都插手進來。」

烏干達議會大廈前方，大道拱門頂端，立著一具直徑寬達六呎的銅質圓形肖像浮雕，刻畫著首相米爾頓．歐布特[2]尊容，他蹙眉露齒，毛髮虯髯，酷似他平日不以為然的臉龐，以及間縫走風的門牙。肖像浮雕之粗製濫造，引人諷刺聯想。烏干達第一次選舉過後，這浮雕就被端

---

2 米爾頓．歐布特（Milton Obote）：一九六二年四月烏干達舉行「國會」（National Assembly）選舉，由烏干達人民黨贏得多數，人民黨乃與代表布干達議會利益的卡霸卡業卡黨（Kabaka Yekka，簡稱KY）組成聯合政府，以獲得憲法協商中之政治利益，並由人民黨黨魁歐布特擔任國家元首，於憲法中規定烏干達為布干達、邦祐若、圖魯、安可爾等四個自治區所組成之聯邦。一九六六年二月烏國國會通過決議，調查歐布特（當時已改任國防部長）涉嫌走私黃金案，歐氏乃與其副手阿敏（Col. Idi Amin Dada）發動政變，虛位元首卡霸卡倉皇辭廟，由歐氏出任總統，取消傳統部落政治。

到拱門上頭，當初的設想是，這塊牌子要在上頭待到千秋萬世[3]，雖然，從來也沒人質疑過為什麼。非洲政治人物約定俗成地，老愛給自己立像，拿自己的名字給大學學院和主要道路命名。其實，當奈波爾看到那塊歐布特肖像之時，我們正站在歐布特大道[4]上。

「這就是這個國家出毛病的地方，」他說，「也就是因為這個原因，烏干達會回歸叢林，荒煙蔓草。」

奈波爾還沒來之前，我對這些細節未嘗留意過。來這兒教書，不必上越南戰鬥，已經讓我心存感謝了。坎帕拉只是個友善的小鎮，還說不上社會架構。卡霸卡韜光養晦，以皇家貴族之尊，與世隔絕於坎帕拉七山中的一丘——卡布利丘，深居簡出在環繞宮殿四周的竹圍裡。奈波爾問我對那王知道多少，又跟他見過面嗎？問題聽來委實古怪，布干達的卡霸卡可不像任何一位美國總統親民易與，再說，這個地方的每個山頭，都聳著一座重要建構——大清真寺雄據一方，那兒又是一座大天主教堂、大學、廣播電台、軍事基地等等——卡霸卡的皇宮也只是另一處不可思議的叢林山頭。

歐布特算是與卡霸卡分庭抗禮的對頭，不過，誰也不會多加介意。歐布特拿自己的名字命名街道，也沒人理會。此間無人對政治感興趣。那有什麼好處？儘管奈波爾疑慮不安，坎帕拉還是個市景榮昌的地方，平常時日，忙得不可開交，每逢週末，就擠滿了野餐踏青的人家，閒逛的非洲人，漫步的印度人。村落惺忪，城鎮酩酊。市集裡的酒吧與餐館是聚會場所，我跟悠默如果不在教職員俱樂部，就在坎帕拉路上的都市酒吧裡。除了政客與外交官之間的往來酬酢，大體上坎帕拉不是個晚宴不斷，或是社交功能旺盛的城鎮。不過，我和悠默的日子過得開心，她也喜歡坎帕拉，雖然，她總也喜歡指指點點，嘲弄這地方有多落後。

深入這個綠蔭蔽天的小鎮，友善面孔觸目可及，還有無數的自然奇觀——鋪滿了折翼白蝴蝶的道路，吊滿蝙蝠的樹枝，禿鸛佇立在通往垃圾場的路上，急於覓食垃圾，公園裡的冠鶴，以及許多潮濕低窪地區，紙草大塊密生，彷彿攀爬在水生根團上，沿著白尼羅河，從埃及逆流而上——進入這個昏昏欲睡的地方，蝗蟲鼓譟猶如機房雷鳴，V. S.奈波爾不苟言笑的身形一路走來，雙手背在身後，盤算衡量。他可以嚴峻，也可以詼諧。他有許多問題。他堅持要你回答。

「這個山谷叫什麼名字？」

我們開車兜風。他喜歡路上的景致。他步下車門，攔住一個路過的非洲人。

「唔係不基道那個名字，先撒。」

「可你都怎麼稱呼那個地方呢？」

「唔們就管它叫『那個谷』啊，先撒。」

「你住在這裡多久了？」

「唔這裡出世的，先撒。」

「你平常是做什麼的？」

「唔做更的，先撒。」

3 現在在坎帕拉已經看不到這塊肖像了。

4 現已更名為議會大道。

「你在哪裡工作？」

「唔做善巴（shamba）的，先撒。」

我說：「他有個菜園。」

「馬托可，先撒。」

我說：「香蕉。」

「喇爺。戈個相因。」

「他跟你要香菸。」

那人走遠以後，奈波爾對著這一片大地美景揮舞著手杖，據以概論地說：「什麼東西都沒有名字。他們根本沒打算給周遭事物起名字。」

「有些東西還是有名字的。」

「舉例說明。」

「坎帕拉的山就有名字。」

「那可是殖民時代以後的事情。是宗主國命名之後，叫非洲人跟著用這些名字的——慢著。哪來的噪音？」他翻豎起帽沿，往後退避一步。

「你聽，連到這裡都躲不掉。邦戈鼓（Bongo drum，一般多稱為「小手鼓」）！」

「邦戈鼓」一言以蔽之，一語涵蓋收音機的各式聲響，人們歌唱跳舞的歡聲，或是鼓聲，雖說此地幾乎未聞邦戈鼓，通常多將段木挖空，再以鼓棒敲擊，或是在夕陽西下之際，舞起長長的直筒圓柱，鼕鼕擊鼓做樂。

他聽到的其實是剛果音樂，樂聲震天，小棚子裡一具收音機，高聲播放小號、非洲鼓與馬林巴[5]的熱鬧合奏。

我說：「音樂。」

我們繼續走路，他說：「我討厭音樂。所有的音樂，不光是那種垃圾。」

「是嗎？」

他斜著眼睛看我，而當我眼神瞥回到他身上時，見他仍然盯著我看，熱切卻強力抑制，彷彿在看我下一步該如何舉措。

他說：「你沒反應。好。有一次我跟某人這麼講，結果他當下就哭得涕泗縱橫。」

他不是在端架子。他確實討厭音樂。大部分的聲音他都討厭，管他樂音，還是人聲；他一概認定為噪音。雖說他自己也笑得不少，但高聲談笑令他心驚膽跳。他確實來錯地方了。

尷尬的場面

早先我們相處的某一天，一時興起，他突然說：「我可以看看你的手嗎，保羅？」

他握著我的手，湊近燈光，仔細端詳我的手相，微微擠攏，好讓掌紋益加分明。他雙唇緊抿，收頰呼氣。他點點頭，什麼也沒說，不過，我有個感覺，他挺滿意我的手相的。

5 馬林巴（marimba）：一種類似木琴的樂器。

我是他的口譯員、他的導遊、他的地陪。其中，最重要的一環，我是他的學生。約莫過了一個月後，他買了一輛車，一輛黃棕色的標緻，不過，他剛到時，因為還沒車，我就充當他的司機，而且，我們每天都駕車出遊。他算是領有一席訪問教授之類的頭銜，出於那個行事可疑的美國基金會禮遇，謠言捕風捉影，該基金會和中央情報局關係曖昧。他討厭那個基金會；他嫌惡自己的義務；他不要辦公室；他不教課；他對其他講師視若無睹，儘管當他們問起他對這所大學的意見時，他說：「挺爛的，不過你們自己也知道，不是嗎？」

他說，大致上，辦這所大學根本就在浪擲金錢；一場鬧劇。成群支薪過高的外僑杵在學校裡，自以為施恩於非洲人，做出一副灌輸教育的樣子，也不過盡在做戲。他們裝模作樣，擺出動作，拿他們自以為的重要性來奉承自己。凡此種種，最糟糕的是大家都窩囊沒骨頭，無人譏評，自得自滿，過度讚揚非洲的努力。

「我是不是剛聽有人說『議會』？『民主』？『社會主義』啊？」奈波爾擠出他的嫌惡苦臉，重複他剛讀過的一段文學批評。「那些字眼都用錯了。這些詐欺騙徒妄想粉飾太平。老兄，我告訴你，那可是大塗白粉。不——」笑聲已經隱然滾動在他的肺葉裡了。「那是大塗黑粉，就是這樣。塗黑粉。」

他過而不入資深共同休息室。教職員俱樂部他也只去過一趟，一位生性詼諧的同事講了些我們都聽過的笑話，主要是為了取悅他。奈波爾鐵青著一張臉，端坐一旁。稍後，他說自己討厭人家開玩笑。他討厭英國人還故做風趣，營造出性情活潑的德性。

他稱他們「你那些劣貨」。而教職員俱樂部常客都記得他，他一度將英國指為「那個社會主義者的天堂」。

哈吉．霍爾史密斯說道：「我一輩子都是社會主義者。」霍爾史密斯的公寓讓奈波爾做嘔。「臭氣沖天，」他說，「而且，你有沒有注意過霍爾史密斯穿衣服的樣子？他穿的那些非洲衫真是荒謬可笑。我以前一直以為大學講師總該是些相當稱頭的人物。唉，何必多事，他不過是個普通劣貨而已。」

他處在如此恆常要他為零碎繁瑣小事煩心的狀態下，本身又一以貫之的武斷偏執，後來，他竟然信誓旦旦的以為，烏干達所有的外僑，十之八九，都是些同性戀者，一心只想在這裡實現亂性濫交的幻想。他深信，他們在政治上的見解，率皆有口無心，一意做假，擺明了要理直氣壯地追求少男交歡。而他們自認為自由派與知識分子，更叫他恥笑不迭。

他告訴我這些想法的時候，我們正開車奔馳在路上。他手中握著一根香菸，他扣緊菸草，來回撫弄，猶如精微調整，填緊菸草，大拇指再三平順菸身的包裹紙，半晌才送進嘴裡，吞雲吐霧。

我說：「那麼說來，你應該會同意喬治．華萊士認為他們是些『蠢蛋知識分子』了。」

這話對他正中下懷。他重複了兩次，連稱那真是至理名言。

「這地方上上下下全是些搞屁眼的。」

「維迪亞，拜託。」帕特坐在後座軟言抗議。

「還有蠢蛋知識分子。」他轉頭望向窗外獰笑。他點起香菸，抽上幾口，拿起運動員精神香菸菸包，在手背上輕輕敲頓。

「保羅，你怎麼受得了啊？」

我話才到嘴邊，想告訴他，我跟悠默在烏干達的日子有多適意。和心愛的伴侶住在這般美麗的所在，有時感覺恍如置身夢境。她勇敢無懼；她嘲弄斜眼垂涎她的男人，或是那些見她與白種男性攜手同行，就私語非議她的人們。她不在意塵沙蔽天的長途車程，或是蜘蛛，或是長蟲毒蛇，或是四處亂爬的度度（dudu，斯瓦希里語中的「小蟲」）。即使要住在邦迪布吉歐村落後山的叢林裡，也未曾亂其心志。我喜歡我的工作。我的學生雖然含糊懵懂，卻也非不堪受教。

只是，在我還來不及開口說明之前，奈波爾這廂已經自問自答起來了，「當然囉，靠著你的寫作啊。要是你不寫的話，你一定會失心發狂的。」

他只看過我作品的一小部分，看來卻據信能以偏概全。我寫過許多詩，有些也發表在美國與英國的文學雜誌上。奈波爾管那些雜誌叫「小牌雜誌」，還擠眉弄眼一番。他總是說我的詩「性慾氾濫」，不過，那也算不上批評。他欣賞一首我發表在《中非觀察報》上的詩，是我看到一輛舊車逐漸腐朽在叢林中，有感而發之作。幾天過後，他就對我逐字引述其中詩句。他說，這首詩針對殖民主義，提出尖銳評論；同時也在諷刺非洲人任由事務隳壞的習性。我自己重新讀過，心想：或許吧。

當時，歐威爾見解清晰，自懺告白的散文讓我有感而發，我正在進行的寫作計畫是一篇談怯懦的散文。這篇文章預定要交稿到一家美國雜誌《評論》（*Commentary*）。奈波爾也予以認可；那不算是一本「小牌雜誌」，文章卻得大刀闊斧地修改。他說：「我警告過你的，我不會跟你客氣的。」又說：「你現在先忘了歐威爾。」我已經跟他一道兒改寫了五、六遍。反覆鑽研琢磨，實在教人心煩，不過，我也獲益良多。

「真的，帕芝。你知道的。他一定會瘋掉的。」

回鎮的路上，我持續駕駛，一廂暗暗尋思：真的嗎？我曾經甘之如飴地，留在馬拉威叢林深處的學校裡教書兩年。那段期間，我寫作不輟。難道真是寫作使我保持神智清楚嗎？

我們經過一處路邊市集時，奈波爾又說：「更多邦戈鼓亂敲了。」

我說，那確實是噪音，不過卻不是在玩邦戈鼓。「烏干達只有一種邦戈羚羊，長得跟非洲大羚很像。來烏干達狩獵的有錢觀光客，趕著獵犬獵捕牠們。邦戈羚羊轉過身來，拿頭頂上的羊角抵抗獵犬的時候，獵人就趁機開槍射殺。邦戈羚羊多分布在魯文佐里山（Ruwenzoris）一帶。那裡的bundu。」

「我要去看看叢林，」奈波爾說，「未來就是一片叢林。」

我們正在坎帕拉市外圍郊區，開車經過一整排印度人開的店鋪，店家陽台上，幾個非洲人坐在勝家縫紉機後面，赤腳蹬踩著踏板，車縫著傳教士樣式的洋裝。另外有個替人代筆寫信的非洲人，蹲坐在一個箱子上，表情嚴肅認真，一筆一劃，寫著銅版字一般工整的筆跡，女顧客蜷膝坐在一旁，不住地絞搓著雙手。

「加彭的總統，也叫邦戈，」我說，「奧瑪・邦戈（Omar Bango）。」

「奧瑪・邦戈！你聽到了嗎，帕芝？奧瑪・邦戈。喔，我可真不想去加彭。」

他沉思半晌，然後要我在開到下一排印度店鋪時減速。

「他們在這裡根本沒有前途，」他說，「他們不該留下來的。你知道拉竹，那個印度小弟吧？我跟他講，要他趕緊走，好救自己一命。當然，我沒講的這麼簡單。我問他，『《福歌》裡面在講什麼？』《福者之歌》[6]，你應該看過吧，保羅？你當然看過。」

帕特從後座發聲說：「你對拉竹太嚴厲了。」

「我對他說，『《福歌》的教義，就是行動』。」

帕特說：「他走跟他留在這裡都一樣糟糕。」

「行動。他一定要採取行動。這些人——」奈波爾手指著那些狹窄的鋪子以及陽台上的人，人家則困惑地望進我車子裡頭，這個頭戴叢林帽，講話比手劃腳的印度阿三——「除非他們讀了《福歌》，採取行動，不然，個個都是死路一條。」

「不，不！」帕特．奈波爾在後座喊道，「你怎麼可以那麼說呢？」

我的直覺隆隆做響，山雨欲來風滿樓，有人要吵架了。我從來未曾在場旁觀丈夫與妻子之間，不自覺地激烈爭執。此刻，我只覺得恐懼、無助。

「他們應該忘掉英國。那些賤貨只會講話騙他們。回印度才是正途。印度才是個真正的國家。一個大國。印度製造東西。鋼鐵、紙張、布匹；他們出版書籍。這裡出產什麼東西？什麼也沒有，不然就是些誰也不要的垃圾，然後，那些劣貨還會在一邊對他們說，這一切有多美好。」

「他們回到印度更糟糕。你也看過了，」帕特激動地說著，好像已經止不住地啜泣了。「他們要真回去的話，只能去幫那些可怕的人舔鞋子而已。」

奈波爾面容凜冽地向前望，說道：「你總是順著簡單、沒概念的途徑思想。」

帕特說：「印度會毀了他們。」我可以從後照鏡探見，她一面擦著眼角的淚水，一面掙扎著回話。

奈波爾說：「我可是在指點他一條真正的解決之道。」

帕特回應，不過，啜泣哽住她的喉頭，害她有口難言，雖然結結巴巴，她還是勉強叨念著，他有多不公平，奈波爾回復平靜，理性，更為冷硬，而且絲毫不讓步。

「不要再哼哼唧唧了，帕芝。你就是愛哼哼唧唧，你根本就不知道自己在講什麼。」

淚水不斷滾落帕特雙頰，雖然她不住地拿手絹輕按臉龐，卻止不住流淚。她漂亮而外凸的嘴唇上也沾了幾滴淚珠。我呆若木雞，不過，不知怎地，她的姿態，與她泣下霑頰的模樣，反而撩動了我的慾念。

奈波爾說：「我想，這裡我們已經看夠了。」一邊輕敲著菸包。

送他們回家之後，我告訴悠默奈波爾夫妻吵架的經過。她說：「他有沒有甩她耳光？」

「沒有。只是講話，很冷酷。」

悠默大笑。「只是講話！」她一點也不意外。她聳聳肩膀，將我推倒在沙發裡，說道：「我要幫你洗澡。」

翌日下午，火傘逼人，奈波爾跟我又去到運動場上，淘氣孩童躲在場邊樹林裡的泥磚亭子裡觀看。他們揶揄著跑道上汗如雨下的跑者——白人跑步、流汗、受烈日煎熬，看在他們眼

6《福者之歌》（*Bhagavad-Gita*）：印度教經典《摩訶婆羅多》的一部分，以對話形式闡明印度教的教義。

中，都十分突兀。他們模仿板球球員的動作。我繞著跑道慢跑，奈波爾對著打擊者投擲板球。奈波爾看來頗深諳此道。他對於板球的學問瞭如指掌。他曾經跟我說，板球運動極為公平——不光是玩球而已，還是一套完整的思想體系。「世上最悲慘的場垮聲，莫過於三柱門倒地，」他說，「板球運動最叫人稱道的一點，就在於誰也贏不了。」

他隻字不提前一天跟太太爭執的事情，一直到我們進城去飲茶吃蛋糕。他點起一根香菸，別開臉，錯開我的視線，目光望向窗外——正是他前一天擺出的姿態，同樣的時間，相同的陽光入射角度，他抽菸，我開車。

他說：「我最討厭在外人面前吵架。」言僅於此，再無後話了。

我在茶館裡吃了一塊巧克力蛋糕，他要了份小黃瓜三明治。

「小黃瓜降火，不過，你需要你的蛋糕。自己的身體最知道。」

他伸手握緊空茶杯。

「維多利亞湖畔的恩特貝[7]那邊的人會先暖過茶杯。挺好的。不過，這裡的人可沒這服務。」他倒進牛奶，他倒進茶，他加糖，他啜了一口。「我們明天要搬進我們的房子裡。你知道那些房子嗎？」

「藝術系館後面的房子嗎？我知道啊。」

「那些房子挺爛的。」

他比平常要焦躁不安。每當他前晚失眠，他就會雙眼半閉，看來愈發亞洲風味。他今天看來就是這副德性。他再度拾起卡霸卡的話頭，問東問西的。烏干達的人民，即使是外僑也一樣，都很少提到卡霸卡。他是一種體系、一道固定裝置、一個象徵。誰也沒看過他。

我說：「他幾乎從不曝光，不過，人家都說他知道外面發生些什麼事情。他有他自己的首相，那個卡提基羅，他還有自己的議會，叫做路基可（Lukiko）。他事事關心。」

奈波爾說：「他可還沒關心到我。」

我微笑，以示不解。卡霸卡，布干達之王，有什麼必要知悉奈波爾的存在呢？卡霸卡當年四十二歲，英俊瀟灑，雌雄莫辨，冷漠疏離，千杯不醉，統治將近兩百萬人。他是英國背上的那根芒刺，也是歐布特背上的芒刺。布干達王國是屬於他的。

「之前，我還捎了一封短箋給他。短箋裡附了一封介紹信。他還沒回信。一個字兒也沒有。」

謝天謝地，當下只有我們兩人。任何一位當地人，倘若無意間聽到他嘮嘮叨叨地數落，怎麼自己就是沒收到國王的請帖，一定會覺得他的抱怨相當荒謬。而在另一方面更為敏感的是，從來就沒有人會在公共場所討論卡霸卡；他的名諱是不可言表的。萬一你正好在他的子民面前提起，那是大不敬，萬一你不巧在他的敵人面前高談闊論，那就太缺乏政治智慧了。

我說：「他該煩心的事情還多著呢。」

奈波爾咀嚼著他的小黃瓜三明治，正視著我，彷彿在質疑我，要我對他妥善說明，找個好理由，為什麼卡霸卡無暇回覆通知他V.S.奈波爾大駕光臨坎帕拉的短箋。

---

7 恩特貝（Entebbe）：烏干達南部城市。

我說：「他們想殺了他。」這個坎帕拉茶館高朋滿座，我還得壓低聲音說話，「歐布特想要推翻他。」

在奈波爾聽來，這層考量有如新聞，我感覺他誤將布干達之王與一群他在印度碰到的，強弩末勢的大君與蘇丹湊在一堆了——他們虎落平陽，滿腹委屈，家產充公，只要有人傾聽，莫不感激萬端。卡霸卡雖然古怪，仍然極端重要，而且，他還領有一支御前侍衛，以及整個軍火庫的武器。

我說：「在這裡談他，實在是時地不宜。」

「好極了。我本來就不打算再講他了，我對他的興趣早就倒光了。」

離開茶館的時候，我們碰到歷史系的講師琵帕．博德赫斯特。霍爾史密斯的歡迎會上，她也到場了。琵帕身為女性主義者，痛恨婚姻禁錮，獄卒丈夫，無期徒刑，鎮日像隻母雞一樣咯咯喊叫：「我也是個人哪！」琵帕在坦尚尼亞境內，恩格龍格魯火山口，煙霧瀰漫的凹地中，發現了一個親切友善的馬亞它（manyatta，村落），短暫地歡愛過一個馬賽族的持矛莫倫（moran，戰士），該族同樣嗜飲牛血——恰如杜德尼的卡拉摩仲老婆。戀情結晶就是棕膚長腿的女兒芙蘿拉，琵帕所到之處，一定都會帶著她。戰士則留守在荊棘圍欄裡的馬賽家園。

「嗨，維迪亞，」琵帕說道，「恭喜啊。我聽說布瓦郭先生已經幫你找了個房子。」

「那房子挺爛的。」

琵帕回道：「一般人都是住這樣的房子。」順便還親了一下芙蘿拉。

維迪亞說：「我可不是一般人。」

心儀的作家和作品

那房子——十二棟一模一樣的房子蓋在一起——新近完工，外觀卻粗製濫造，坐落在一處炎熱、地表焦褐的碎石坡上，坡下正是一個傭僕群居，傾圮破敗的磚砌大雜院。下午太陽西曬，烘烤著房子，散發出塵埃浮升的臭氣。山坡下方狹小的磚造建築物，椽簷緊接，先來後到的住戶與親友多人同鍋共炊，我可以聽到音樂與閒聊的聲音，從炊煙裊裊的地方傳來。煮飯的炊煙與笑聲：那就是戶外生活，人家正在吃喝、烹調與漱洗。我伸手扣向前門時，水桶撞擊水槽的聲響，以及水花四溢的聲音都還不絕於耳。

「進來。」奈波爾喊著，語音惱怒不善。

我看得出來，他不喜歡這棟房子的理由。既新又醜，屋內瀰漫著混凝土與灰塵的氣味，屋裡還缺窗簾。

「保羅，」他哀求一般地說道，「請坐。」

帕特說：「維迪亞，請你繼續。」

「你聽聽那些賤貨的聲音！」

「維迪亞。」她又說，企圖安撫他。

他繼續在我進門之前所做的事情，就著一張張繕打緊密的稿子，高聲朗讀一段在倫敦，某個耶誕告別宴會的場景，互贈禮物與相互舉杯祝福的一餐。我臆想，那應該是他小說的稿子，他帶到烏干達來完成的那一本。他繼續朗讀，文稿中敘述淚眼相對的一頓飯，以及情緒，人家啼泣的情緒。

他朗誦完畢，帕特雙唇緊抿，停頓半晌才開口說話。上一次我見到她，是在我車子的後座，她毫不掩飾地啜泣，掙扎著說話（「不要再哼哼唧唧了，帕芝」），她的容顏扭曲，髮式糾結，淚濕臉頰嘴唇，豐滿的胸部隨著悲傷顫抖。

不過，今天，她卻鎮定而平靜。她像個極為嚴峻的英國女教師一般說道：「眼淚太多了。」

我挨著一張小桌坐下，桌面一張稿紙上，小字打印著一段經過仔細修改的文字，無意間，我也瞥眼帶過一覽。開頭幾個字，粗體鉛字寫著，奈波爾，維迪亞德哈爾．蘇拉吉普拉薩德。那是他的「文壇名人錄」入場式，除了校對者一絲不苟地沾著黑色墨水注記在頁緣上，還有維迪亞工整的筆跡，刪掉一個分號，另加一個新近獲頒的文學獎項，以及獲獎日期。

他只有在我進門的時候，短暫地中斷朗讀他的小說。我意識到，他要我聽聽他的小說，好教我迷惑不解，兼以銘感五內。我確實相當感佩，他接納我參與這個朗讀儀式；他相信我。

他轉身對我說：「你聽到那些賤貨和他們的邦戈鼓聲了嗎？」

沒有邦戈鼓，不過，我明白他的意思。

「你想，我們可以好好地抽他們一頓鞭子嗎？」他自己知道，這種提議委實駭人聽聞，不過，他就是想蠡測我的反應。只要見到他人畏縮，他心中就會油然而生一種無害的快感。

我們走近窗邊，向下探望圮朽的石綿屋頂，屋瓦因潮濕而霉腐，我們看向裊裊炊煙以及芭蕉樹叢，看到家犬吠叫，孩童哭號，烏干達城市裡的貧窮元素，一應俱全。

「他們就欠那個，好好地吃一頓鞭子。」

帕特說道：「維迪亞，你說夠了沒有。」再度強勢，不見前些時日的眼淚與啜泣。

既然，他高聲朗讀小說原稿，又以毫無羞赧的坦率邀我傾聽，促發我再度請教他所心儀的作家。目前為止，我只知道他討厭歐威爾，以及他以閱讀聖經與馬提雅爾自娛。我帶了一本納布可夫的《蒼白火焰》（*Pale Flame*），就順口跟他說，我有多麼喜歡這本書。

「我看過《普寧》（*Pnin*），寫得很沒意思，裡面什麼也沒講。人家究竟喜歡他哪一點啊？」

「或許是風格吧。」

「他有什麼風格？都是騙人的，就是要人家注意他而已。美國人就是喜歡來這套，那些句子都寫的漂漂亮亮的。寫來幹嘛？」

他的興趣，他的熱情，全然專注在他自己的作品上面。他認為自己的作品前無古人。之前從來沒有出版過任何類似的作品。想要替他的寫作尋找影響文風的根源，只會白費心力，因為，從來沒有任何作家影響過他；不論跟任何作品相比，他的書都不遑多讓；其他人的作品連模仿都學不像。我琢磨了好一陣子，才能理解他絲毫不曾懷疑自己自負太甚，可是，我開竅的那一天，而且確認他的作品獨一無二，他確實是個創新大家，就是我倆友誼開展的第一天。

有些人誤將他文句中明顯的貧乏，視為想像力的停頓，或是缺乏擘創風格的企圖，或只是單調乏味而已。不過，他說，他下筆非常謹慎細膩，每個效果都經過悉心計算，刻意為之的質樸無華。以他的觀點言之，他就像在用最簡單的素材，重建一座城市模型，好比說，火柴棒搭建的羅馬城，城裡的橋梁還禁得起真人行走於上，趕著推車過橋。他強烈嫌惡文格裡的虛矯，痛斥寫作時的造作姿態。他說，他從來不給自己的見聞與感受塗粉，「塗粉」，我從來沒聽說過的說法，跟「哼哼唧唧」一樣，都增加了我的字彙。

「現實就是一場糊塗。一點不好看。寫作一定要反映出這一點。藝術一定要說明真相。」

不過，早先時日，我也曾經對他追索不休，一定要他開出他所師法的作家名單。他聳聳肩膀。「當然囉，普普通通啦，」他說，「吉米．喬哀斯。湯米．曼。」

哪些書呢？我還納悶著，又是什麼緣故？

「別再看納布可夫了，讀讀《魂斷威尼斯》吧。仔細留意書裡思想的累積。觀察每個句子是怎麼架構的，又怎麼加上去的。」

那麼，美國作家又如何呢？他總會有幾個看得上眼的吧。

「你知道史蒂芬．奎恩的短篇故事〈藍色旅館〉開頭第一句話嗎？在講藍色這種顏色的？」他問道，「我很喜歡。」

他自己的作品比較能夠引為範例，說明散文小說當可以如何複雜與透明。完全原創，不論形式還是內容，都出自清新的想像。其傑出之處並不張揚耀眼——他沒有真的用上「傑出」二字，不過，他對自己的作品百分之百的滿意，毫無惶惑，書中絕無虛張與矯飾的成分。

「《米奎爾街》的表相是靠不住的，」他說，「你再細讀一次，就會明白，我是怎麼運用我的寫作材料的。你讀讀那些句子。看起來很簡單。不過，那本書差點兒寫死我了，老兄。」

馬龍白蘭度讀過《米奎爾街》，而且還很喜歡，奈波爾是聽兩人都認識的一位朋友，小說家愛德娜．歐布萊恩告訴他這段軼聞的，歐布萊恩還四處廣播說，白蘭度同樣著迷於乳頭黯黑的女人。奈波爾很樂見白蘭度讚佩這本書，這條小道八卦，讓他對那位演員更感友善。他說，他喜歡《秋月茶室》這部電影。最近，他電影看得不多，不過，從一九四二年到一九五〇年間，千里達輸入上映的每一部電影，他都不曾錯過，直到他離家負笈牛津為止。

「你知道白蘭度怎麼說演員的嗎？」

我說我不知道。

「演員就是那種你若不是講他的話，他就不知道你在講什麼的傢伙。」奈波爾爆出他低沉而深有同感的大笑聲，接著又將整句話重複了一次。

我回到家的時候，悠默已經上床了。

「比比，共吉哇[8]，」管家丫頭低聲地招呼我，聽起來，她先前應該是挨過罵了。「你的女人病了。」

悠默語音闇弱地說，她覺得很不舒服，真想吃些可樂果。我沏了杯茶給她，轉身搜尋我的書架，找到一本美國短篇小說選集，裡面湊巧收錄了〈藍色旅館〉。

故事的開頭是這樣的：「隆坡堡的皇宮旅館外牆漆成淺藍，色調恰如某種蒼鷺腿上的顏色，那鳥被迫要站在各種背景前面，表明立場。皇宮旅館總是呼喊喧譁不斷，相形之下，內布拉斯加冬季耀眼的景致，不過淪為一潭灰暗沉寂的沼澤死水。」

然後，悠默站在書房門口，床單裹在身上，像件寬外袍，眼睛畏光地眨著，說道：「請你念書給我聽，好嗎？」

---

8 比比（bibi）：斯瓦希里語之「夫人」；共吉哇（gonjwa）：「生病」。

悠默懷孕了

奈波爾滿懷赤忱地抱怨著他的房子，我就跟他講起我家樓上的鄰居——某個中年男人和一個比他年輕許多的女孩，新婚燕爾——兩人整天咯咯傻笑，在整間屋子裡相互追逐。他們在浴缸裡潑水嬉戲，吃飯的時候，碗盤刀叉鏗鏘價響，夫妻隔著房間大呼小叫的，「你說什麼？我聽不到？」可是，不管他們講什麼，我們都聽得一清二楚。有時候，他們好像故意鬧給我們聽似的，拿我們當證人，彷彿要證明些什麼。他們做愛的時候，喧囂無度——她高潮一到就鬼吼鬼叫；尖叫聲頻率既高，音量又大，就像人家拚命工作，替輪胎打氣，或是拿著鋸子伐木一樣。有時候又像是嚴刑拷問，人犯口供都是這般折磨強索出來的。

奈波爾問道：「他們是些什麼人哪？」

「新搬來的。從加拿大來的。」

「劣貨，」他說，「這會讓你討厭所有的加拿大人嗎？」

我說，不會。帕特也笑了。

「嗯，我倒是會因此而討厭他們，」奈波爾說，「你跟他們講話嗎？」

「有時候。」

「你應該跟他們切的。」

「你的意思是不跟他們講話嗎？」

「我是說，眼睛裡沒有他們。你就算走過他們身邊，也不理會他們。你跟他們切，他們根本不存在，連影子都沒有。」

甚至連G.雷賽．邁爾的處理態度——昂首闊步不回頭，也談不上。樓上在床上騎馬打仗，搖晃得吱嘎價響，問題是，聲音剛剛鑽進我耳朵時，還只是毫無韻律的呢喃低語，結結巴巴與斷續交談，半推半就，都不過是前戲而已，我已經有了心理準備，隨即，床鋪就開始左右搖擺，像有隻長腳秧雞在嚎叫一般，那個女人迫不及待地激將男人夜半犁田。接著，幾乎在違逆我的自由意志之下，我被撩得慾火難耐，只有搖醒悠默，然後，我們就做起愛來。

不過，在某個這樣肉慾橫流的夜晚，悠默拒絕了我的需索，將自己抱得緊緊的，說自己真的病得不輕。

「你可能懷孕了，」我說，「你應該去看醫生。」

「我不要醫生。我不需要他。」

「他挺高明的。他一定得給你身體檢查。」

「印度醫生，」她說，「該死的狗屎。」

巴絡特醫生，籍貫為印度的古加拉特邦（Gujarat），烏干達出生，在印度城市布洛契（Broach）接受醫學訓練，過去曾經治療過我的淋病與瘧疾。我問他可以看看悠默嗎？他說，當然沒問題，因為他也是一位產科醫生，要緊的是，讓他早些診斷悠默。

悠默睡眼惺忪，不情不願，隱隱不悅地，最後還是同意了。每次要出門之前，她總是忒費周章地穿著配戴，不過，這次情非小可，不可等閒。她披上錦織彩帶，她昂貴的斗篷以及她最好的頭巾。我總愛看她盛裝打扮，只要她穿戴上高貴優雅的行頭，她就會變得高傲而無禮。

二月天已經悶熱得叫人發昏了。車子裡，悠默說：「你不曉得，黑人要比白人容易發熱。那是我們皮膚的問題。」我詫異，不知道這話是真的還假的。

巴絡特醫生招呼她，將她帶進診療室。我聽到她卸下外袍的窸窣聲，硬挺的多彩衣料滑落，聽見她將衣物摺妥。要是她真懷了孩子，我會很開心的。我並不曾如此預計，實際上，我根本就沒有計畫。訂定人生計畫的觀念本身就有問題，再怎麼說，我總是半信無疑，我的人生在前世就已經規畫好了——或許吧，就像人家說的一樣，就像寫在我的掌紋走勢裡一樣。我隨遇而安的人生，已經夠愜意了，每一件好事都是無意間湊巧碰上的。我就放開自己，憑恃著我的運氣。Mektoub——早就已經寫好了。

我坐著等她，心裡什麼也沒認真多想。診療室的門再度開啟時，我不禁微笑，這下才想起來，我怎麼會在這裡。

「醫生診斷怎麼樣？」

巴絡特醫生說：「懷孕四個月。」

悠默羞人答答地望著我，當我們一起看著巴絡特醫生在拍紙簿上開帳單時，還偷偷地溜到我身邊。他一邊寫著，一邊說，悠默健康良好，現在起，她應該定期產檢，好追蹤監測她的血壓。

車子裡，我坐在滾燙的坐墊上，說道：「你怎麼會懷孕四月個呢？你到這裡不過才三個月啊。」

當時，我只是被這些月份、數字搞糊塗了，我不是要怪她，只是想釐清我的疑惑而已。悠默說：「我來這裡跟你會合之前，在奈及利亞有個朋友。」現在，車子就變得更難開了。路障遍布，車裡更熱得無法解脫。

我說：「我們現在該怎麼辦？」她沉默不語，可是，我看得出她心傷無奈，更因為她身上華麗的裝扮而益形悲哀。

我問道：「你想，你該回去見見你的朋友嗎？」

她什麼也沒說。她一直沒哭，等到當天晚上，當她的衣服都整整齊齊地疊在椅子上，所有漿挺的布料都收進一個深深的衣櫃裡。她窩在床上，掩住她的臉，啜泣。

我不知道該說些什麼。我嘴邊講不出話來。我愛她，不過，我也剛剛發現自己不了解她。這個朋友是誰啊？這椿矇騙又是怎麼回事？她顯然知道，她一到烏干達沒多久，她就已經懷有一個月的身孕了。

她說：「我想回家。」說話的聲音叫我心碎，此時再聽到樓上的加拿大人蠢動叫春，更讓人難堪。

「這裡就是你的家啊。」

她說：「不是。」接著又繼續哭泣。

一個星期後，悠默是恩特貝開往拉哥斯[9]班機上，三名旅客中的一位。她的姿態也改變

9 拉哥斯（Lagos）：奈及利亞首都及港口，位於奈及利亞西南部。

了，她的悲傷拖緩了她，讓她慢步踟躕，我們前往登機門時，她不住嘆息，我就在那裡跟她親吻道別。分別猶如死亡的象徵，因為，那就好像，我們即將失去所有的一切。

她說：「我很喜歡你念那個故事給我聽的時候。」她的眼淚又收不住了。

從恩特貝回到坎帕拉的路途，一向以死亡車禍惡名昭著。當天，我開車在那條路上，心中無所畏懼，只有愚勇充溢，不在乎這回會不會輪到我命喪黃塵，反正，天下沒有不散的筵席，不是嗎？我麻痺了，不過，當我回到家門，我知道自己已經失去所愛，又得再度尋尋覓覓，唯一可以稍加寬慰的，只有想到，悠默的處境一定更糟糕。於是，我就靠著為她難過，讓自己好過一些。

奈波爾問我，我上哪兒去了。過去痛苦難捱的一個星期裡，他都沒見到我。

「喔，天哪，」他說，「喔，天哪。」他的聲音沙啞，表情痛苦。「你還好嗎？你當然不好了。保羅，保羅，保羅。」

他握起我的手，朝上翻轉，再度端詳一番，還拿著他的指尖摹寫著我的掌紋，這一次他說話了。

「你千萬不要擔心，你一定不會有事的。」

「謝謝你，維迪亞。」那是我第一次用這個名字稱呼他。

「你有一隻好手。」

第三章
卡塔加山寨

那正是叢林野火的月份，煙霧瀰漫的天空，焦黑的山丘，動物奔走逃逸；鶴與鷹的季節。

愛人已遠，我獨身躺在過去我們同寢共枕的臥室裡，瞪著天花板上，形狀如長鼻的污漬，醜惡的小鬼呼喊著樓上加拿大人嘶吼的聲音。少了悠默跟她的笑聲，我憂傷不已。奈波爾——維迪亞，我現在都這麼稱呼他——對我很好，可惜，此時此刻，光是友誼和善意是不夠的。我需要的是，一個比較親密的朋友，不然，寧可獨處，我情願在非洲大地的風光裡尋求慰藉，大自然點醒了我，日子還是要過下去。

那正是非洲人放火焚燒叢林的季節，他們深信，狂焰有助來年的農作收成。我向北遠行，幾乎駛抵蘇丹，走在高大的象棕櫚叢之間，當地人習於食用的昆蟲鳴聲尖銳刺耳；然後，我再向南開往尼羅河西岸省份，挨著剛果邊界的阿魯阿（Arua）地區，皮膚棕紫，常帶慍容的卡克瓦人，烏干達軍隊的參謀總長伊狄．阿敏，正是箇中典型代表。

鷹鷲猛禽盤旋在燎原野火之上，不時俯衝捕食野鼠與蛇群及其他小獸，小動物遭到烈焰灼醒好夢，驚慌失措之餘，只有趕緊逃離火場。灰暗的天空，隼鳥密布。野火與低空盤旋的掠食鳥禽以及倉皇奔逃的成群野鼠，彷彿在告誡我，性交尋歡將自食惡果。

基古姆（Kitgum），遙遠的北方，我迎著熱風健行，腳踝沉陷在黃沙中，踢踏著枯葉，警示蛇蠍速速散去。每個晚上，在我落腳的村落，無牙老嫗蹲在茅屋的泥巴地板上，咿咿呀呀唱著猥褻的歌曲。她唱的歌經過翻譯，就是：「小姐美如仙，天鵝頸纖纖，玉手摸矛尖，男人喜翻天」。既粗俗又惹人厭，不過，這個隱沒在非洲的一角，正因偏遠炙熱，才免於兵燹。波濤洶湧的黑色河水滾滾奔向卡魯瑪瀑布（Karuma falls）。為了讓系主任准假出遊，我也向西南疾駛，溜過月山山脈，參訪邦迪布吉歐的學校，那裡是悠默跟我曾經計畫自我迷失的叢林。某一天晚上，雨後，我步出屋外，發現口渴的孩童舔著我車上滴墜的雨滴。

隼鷹、叢林野火、焰熱、眼紅的歌曲，以及絕望的孩童：截至目前為止，這趟探險遠行沒產生多少慰藉效用。

將近米堤亞納（Mityana）的路上，樹上釘著一塊招牌，「好大獅子」，正好在我開車返回坎帕拉的路邊。另外一塊牌子上寫著：「好消息——來看好大獅子——日食鮮肉五十磅」。一名海線斯瓦希里人，頭上一頂髒兮兮的無邊便帽，灰色雙眼，跟我要了一先令，就帶我去看獅子。

「辛巴！辛巴！」

獅子躺在波狀鐵皮圍起來的獸欄裡，渾身蒙上一層蒼蠅，路邊清出一塊空地，獅子和獸欄就擱在那裡。戴著無邊便帽的男人，拿著一隻去了皮，某種已死動物血淋淋的腿骨，或許是隻瞪羚的腿吧，戳戳那獅子，教那獅子吼上幾聲。獅子揮掌撲了幾下，發黃的斷齒牙根卻咬不住肉塊。我凝視那獅子的雙眼，但見我深受折磨的寂寞痛苦。

「喇爺，葛唔蝦菸。」

接著，不到一個星期，好大獅子脫逃了，噬殺了六個村民，最後斃命於米堤亞納狩獵區管理員槍下。由於那頭獅子曾經被關在獸欄裡一段時日，因而益發暴戾凶殘。我在飢餓與監禁動物之間發現一脈關聯——撩動食慾，禁絕食物。我嘗試將這段經歷寫成一個故事，只是，這還算不上是個故事，充其量只是一樁突發事件。

維迪亞說：「總有一天，你會用得上的。」雖然，他也說自己不喜歡動物故事。他告訴我，當他在我這個年紀的時候，正在寫他第一本書，有個人要他看看海明威寫的故事〈山丘若白象〉。

我說：「不管是誰，只要是住在非洲的人——就拿我來說好了，海明威根本就不堪一讀。」

「儘管如此，我一聽人家向我推薦，就馬上去找這個故事來看了。」

維迪亞當時還在幫我修改那篇談怯懦的論文，皺著眉頭長考，第十次改寫的版本。他說，現在這篇文章已經有長足進步了，倘若我可以將篇幅減半的話，就更近完善了。我點點頭，心裡卻懷疑，自己是否真會照辦。

他說：「我知道，我在提議修改的時候，你雖然在聽，不過也已經非常厭倦了。」

正說中了我的感受。

「那是正常現象。不過，這是一篇重要聲明——講出你對越南的感覺，還有你對自己的生命的感覺。文章非寫好不可。」

他說，問題就出在語言上。字彙濫用與沒有意義的掉弄玄虛，都是他熱中批判的主題。我在一個專門濫用字詞的地方待了太久。非洲人拿坎帕拉當作一座城市。不過，坎帕拉不是一座城市。「拿『大學』來稱呼這個爛地方，就是用錯字了，還有，這裡又算是哪門子政府？」教學不像在教學，像樣的學術研究付之闕如，這裡的日報，《烏干達觀察報》，裡面一條新聞也沒有。「全是騙人的！」那些對非洲文學寄以善意，容易上當的傢伙寫的玩意兒，已經腐化了這種語言。他強調，我一定要認真留意筆下字彙，衡量每個字的功能。他豎起挑剔的指頭，就著頁面，逐字要我說明用在論文裡的必要原因。「為什麼用『肥』這個字？」「為什麼說『不幸』？」「不要為了製造效果而用字，」他說，「說出真相，不要廢話。」

「以前我就說過，寫作就像在玩巧藝。你光是講到一把椅子，椅子還是隱隱約約的。假如你說，椅子上還沾染了些結婚禮服上的藏紅花色[1]，椅子一下子就跳了出來，讀者就看到了。」

這話說在他的屋子裡，水泥未竟全乾，混雜著紅色地板蠟以及新上油漆的氣味；陽光從無簾遮蔽的窗戶斜射入室；這幢招他厭惡的房子，下方傭人混居的大雜院裡傳來的噪音，怎麼也躲不掉。

「還有，那也不是音樂。聽聽下面那些賤貨！」

目空一切

有時候，學生會把作品帶來，請他指導。他從不鼓勵他們，不過，也沒出言阻止。偶爾，他也充當講師。有時候，人家會請教他關於文學與世界方面的問題。

有一次，我恰好在場，某人提出一個嚴肅的問題，他對發問者說：「我不能回答那個問題，你應該先給我那個問題的書面通知。」

那人走了以後，維迪亞說：「他自找的，你也知道。他不是真心要我回答他的問題。」

一個女學生帶著她的論文過來。她得登門造訪他家，因為他拒絕授課。

他說：「妳的論文沒救了。」然後，他挑了幾個例子說明那篇論文有多差勁，接著，他說：「不過，妳這筆字倒寫得好。妳上哪兒學的這一手好字？」

另外一個學生，一度被霍爾史密斯吹捧為烏干達詩界的上升之星，捎了一首詩給維迪亞，題作〈新民族重生〉，數日後，他披掛著深紅色的學生袍，到奈波爾家裡求教。這套學生袍是英籍副校長引進的，也是他擬出馬克瑞瑞大學拉丁文校訓——*Pro Futuru Aedificamus*，吾人為將來建設——學生袍同樣效顰牛津大學學生穿的袍子。年輕的詩人收攏他的袍子，就像老太太在醫師診療室坐下一樣。他說：「請問你讀過我的詩了嗎？」

「沒錯，我讀過了，」維迪亞沉吟半晌，扣著手上的一根香菸，許久，不曾答腔。「這首詩讓我想了很久。」

1　藏紅花原產小亞細亞，是極為昂貴的金黃色染料，只用在特殊場合，例如，印度種姓制度中，最高階級婦女往往以藏紅花為結婚禮服染色，以添增富貴氣息。

「那主要四在講色會動但不骯的[2]。」

「是嘛。」維迪亞搜尋到學生雙眼，就慵懶委頓地盯著他的雙眼。他說：「千萬別再寫詩了。我確實認為你不該再寫了，你的才華可以往其他方向發展。要不，就寫篇故事吧。現在，我要你答應我，你再也不寫詩了。」

男孩搖搖頭，吞吞吐吐地跟他切結保證。滿懷挫敗與沮喪地離去。

「你看他現在有多釋懷、輕鬆？」維迪亞說，「他很高興聽我這麼跟他說呢。」

維迪亞滿意地搓搓手，以相同的方式發落其他學生。當他同意擔任大學文學比賽評審時，倒出乎我意料之外，不過，他還是我行我素地執行評審工作。他堅持，比賽結果只有一個獎項，即第三獎，因為，參賽作品品質低落，沒有獲選首獎、二獎的資格。

他對英語系的同仁說：「請特別注明，唯一的獎項就是第三獎。」

某些同仁反對這種做法。

維迪亞說：「你想要賦予非洲學生一種他們配不上的重要性。你這種期望是誤導的。這種重視只要一轉向，他們就一切落空。話說回來，還是語言的問題。歐布特不過是個酋長而已。你喊這些人政客？他們充其量不過是巫醫罷了。」

後來，當「第三獎」的字樣被改作「首獎」時，維迪亞微笑說道：「塗黑粉。」

那段時期前後，他說：「我最怕的，就是那些抱著書到處跑的非洲人。」

他只隱約知道，卻無深刻印象，坎帕拉還住著些傑出精英，或是在大學裡做研究的男女：人類學家，維克特．透納[3]，當時就在馬克瑞瑞研究。這個身形袖珍，談吐溫和的人，神情不乏圖書館員的靦腆，你絕對看不出來，他曾經在尚比西河上游與蒙固（Mongu）氾濫平原上的泥磚小屋裡居住多年，撰述巴拉札（Barotseland）地區羅西族人的開創性研究；柯林・特恩布爾[4]研究木布堤（Mbuti）的俾格米人；在他相關東非哺乳類與鳥類，淵博而深入的論著中，強納森・金登（Jonathan Kingdon），身兼畫家與自然學者，發現了至少兩種哺乳類動物與數種從未經人描述的鳥類；麥可・亞當斯（Michael Adams），他是大衛・霍克尼[5]的同輩友人，也是我們的高更。柯林・里奇，考古人類學家路易斯・里奇的兒子，則是我們的植物學家；拉傑特・尼歐吉，《過渡時期》雜誌的編輯與創辦人，出版了渥爾・索因卡、奇努亞・阿奇貝，以及娜汀・葛蒂瑪[6]的作品。

2 這位烏干達學生發音不標準。

3 維克特・透納（Victor Turner）：一九二〇～一九九〇，英國人類學家。他的田野調查和社會劇理論對人類學發展頗有影響。

4 柯林・特恩布爾（Colin Turnbull）：英國人類學家，一九二四～一九九四，他在非洲除了針對木布堤的俾格米人進行廣泛的田野調查之外，也在烏干達北部研究狩獵民族艾克（Ik），並將他的研究結果集結在兩本書中：一九六一年出版的《森林民族》與一九七二年出版的《山區民族》，兩本書都是當年的暢銷書。

5 大衛・霍克尼（David Hockney）：一九三七年生於英國，多才多藝的藝術家，霍克尼揚名國際甚早，可謂同一代藝術家的代表人物。

6 娜汀・葛蒂瑪（Nadine Gordimer）：南非小說家與短篇小說作家，擅長探討流亡與離異的主題，並於一九九一年獲諾貝爾文學獎。

有一天，維迪亞問一位人類學教授，「我究竟該如何看待非洲呢？」一定要人家給他一個答覆。

「奈波爾先生，我認為，如果你對非洲抱著太多成見的話，那很不妥，」那人回答，「如果你丟不開成見，就會錯失太多真的很重要的東西。」

「是嘛。」

稍後，在我們一同走回他家的路上，維迪亞說：「那個蠢人。他拒絕面對貪污腐化，他接受那些謊言。」

不過，他也怪他自己，說他根本就不該來到非洲的，一開始就不該拿法費爾德基金會的錢。「千萬不要拿基金會的錢，」他說，「那些錢會毀了你。不是自己賺來的錢，鈔票上都牽著繩索。」

前赴烏干達這個錯誤反而給了他靈感，他說，可以寫成一篇隨筆，列舉所有他給自己訂下的規則，以及破壞規則，擅開先例所引發的災難性後果。

「每次，只要我破壞了自己的規矩，我就會後悔。就像這一次……馬卡—蕊—蕊。或者可以改名叫弱者與被打壓者大集合。他們都合該挨踢，」他踢起一顆石頭，「就像這樣。」

他被自己的舉動驚醒了。

「這樣子，簡直要把我變成一個種族歧視者，天哪。種族歧視者，多可怕，多無聊的人哪。」

在我遇見維迪亞之前，我從來沒見過哪個人如此目空一切，誰都不能跟他相提並論。他是個所謂的上流雅士（Brahmin），當地的印度人則說：所有的上流雅士都跟他一樣吹毛求疵。

早些時候，他聽我向一個鄉下人問路，他緘默地站在一旁，聽著一連串斯瓦希里語交流，接著說道：「你跟他們講話好像一點兒也不費力。」

我跟他說，當初，我確實下了一番工夫學講這種語言。人們只有用自己的語言才會講真話。講起第二語言時，他們總是比較容易緊張，或是不精確，或是比較容易捏造做假。

他說：「我不是那個意思。」

他究竟是什麼意思？或許是我根本就不該跟他們講話，而我也就聽著。他的態度使得別人不可能跟他以同事相待，他反而像個天生的大老爺或是傭僕的雇主。他說我對我家裡的傭人太軟弱了。「你的管家ㄚ頭是懶鬼。」他說，我的廚子，是個髒鬼；我的園丁，是個醉鬼。

「你的園丁也經常醉醺醺的啊，」我說，不意間竟然將自己捲進這種老爺與老爺之間，愚蠢的口舌爭端：我的非洲人好過你的非洲人。

「只有在星期天。下人有權在星期天喝個爛醉。保羅，你可沒有這樣批評他的權利。」

他的消遣之一，就是帶著他的管家小弟安德魯上市場，請他吃一包半磅重的炸蝗蟲，看著那人狼吞虎嚥，大快朵頤，兩頰都給暗褐色的馬夫塔（肥油）膩漬給抹髒了。

「好吃吧，欸，安德魯？味道可口吧，欸？馬足里[7]。」

「是，老爺，非常姆朱里。」

「保羅，這樣你就懂了吧？偶爾施以小惠，偶爾施以懲戒，效果不得了。現在他開心的要

7 Mzuri，斯瓦希里語的「好」，發音應為「姆朱里」，奈波爾發音有誤，拉長為「馬足里」（mazoori）。

命。」

他抱怨我們在烏干達與世隔絕。我說，我們每到星期天就會收到倫敦的報紙。

「這個星期天就帶一份英國報紙過來給我看，」他說，「我們一起看報紙，再出門去散步。」

不過，我到他家的時候，他的情緒卻十分惡劣。我知道那是什麼緣故：每到星期天，非洲人家都會在戶外結聚，處處可聞樂聲、笑語，以及成群遊晃的閒人。「邦戈鼓！」我心想，倫敦來的報紙可能會讓他好過一點。

他語音尖銳地說：「那些報紙要是沒有提到我的話，我就連翻一翻的興趣也沒有。」

帕特說道：「維迪亞！」喊著他的名字責備他。

「好吧，咱們就去散那個該死的鬼步。」

他喜怒無常的脾性，著實令我困惑，因為這種個性如此異乎尋常，甚至有自我毀滅的傾向。旅居非洲的外僑通常都是心平氣和的，而且，你越是在叢林深處遇見他們，他們就更顯得氣定神閒。在非洲，「吹毛求疵」一詞，指的是那些在路邊幫長了滿頭頭蝨的人鑷除蟲蚤的從業人士。除此之外，沒有人會「吹毛求疵」。由是，要是有人勃然失控，甚至大發雷霆，看起來就離奇了。這種人是待不久的。維迪亞在守時方面，尤其狂熱地嚴苛。

有一天，他對我說：「七點鐘到。」請我到他家晚餐。

我以為他的意思是，七點鐘開始小酌，接著再正式晚餐。當我悠哉游哉地在七點十五分出現時，他跟帕特已經上桌用餐了。帕特面色尷尬；他則一語不發。他對我視若無睹。他吃得很快，好像遲到的是他自己一樣。當時，他正大口猛嚼著蝦肉。

他終於說話了，「我們剛剛用完第一道菜。」他滿嘴菜餚，接著歸咎派罪在我身上，要言不贅地說：「你遲到了。」

他如此偏執堅持逾時不候的信條，左右了他的人際關係。我運氣好，進餐遲到不過口頭處分；通常的刑罰則是完全拒斥。「他遲到了。我不要見他。」我認識一位非洲畫家，趕著與維迪亞見面的路上，竟然汽油用罄，只有徒步走完剩下的路程，到達時已經遲了半個小時。維迪亞叫他回去。

「老兄，那可是有史以來最古老的藉口，『我忘了加油了』。全是鬼扯。」

他氣喘的更厲害了，現在，幾乎大部分時間都聽他上氣接不住下氣。他停下工作。他日益沉鬱。

某日，一整天下來，他只在稿紙上寫了個「那」字，就無以為繼。他將稿紙遞給我看。大字粗黑墨酣。「我花了七個小時才寫下這個字。」他失神地微笑，滿足地露齒而笑，像是在說，你看吧，他們是怎麼害我的。他看來瘋狂，卻說自己悲哀心傷。問題出在他的房子。噪音，同時也是一種毆擊。「那些賤貨！」他也討厭那些氣味——煮飯的炊煙、腐壞的菜蔬、人身上的羶氣。「誰也不洗澡。這裡肥皂是不是很貴啊？」

過去，他即使是狂怒，還會帶有一絲幽默，不過，今天他卻無心說笑。他看來比平常衰老、憤怒、受挫、坐困愁城。

他說：「我得上床去歇歇。」

帕特以她溫柔、顫慄、哀求的聲音說道：「我們聽說有一家旅館……」

與少校一拍即合

旅館位於艾爾朵瑞特鎮外，坐落在肯亞西部的高地上——白人高地[8]，那時候，他們還是沿用這個舊名稱呼：高原上一處茂林蓊鬱的避難所。旅館叫做「卡塔加山寨」，外人暱稱其經營者「少校」而不名，此人以粗魯聞名。他是個英國人，退休的陸軍軍官，桑德赫斯特[9]受訓出身，軍旅生涯盡皆消磨在印度。當時，他已經年近七十，性格卻更加草莽。烏干達四處都流傳著關於他的軼聞故事，警告遊客盡量避開卡塔加山寨。最近一則故事，我也跟維迪亞提過，事關學校裡一名女性教員，她在旅館酒吧裡，向少校點了一杯皮姆酒[10]。少校說：「我們這裡不賣那種濫貨。現在，你給我滾。」隨即要那個女人離開旅館。仇恨女性可是少校粗魯言行中，一再重複的基調。

維迪亞告訴過我，他痛惡人家活躍的性格。他討厭丑角、喜劇演員、喋喋不休的多嘴人、自說自話的傢伙、村子裡的萬事通，以及好開玩笑的草包，還有了無生趣的皮克威克式[11]人物，那種人終其一生都耗在鄉村俱樂部裡頭自言自語長篇大論。他自覺深受他們言行不一與蠢言妄語的侮辱。粗鄙的可笑言談舉止，更叫他沮喪消沉。然而，他喜歡我講的少校故事，他反而欣賞少校暴戾的判定。他特別指出，那個女的，正是個劣貨。皮姆一號酒就是專門調給下流人喝的劣酒。

維迪亞說：「就像其他那些郊區雞尾酒一樣。」

我很擔心。在我看來，少校就像那一類活躍人物，日後，不是跟維迪亞頡頏，就是害他情緒低落。他對我說過，他曾經在倫敦一家餐館裡頭，跟人家掄拳幹架過，就只是因為對方太放肆了。很難想像這個體型矮小的男人，被激發出肢體暴力的情狀。不過，他從不撒謊，我也就相信他了。

我們三個人，維迪亞、帕特和我，一同前往卡塔加。車程遙遠。先是從坎帕拉開往金佳的路上，兩旁大片蔗田，路上歇停的蝴蝶厚如雲堆，害得我們在依干軋附近彎道，差點打滑失控。接著金佳鎮上，軋棉廠，以及歐文瀑布——尼羅河的源頭——還有吐魯魯外圍的錐形山丘，傳說中棲息著一隻危險的花豹。快到肯亞邊界與海關哨站時，我們也開到了鋪面道路的盡頭。眼前還有八十哩路塵與土，路上，出得邦果瑪，只有幾家印度人開的店鋪，與一家腳踏車修理店，我們看到六七個裸體男孩，身上塗著白粉，在路邊奔跑，用非洲人的話說，剛剛「舞」過，意即，他們剛剛才加入割禮儀式。他們的白臉猶如鬼魅。再往前走，見到一塊警示牌上寫著：「注意落石」，維迪亞自顧自地喃喃念著這四個字，喜愛牌子上警語之精練。

我們離開艾爾朵瑞特，以及鎮上唯一的加油站之後，沿著狹窄的紅色黏土路繼續北上，經

8 白人高地（White Highland）：位於肯亞西部，一九〇四年至一九五九年間，保留給歐洲人居住的一個地區。
9 桑德赫斯特（Sandhurst）：英格蘭南部一鄉村，也是英國陸軍軍官學校所在地。
10 皮姆酒（Pimm’s Cup）：一種由以琴酒為基酒的雞尾酒演變而來的香甜酒。據說是倫敦一位調酒師發明的，飲用時先將酒倒入杯中，再加碎冰，再用檸檬蘇打水沖滿，加一片檸檬或黃瓜皮作點綴。
11 皮克威克（Pickwick）：英國作家狄更斯《皮克威克外傳》主角，善良、滑稽而老當益壯。

過玉米田，跟著木製箭矢狀的招牌，上面寫著「卡塔加山寨」。午後不久，我們就到達地頭了。四下完全寂靜，一副早經荒棄的樣子：沒有房客、沒車，只有幾隻輕快掠過的飛鳥，幾個吉庫育族園丁在整理花床。旅館僅一層樓，農舍改建，側翼添加幾個面向花園的單人房。

「哈囉？」我說，「嗨——」

無人回應。進門接待處架子上，陳列了一些印度藝術品——貝那拉斯[12]的銅器、雕刻象牙、牆上掛飾、幾個籃子——還有一些英國鄉村俱樂部常見的老舊玩意兒：黃銅製的騎馬用具、白鐵大啤酒杯、失去光澤的獎盃、褪色的老照片上，釣客七手八腳地扶正獲獎的大尾漁獲、狩獵時吹響的號角、綵帶，還有那種刻著溝紋的玻璃杯子，充作細高啤酒杯。四處嵌著瞪羚、大羚與劍羚的成對叉角。一面牆上掛著斑馬及肩頭像，地板上攤著一張斑馬皮。讓人印象最感不祥的裝飾，是一張占據了整個牆面，一大幅灰塵密布的老虎皮，虎皮伸展四肢，彷彿張口虎嘯之際，硬生生被人截斷，剜出肝膽腹腸。

叫人鈴擱在皮革封面上蓋有金色大章的住房紀錄簿與記錄本子上頭，我搖了一搖，叮噹作響，一個粗獷的高個子男人，應聲大步跨出後面的辦公室。姿態佝僂，神色不善。一頭白髮，一張長年菸槍皺紋深陷的臉，手指間還夾著一根裊裊生煙的菸屁股。錯不了，那就是少校，他看來老大不悅，典型的英國式不耐煩，意味著「天下沒有新鮮事，別想唬我」。他兩眼困惑，流露方遭驚擾的不耐，他伸出下巴指了指我們，說道：「來了，幹嘛？」

維迪亞說：「我們剛從烏干達開車到這裡。」

「路難走的要命。不過，我們也有不少從那邊過來的客人。」

「我們過來是想對你的旅館多了解一些，」維迪亞接著說，「我們想在這裡用午餐，順便四處走走看看。」

少校說：「給我一點時間準備。去花園裡走走瞧瞧。可以入座的時候，我就會來叫你的。你叫什麼名字？」

「奈波爾。」

「你是那位作家嗎？」

好個充滿靈感的回應。天國之門開啟。號角齊鳴，群鴿升空飛翔，所有的馬萊卡，黑色的天使一同唱詩，肯亞西部天空中爆出歡悅的歌聲。

「是的，」維迪亞說著，滿意歡喜地結結巴巴起來，「是的。是的。是的。是的。」

現在他到家了，歡迎歸來，輕鬆自在，如魚得水，在一位讀者面前，我從來沒見到他如此歡喜過。

「我能為你效勞嗎？」

少校還得再重複他的問題一遍。他在跟我說話。我矮身趨近那張虎皮，感覺忸怩不安，一廂也詫異，你怎能宰殺一隻如此龐然巨獸，還不會留下戳痕與疤記。

「我是跟他們一起來的，」我說，「我在找這玩意兒上面的彈孔。」

「你找不到的，」少校說，「我一槍射進牠眼睛裡。」

---

12 貝那拉斯（Benares）：瓦拉納西（Varanasi）的舊稱，為印度教的聖城，位於印度東北部，臨恆河。

老虎的玻璃眼珠，好比殉教烈士般瞪著這個房間，以及一屋子荒唐可笑的古玩珍品。

少校問道：「你怎麼找到我們這裡的？」

維迪亞說：「我有我的消息管道。」

在餐廳吃午餐時，由於我們是唯一的食客，少校也款待得相當殷勤。他說生意慘澹，打算要賣掉這個地方。他開朗輕鬆，卻也冷靜自持，猶如身處後衛戰中，竭力維護舊有優勢，然而也準備棄城投降了。他拔開一瓶葡萄酒的軟木塞，說道：「這是一瓶澳洲白酒。」

維迪亞說：「可這酒非常非常好哇。」他一邊咂唇品味，一邊研究瓶身上的標籤。

「嘗嘗你們湯裡的雪莉醬汁。約書亞一會兒就給你們上主菜。」少校言畢，就跨著大步離去。

帕特開始哭了。她悲悲切切地啜泣，說她吃不下。她說，只要一想到這旅館不久就要關門了。所有的花朵，所有的秩序和整潔，所有的希望。而他們就要關門大吉了。

「喔，我的天哪，維迪亞，你看，」她指著一名侍者說：「他那雙可憐的鞋子。」

那雙鞋子看來確實挺悲慘的。鞋面破爛，鞋帶闕如，後幫坍垮，鞋舌逸失，鞋跟磨損。這雙鞋似乎體現了飽受折磨酷刑的兩隻腳丫子。那雙鞋子的光景，迫使帕特再度飲泣。每次，她一看到那人穿著那雙鞋子，她就淚眼汪汪。我忍著沒告訴她，這種鞋子在非洲，都是輾轉了第二、第三手的舊鞋。習於赤腳的非洲人，很少能找到合適的鞋子，貼合他們的天足腳型；而那雙爛鞋，正像他們身上穿的破爛襯衫與短褲一樣，都是象徵大過實質意義的。

「別難過了，帕芝，」維迪亞說，「他不會有事的。他可以回到他的村落。他可以吃香蕉，拍他的邦戈鼓。他會開心的要命。」

稍後，少校說道，印度獨立之後，他跟著一些印籍英國人來到東非。當時，肯亞因為氣候宜人，成為他們首選之地。坦尚尼亞則被視為惡地，難以開墾，到處都是穿著毛裝的非洲共產黨。烏干達烏鴉鴉，幾個分崩離析的王國，再加上路況惡劣。總而言之，少校是極不情願地來到這裡。他喜歡印度。非洲普普通通啦，只是，非洲人往往讓他光火。他的斯瓦希里語只是一連串嚴格的規矩與命令，而我在他身上，看到相當嚴厲，甚至跋扈的部分，無情的冷酷，挑釁的憤世嫉俗。他具體呈現殖民開拓者的嚴酷性格中最糟糕的一面，以及軍官成夥時，厭惡女性的袍澤關係。

少校毫不理會帕特的淚水，他打從一見面就嫌惡她，稍後，他更對著我模仿她的言行——拙劣，誇張的模仿，只流露出某種怨忿。對他而言，她就是個「嗶嗶」（bibi，斯瓦希里語的「太太、祖母」），一個「孟沙希布」（memsahib，斯瓦希里語的「淑女」），整天哭哭啼啼發牢騷的傢伙，可是，看在維迪亞份上，他對她還算禮遇。維迪亞用聽來老派的「孌童」來形容少校。我從來沒聽說過這個字眼。維迪亞說，英國的妓女就是這麼講的，這話聽來怪異，出處更啟人疑竇。喔，那些野雞是這麼說的，不是嗎？我就這麼以為，少校是個同性戀。維迪亞更愛講的字眼「搞屁眼的」，倒不曾在卡塔加山寨說過。

他們談到印度：美麗的旁遮普穆斯林、凶殘的錫克族、北方邦的平原、山中避暑勝地的英國風味、浦納[13]俱樂部的馬球比賽。少校曾經駐防各地。他跟維迪亞說：「我可以跟你講些很

---

13 浦納（Poona）：印度西部城市。

棒的故事。我敢說，以後你寫書一定用得上。」

「不，輪不到我，」維迪亞說，「你一定要自己動筆寫。」多年來，我總是聽他跟那些有意提供故事，充作寫作材料的人這麼勸告著。他寫不來他們的故事；只有他們自己才寫得來。而當他們抗議，說自己沒法子寫的時候，維迪亞會說：「如果你的故事有你講的那麼好，你就會寫了。」

少校自己也愛讀書，同時還挺欽慕維迪亞寫的《幽黯國度》一書。我們到達不久，我看他在讀格雷安．葛林的《喜劇演員》，這本書當時才剛剛在英國出版上市。

我說：「你覺得這本書怎麼樣？」

「書中人物不是叫史密斯，就叫瓊斯或布朗的。一點看頭也沒有。我該覺得這本書怎麼樣？」他說，他不喜歡美國人。他一點也不保留對我的不屑。我在取用雪莉醬汁時，樣子有些娘娘腔。他高喊著：「北佬！」接著講了一堆又長、又叫人難以置信的故事。有一次，少校說道，他奉命出差到美國，在軍官俱樂部裡點了一盤火腿切片。一位同桌的美國軍官，竟然不請自發地舀了一杓橘子醬，倒在火腿上面，還對他說：「這樣子，火腿吃起來就好吃多了。」——少校惡意怪腔怪調的模仿對方的發音。

「該死的北佬！」少校說：「我根本一口也吃不下去。」

同樣的故事，小幅增減情節變化，他跟我講了四次。我並不在意。我感覺，如此漫不經心的侮辱，反倒可以讓維迪亞一窺，一個美國人置身於一夥非洲英僑之間，當如何自處。

維迪亞在旅館裡找到一個他喜歡的房間。他跟少校講定了每週住宿費用，不久，就與帕特一道搬了進去。他打算在那裡完成小說寫作，也就是在卡塔加山寨，他告訴我小說的標題：「模仿人」。帕特確實也寫些東西，她每天撰寫日記不輟。她同樣也有文學上的企圖——她想寫一部劇本——只是，她很少討論她的計畫，總是順從著維迪亞。她三不五時總會無助地嚎啕哭泣，若不是為了兩人之間無法協議，就是她又看到些愁慘的景象——破爛的鞋子、臉上掛著鼻涕的孩子、喪失親人的女性、園丁胼手胝足地辛勤工作等等。偏偏，她的眼淚總會撩得我慾火中燒。我不曉得是這緣故，不過，每次她一哀哀飲泣，我就想過去抱住她，摩搓她的雙乳。

卡塔加山寨裡別無他客。少校養了幾頭溫馴和善的拉布拉多獵犬，不時拿鼻子挨蹭著我們的腿，舌頭垂在嘴巴外面，老要人家替牠搔癢。幾個在附近預備學校誤人子弟的英國教師，幾乎每個晚上都會光臨酒吧，不醉不歸。

某一天晚上，一名男教師尖聲咒罵著：「那個痴呆猶太婆子！」

維迪亞說別理他們。「劣貨。」

他說，他了解少校。少校在印度陸軍裡的小名叫「小兔」。這個可憐人飽受熱情與挫折磨難。維迪亞說，顯然的，他也有個善感敏銳的靈魂。「看看那雙眼睛。」（在我眼中，少校的藍色瞳眸既冷酷，又缺乏深度。）少校對印度有一份感情，就足以顯示他的敏感多情。他也有心。他是個優良軍人，尊敬他的弟兄。他了解文化。他知性聰穎。他為非洲帶來一種秩序感，灌輸技能，建設一所機構，他可以說是以自己的方式，經營一小塊殖民地。

維迪亞自己在心裡猜想，少校可能以為他是個謎一般的人物，似乎還想方設法地，讓自己顯得益發撲朔迷離。然而，維迪亞卻有一堆簡單而僵硬的規矩，只要嚴格遵守，他就樂而忘憂。舉例而言，維迪亞的素食餐飲，害得廚房為之進退兩難。煎蛋捲就是經常的解決之道。少校對我說：「我還得去多買幾本食譜呢。」

老爺在禱告

我只要時間允許，就盡量去拜訪維迪亞。剛開始，只是一同消磨週末，後來幾次也一連住上一個星期。卡塔加山寨的日常作息，與我在坎帕拉的生活大不相同，而我也逐漸喜歡上打撞球，吃幾個巧克力蒸布丁，在湯裡滴上幾滴雪莉酒，還幫少校遛遛狗。

一直梗在我心上的——雖然，我從來不會講起——其實是我自己的小說。我們彼此心知肚明，維迪亞對我的寫作諮詢，已經告一段落了。我談怯懦的論文已近殺青。「我想，這會是一篇重要告白，」維迪亞說道，「雖然說你在文章裡可能自我剖現的太多了。」我一定得向前行。我沒說自己在幹什麼。反正，也沒人問起。我正是巫師之徒[14]。

「我的敘述者可有些話要說說那個，」維迪亞總會在對話中提起，通常簡單的就像提到土地價格上下震盪一樣。他跟他書中所有的人物都很親密——他引述他們說的話，而他更多次引用敘述者講的話，這個敘述者聰明睿智，厭惡人世，年過四十，對於政治與壓迫，金錢和友誼皆有其定見。現在，維迪亞已經落腳在這間舒適的旅館裡，小說寫作日有起色，更讓他開懷。他安於鄉下生活，讓少校招呼他，以及一干吉庫育族的傭人照料他的起居，隨後，他也開始跟著肯亞的風俗，喊吉庫育傭人「庫克斯」（Cukes）。

帕特說：「阿敏問我，『老爺整天都在房間裡做什麼？』我告訴他，你的工作就像禱告一樣。所以，他一定要保持非常安靜。」

「老爺在禱告，」維迪亞說，「確實。這也是真的。我很高興你這麼對他說。」

他起先在倫敦東南方，黑石楠區的一家旅館裡，開始撰寫這本小說，他是刻意住進那家旅館，尋找氛圍，進入他的敘述者的情緒之中，敘述者也是暫時住進旅館，撰寫一本小說體的回憶錄。而今，小說將收尾在另外一家旅館裡面，自是再恰當不過的了。他說過許多次：「我的敘述者喜歡旅館。我也喜歡旅館。」他喜歡有人殷勤關照自己，整潔的房間，傭僕辛勤地來回收拾，恍如置身莊園之中，而他就是領主。這樣的居住情境，就是寫書的理想狀況。

「這是一本重要的書，」他這麼說著他的小說，「從來就沒有人寫過這些事情。」

我心想，這不過是一本書罷了。我更驚訝的是，他可以如此欽羨孺慕地說起他自己的作品，喜愛之情溢於言表。不過，我心裡也想著：我也要人家同樣尊敬我寫的東西。我想要重視我的作品，我也要有這樣的信心，我想要將自己所有的心智與精力都投諸在寫作上面。我要獲取隆重的名利回饋。

有一天晚上，在餐桌，「帕芝反對我寫的一些東西，」維迪亞說道，「她不讓我寫『聰明的老黑仔』。」

---

14 巫師之徒（Sorcerer's Apprentice）：語出法國作曲家保羅・杜克依據歌德的一首歌謠所作的交響詩。意指巫師施行，且無由控制的法術魔力。

帕特說道：「喔，維迪亞。」雙眼開始濕潤。

「帕芝要我改寫成『聰明的老黑鬼』。」

我覺得這兩個字眼都同樣糟糕，不過，帕特的憤怒顯示，以及接下來的爭辯——再度淚灑餐桌——最後，帕特還是會占上風的。

他用一具手提式奧利維特寫作，輕量扁平的文字處理器，在我眼中，非常摩登，打起字來「契克、契克契克」。我的則是一部黑色的雷明頓，打字時哄然喀喳，「非卡、非卡、非卡」。

帕特說：「我最喜歡坐在花園裡，聽你們倆兒一塊兒打字寫東西了。」

戀慕朋友妻

某一天晚上，我們同坐在吧台上，維迪亞問道：「你怎麼拼areola（按：解剖學名詞，乳暈）這個字？」

我以為他在講aureole（光環），就將字母逐一拼出，可是，他說不對。他向少校討了一本字典，查出這個字。

少校問道：「那不是乳頭的意思嗎？」

維迪亞回答道：「那是指環繞乳頭周圍的部分。」

他們在交談的時候，我趁隙翻查pathic（孌童）一字，不過，少校那本學生字典太小，查不到，字典應該是屬於某個吉庫育傭僕的吧。

少校問維迪亞：「那個字是要用在你的書裡嗎？」

「我的敘述者提到這個字，沒錯。」

「我一定要讀這本書。」

帕特聽了微微一笑，卻沒說什麼。她蒼白的粉臉光滑，略略凸出的下巴，下垂的下唇使她在開口說話當兒，看來非常富有見地。她羞怯內向，她言語甜蜜，謙遜自牧，總是禮貌周到。我總是小心翼翼，不要在她面前「出口成髒」。我曾經目睹，有個傢伙在卡塔加山寨酒吧裡，講了一個「幹」字，攪得她非常不悅。我也不想問自己，為什麼她的反應會這般撩動我的心緒。花園裡，紫色的九重葛樹籬外，她讀書，她寫自己的日記，總是形隻影單，侷促不安，彷彿她正在等人，守住跟一個從不現身的人的約會。她袖珍嬌小，害羞靦腆，姿態優美。晚上，我給她一個堅貞的吻。

維迪亞會說：「去跟帕特作伴。」他完全浸淫在他的書裡。

我不懂他的話是什麼意思，但願語意不要這麼模稜混沌，或是由她主動開頭。當時，我二十四歲，即便在坎帕拉的時候，我經常從梔香苑的酒吧帶女人回家過夜，我依舊時時想念著悠默。

帕特和我開車到附近的村落，或是到艾爾朵瑞特，鎮上有一處郵局。我們一同散步。此間不難撞見非洲動物兩兩發情，或是男孩穿田過野地奔逐在女孩後頭，或是像我們有一天聽到的一樣，玉米田裡傳出尖銳的歡悅呼聲。這類的事情總撩得我慾海生波。帕特裝作她從未注意過，身為一名家教優良女性，即使看見路邊兩犬交尾，也會轉過視線。她既友善又長於感受，不過，她也總是彬彬有禮。難道，她的禮貌，其實是她對我保持距離之道嗎？

我從來不知道該如何求愛。對於英國人那一套追求儀式更一無所知。目前為止，在我定居非洲的四年之間，我只跟非洲女人做過愛。性愛解放了我，養成我單刀直入的習慣。有一次，在坎帕拉，我問一個美國女人，有沒有興趣跟我搞。她說：「你應該講得含蓄一點。」而當我試著表現得含蓄隱約時——雖說，我也知道，為時已晚——她竟然坦白相告，原來，她還是處女。我驚愕於她的純真，於是我諄諄教誨她，多小心一點。我們都是些色狼啊，我說。

我會說：「跟我回家，我跟你做愛。」不過，這話用奇契瓦語[15]或斯瓦希里語說來，就更粗率，剝去所有的迂迴委婉。當地語言說來直接了當，就像在形容瓶塞推進瓶口一樣，不過，這樣講不是更好嗎？

每次我臉上帶著微笑，說道：「密密，恩軋馬，委委，基殊」，往往都能表情達意。我是肉，你是刀。

「才怪，」一個女人笑著說，「你才是刀，我是肉。」

我說：「西西，恩軋馬，姆畢利。」我們都是肉。

有時候，只須意會，不用言傳。在非洲，跟一個女人獨處，就意味著兩人有完全的自由。她也許不會說：「咱們上吧。」她說不定一點聲響也沒有。她的沉默與微笑，就說明了她的意願。過去，我感覺自己在美國的生活受到壓抑。而今無須任何協議，真是教人寬慰。如果，我碰到一個喜歡的女人，我很快就會提到性。在我看來，對方也總有同感，我提議要做的事，跟玩上一局橋牌一樣，沒什麼要緊，也犯不著拖拖拉拉的。

維迪亞曾經對我說：「我已經禁絕房事了。」如此聲明，奇妙地引我遐思。我從這項隱私揭露的觀點出發，來看待帕特，發現她的羞怯與飢渴，以及一絲關於脆弱而容易受傷的情感的暗示，在在使她益發可人。

我們一同散步，還經常落單獨處，不過，我始終找不到話來提起這個話題。我毫無技巧，也知道單刀直入只會壞事。她對我，就是過於有禮，謹慎周延到我不知該如何對她莽撞直言。我暗自期望她能幫幫我，不是坦白地拒絕我，叫我死心，就乾脆助長我的慾念遐想。她的禮貌，反而像風騷女子的反應，變態地吸引著我，就像我同樣受到她精巧的臉龐、淡藍濕潤的眼眸所吸引，還有她那頭可愛的秀髮——她不過三十三歲，髮絲卻已經銀灰耀眼，更進一步挑動我的情思。

有一天，她湊巧看到我目不轉睛地盯著她，當下就自覺的忸怩起來。她辯解著，「我衣服縮水的好厲害。」一邊還用她纖細的手指頭扯扯衣裳。收緊的長褲，收緊的襯衫，還有她漂亮的嘴唇。凡此種種，從未逸出我流連忘返的凝視目光，不過，我對朋友妻的情慾綺念，每次在我和帕特散步或是開車兜風回到旅館，面對維迪亞之時，總感到衷心的愧疚。直到過了許久以後，我才知道，他當時正在寫作的書裡，維迪亞的印度敘述者——主角，娶了個英國太太，多少跟帕特有些神似（書中還用了一整頁的篇幅，說明把玩她那對乳房的情趣），她與一個年輕

15 奇契瓦語（Chichewa）：奇契瓦語是班圖語系的一支，通行於非洲東部、中部與南部。自一九六八年到最近，還曾經是馬拉威的國語。

的美國男人有一段出軌戀曲。敘述者只是袖手旁觀；讓他綠雲罩頂的那個美國人，「對我稍嫌過度熱心了，我對他無所介意，對他只感覺自己像個父親一樣」。

艾爾朵瑞特有一家吵雜的酒吧，位在一條後街，店名叫「高地」。雖說店裡樂聲震天，裡面其實沒多少人，大部分都還是附近地區的女人，皮膚黝黑，來自湖畔的基蘇木鎮上。一天晚上，我將帕特送回旅館以後，就去到高地酒吧。我坐上吧台邊的一張椅子，見到附近一個非洲女人對我微笑。她的臉龐，在差勁的燈光照明下，像鐵面一樣輝映。

「葛唔蝦因。」

我請了她一根香菸，用斯瓦希里語問她：「妳想不想喝杯酒？」

那女人說：「好啊，你買單的話，我要一杯彭貝（pombe，斯瓦希里語的「啤酒」）。」就過來跟我坐在一起。

我問道：「那麼，你都在做些什麼？」

她說：「我一直在等你呀。」

我想，事情本來就應該如此，因為我知道，那不是「如果」和「什麼時候」的問題，只是待會兒，我們該到哪裡找個沒人打擾的安靜所在。

緊要關頭你要怎麼辦？

奈波爾夫婦在離開坎帕拉之前，就已經買了車子，一輛棕褐色的標緻汽車，在東非一帶是很受歡迎的車型；經常充當叢林計程車，因為車體的懸吊系統扎實，引擎又穩定可靠。阿格瑞是他們的司機。他的英語不靈光。他經常用斯瓦希里語對我說，他想跟老爺溝通的一些事情。每當三不五時，維迪亞被他惹毛了，他就會央求我跟他說明，老爺為什麼又生氣了。我從來就未曾細解維迪亞的乖張脾性，而且，他鬧起彆扭來，一次總要好幾天才消散，彷彿俄國小說中，主僕之間的怒火紛爭。而當雙方僵持不下之際，維迪亞就自己開車，叫阿格瑞坐在後座。嚴酷的角色逆轉，再加上維迪亞開車不守規則——之前，他從來就沒有自己的車——這對降謫為乘客的司機而言，更加羞辱；困坐在傳統上屬於老爺的位子，而老爺橫衝直撞地替他開車。

就維迪亞而言，整個東非只是一塊叫人著惱發狂的地方，不過，任何一位東非居民都知道，東非是由三個涇渭分明的國家所組成的。烏干達保護國已經和平轉移到獨立。坦尚尼亞，變態地崇尚意識形態，整個六〇年代，舉國上下都是毛澤東的大實驗室：領導身著毛裝，鸚鵡學舌地高喊著中共的標語，為了回饋如此的奉承（當時，文化大革命才剛開始），中共開始興建一條連接首都三蘭港（Dar es Salaam）與尚比亞的鐵路。肯亞則是個部落割據的動盪國家，差異兩極化的政黨攪和在地域與民族的深仇大恨當中。茅茅衝突[16]，人們記憶猶新，暴力狂飆，國家因而分裂崩離，充斥著儀式性謀殺、嗜血祭典與凶殘的食人行徑。肯亞一度為殺戮戰

16 茅茅衝突（Mau Mau Conflict）：定居肯亞的吉庫育人所組成的一個秘密組織，成立於一九四七年，活躍於五〇年代，專以暴力驅逐白人。

場，現在則統領在狡猾又愛說教的老戰士裘莫．肯雅塔[17]之下，而他不時向外國政府與印度商家強索獻金。肯雅塔政府有錢好辦事，不過，有時商家也會躊躇縮手，不讓官方予取予求。

維迪亞住在卡塔加山寨的時候，六名印度商人因拒絕付款，被強制遞解出境，驅離肯亞。維迪亞發問，了解到我們一向知悉的史實，奈洛比的印度人曾經協助領導肯亞人邁向獨立。他們遭到英國人歧視，不准居住在某些地方，禁止種植商品作物[18]，同時也禁足於俱樂部門外。「烏乎魯」（uhuru，獨立）之後，肯雅塔政府卑劣地對待他們。接下來，就開始驅逐某些印度商人了。

維迪亞是個顯而易見的穆興迪，印度人。即使，他說自己在赤道驕陽之下，已經曬黑了好幾階色度。他的叢林帽與手杖遮掩不了什麼。而今，他住在一個不歡迎穆興迪的國家。「該死的亞洲人」不過是肯亞的非洲人提到印度人時，比較不刺耳的稱呼之一，而卡塔加的傭人私下彼此交談時，就喊維迪亞作穆興迪。

維迪亞意志堅定，他反擊的方式跟他在烏干達的時候差不多。不論何時，只要他在肯亞遇到印度人，他就盤問人家，執意要對方交代，萬一情況出了差池，他們的應變計畫如何。他管那種時候叫「緊要關頭」。「很好，」在初次相見歡，彼此招呼之後，他就會說：「碰到緊要關頭，你該怎麼辦？」他呼籲他們前往印度或是英國，而且要把他們的錢都帶走——給那些非洲人一個教訓。他引用《福歌》。他說：「你一定要行動！」不過，他們只是不安地微笑，說他並不了解。他決定要帶著帕特和我一同前往奈洛比，晉見印度的高階行政長官以及美國大使，當面研討這項議題。

我們開車通過大裂谷（小心落石）前往奈洛比的路上，「你還記得之前我跟你說過的話嗎？」他對我說道：「要仇恨壓迫者，不過，永遠要留意被壓迫者。」

我認出他進行中的小說裡，主要角色講話的腔調。那也經常是維迪亞自己說話的音調。似乎，維迪亞與他的英雄在大部分事情上的看法如出一轍。他們甚至引用相同的說法，或是「措詞」，正如，他們都會說些：「邇來」、「緊要關頭」、「一小段時間」。

「關於這趟奈洛比之行，我已經思索了一小段時間，」維迪亞說，「對，一小段時間。」

接近大裂谷絕壁時，我們看見一塊招牌上寫著：「胡參有限公司羊皮外套特賣」。維迪亞說，他想見見他們，雖然，我心中狐疑，他可能不過是想訓誡胡參先生一頓而已。外套很便宜，既厚又重。胡參先生替我們量過身以後，說他可以接受訂做外套。一個月左右的時間，就可以送貨到府。

我們付錢之後，維迪亞質問胡參先生道：「那麼，碰到緊要關頭，你該怎麼辦？」胡參先生說：「我有計畫。」一廂曖昧地搖頭晃腦。

我們又回到路上的時候，維迪亞說：「他在扯謊，當然囉，」又說：「我不曉得自己是否

17 裘莫・肯雅塔（Jomo Kenyatta）：一八九一～一九七八，為肯亞「民族主義之父」。自一九六四年起，迄一九七八年去世，擔任肯亞總統，同期間，他也是武裝部隊總司令，兼管外事，肯亞非洲民族聯盟終身主席，致力於國家之穩定與經濟繁榮。

18 商品作物（Cash crops）：指專為謀求現金價值而種植的農作物。

撐得起來？」

他是指那件羊皮外套。

帕特坐在後座開口說道：「你當然撐得起來。」她總是扮演這麼正面激勵的配偶。

維迪亞說：「也許要去蘇格蘭的時候吧。」

遠處，三兩頭長頸鹿，漫步踱過山谷，一群低頭吃草的斑馬，以及三五群集的瞪羚。

「降霜的天氣。下雪。我看到那時候，外套就派得上用場了。可是，我不知道我撐不撐得起來。我想我的肩膀不夠寬闊。」過了一會兒，他說：「保羅，你一定要到倫敦來。見一些真正的人物。帶著你的羊皮外套來。」

打探消息

奈洛比是個街道寬闊的小鎮，富有殖民地的氣氛。維迪亞說：「都在模仿。」不過，他喜歡諾福克飯店，喜歡飯店裡的乾淨、舒適。我們登記住房之後，他說，他手上有個奈及利亞人的住址，那人跟肯亞人打了多年的交道。一開始，維迪亞還在推敲，這樣會不會太麻煩了——帕特早已決定待在旅館房間裡休息——不過，他的好奇心逐漸旺盛。屢試不爽，他的好奇往往戰勝了他的猶疑。那個奈及利亞人，在最低層次上，都應該能以西非觀點剖析局勢。他的名字叫穆罕默德，出身豪沙（Hausa），來自他祖國的北部地方。他在他公寓門口迎接我們，身著一件藍色細條直紋雙排釦西裝。維迪亞率先自我介紹。

穆罕默德說：「太好了。」他領著我們登堂入室，房間裡立著一架大書櫃，他問我們要不要喝茶。

維迪亞說：「喝點茶非常好。」

「要不要放點音樂？」

一個架子上疊得滿坑滿谷的唱片。

「音樂就不用了，不用了。」

「太好了。」

我們喝茶的時候，穆罕默德就向維迪亞說明印度人在奈洛比遭到迫害的情況，不過，維迪亞不但不訊問他，反而言簡意賅，無端不耐起來。我只是看看書櫃裡的藏書。但見《北回歸線》、《南回歸線》、《愛經》[19]、《裸體午餐》、《洛麗泰》、《棒棒糖夫人》、《愛人手記》以及其他書種——同一主題的不同變調。

維迪亞站起身來，「我們得走了。」

穆罕默德的話頭被截掉一半，說道：「太好了。」

坐進車裡，維迪亞說他深感噁心。

19《愛經》（*The Kama Sutra*）：Kama是印度的愛神，Sutra是手冊、經典的意思。華特雅雅納所著的《愛經》是八世紀印度的一本哲學與心理學的書，書中談到做愛的技巧，更教導如何善用香味、油膏、潤滑劑來提升感官與性愛的歡愉程度。

「哪裡不對勁嗎？」

他對著穆罕默德的住所做了個嘔吐的鬼臉，說道：「手淫者！」

他過了好一會兒，情緒才逐漸平靜，不過，在他眉頭稍霽之後，我對他說：「我要去見湯姆．霍普金森。」

「霍普金森？那個編《郵報畫刊》（*Picture Post*）的傢伙？他也在邦戈—妄戈？」

「沒錯。你要一起來嗎？」

「本人一點興趣也沒有。」

我送維迪亞回到旅館以後，跟湯姆．霍普金森一塊兒消磨了一個下午。他是個知名的編輯與記者，而他一手擘畫，獲得高度成功的《郵報畫刊》一直是英國出版界對美國《生活》（*Life*）雜誌旗鼓相當的回應。當時，正是霍普金森活躍的半退休時期，他在奈洛比主持一所新聞學院。我希望他能撥冗前往坎帕拉，在我即將組織的一個年會上，發表有關新聞自由的演說。高、瘦而滿頭華髮的他，友善而不拐彎抹角，同時，他顯然是一位倫敦紳士：打著領帶，長褲筆挺，發亮的黑色皮鞋，對肯亞來說，他是盛裝過度了。我們談到小說——他自己也出版了兩部。他說自己太忙，無法赴會演說，只不過，我猜想，應該是烏干達境內暴動的傳言，阻卻了他的意願。大部分住在肯亞的人，還是拿烏干達當作叢林地帶。

當天晚上，在諾福克酒吧裡，維迪亞說：「跟我說，跟我說，快跟我說！」他沒多說什麼，不過，我知道這是他探問霍普金森的方式。

我說：「他在寫一本小說。」

「喔，天哪。」

「那是他的第三本。」

「喔，天哪。」

「他說，他搞砸了先前的兩本。他太趕著出書。這次，他可要慢工出細活。」

維迪亞嘴裡的茶吐了出來，然後，放聲釋出他整個肺腔的笑浪，他宏亮的菸槍笑聲，四處迴響。

「他只是在玩弄文字而已。」

我說：「他也是喬治．歐威爾的朋友。」

「本人也經常跟喬治．歐威爾相提並論，」維迪亞說，「不算哪門子恭維，是吧？」

提議懲罰性出擊

駐在奈洛比的印度高級行政長官，裴姆．巴提亞，為維迪亞舉辦了一場晚宴。現在，就像在卡塔加山寨一樣，我再次看到心滿意足的維迪亞：尊榮備至的貴客，登臨仰慕他作品的主人家中。這種貴賓角色讓維迪亞穩定下來，也讓他端起架子來，變得毫無趣味與過度莊重，而在晚宴桌上，他更讜言高論起來。

「本人思索了一小段時間……」

巴提亞在印度是位傑出的記者。他有幾個活潑健談的青少年子女，以及一大家子家眷，就像個真正的家庭一樣。當晚不算是高朋滿座。只在官邸前面的院子裡，擺了兩張餐桌，招待肯亞、印度與英國客人。維迪亞與主人家一同坐在主桌。

一名年老的錫克族僕人，裹著紅色頭巾，負責斟酒，巴提亞跟在他身後，說道：「現在，請盡量享用美酒，不過千萬小心玻璃酒杯。每個杯子都花了我五個基尼金幣。這些酒杯還是從倫敦送過來的。」

一聽這話，座上一個英國人就拾起酒杯，仰首乾盡杯中酒，然後將酒杯過肩摔向庭院圍牆。酒杯墜落石板時，濺起一陣闇微粉碎的聲音。

四下頓時悄然無聲。巴提亞保持微笑，沒說什麼。那個英國人縱聲狂笑——或許，他已經喝醉了。他的太太，垂著頭，低聲絮絮自言自語。

主桌上突然高聲爆發了一句：「劣貨！」

晚宴結束以後，所有的客人都走了，傭人也退下了，維迪亞以高齡國士造訪的浮誇姿態，侃侃而談，這也是他書中敘述者講話的音調，而他也告訴過我，敘述者曾經是個政治人物。遭到遞解出境的印度人是他談論的主題。

「這樣太屈辱了，」維迪亞說，「你打算怎麼反應？」

巴提亞說：「我們已經提出非常嚴重的抗議。」

「你一定要再多做一些，」維迪亞說，「印度是個大國，有權勢的國家。是個主要強權。」

「當然——」

「你一定要提醒非洲人這一點。邇來，非洲人表現得像在與某個蕞爾小國打交道似的。邇來……」

「我已經送了一封信過去。」

「送一艘炮艇過去。」

「一艘炮艇？」

「懲罰性出擊。」

「恕難苟同。」

「砲轟蒙巴薩[20]。」

「誰要做這種事啊？」

「印度海軍啊，」維迪亞說，「本人經過通盤考量。派遣印度海軍到肯亞沿海演習。就在蒙巴薩下錨——出動一整條艦隊。警告他們，印度不是好欺負的。砲轟蒙巴薩。」

高級行政長官皺眉苦思。

「懲罰他們，」維迪亞說，「等到蒙巴薩付之一炬之後，下次他們還想迫害印度人，就會三思而行了。蒙巴薩島上不是還有油庫嗎？沒錯，這樣他們就會放過印度人了，至少一小段時間。」

第二天中午，我們在美國大使館官邸游泳池旁小酌，大使威廉．艾特武德作陪。維迪亞的懲罰性出擊演說剛剛進行到一半，突然間，毫無預告地，出現一位身型魁碩，面帶笑容，樣貌

20 蒙巴薩（Mombasa）：肯亞東南部主要港市。

熟悉的非洲訪客。他說，他想與大使一晤。兩人便進屋密談。

「他肯定是來要錢的，當然囉，」維迪亞說，「他還會想要什麼？你看到他有多肥了吧？他不過是另一個匪類而已。」

十分鐘過後，大使又回轉來。他說，那人是湯姆·姆伯亞，肯亞政壇一位領導人物，也身兼部會首長。

維迪亞說：「馬—伯亞。」

「給人印象很深刻的人，」艾特武德說道，「姆伯亞將是下一任肯亞總統。」

維迪亞只是瞪著眼睛。他在想，肥仔匪類。

姆伯亞一直與總統寶座無緣。不過幾年，他就慘遭政敵暗殺身亡了。

大使夫人與我們同進午餐，維迪亞還滔滔不絕地描述，他心目中可能的懲罰出擊軍事行動。維迪亞慷慨激昂的豪語或許害得大使狼狽無措，因為，在他將糖鉗子遞給夫人時，竟然一時失手，掉了糖鉗子。鉗子一路滑向游泳池邊，撲通落進池子裡。

艾特武德說：「別管那個鉗子了。」

我們眼睜睜看著那個銀色的小東西，搖曳下沉，最後定著在深水的那一端池底。

維迪亞說：「府上有大小合身的泳裝容我更換嗎？」

「更衣室裡多的是游泳衣，」艾特武德說，「我們專門為客人準備的。」

維迪亞先告退，幾分鐘過後，他穿了一條藍色游泳褲出來。他一語不發，隨即身手俐落地潛入泳池，驅近池底——深約八呎——拾回滴著水的糖鉗子。大使還在對他嗜好運動的精神讚賞不迭之時，維迪亞已經換回衣裝，回坐繼續用餐了。

那是他島嶼童年時光的提醒。他成長在水湄河畔，顯然養成健泳身手——從他自池邊躍入泳池的姿態，就可見一斑，跳水時水花不興，潛入池底猶如探囊取物，毫不費力。那個時候，我看他就像個骨瘦如柴的孩子，從千里達一處礫石碼頭縱身入水，觸目可見下錨定泊的遊艇。他的浮躁衿誇率皆褪去，他變得優雅，正像個島嶼孩童。

大使感謝我們過訪。

「我想他需要聽聽這些話，」維迪亞講到砲轟蒙巴薩，付之一炬的提議時說道，「你注意到他聽得有多專注嗎？至少，他還了解，這裡出了問題。我就知道，你們的人會做點事情。」

接著幾天，維迪亞到奈洛比的印度餐館與店鋪裡質問人家，如果印度人遭到驅逐的話，他們該怎麼辦。他說，他們在非洲沒有前途的。他們現在就應該為緊要關頭預作準備了。

他對我說：「然而，本人有預感，這些印度人還渾然不覺大難就要臨頭。」

經過皇后大道上的卡努姆精品店時，帕特說，她想進去挑幾碼印花布，好鋪在卡塔加山寨房間裡一張桌子上遮灰塵。維迪亞跟我就在陽台上等著，陽台上一個約莫七、八歲的印度小女孩，坐在一張木頭板凳上，一旁她的非洲保母正替她打扇驅暑。小女孩穿了一件粉紅色的紗麗，一條加長的旁遮普燈籠褲，面容鄭重端莊，彷彿即將趕赴宴會一樣。

「吉納，拉扣，納尼？」我用斯瓦希里語問那小女孩，她叫什麼名字。

保母微笑，手肘輕輕推了她一下，如此溫柔的動作，反倒引起小女孩反彈，像個不受教的頑劣小童一樣怒目瞪視。維迪亞長嘆一口氣——或許是因為我說了斯瓦希里語吧，或許是因為那個皮包骨小女孩裹著赴宴紗麗，一副小公主的德性吧。

我問道：「委委，納竹瓦，起斯瓦希里？」她會不會講斯瓦希里語？

保母噘唇吸齒，輕輕咂嘴，在東非，就表示肯定的意思，可是，她一咂嘴出聲——代替那小女孩回答——她的小女主子，愚蠢的小大人，又對她怒目瞪視，還將兩臂交叉抱在胸前。

她說：「我四粉吱道怎樣講因以的。」

「多可怕的小鬼，」維迪亞說著，移開視線。「總是有人在雜誌上寫些關於小孩的文章——父母親與子女的。都是些蠢人。我沒有孩子。我的出版商，安德烈・朵奇也沒有孩子。這都是個經過理性思考以後的決定。人家都說，『你們的小孩兒一定會很可愛』——扯什麼印度—英國混血之類的事情。我一點也不想要孩子。我連有關小孩的東西都不想讀。我壓根不想看到他們。」

小女孩盯著維迪亞看，似乎領悟到，有人在侮辱她。她一雙大眼因憤怒而發暗，當她抬頭望著那個詆毀她的男人時，帕特湊巧從店裡出來，說道：「嗨。好甜的小女孩。你叫什麼名字？」

「娜迪拉。」

我也許誤聽。她說話的時候，我們正要邁下陽台台階，步入陽光之中，聽到她尖銳刺耳的語音，好似機械玩具在嘎嘎抱怨，我們三人都不約而同地轉身回望——帕特微笑，維迪亞不屑地蹙緊眉頭。我搖頭，心想，印度婆子！

時間的邏輯與啟示，何等奇異。小女孩日後將前往巴基斯坦，三十年過後（病重垂危的帕特正躺在一處修葺完善的石砌小屋裡，小屋在奈洛比，會較現在這個時刻還破敗不堪，裡頭住著一對年老的威特郡農夫農婦），維迪亞與小女孩會再度相逢，那時女孩已長成女人，剛剛離婚，維迪亞從不揣度在哪裡曾跟這女人有一面之雅——她也不提問——兩人會墜入愛河。

我們又從何得知，這個當年在奈洛比陽台上，讓她的非洲保母替她打扇的女孩，會成為將來的奈波爾夫人呢？

宵禁

回到卡塔加山寨，維迪亞繼續他的小說。同時，他也拾起一本維多利亞時代敘述西非紀行的書，他在書中看到「我們黑色的弟兄」這種說法。他就開始使用這種措詞，用他最喜歡的片語共同架構諸如此類的句子：「一小段時間裡，我們黑色的弟兄……」

在我動身回到烏干達之前，他問我：「那麼，我們在坎皮的黑色弟兄，最近怎麼樣啊？」當時，流言紛紛，說烏干達出了亂子，雖說無涉於印度人。我說：「人家說，歐布特跟卡霸卡準備要攤牌了。」

「本人會在這裡隔岸觀火的，」他說，「欸，帕芝？邇來，本人以為倘若重回烏干達，即是愚蠢透頂。反正，我們打算在坦干尼卡再待上一小段時間。」

這個國家早在五年前，獨立之時就改名為坦尚尼亞了，不過，維迪亞還是一逕地援引殖民時期的地名加以稱呼，就像他稱呼迦納，也總是用迦納黃金海岸一詞一樣。每當，他見到非洲人因為這些名稱而著惱，他就更樂此不疲，逗弄他們。他佯裝不知新的國名，當別人忿忿不平地糾正他時，他說：「是嘛。」再過分熱情地跟人家致謝。

他從三蘭港回報道：「到處都是搞屁眼的。」還問起烏干達的消息。

烏干達的消息很糟糕。此時，一九六六年五月下旬，正值首相與卡霸卡——斐迪王之間的正面對峙。某個星期六，卡霸卡身邊四位重要酋長遭到逮捕，罪狀是擾亂治安。由於他們和斐迪王關係密切，酋長的子民，村落居民，遂起而逞暴，對著警方丟擲石塊。翌日清晨，統領在伊狄．阿敏麾下的烏干達特種部隊，就對卡霸卡皇宮所在地路華里發動攻擊。

戰鬥終日——加農砲與自動步槍斷斷續續縱射，攻擊圍繞皇宮的竹圍柵欄。我從馬克瑞瑞的辦公桌上，還可以看見路華里（Lubiri）升起陣陣煙硝。射擊持續無歇。午後近晚，仍然砲聲隆隆，硝煙色澤更加暗深——停火了。

我的同事貴夕加說：「卡霸卡用一挺機關槍逼得他們停火。」

其實，誰也不知道，究竟發生了什麼事情。

我問他：「你是哪一邊的？」

貴系加是奇加（Chika）族人，家鄉緊挨著盧安達邊界，該族人實行妻子繼承制度，而為人輕鄙——寡婦要改嫁給亡夫的兄弟——這是奠基在一種奇異的婚禮儀式，新娘要便溺在新郎合拱成杯的手中，同時，尿液均霑在新郎所有的兄弟手上。新婚之夜各種儀式之中，新娘還得與新郎奮戰，萬一新郎顯露弱勢——習俗上要求新娘竭力掙扎——新郎的兄長就可以取而代之，毆擊屈服新娘，並在新郎旁觀之下，恣意強姦新娘。貴系加就曾經應召接收他新寡的嫂子，加入他的妻妾行列。

「我在感情上，是個社會主義者，」他說，「不過，斐迪是個好王。」

傍晚時分，爆炸聲更為響亮——迫擊炮，或許吧。白天只見冒煙的地方，可以看到火苗亂竄了。皇宮終於淪陷了，只是，當阿敏與他的手下衝進宮內搜尋時，卡霸卡已經杳然無蹤了。這次拙劣的進圍攻擊，耗上一整天才擒獲這處木造竹圍的宮殿，偏偏還功虧一簣，未能達成目標。卡霸卡逃到蒲隆地避難了——裝扮成吧女模樣，有人這麼傳說著。

那是宵禁的第一夜。從晚上七點到翌晨六點，居民都不准離開家門。下午七點，天色猶然明亮，光天化日之際，禁足室內，感覺十分怪異。強迫監禁與嚴格箝制也促發了許多風聲流言，充斥著對立衝突與血腥暴力：縱火、戮殺與拷打的故事，印度人慘遭殺害，吃食人肉的軼聞，破壞公共設施的事例，還有路障林立，以羞辱外國僑民。人人風聞烏干達陸軍之狂野——未能擒獲斐迪王，讓他們暴跳如雷。夜幕降臨，砲擊聲又起。我特別從宵禁實施當日，啟用一冊筆記本，盡可能蒐集流言與傳聞。

除了布干達的卡霸卡斐迪王以外，烏干達還有其他三個部落王。威廉．威爾伯爾佛斯．納迪歐普爵士，矮胖短小，名聲鵲起於穿著稀奇古怪的袍服與狂風暴雨般的言語方式，他是布索加的奇亞巴金加。圖魯的歐姆卡馬，年方二十，是個名喚派翠克的木圖魯族人，他的姊姊，伊莉莎白公主，還充任《時尚》雜誌的模特兒。安可爾的歐木加貝，則是個養牛的牧場主人。卡霸卡垮台之際，部落王紛紛走避，噤若寒蟬，任由政府進駐皇宮——雖說，用「皇宮」來指稱那些實際上已經傾圮不堪維修的房子，確有誤稱之嫌。

宵禁是一段瀰漫著強烈困惑與疑懼的時期。同時間，四處可見酩酊酒徒，也助長了瘋狂的氣氛。人們吹噓自己的酒量。無人工作。急需狂飲的迫切感益形顯著，因為酒吧提前在六點打烊，好讓酒客及時返抵家門。食糧缺乏，因為從海岸開來的卡車，在烏干達邊境被攔截。火柴竟然一根難求，誰也說不上個緣故。小規模的犯罪猖獗：搶劫、侵占、報復宿仇。有意北上的旅人組團上路，不敢落單。郵件停止寄送長達一個星期。遠處的槍聲不斷，波克—波克—波克，直到黎明。

在我看來，宵禁是一遭極不尋常的經歷；也是個完美的藉口。我停止授課。我可以全神貫注在小說寫作上。白天，我竭力搜索謠言——每每暴力紛爭，每每屠戮無數。傳說中總少不了倒楣的印度人充數。我的宵禁筆記簿日益增厚，我也打算寫一本類似卡謬的《瘟疫》的書，刻畫一座城市在襲擊與宵禁之間，逐步沉淪惡化的怪現象。

我醒悟到，人往往在戰爭與無政府狀態下，活出自己的幻想。周遭搏鬥衝突不斷，可也傳出許多戀曲情事。新仇舊怨私下了結，警政已經蕩然無存——軍方接手坐鎮，不過，軍方設置路障的目的在於威嚇、搶劫，甚至，如果謠傳屬實的話，殺戮。派駐路障的軍人，望之往往最具盜匪相，貪得無厭。他們大多來自北方，出身習性凶殘，惡名昭彰的少數部落。

我帶著我的宵禁筆記簿，去到教職員俱樂部。每一條謠言都有其日期、時間、地點。

一名同事問道：「你這是在幹什麼？」

我說：「我想要算出謠言一個小時可以跑上多少哩。」

秩序毀蕩亦有其叫人興奮之處。人人莽撞粗率，各各略顯發狂。木干達有個男人，目睹村裡一樁血腥殘暴事件之後，就投環自盡了。他的親友家人被召喚到收音機前。

播音員高聲宣布：「他吊死自己囉！」

我幻想自己是個真正的作家，終日寫作。我在爐子上煨著兩本書：我的小說，與這本記載詳盡的宵禁見聞錄。傍晚，我急急趕著進城，盡快買醉，及至醺醺。動亂與噪音反而使我精力充沛，因為，我知道，七點一到，動亂與噪音都會歸於死寂，我們都得躲進房子裡。

我見到自己喜歡的女人，就會直接詢問：「你可以跟我回家嗎？」有時候，不必我開口，女人就會對我說：「帶我回你家。」因為，與其杵在鎮上的小屋子裡，不如找個大房子窩著快活。

各種脫軌行徑都可以歸因為厭煩無聊，街道上總是散落著碎玻璃。我欣賞如此戲劇化的場景，脫離作息常例，還感覺這是一段富於激勵啟發的顛沛時期。

有一天，我急著載著車裡的女人回家，擔心會觸犯宵禁，就改走便道捷徑，結果一隻蝙蝠撞上我車的擋風玻璃。那是一隻大型的果蝠，我卻只想到，這畜生可能撞壞了我的擋風玻璃。我停下車，在我理解自己在幹什麼之前，我已經拚力踐踏那隻蝙蝠，殺害這隻受傷的動物。車裡的女人尖叫：「我們趕快走啊！」宵禁也改變了我。

維迪亞深感震撼。宵禁令似乎證實了他對於非洲無政府狀態的憂懼——隨意暴行，以及恐懼的氛圍。從遠處觀望，當時情勢看來一定很糟糕。他從卡塔加山寨捎信來，說是小說近乎完工，只要宵禁一結束，恢復法治與秩序，他就會回到坎帕拉。

還有，「我可以借用你家的空房間嗎？」

我只是個隻身在非的年輕人，試著餬口謀生。我從來沒見過如他這般奇人異士，同時，不論我說什麼，他都會質疑；他要求人群注意他；他心胸狹窄，器量小；一提到非洲，他就專講些異端邪說；他吹毛求疵；他嘲諷取笑；他害他純真的太太哭泣；他的標準高不可攀；他妄自尊大；他執迷自己的健康問題。他討厭小孩、音樂與狗。不過，他也同樣的傑出，熱情擁抱自己的信念，與他同行，不論作為朋友或是寫作夥伴，我總能達到最佳表現。

我說：「當然。」

第四章 盧安達狩獵行

我們動身前往盧安達的前一天黃昏，維迪亞問道：「通常，像這樣的晚上，你都會做些什麼？」

我說：「我會去梔香苑。」

從前，每在我旅行叢林之前，我都會先去的地方。我對維迪亞解釋說，那是個歡迎陌生人的酒吧，店裡總不缺女人。

他說：「我要去看看。」

跟他說梔香苑其實是個妓院，可能還直接了當些，可是梔香苑又沒有妓院的營業氣氛；若將那個地方描述為男女調情「釣魚」的場所，又有誤導之嫌，產生廉價的劣質印象。那是個非洲酒吧，表面上不過是個閒晃飲酒處，然而，以其內涵之複雜與真正性格來說，梔香苑也是個叛逆女性的姊妹會。這些非洲女人和男人一樣無羈快活，大不同於性意識曖昧、自尊低落、畏首畏尾、飽受皮條客欺凌的西方娼妓。她們不是被閹割的一群。梔香苑是個一夥兒高聲狂笑的女冒險家與貓眼公主群集的姊妹淘。

不論年紀長幼，她們都離開了村落，因為非洲村落充斥著對女性的限制。為了逃離惡劣的婚姻關係、甩掉男友、避開家庭紛爭、血腥械鬥、鋤田種菜、養育子女，以及痛苦難熬的割禮，她們來到坎帕拉，追尋自由。她們大部分來自烏干達北部，不過也有人出身海岸地帶，或是遠從索馬利亞與剛果而來。梔香苑裡，每個女人的容貌都不一樣。這些女人無暇賣弄風情，玩弄男人於股掌之間；不必遵循求歡禮數——她們只想跳舞——至於性，她們比大部分的男人還要直接。她們想要，就會直說，如果沒興趣，也不會浪費你的時間。我上那兒去尋開心，每每盡興而歸，情緒愉快。如果，隔天我正巧有狩獵遠行，那更是最好的餞行方式。

我知道自己是條色犬，不過，那又怎麼？這樣一個生趣盎然的地方，讓我厭惡彬彬有禮的朋伴、冗長乏味的晚宴——尋常宴會皆然，所有的閒話聊天，以及外交風度翩翩地互探摸底。大部分定居坎帕拉的外僑，都跟這個城市真正的生活脫節，外交官員的隔閡更加遙遠，結果就更加偏執。從柯魯魯山的大使官邸看來，梔香苑或許是下里巴人，然而，非洲女人讓我心馳神蕩。她們共同的語言是斯瓦希里語。許多人英語講得比我的學生靈光。她們靠著小聰明討生活。她們像飛蛾撲火一樣，聚集圍繞在這些酒吧的燈光下。

往梔香苑的路上，維迪亞說，帕特已經先回倫敦去整理他們的房子，好讓他一個月以後返抵家門。她先過去等他。我無限憐愛地想起她。我說，我希望將來我也能娶到一個如此對待我的女人。

「娶個掙得了幾個蹦子兒的女人，」維迪亞說，「這樣，你才繼續寫得下去。」

他微笑地望著梔香苑。那地方看來友善，過了蝙蝠谷以後，城鎮邊隅，路邊上一棟三層樓建築。樓房燈火通明，兩層陽台圍欄上，掛了長串燈泡之外，旁邊一株芒果樹上，更纏繞了好幾圈小燈泡。幾個站在三樓陽台上的女人，溫柔地呼喊，迎接招呼我們。

時間還早，店裡女人比男人還多。當年在倫敦大行其道的迷你裙，裙風已經掃到坎帕拉了，不過，有些女人還是裹著捲裙和袍子，索馬利亞女人則穿著白色的長禮服。我們是她們注目的焦點。女人微笑注視，不過，除非我們揮手召喚，她們也不會逕自與我們同坐。

見我們坐在陽台上談話，女人更喜歡揶揄逗弄維迪亞，因為他一副不感興趣的樣子。她們把他當成一項挑戰。維迪亞還在爭議該喝些什麼。他不喜歡啤酒與便宜的葡萄酒，他向人家要雪莉酒，店裡沒有。他決定點一杯香蕉琴酒，瓦藍吉——這個字其實是「燒酒」的轉訛。我喝淡麥酒，找來一個我認識的女人，葛瑞絲。

葛瑞絲用斯瓦希里語問我：「你那個慕興迪朋友叫什麼名字？」

「奈波爾老爺，」我說，「不過，我的朋友不是慕興迪，他是英國人。」

她大笑，哪有這種事情？印度人也是英國人？維迪亞看來滿意。他剛剛才又學到一個單字，拉斐基，朋友。而這裡確實也是一個幽默、放鬆與自在的地方。梔香苑裡還有隱密包廂，客人可以倒臥在裡面，相互撫弄而不受干擾，可我從來沒進去過。通常，我會在吧台稍事停留，聊聊，然後，就找個女人問她要不要跟我回家，或是跟我跳跳舞。女人幾乎都會說好。稍後，我會開車送她回梔香苑。我該給人家一份禮物，不過，這裡也從來沒有固定費用，從來沒有特定金額。通常，沒人會跟你要錢，而且，每在我遞出二十先令的紙鈔時，女人還會佯裝驚喜。

葛瑞絲剛說：「慕興迪都很先令多多。」

「他是作家。他先令少少。」

維迪亞一聽說提起先令，就皺起眉頭。維迪亞無時不記掛著金錢，因此，我心上也不斷算計。他始終叨念著，來一趟烏干達，害他損失多少收入。

前門乍開，一個女人嘟噥著幕尊古（白人），我也看到兩個鼻子曬紅的農場主人落坐在扶手椅內，吆喝著啤酒快上。最為衣冠楚楚的酒客是非洲人，西裝、領帶俱全，他們專跟印度人交際——酗酒狂飲的錫克人、飲酒節制的古加拉特人、以及滴酒不沾的穆斯林。

維迪亞說：「我在這裡看到完美的族群融合。」然後，他大笑著，以他平常的方式重複這句話。我狐疑，這種聲明，就像在預演某些他將在另外一個地方重複的文藻（而我就在妓院裡坐定說道：「我看到完美的族群融合……」）。

就在這樣超然抽離與觀察的時刻，正當他表現如此客觀之際，我理解到，即便他身心舒泰，這會兒我還是不想跟他在一道兒。這樣我怎能帶個女人回家呢？我太在意他了。可是，我還是想，明天一早我們就要出發到盧安達，我需要某種形式的餞別。

我一廂苦思無解，維迪亞說了：「你到倫敦來的時候，我要你告訴我的弟弟，你睡過非洲女孩。我要你嚇他一跳。」

「我不懂。他怎麼會被這種事嚇到呢？」

「因為他成天都在扯這類自由派的鬼話。而且，他是在千里達長大的，可是，他連想都沒想過，要跟黑女人做愛。」

「那太可惜了。這下他可不知道自己錯過了什麼。」

而我心裡想著：他這個弟弟真是個笨蛋。我知道他還在哈佛念書，研究中文，還有，維迪亞認為他是條懶蟲。他名叫西華。

維迪亞說：「我想，這裡我們已經看完了。」

見到我們起身離桌，葛瑞絲說：「你們這樣就要走啦？」

我說：「明天要去打獵。」

她說：「我想跳舞。」一面高舉雙手，擺弄幾個舞步，非洲舞步，搖擺著她的屁股。她的身體扭動，傳遞出完整的訊息，毫無差池的承諾。

「我待會兒就回來找你。」我說，也是認真的。

回到家中，維迪亞注意到廚房污穢不堪——盤碗堆疊在水槽裡、食物沒有用罩子蓋住、地板上幾隻蟑螂倉皇疾行。

「開除薇若妮卡，」他粗暴地說，「炒她魷魚！」

我說，我會說她的。我討厭聽外人批評我的傭人，尤其是維迪亞，他根本就不認識她。

「至少要好好凶她一頓。以後她就不敢隨便了。」

關於女人

狩獵之行，其實不是去打獵，而是遠行北上。要是有人離家出城，人家就會說他「打獵去了」。不過，在我們這趟狩獵旅行中，維迪亞倒是全副武裝地像個獵人或軍士：叢林帽、叢林衫、防刺卡其褲，還有一根結實的手杖，強度加倍，假如他想重創來意不善的攻擊者，或是將對方打出腦震盪來，這柄手杖就像一根高爾夫球桿一樣好用。腳上一雙厚底鞋子，他稱之為「衛得態」（veldshoen），那是個南非語的單字，意思是「皮鞋」。雖然，他跨步健行，展現無比的決斷意志，只是，他個頭嬌小、雙手修潤、腰圍不盈一握，壞了他營造強武風範的用心。他從鎮上一間印度商店裡，憑著折扣，買了一架所費不貲的照相機。他披掛著相機，猶如一只配飾，一走起路來，這偌大東西不是一蹦一蹦地撞著他的胸口，就是前前後後猛砸他的屁股。他的帽沿下垂，嘴角下撇，而他在烏干達如此炎熱的季節中，裹在一身重裝裡，汗如雨下，維迪亞看來既唐突又滑稽。

那些日子裡，路障處處，駐軍睥睨，穿著打扮得像軍方人士實在不聰明。旁若無事的裝束最好，穿的越不經心越安全，只要展現出單純或天真就好。任何虛飾誇張，都會招來打量的眼光。倘若你戴著一只昂貴腕表，一定會遭人強索。我擔心，駐紮坎帕拉市郊路障上，頭腦簡單的殘暴兵丁，會對著這個身著叢林裝，表情肅穆的慕興迪，大起疑心。軍人戴的帽子，跟維迪亞的卡其帽一模一樣。印度商家老闆從來不做這種打扮，而身為印度人，維迪亞十分可能被誤認作店鋪老闆。不過，這些思慮，我也無心對他一一告知。

趕在破曉之前，趁著路上還空盪無阻，我們驅車通過清早時分的坎帕拉。非洲人日出而作，迎著天光，湧向大路；腳踏車和牲口讓人寸步難行。即使天色陰暗，我們還是體會得到，而今通稱為「緊急狀態」的後遺效果。卡霸卡倉皇辭廟，意味著他的王國不再是最占優勢的省份，為了證明這一點，軍方行徑猶如占領軍般粗礪。整個城市看來都遭到破壞與荒棄，路上垃圾堆積，汽車翻倒焚毀——又證實了一則傳聞——某些房屋與商店經過劫掠之後，又付之一炬。

「我的老天哪，」維迪亞說，「可是，你知道？我告訴過你的。這個地方總有一天要回歸叢林的。」

我們給攔在一連串軍方路障之前，駐軍盤問我們前往何方。其中一個路障，幾個軍人還對維迪亞的帽子和太陽眼鏡大感好奇，卻被維迪亞憤怒的眼神頂了回去。一個兵丁說道：「好眼鏡。」我還揣度他會不會開口求索，不過，他只是微笑表達欽羨而已。

軍人讓維迪亞神經緊張。這些人的無能、脾氣火爆，惡名遐邇，叫人恐懼。他們最近才經歷一場規模俱全的襲擊戰役，其中多人屠戮異己從不手軟。我跟維迪亞說，在緊急狀態時期，一個烏干達軍人，曾經把我一位印度朋友攔了下來。那名軍人的朋友從他們的路華車子裡，探頭對他喊道：「快！快點兒！」

「我該拿這個慕興迪怎麼辦？」

某個軍人吆喝著：「殺了他，咱們好走了。」

我的印度朋友說：「求求你們，不要殺我。」

「快一點啊！殺了他，我們就好走了！」

那個烏干達軍人前後來回地，搖晃著他的來福槍，同志叨念催促與印度人顫聲求情，擾得他心猿意馬，他就讓那印度人站在他車子外邊，害怕地嘰咕囁嚅。來不及殺他，時間不夠。多少人命，就是濫殺斷送在這樣暴力、隨意的情況下。殺了他，我們就好走了。

維迪亞說：「那可真把我嚇死了，老兄。」

不過，沒多久路障就消失了，我們也開上坦直大道，陽光普照，從一條名為卡通加（Katonga）的溪流附近的沼澤地帶，一路向西南方向挺進，卡通加溪再向南奔流個幾哩，就注入維多利亞湖。這條溪流以沿岸蘆葦密生知名——大片漂浮的紙草，可愛的淡綠色植物，草莖頂端簇生羽毛狀的冠環，總讓我想起烏干達與尼羅河的依存關聯。埃及之美盡在紙草；古墓碑石上，紙草的形象就刻畫在象形文字一側；世人讚頌紙草之功用多樣——不只是製紙紡布，紙草的髓心可口，鬚根還可以充當柴薪。然而，在烏干達，紙草不過是一種植物，堵塞水道，一無是處。

「你會不會覺得那些非洲女孩美麗的要命呢？」維迪亞問道，「吧台附近那幾個？」

「其中幾個，沒錯。是很美麗。有些人還讓我想起悠默。」

「你後來還有聽到她的消息嗎？」

「她拿了小孩，計畫再回學校念點書。」我最近才接到她一封充滿憂傷的短箋，以及她兄長的一封信。「小孩的父親不肯跟她結婚。」

「喔，天哪。」

我再也說不下去了。我非常地懷念她，她走了以後，我的生活空洞虛無。我們前行了十哩之後，我才再度開口。

「你覺得她們美嗎？」

他想了好半晌。「不，」他說。然後，又「不」了一次。停頓了一會兒，又接著「不」了一句。「不過，德瑞克・沃爾科特[1]倒是娶了個混血女人，長的倒很美麗。」他思忖著這一點。「我可以想像自己跟她在一起的樣子。你對沃爾科特的詩熟嗎？」他朗誦著：

這個島是天堂——遠離塵土飛揚的城市之血
看著港灣的弧度，凝視零散的花朵，美哉
徐風動搖樹聲，淨染無塵的天空，熠亮
入夜。因為美麗已經環繞著
這島黑色的孩童，叫他們忘懷無家可歸的小調

他說：「『小調』這個字眼，聽起來滿矯揉造作的，不過，不知怎地，用在這裡就挺適合的。」接著，他扮了個嫌惡的鬼臉，說道：「我小說裡的敘述者會找妓女。」

他總是有辦法讓他的敘述者代替他發言，因此，我也心知肚明，他究竟意在何方，於是，我們就專心討論他的敘述者。

1 德瑞克・沃爾科特（Derek Walcott）：一九三〇年出生於西印度群島的聖盧西亞。就讀於西印度大學，畢業後曾執教鞭、任記者、並從事戲劇和藝術評論工作。一九五九年創立特立尼達劇院，其後在美國波士頓大學從事英語文學和寫作課程等工作。他的文學語言明亮練達，對英語的駕馭之嫻熟、運用之自如，已達登峰造極之境，遂於一九九二年獲頒諾貝爾文學獎。

他說：「經常臨幸妓女。」他在徹底試用這麼文謅謅的措詞，臉上的表情也就夠酸了。「完事以後，你就會恨自己為什麼要身為男人。」

這倒讓我驚訝。跟女人做愛，對我而言，從來就不會產生那種後果與負擔。完事以後，我只覺得平靜，歡喜，疲憊，無憂無慮，完全大異於嫌惡。我感受到回饋與充實飽滿。性愛如此神妙，幻覺如雲，事後回味，自己的姿態活力十足，回想自己跪著、站著、跟女人糾結在一起、四肢著地。那也是學問啊——不光是盲目的性慾，雖說野猴子一樣的狂熱還是占了一部分，動作因此而更見精采，性反而能讓我沉澱疑慮，心平氣和。

我享受性愛的每一個面向，從一開始的暗示，女人回眸一瞥，到全身微顫，滿心期待，體會到自己為雲雨欲來而頭皮緊張，體溫煨暖皮膚，手指戰慄，血液奔向我的雙眼，湧浪拍岸一般，我的呼吸急促，我胸口緊收，我口乾舌燥，恍如自己走在一條羊腸小徑上，跟著一隻翎羽燦爛的帶路飛鳥，鳥尾不時搖曳招喚，帶著我緩慢地推進叢林深處。

撫摸歡喜讓我摸的女人，在我而言，是最高度歡愉體驗；親吻她，讓她以相同的慾望回吻，感受被她撫摸的極大興奮，每根指尖的觸感，都是不著言語的承諾。我一點一滴地，從一個省思微笑的靈魂，篩過我的夢想，化鑄一具性慾引擎，我全身也灼燒成灰。不論，性行為表面上如何隨意即興——因為，我提起的時候，總愛將性慾包裹偽裝起來——過程總是認真而熱情的。身體廝磨，骨骸相互撞擊，讓我屏息凝神。歡愉的呻吟，深刻的全神灌注，肌肉極力張轉：不可兒戲，不容輕忽。如此墜入我軀體最深處之際，我感到一股無言以喻的動物性狂怒，就像工蜂在尋索女王蜂[2]一樣，十萬火急，急於交配。性愛使我筋疲力竭，我得以領悟慾望驅使你專心一意，性衝動迫切的偏執狂熱。

當時，我無意過於自我剖現，只是簡簡單單地對維迪亞說：我喜歡跟女人在一起；有時候，我之所以獨處，是因為我的日子裡沒伴；我希望找到對象，與她相戀。

他說：「不過，有時娼妓可以讓人沮喪。」

「在歐洲，也許是吧，不過，在這裡不會。順便提一下，我們到馬薩卡了。」

馬薩卡上午過了一半，整條路邊占滿了一整排的印度商店：水果攤子與叫賣小販蹲在陽台附近，露天修理腳踏車、補鞋子的，還有衣著鮮豔的非洲鄉間婦女。維迪亞指頭摩挲著相機，卻沒拍下任何照片。

「在英國，我想她們應該很討厭她們的顧客，」我說，「她們不是出了名的痛恨男人嗎，是吧？這裡的女人就熱切多了，她們飢渴得很。她們以性交為樂。她們有一半是順便在找老公。她們不算是階級意識下的妓女。很多時候，她們根本不會提到錢。她們只想事後再去跳跳舞而已。」

「有一陣子，我也經常找妓女。」維迪亞說，「有一天，我跟一個倫敦的妓女在一起。那時候正好是下午。我們進了她房間以後，她說，『我昨天晚上在電視上看到你欸。』那種幾個人湊在一起講話的益智性談話節目。」他笑那種情境的突兀，接著，又喃喃重複了一次那個女人講的話。

2 原文如此。

「後來呢？」

「我們就聊起那個電視節目。」

那我倒是可以了解。非洲吧姐的意見可多了，關於其他種族的、關於政治、關於接壤鄰國、關於印度人。這些女人有時虔信宗教，幾乎每個都迷信。許多女人有孩子，有的也有丈夫，不過，她們都是獨立自主，不受羈絆的。我知道維迪亞在這裡接觸到有如天壤之別的文化差異，文化差異當然存在，不過，烏干達生活亦有其共同基礎與人同此心之處。我就在烏干達人身上，看到和自己殊無二異的性情。

「我經常去阿姆斯特丹，去害自己生病，暴飲暴食，」維迪亞說，「然後，再去找個女人，那種荷蘭妓女。」他做個嫌惡的鬼臉，慘痛地蹙著眉頭，看起來像給人下了毒一樣。「你會恨你自己的。」

「說實話，我從來沒有這種感覺。」

「那真的好恐怖。」他還不住地說著，眼睛盯著前方道路，只不過，或許他只看見阿姆斯特丹的紅燈區，或是妓女窄小的房間，牆上俗麗的裝飾，掛鐘與日曆，還有一隻可怕的小狗。

「我從來沒去過阿姆斯特丹。」

維迪亞說著：「你要是個男人的話，那裡就會讓你噁心。」

「我最討厭聽她們說『快點，快點』了，不過，在非洲就沒那回事了。」

「或是說『你好了沒』？」

「那恐怕是你那些死盯著牆上的鐘看的西方妓女比較會這麼講吧。」

維迪亞大笑，說道：「格雷安．葛林三不五時就去找妓女。他絕對是上了癮的，人家是這麼跟我說的。葛林會在半夜三更，走過一整條街。他見到一個，就跟她四目接觸，然後再走下去。十分鐘過後，若他心裡還想著她，他就會折回去找她。你看，他已經積重難返了。」

「這種事情也發生在我身上——很多次呢。」

維迪亞故意裝做不在意，實情卻要深入許多。每當我工作告一段落，我就會去找女人，而且也總希望找到正在尋找我的那個人。

「保羅，你還年輕。再說，我也看過你的詩。性衝動氾濫啊。」

「羅契斯特勳爵[3]，那就是我。」我說，「不過，有時候，要是我看到我認識的吧姐跟別的男人在一塊兒，我也會嫉妒。怪吧，不是嗎？」

他像個父執輩一樣地說著：「保羅，保羅。」

我們沿著飛塵走砂的道路慢跑，經過刺棘灌叢。

我說：「我想找個女人結婚。」

「我跟帕特是在牛津認識的。我們在一九五四年結婚。婚禮規模很小。她一直上班工作。那樣很好，你知道。而且，在英國女子學校裡教歷史，聽起來也堂而皇之。她掙了不少蹦子兒。」

3 羅契斯特勳爵（Lord Rochester）：英國詩人，原名約翰．威爾莫特（John Wilmot），一六四七～一六八〇，是王政復辟時期宮廷中的侍臣與放蕩才子，著有許多諷刺詩與猥褻詩。

「跟有錢女人結婚應該很不錯。」

「這我不知道，」維迪亞說，「不過，我在大學裡有個研究馬洛理[4]的朋友。他沒錢。不過，他未婚妻卻很有幾個銀子——按月領津貼之類的。我經常說，『你們這樣是珠聯璧合。你有你的馬洛理，她有她的五斗米』。」

他躲在太陽眼鏡後面微笑，他說自己喜歡「好多錢」這種說法。若有人說「我有好多錢」，就會引他發笑。我們一邊開車上路，他一逕地反覆實驗這句話，拿不同腔調與方式說著：「好多錢……好多錢……」

加力騷

路上塵埃更重了，而且，在這種車輛難得一見的鄉間，非洲人總愛走在馬路中間，總是打著赤腳，有時候還牽牛趕羊的。女人家將沉重的物品擎在頭上走路，有的是幾籃水果，有的是一家子的薪火。

我們沿著乾燥的大草原前往木巴拉拉（Mbarara），看到瞪羚與羚羊和非洲水牛，以及牧童管照著山羊。我在木巴拉拉一處義大利國營汽油公司新建的加油站加滿油。我們買了些水果，飽餐一頓。維迪亞不吃任何不能剝皮的水果——在非洲，這可是項健康守則。接下來，還要開幾個小時，蜿蜒攀越山丘，一直到卡巴勒（Kabale），路上都不會有汽油和食物。路況拖緩了我們的進度，不過，路上人車稀少，只有幾輛從盧安達與剛果開來的，碩大無朋的貨櫃卡車闖蕩路中央，超越我們。

一路上，維迪亞都精神抖擻，而且談興很濃。當他一度提及紀律之時，還引述了一首加力騷[5]，說自己深表同感。

我說：「我還以為你討厭音樂。」

「沒錯。不過，加力騷可不一樣。」

「哈利．貝拉方提？」

「徹頭徹尾的大騙子。」

我唱著：「瑪—蒂—達，她偷我錢——」

「不，不。」

維迪亞猛地喘氣，吆喝滌盪，通暢氣管，清理嗓子，稍停片刻，他喉嚨裡傳出一陣蘆笛一樣細而尖銳的聲音——他的嗓音，當然，不過歌詞聽來瘠弱，沙沙作響，就像慢慢地撕開灰塵厚重的衛生紙。我劈頭就聽出發條式留聲機劈啪的雜音，唱針走在黑色的旋轉唱盤上面，顫音唱出喪曲般的歌聲，從扇形邊飾的喇叭中傳出來：「就是愛挨挨挨唉，只有愛，艾德華國王，

---

4 馬洛理（Sir Thomas Malorty）：一八四五年編著出版《亞瑟王之死》，書中要角巫師梅林撫養亞瑟王長大，經由圓桌武士的努力，協助亞瑟取得王位。

5 加力騷（Calypso）：流行於西印度群島的即興諷刺歌曲，具有爵士音樂特點，節奏輕快靈活，常用於諷刺時事與人物。

才會下台。」

我說：「聽起來像一張老唱片。」

「我就是從老唱片聽來的。」

那首歌也是《米奎爾街》書中一篇故事的題目，這本書用了十首加力騷歌名。這麼說來，這整個討厭音樂的態度，究竟是怎麼回事？我也沒問。

他可以完美無瑕地模仿音效，就像我的鸚鵡，哈米德，精確無誤地模仿房門鉸鏈痛苦地吱嘎旋轉。我心想，這會兒我還有什麼沒聽說過的嗎？

一講到千里達島上的加力騷歌手，他不但如數家珍，而且還頗為熱中。他們所歌頌的文化，堅韌、輕鬆、毫不濫情。在《走道中段》（*The Middle Passage*）一書中，維迪亞曾經寫道：「千里達人只有在加力騷的歌聲中，才會體觸到現實。加力騷純粹是本土性的表達形態。」這種歌曲，既重要又特殊，以本土語言詠嘆本土生活。叫你姊姊下來，小弟，我有好東西要給伊。那是強力麻雀[6]的歌，維迪亞就喊他「麻雀」。另外一名加力騷歌手，進攻公爵，他也熟門熟路地管他叫「進攻」。

進攻公爵有一首歌，〈古早九尾鞭〉（The Old-Time Cat-o-Nine），維迪亞用他「唱針磨唱片」的聲音唱出：

不讓混混再讓島民驚慌，只有一個處方；
就這樣，我路過官房，

說他們需要其他重罰，
我說，要想冷卻犯罪
只有起出古早的九尾鞭——

他換了口氣，再以同樣盲於音調的聲音，繼續唱起副歌部分，這種聲音倒對我起了些奇怪的作用：

古早的九尾鞭
拿出來
古早的九尾鞭
重重地給他扁！
統統趕到卡瑞拉，那裡地火熱辣辣
混混乖乖都聽話！

6 強力麻雀（Mighty Sparrow）：大麻雀是縱橫樂界四十餘年的「世界加力騷之王」，本名史林傑．法蘭西斯科（Slinger Francisco），出身格瑞那達島上一處貧窮漁村，一歲大時隨家人遷居千里達島。日後，他在就學期間，獲選參加教堂合唱團，從此展開他一生與音樂不解之緣。

我說：「這種話歷久彌新。」

「我們到哪兒了？」

我們已經離開安可爾王國，轉入剪羽去勢、稜角磨盡的歐木加貝麾下，境內滿是野生動物——羚羊（尤其是，烏干達水羚羊）與象群和斑馬。我們正逐漸進入基傑奇（Kigezi）地區，直驅這個國家的西南角，烏干達、盧安達與剛果在這裡接壤。三國國境卻因為地勢高聳而隱晦不明，深藏在火山地質的烏魯加山脈（Virunga Mountains）之中，山中森林茂密，棲息著摘採果葉覓食的大猩猩家族。當地人種名喚「巴齊家」人（Bachiga），每每因身型藐小與奇風異俗遭外人恥笑。該族除了奉行溺尿婚禮以外，還有一種叫做火舞的習俗，鼓舞男孩的性早熟。此外，巴齊家人不同於畜牧、吃牛肉的巴顏柯爾人，他們還吃猴子。

維迪亞想知道這些。他還想知道更多。我從來沒跟像他這樣警醒的人一同出遊過。他一定要知道這條河的名字，那棵大樹，那朵花，那一道山脈，而當他見到地平線上浮起山峰一角，他就一定要知道，那是什麼山。那山叫做木哈瓦拉山（Mount Muhavura），海拔一萬三千五百呎，山型美麗，就像這裡所有的山峰一樣，對稱的角錐形，火山活動的絕對象徵，有些峰頂還兀自冒著煙。

他問到我的名字。要是人家拼錯我的名字，我會如何反應？

「每個人都會拼錯啊。」

維迪亞說：「那樣太侮辱人了。」他說，有一次他收到企鵝叢書寄來的信，信封上注明要給「V. S.奈拉爾」（V. S. Naipull）。信是一個叫做安東尼·莫特（Anthony Mott）的人發的。維迪亞回信，信封上繕打著：「致A罵特（Mutt）[7]，」回信一開頭寫道：「親愛的罵特先生……」

誤到剛果

旅途漫長。我們天南地北，無所不談。在烏魯加山麓上的台地花園與梯狀田野打圈徘徊一陣子以後，我們就到了藏身在險峻的綠色縱谷中的卡巴勒。我停車在白馬客棧前面，這家旅館素以待客熱忱為人稱道。下午已經過了一半，我們打從一早從坎帕拉出發以後，幾乎沒有停車歇腳過。

我說：「我餓了。」

維迪亞不為所動。

「你自便，」他微笑著，「我在這裡等你。」

「你難道不餓嗎？」

他使勁兒將叢林帽從頭上拉下低掩，說道：「請你儘管去。不用擔心我。」

「維迪亞，」我說，「這個地方過夜應該不錯。」

「喔，不。不在那裡過夜。不在那裡。」

我無法理解他這麼不情願是為了什麼。我說：「從這裡到吉佳利（Kigali）只有兩個很小

---

7 A Mutt：一條雜種狗。

很小的小鎮，基索魯（Kisoro）和魯亨格里（Ruhengeri）。等我們到達邊界，崗哨說不定都關閉了。」

「這樣，我們就在基索魯休息，可以住在旅人居裡面。」

「這家旅館有什麼問題嗎？」

起先，他猶豫了一下。然後，他說：「我絕對不能待在這裡。我跟他們的經理吵過架。」

「你曾來過這裡嗎？」

「我和帕芝一起來過。」

這我倒從沒聽說。

「有好一陣子了。你當時北上去了。我們停在這裡午餐。這地方其實滿讓我著迷的。很有舊世界的味道，不是嗎？不過」——他又扮了個嫌惡的鬼臉，酸楚的嘴型——「我們不該在這裡吃中飯的。我說我要跟經理談話。當他出來走到我們這一桌的時候，我說，『你這裡有些奇怪的規矩。』

「『規矩奇怪？你的意思是？』

「我說，『你這裡關於員工制服的規矩』

「『我們沒有諸如此類的規矩啊。我們只要求員工穿制服而已。』

「『你這裡難道沒有一條規矩，要所有員工都得穿著骯髒的制服？』

「他說，『沒有。』

「『喔，』我說，『我也是這麼想，不過，你的員工身上制服都髒得很，所以我說，他們一定都遵守著某種規矩。』

「那個經理不高興了，睜著眼睛瞪著我。不過，我還沒完，『我還觀察到另外一條規矩，跟上菜有關的。不論是端湯還是端盤子上桌，服務生都一定要將拇指栽進餐點裡面。那一定是規定的，因為每個人都一個樣子。』

「那個經理這下子大為光火，他說，假如我們不喜歡他的餐廳，就請我們離開。我說，『樂意之至。』可是，你也看得出來，他根本就是想找人吵架。我不想讓他稱心如意。所以，我還是待在這裡比較好。你慢用。好好吃一頓午餐。」

不過，午餐時間已經過了，一名非洲侍者這樣對我說。經理也加以證實。他是個臞瘦男子，易怒面容，身上的白襯衫皺巴巴的，打著一條印有俱樂部標誌的領帶，下身籠著一條黑色長褲。

「那我就用點茶點好了。」

「你只能在交誼廳喝茶。我們餐廳要求客人穿西裝、打領帶的。」

此地距離坎帕拉兩百哩，烏魯加森林深處，蕪野的基傑奇地區，混雜在撒尿、吃猴子的巴齊家人之中，大猩猩尋常可見，高聲啼叫的飛鳥縱橫天際，這裡每個人都赤足徒步，更多女人袒胸無諱，我脖子上沒拴條領帶，卻進不了白馬客棧的餐廳用餐。

那經理對我挑釁地嗤之以鼻，翻翻報紙就逕自離去。我在交誼廳喝茶吃茶點：餅乾、切掉吐司硬邊的三明治，以及水果蛋糕。一位年老的非洲人跟著我亦步亦趨，就著銀製濾網倒茶，給茶壺添熱水，撫順摺妥餐巾等等。

我們重新上路之後，維迪亞問我：「你看到他了嗎？」

「看到了。他對我也很沒禮貌。他說，我沒打領帶不能在餐廳吃飯。他把我困在交誼廳裡。」

「劣貨。」

到達基索魯之前，我誤認了一處標誌，轉錯了彎。我們駛進一條狹窄的小路，除了更深入叢林之外，不知將去向何處，兩旁森林日益濃密高聳，彷彿從未經刀斧，路邊不見泥棚小屋，沒有散步迷走的雞隻。這樣的地方，就像伊圖里，或是艾德華湖附近的森林地區，這些林地都以晦暗聞名，高挑綠葉冠層之下，稠密的蕨類植物投射出暗綠色的陰影。

車子在黑暗森林裡前進了二十來分鐘，我們到達邊境，崗哨旁一個木搭棚子，一條欄路柵，幾個穿著鮮艷花色襯衫的男人。他們喝著啤酒，抽著香菸。我看到一個男人襯衫口袋上的名牌寫著「貝爾加」。他們喝的是普利馬斯啤酒，剛果的自有品牌。我們走錯路了。

一個男人說道：「Bienvenue à la frontiére congolaise.」揚了揚手上的啤酒，歡迎我們。

維迪亞很歡喜。剛果。他用語調優美的法語向那人說：「Incroyable! Nous n'avons aucune idè que nous dirigeons vers le Congo.」真想不到，我們竟然開到剛果了。

一個喝著啤酒的男人說道：「Monsieur, vous êtes au Congo.」他的襯衫也最耀眼奪目，大朵鮮紅的罌粟花好似在注明他的權威一樣。先生，這裡就是剛果。他一腳跨在欄路柵上，路柵也不過是一條橫躺的生鏽水管。

他們嘻嘻哈哈開了一陣子玩笑後，維迪亞終於說：「C'est damage que nous allons à

Rwanda.」可惜，我們要去盧安達。

那人說：「Rwanda est par là」盧安達在那一邊。「Mais retournez un jour et visitez le Congo.」找時間再回來，觀光我們國家。

我將車子掉頭，駛離棚子，重新開上我們走過的路。那是剛果最東邊界，就像從利奧波德維爾[8]過來一樣遙遠。我一直想著剛果邊界的崗哨，迷你的棚屋，一扇窄小的便門，通往那廣袤而難解的國家城堡。

「他們講法語的時候，聽起來就沒那麼蠢了，」維迪亞說，「講法語就不像在講廢話。」

我們離開邊界之後，我說：「我忘了問他們，車要開在路的哪一邊。」

「喔，天哪。」

此時，一輛貨櫃卡車剛好大喇喇地奔馳在路中央，捲起煙塵，逼近我們。我們在烏干達開車，一直像遵從英國習慣，沿著左邊行車，不過，盧安達—蒲隆地過去是比利時的殖民地，他們當然會靠右行駛。

我說：「真相的時刻。」一邊打轉方向盤，開始靠右行駛。

那輛卡車，滿載啤酒，一車斗的啤酒瓶子立在木箱裡錚鏦擦撞，鬧出好大噪音，忽地發出隆隆巨響，加速超過我們，揚起一陣碎石與塵砂，煙幕遮阻了前方兩百碼的視線。

煙幕落定時，眼前就像望遠鏡收緊聚焦一樣，景象頓時歷歷在目，眼前竟然是一大群烏合

8 利奧波德維爾（Leopoldville）：薩伊首都金夏沙（Kinshasa）的舊稱。

散眾，路上走滿了人，恍如一支幽靈大軍，通過塵砂粒子篩濾，再經白亮陽光照耀扭曲。他們又高又瘦，女人擎著包裹，還有許多孩童，和一些動物——狗與羊。這個場面如此浩大，直追泰山電影裡面固定出現的畫面——露齒執拗的土著夥眾前行；此情此景同樣恐怖，因為他們占據了整個路面。我們的車子根本就開不過去。

「他們在幹什麼？」維迪亞非常緊張。

我的車子就像一艇小舟破浪航行在汪洋上，慢慢地穿過人群，群眾緩緩地分開，不情不願地。車子經過的時候，人們探頭窺看，皺起面孔，還把臉貼在車窗上。

我說：「或許是市場剛剛散集，他們正要回家。」盡量不讓維迪亞聽出我的警覺。

「他們把整條路都堵住了，老兄。」

他非常神經過敏，發狂般喃喃自語——一大群盧安達民眾，擠進一條狹窄車道，偏偏又沒其他的車子經過，只有我的小車，一吋一吋地駛過張著嘴的人潮。

他說：「我一點也不喜歡群眾。」

不過，即使我開車遠離他們了，道路也疏通了——雖然盧安達的路上總是有人群漫著——車子還是開不快。路面上轍跡深陷，象草沿線叢生。再走遠一些，我們攀高海拔，就可以清楚地近看木哈瓦拉山：集約耕作的山坡，櫛比鱗次的泥磚小屋。我對維迪亞說，盧安達是全世界人口密度最高的國家。

他問道：「那些人是什麼樣子呢？」一面還回瞪路人注目探尋的眼光。

我說：「相當暴力。」接著告訴他，四年前，剛獨立那段時間[9]，曾經發生過一場令人毛骨悚然的暴動，胡圖族人（Hufu）對抗圖西族人（Tutsi）。胡圖族長久以來都處於遭人鄙視的下層階級，積怨深重，終於爆發為大規模的屠殺。我有個記者朋友，曾經親眼目睹胡圖人怎麼酷刑虐待圖西人的。他們先砍掉圖西人的腳，再逼他們站起來。然後，他們再將圖西人的腿及膝砍掉，當圖西人死命撐在冒血汩汩的殘肢上時，胡圖人就看著取笑作樂。接下來還有更多截肢酷刑：切掉耳朵、鼻子，剜出眼睛，剝去睪丸，整個期間受害者都還是活人。數十萬圖西人就是這樣給活活整死的，因此，這個國家後來就畫地分據，圖西人拿下蒲隆地，胡圖人占有盧安達。

維迪亞聽著，恐懼與厭惡，一臉苦相。車子裡飛揚著捲進車窗的灰塵。關上車窗，又有窒息之虞。現在，維迪亞開始哼起調子來。

「圖—圖—圖西，拜拜，」他用艾爾喬森的歌聲唱著，「圖—圖—圖西，乖乖。」

我們開到魯亨格里的十字路口。左邊是爬高上行到吉佳利的山路，右邊則前往奇森邑（Kisenyi）與哥馬（Goma）。夕陽西斜，我們坐著思考去向。維迪亞嚼著起士三明治，就著一

9 盧安達最早為特瓦族人棲息地，十六世紀初圖西族人由北方入侵占領盧安達並建立封建王國，以少數民族的身分統治多數之胡圖族及特瓦族。十九世紀歐洲殖民帝國入侵非洲，盧安達於一九一九年由國際聯盟委託比利時託管並納入比屬剛果。一九五九年，盧安達獲得自治權並舉行選舉，由胡圖族人組織臨時政府。一九六〇年一月二十八日舉行國是會議，廢除君主封建王朝，建立盧安達共和國，嗣由胡圖族人組成之「胡圖人民解放黨」贏得選舉，並於一九六二年七月一日正式獨立建國。

杯熱水壺裡倒出的咖啡。即使在偏僻地角，食物稀少，他還是嚴格遵守他的膳食規則。

我說：「在吉佳利找到地方過夜的機會比較大。」他也同意了；吉佳利再怎麼說，也是盧安達的首都。我們未曾預定住房，又沒有事先安排；我們只是狩獵北上，毫無計畫地掠過叢林而已。

我們進入吉佳利時，暮色就像地上起霧一樣，阻礙了道路視線，即使如此，我們還是可以看出，鎮上雖然擁擠，也還是個非常小的小鎮。那就是盧安達的問題：人這麼多，地方這麼小。鎮上三四家旅館，沒一家像樣。每一家我們都停車暫借問。維迪亞先是面露錯愕，為什麼要在這裡停車——「這麼低級的地方」——接著，無以避免的，失望氣餒。我們連一個房間也要不到。

他說：「他們髒死了。」

「說不定，他們只是看起來髒而已。」

他沒笑。「現在，我們該怎麼辦？」

「咱們去美國大使館碰碰運氣。」

時間已經過了晚上七點，在路上奔波十三個小時以後，我們竟然要面臨無處過夜的窘境。大使館關門了，不過，我們卻找到一個美國女人，正在前院——她說，那是值班辦公室——處理一個領事上的問題。

我說：「我們走投無路了。」再接著解釋我是美國人，馬克瑞瑞大學講師，「我們在吉佳利找不到地方住。你有什麼建議嗎？」

「我們有間招待所，」她說，「你們今天晚上就住在那裡吧。」然後，我就跟她介紹我尊貴的朋友，訪問學者兼作家V. S.奈波爾。值班官員從沒聽說過他，不過，那也無妨，一點問題也沒有。她替我畫了張地圖，招待所離鎮中心不遠。我們就這樣獲救了，一人一間客房。她甚至還建議一家餐廳讓我們用餐。維迪亞放心寬釋了——我甚至在離他幾呎遠的地方都可以體會得到，或許，他就管這個叫感覺吧。維迪亞最在意不過的，就是清潔與秩序了。這個半路殺出的程咬金插曲，紓解寬慰了他。

他看著大使館的招待所說道：「真是完美。」然而，他語帶悲傷，我猜想他只是累了。

我們在吉佳利一條後街上，找到那家餐館，餐館有個響亮的法國名字，類似La Coupole（圓頂閣）。維迪亞看起來還是抑鬱自持，或許是因為我們的運氣太好了。他曾經告訴過我，他憤世嫉俗的印度脾性是怎麼養成的，還有，他對好運道特別疑心，他相信，福禍相倚，好運會招來惡運的。

餐館規模小，洋溢著上好食材、香草與新鮮麵包的溫暖香氣。食客滿座，白人黑人都有，個個都高談闊論。經理是個纖細的比利時女人，中年遲暮。她顯然已經疲憊不堪了，卻依然溫柔招呼，服務無微不至，一面迭聲抱歉，生意太忙了。她給我們上了一瓶葡萄酒。維迪亞嘗了一口，稱說這是第一級的好酒，可是，當他說道，在這麼爛的小鎮上，喝到一瓶這麼好的酒，真是何等可喜，他面色卻益形憂鬱。女經理聽維迪亞這樣讚美，服務就更加殷勤了。她跟他閒聊，恭維他法語怎麼講的這麼流利。我不意間瞥見維迪亞的同情與悲憫。他受到這個女人良善的性格打動，她在這種邊疆地帶，還勉力經營一家上得了檯面的館子。他欽慕她，就像他欽慕卡塔加山寨的少校一樣，看到有人奮力克服各種困難，在混沌中開創秩序，就像某種殖民者一樣。那個女人穿梭餐桌之間，上菜、添酒、倒水、叮嚀侍者、摺疊餐巾、重新布置叉匙。這魚哪裡產的？維迪亞好奇。基伏湖（Lake Kivu），那女人回答。

他情感充沛地讚美那個女人。他看著她忙進忙出。然後，他環顧四周，說道：「幾年之間，這裡也會回歸叢林的。」

他還是不改抑鬱神情。他吃完他的魚。我試著跟他聊起素食主義的話頭，不過，他只是拿幾個單音節的字眼漫應，不甚熱絡。他喝掉了大半瓶酒。他一再地重複，這是一瓶好酒。那麼，他為什麼還不開心呢？「你們美國人真幸運，」他終於說話了，「你來自一個強大的國家。總有人照顧你。要是烏干達出了亂子，嚴重的大亂子，你們的政府就會開一架飛機過來接你。直接把你緊急空運出去。」

「緊急狀態與宵禁的時候，他們確實這樣保證過，」我說，「不過，當時，我反而挺如魚得水的。」

「你是個作家。所以，你才沒發瘋。你可以定義和處理你的見聞。那一點很重要。要是你沒那麼做的話，你在坎帕拉的日子根本就撐不下去了。」

聽他這麼一點，我頓時生機泉湧。我寫了什麼？一堆詩、幾篇散文、半本小說。我又出版了些什麼？幾乎沒有。然而，對V.S.奈波爾來說，這位我欽佩的作家，我就是一名作家。他從閱讀我的散文，以及我的掌紋中，看出我的前景來。

「緊急空運這件事有什麼大不了的嗎？」

「這裡的大使館，老兄。你們的大使館。我們沒地方過夜，他們就提供招待所。你千萬不要以為這是理所當然的。」

「假如之前我們去敲英國大使館的門的話，又會怎麼樣呢？」

「不怎麼樣，老兄。愛莫難助。」

「我想，要是你碰上麻煩了，你的國家也會幫你脫困的。」

維迪亞說：「我沒有國家。」

現在，我知道，他為什麼傷感了。

叢林地帶相互扶持

吉佳利，一點也不像個首都，即使以非洲的標準來看，還是貧亂的可憐。街道不過幾條，看不見規模起眼的建築物。吉佳利沒有幅員，沒有恆產，只有髒亂。道路鋪設到市鎮邊緣。然而，吉佳利人山人海，摩肩接踵，蜂擁到這裡找工作與覓食，感受身在群眾之間的安全感。胡圖族人擠滿了這個地方，瞪著饑荒民眾特有的警覺與貪婪眼神，當他們看著我的時候，好像在盯著什麼可以大快朵頤的食物，或是可以拿來交換食物的東西。他們在市場閒晃，沿著主要街道遊蕩，駐足在一處叫做大聖堂的教堂周圍。主要街道兩旁隨處可見貧民區，與附近山坡上貧民群居的簡陋小屋。

維迪亞說：「我想我們已經看完這裡了。」

他說他不想去看那個大聖堂。教堂害他陰鬱寡歡。他想避開市場。他說，都是些暴徒。人群擁擠。危險，臭氣沖天。殖民時代的建築、店面、黃色的灰泥高牆，牆垣上插著玻璃碎片、屋頂覆瓦的房子，他說，這一切比利時文化遺物，現在看來是已經被人忽略了，沒多久就會淪為廢墟。

他看到一株榕樹的根系，穿透人行走道的鋪面，傾倚在一座牆上，樹根的節瘤與凸起，顯露在破裂的磚瓦與鋪面石材上。

「叢林已經入侵了。」

我們在炎夏高溫中，離開吉佳利，沿著來時路往回走，車行在轍跡深深的蜿蜒路上，回到魯亨格里的十字路口。道路再度因為行人眾多而幾乎無法通行。

維迪亞說：「這路因為這些人給弄黑了。」

重回同樣的小餐館，維迪亞坐在啤酒招牌下面，點了同樣一份起士三明治。我心想，素食者吃掉的起士三明治還真多。我就著搪瓷盤子吃了一客多筋的雞肉飯。我們用餐時，胡圖人蹲在一旁觀看。我們離開時，將車開上西行道路，前往邊境小鎮奇森邑，它就在基伏湖畔。這個地方以走私客的巢穴麇集聞名。就像大部分的剛果邊城一樣，奇森邑同樣瀰漫著一股詭奇的氣氛，因為這裡也是白種傭兵出沒的地方，名號通常都喊做黑傑克、瘋狂麥克與巴伯隊長等等。剛果東部大省基伏，以及東南部的省份薩巴（Shaba），經常滋擾不安。每當戰鬥爆發，成群難民只有奔徙越界。三不五時地，憤怒的外僑或是白種傭兵出兵攻占，拿下一個剛果城鎮，人民就驚惶出奔到盧安達避難。

路上這些人很有可能也是難民，因為過去一個月來，哥馬一帶也是征戰不歇。不過，再開一段距離，路上就一個行人也沒有了。空曠的路面經過枯黃的樹叢，逐漸轉變為較濃綠、深密的森林，車子奮力顛簸在碎石坡上，那正在活躍火山的山腳下。這條路九彎八拐之際，有個男人穿著白襯衫、黑長褲，手裡提著一只籃子。我們驅車靠近時，他向我們揮手示意。

維迪亞說：「別讓他搭便車。」

不過，我已經開始減緩車速了。

「你為什麼要停車？」

「說不定，他遇上麻煩了。」

那人傾身探向車窗，問道：「Pouvez-vous memmenez à Kavume Jai rate le bus,」你可以載我到卡烏馬（Kavuma）嗎？我錯過公共汽車了。

「上車，」我先用英語說，再用斯瓦希里語說一次。

那人側身滑進後座，向我們抱歉，他不會講英語。

維迪亞說：「Mon francais n’est pas particulièrement bon, mais bien sûr Çest comme ca. Jai peur que vous ne soyez contraint à supporter cet accent brisè.」我的法文也不是特別靈光，偏偏就是這麼回事了。恐怕還要請你包涵我難聽的口音。

那個非洲人說：「Vous parlez beaucoup mieux que moi.」你的法文講得比我好得多呢。

維迪亞發言抗議，語氣甚至還有些不悅，然後，他就一語不發了，那個非洲人也一樣。維迪亞生氣了。他一開始就不樂見我讓人搭便車的。他深信，非洲人專門愛占外僑的便宜。

車子走了十哩路以後，那個非洲人開口說：「Mon village est pres dici.」我的村子就在附近。下車時，他再度恭維維迪亞講的法文，身影隨即消失在樹叢間。

維迪亞還沒開口說話以前，我先說：「我在非洲過了兩年沒車開的日子。我到哪裡都跟人家招手搭便車。人家也都給我方便，讓我上車。所以，我也會讓他搭便車的。」

維迪亞說：「那些懶人合該走路。」

他嗤之以鼻，順便扮個苦臉，扭曲著嘴唇。那人身上強烈的土味還殘留在車子裡。我連開了幾哩路都不置一詞。

「這裡是叢林地帶。大家相互扶持。」我看得出他不為所動，「再怎麼說，這是我的車。」

他究竟有什麼毛病？多年以後，維迪亞對一名訪問者說道：「我缺乏那種慈悲溫柔，那種安全感比較充分的人對叢林族群所懷抱的態度。」同時也承認，他自己覺得深受他們脅迫。不過，有誰是「叢林族群」呢？不論是誰——非洲人、印度人、幕尊古——見到皮膚微黑、尊貴的作家V. S.奈波爾站在東非地區任何道路邊，都會在嘴裡咕嘟一聲：「杜卡瓦拉。」看店的。

對於寫作的看法

下午近晚，我們終於開到奇森邑，車子在山巒起伏的路上只有慢慢蹭步前進。奇森邑是個湖畔小鎮，鎮上建有別墅，也有供膳民宿和幾家旅館。我們隨意選了一家投宿，米拉瑪飯店，老闆是位年老的比利時女人。她蓬頭散髮，穿著一件沾有污漬的圍裙，不過，看起來，她應該也是個性情良善的人。這種人，你只要看她們怎麼跟非洲傭人說話，就可知一二了。她跟她的員工講話時，既有禮貌又有耐心，顯然將她的急怒掩飾壓制下來。

餐廳裡坐滿了比利時人——他們顯然是一家人，不過卻是個大家庭，由於彼此的親屬關係，他們也就肆無忌憚：他們喧囂，相互推搡，上身橫過桌面，拿取更多吃食。我們跟他們同桌吃飯，完全是家庭式作風。維迪亞見到如此喧鬧的餐桌行為，不禁略略退避，人家據案大嚼，女人大聲抱怨，男人叫喊、咆哮，好像也讓他倒盡胃口。

米拉瑪說來，民宿性質要遠多於旅館，房客氣氛融洽，有種居家情調的紊亂，公用設施更意味著侵犯隱私——浴室墊子絕少乾適，臥室房門經常半開未掩。維迪亞，熱切地保守隱私，深惡外人接近與透露私密，一開始就討厭這個地方，後來更無法忍受那張餐桌，因為同桌的那群爭吵、咀嚼的比利時人。他嫌惡人家總是食興勃勃。他說米拉瑪有股怪味道。他呵斥比利時人，嫌他們高大、蒼白、過重肥胖、語笑喧譁、狼吞虎嚥、毫不含蓄。他管他們叫「專吃馬鈴薯的」。

相形之下，這裡的非洲人個頭高䠷、皮膚黧黑、骨瘦如柴、談話低聲，面容彷彿剛遭人鞭打過。我跟維迪亞提起，我猜想他們應該是圖西族的。

「圖—圖—圖西，拜拜，」他說，「可是，你還是不明白他們怎麼受得了那些比利時人哪。」

他幾乎碰也沒碰他的餐點。他吃了那條魚。他討厭沙拉。少校曾經對我嘟噥抱怨過：「哪有素食者討厭生菜沙拉的道理？」比利時菜餚的口味太重，使用肉類太多了。

維迪亞說：「我想這裡我們已經看飽了。」

我們就提前離開餐廳，連甜點都還沒上。

「我想，那些比利時人吃布丁的樣子，我是看不下去的。」

那是他在非洲，第一次親身接觸到真正的叢林殖民者。之前，我在馬拉威、尚比亞與肯亞就看過這類人物，不過，這些比利時人可是這種人的極致範本。你知道他們在殖民地的來日無幾。他們是農民與技工與專門操作重機具的——農場曳引機和道路平地機。他們精通修理車輛。他們可以用最簡單基本的工具維修機械。他們駕駛最大型的卡車。他們曾經維護過這一處殖民地，新近獨立，黑色的共和國即將認定他們索價過高，存心刁難，要將他們遣送出境。而少了這些單純、能幹的人們殷勤維修，國家也將逐漸分崩離析。雖然說我心裡的疑惑從未稍釋，我也經常聽旁人鼓吹，殖民過程中的理想主義，不過，真的，只要一講到「殖民地」三個字，尤其是在非洲，我就會想起這群心思真摯的技工。我也懷疑，每當非洲人談起白種人的時候，他們經常譴責的，也是這群技工與他們的態度。

「咱們不要再待在這裡了。」

一片漆黑中，我們出去散步，走在靠近湖畔的一條小路上。路的遠端盡頭，剛果城鎮哥馬明亮可見。哥馬的照明顯然優於奇森邑。

維迪亞說：「這條每況愈下的路。這些爛房子。」

我告訴他，我認為殖民地開發者之於技工的想法。

他說：「我的敘述者也一直提到，社會如何需要有人維護。」

「你的小說，」我說，「是基於某種政治回憶錄嗎？」

「不全然是。我得給它找個形式。真是困難的要命。」

我們已經走過了鎮中心，經過一座音樂台，一處荒棄的遊樂場，幾幀旗幟、幾根燈管猶然吊在橫跨主街的繩索上。我們走到路上一個嚴重下陷的地段，路旁的別墅窗板緊閉，破爛不堪。

「我為這小說吃盡苦頭，」維迪亞說，「我不曉得究竟該怎麼講這個故事。有一天，這故事自己找上我了，書的結構出現了。我好高興。我打電話到帕芝學校裡找她。我說，『我有了！』」

維迪亞會做出這樣的舉動，也滿容易想像的，不過，我就沒辦法想像自己拿起電話，找太太過來聽我講述自己還未寫就的書。不管怎樣，我是有書了，可是我的太太在哪裡？那整個事情聽來叫人艷羨，友人這麼關心我的寫作。在我遇見維迪亞之前，我一直在黑暗中寫作，不斷匍伏前進。

「結果，我一開始寫，就發現難寫的要命，難到讓我生病，」他說，「我寫不下去。我沒那麼大體力去寫。這本書可折騰死我。」

好在，我有自知之明，忍著沒跟他說，我從來不覺得寫作過程困難。我坐著，我寫著，文思文字就自然泉湧。我一點也不痛苦。不過，他不相信左右逢源、如有神助的作品。他說：「東西要是寫得太順手，就扔掉它。那種文字絕對一無是處。」所有的寫作中，都該存在著掙扎的成分，正好體現生命的掙扎。這也是為什麼他討厭搭便車的人。

寫作對我而言，是種紓解。除此之外，率皆掙扎。我知道，自己算哪根蔥啊——不過是個獨居在非洲中部的光桿教師。能跟維迪亞攀交，已經算我運氣了，只是，現在他整天都嚷著要離去。他講的好像要回到萬事萬物的中心一樣，回到他的房子、他的朋友、宴會、他的出版商、他的太太、他的生活。我並不羨慕他的名聲或是他的光彩，不過，我滿欽佩他為自己營造的生活方式。

「這裡已經開始回歸叢林了。」他說，「你看，叢林就在這裡。」

就像在吉佳利一樣，路旁走道已經綻現裂縫。牆頭插著玻璃碎片，環繞湖畔別墅的圍牆，也處處龜裂。有些牆給人破壞推倒，有些牆身則遭到標語塗鴉，或是黏貼著一些政治海報。熱帶比利時，布魯塞爾郊區逐步走向叢林，橡膠樹縱橫穿透，黴菌四處滋長。殖民地的衰朽，令維迪亞低迴不已，卻叫我心馳神迷——頹圮的房屋、斷垣缺角的檐板、逝去的故舊遺跡，非洲人坐靠高牆聒聒而談，埋鍋造飯的炊煙熏黑、焦灼了牆面。

我跟他講了這些。

他說：「恐怖的興趣。」

我們繼續走下去。

他說：「我回去以後，就要去找安德烈。」

安德烈．朵奇是他的出版商。他還在想著他的小說，全是因為我問他有關寫作的問題，才激發出這般心思。

「我要對他說，『安德烈，這本書我要一千英鎊』。」

在我聽來，這像是一筆大錢，然而，還是少於我與烏干達政府簽的合約上一年的薪資。

「我想，他會了解的，」維迪亞說，「我想，他會照付的。」

我們還繼續走在瓦礫鋪就的空盪路上，落葉與碎紙乏人清掃，走在奇森邑中央，周遭林立隱暗的別墅，漆黑暗夜中，聽著湖水拍岸綿綿不絕的水聲。

那些狗並未事先警告我們——或許，牠們老早就盯上我們，等著我們走的更靠近些。一開始，沒聽到狗吠。不過，狀況很快就明朗，我們顯然已經走得太過深入鎮上劃做住宅區的部分了，因為，一轉眼間，我們就被一群惡犬包圍住了，狗群恐懼與費力地喘氣，一直到我們被完全包圍了，牠們才開始振聲吠叫。牠們的叫聲淒厲可怖，牠們獠牙畢現，頸上鬃毛髮指。牠們發出哽咽的噪音。牠們在我腳踝附近垂涎徘徊，聲音聽來瘋狂，恍如就要殺掉我們，再據以分食——牠們的吠叫聲中透露著飢餓與殘暴與力道。

維迪亞說：「這些狗是訓練來攻擊非洲人的。」

他比我預期的要沉著穩定。我從小到大，對於侵略性惡犬一直有種恐懼。「那些狗知道你害怕，」人家曾經這麼說，「所以，牠們才會一直叫。」那根本鬼話連篇。大部分的狗和狼一樣，反應奇快，還有群集心態、仗勢欺人，這才是牠們狂吠的原因。狗主人就是牠們的雄性領袖，更加激發狗群的這種行為，好作為他們的武器，他們的奴隸。

我呼喝著：「闢達！闢達！」——滾開！——兀自以為牠們該聽得懂斯瓦希里語。我的聲音只讓牠們更加惱怒。

維迪亞小心翼翼，不讓自己背對狗群，現在，狗群中混雜著駐衛犬和流浪狗。他猛地進擊惡犬，做勢要舉腿狠踹這些畜生。

「牠們就是欠人踢。」

狗群四散，一邊倒退，一邊奮力狂吠。

「要是牠們屁股上吃我一記衛得熊，牠們就曉得厲害了。」

他腳上穿著厚重皮鞋，揮舞著他的手杖。他的叢林帽緊箍在他頭上。見到狗群退卻，他再度向牠們進擊，迫使牠們退得更遠。這個小個頭男人，在一個如此偏遠的非洲小鎮上，在這樣一條黑街上擊退群犬，讓我印象良深。

牠們並沒有住嘴消音。其實，牠們叫得比先前還大聲，在維迪亞嚇退牠們之後，高聲抗議。不過，現在我們可以繼續前行了。我很感激他。這樣緊要關頭也沒害他煩擾。他蹙起眉頭。

他說：「又是一個賤貨爛鎮。」

獲得肯定

我們回到米拉瑪的時候，那一大家子比利時人還在爭吵。他們移位到前廳了，啜飲咖啡，在明亮的桌凳之間叫囂。前廳擱著幾把搖動的扶手椅和花邊墊子與腳凳，壁架上幾尊小小的牧羊女瓷像，以及幾幀框裱起來的石版畫作，畫著列日、根特和安特衛普。走廊上站著一個非洲人，像是值班一樣，手持托盤，等著客人召喚。

「真是爛透了。」

沒錯，我也看到了，不過，我也驚鴻一瞥，看見殖民地的過去，像一尊稀奇古董，而今磨損破敗。我並不認為，叢林會像維迪亞說的一樣逐步入侵。我感覺，這股比利時文化即將被盧安達文化所取代，而我們也無從預期來日將呈現何等面貌。

維迪亞以他一貫質詢的語氣，向米拉瑪的比利時老闆娘問道：「你們生意總是這麼差嗎？」

那個壯碩的女人聳聳肩，與他同樣直接地回嘴，說道：「只要剛果鬧革命，生意就好得不得了。」

第二天，我們驅車直奔哥馬，並在基伏湖畔的餐館解決午餐。又是起士三明治：非洲真不是個厚待素食者的地方。

「他們在法國義大利和西班牙都說，『我們咖啡見』。即使是教育程度不差的人也犯這種文法錯誤。」他看我有耳無心的。他說：「你現在腦子在想著你的寫作。」

我說：「不會呀。」不過，我確實在想——那個簡單的問題。我如何從當時我的位置，爬到像他那樣的位階呢？

「你真的確定要當作家嗎？」他問道，「作家這一行苦得很。雖然說，你可以保有自由。不過，如果你不是作家的料子，寫作會逼死你。」

我說，我能寫的，我是那塊料子。

「你到倫敦來。我給你介紹認識些人面。」

我說，我會盡量設法成行的，也許在耶誕節前後。

「這些人都是些劣貨。什麼都不懂的草包。舉例而言，他們的領袖——伊安．史密斯——」

伊安．史密斯日前才片面宣布羅德西亞獨立[10]，目前那個國家在少數白種人的統治之下。

「伊安．史密斯根本就是個劣貨。他只配在索立[11]修理腳踏車。除此之外，一無是處。」

維迪亞一面說話，一面眺望遠方。午餐結束之後，他提議我們往鄰近道路上走走，散散步。我們上路之後，我才發覺，原來，剛剛他一直盯著一塊寫著R. J.派特爾的招牌，他打算再度傳布他的福音教誨。

店裡的印度老闆對我們說道：「嗨！」對著這個頭戴叢林帽，一腳剛剛踏進店裡的印度人微笑。「你們不是剛果人。我知道的。」

我說：「我們是從烏干達來的。」

維迪亞開門見山地說：「生意怎麼樣？」

「馬馬虎虎。人們有需要，我在這裡獨家供應很多東西。」

「你家裡人怎麼樣？」

「那位就是我女兒，」派特爾先生說道，做手勢指著貨架旁邊一位年輕女郎，女郎轉身背對我們。派特爾先生站在堆滿一大盆的食鹽前面。「這個店都是她在管。我還得照顧許多其他生意。」

「哪些其他生意啊？」

派特爾先生說：「太多了，跟你也說不上來。」他嘴巴嘻開，發出一計近乎大笑的聲音。

「這裡不過是一家小店。我其他事業占我時間多啊。還有房地產。」

「不過，錢在這裡像廢紙一樣，」維迪亞說，「你又怎麼應付呢？」

「我應付得來的。我辦法多得很。」

「所以說，你一點也不擔心囉。」

「哈！我日子好得粉呢。」好得粉，正是他說的。

他開始舀起一杓杓的鹽，倒進紙袋裡面，每舀一杓就喃喃自語。

「到了緊要關頭，你該怎麼辦？時局越來越緊張了，你也知道。」

派特爾先生說道：「我自有出路。」經過維迪亞一連串質問，他的神情也收斂嚴謹起來。

他還在舀鹽、自語，捲摺著褐色紙袋，窸窣作響。「我不會有事的。」

「那你的女兒怎麼辦？」

「她也不會有事的。」接著，他停頓不語。他說：「失陪了。」就轉身過去，不再搭理維迪亞。

10 羅德西亞是非洲中南部某個地區的舊稱，昔日分為南羅德西亞與北羅德西亞，就是現在的辛巴威與尚比亞。原名羅德西亞（Rhodesia），一九八〇年四月十八日獨立後，始改稱辛巴威。伊安・史密斯（Ian Smith）土生土長於南羅德西亞，日後並擔任殖民地總督，狂熱倡導白人統治，並於一九六五年驟然宣布獨立，脫離大英國協，一九七九年，史密斯政權與辛巴威黑人團體在英國政府安排下進行協商，雙方簽訂蘭卡斯特協定（Lancaster Agreement）。一九八〇年二月，辛國舉行大選，「辛巴威非洲民族聯盟」（Zimbabwe African National Union, ZANU）領袖穆加比（Robert Mugabe）贏得大選。同年四月十八日，羅德西亞改名為辛巴威共和國，正式獨立建國。

11 索立（Surrey）：英格蘭東南部一郡。

我問道：「那麼，你覺得怎麼樣？」

我們已經離開那家店鋪了，閒晃在空曠的哥馬路上，維迪亞像個軍人一樣闊步行進。

「他在扯謊。」

那個人講的話，他一個字也不相信。

「他一個蹦子兒也動不了。非洲人會占了他的店和他的貨。他講自己其他的買賣時，根本就在鬼扯。你看看，他又是怎麼對待他的女兒的？逼她在那裡工作。」

基伏湖映照著高濕低垂、灰色的赤道天空，呈現一片黯淡銀灰湖面。沿著湖畔生長的樹木，也因為天色昏灰，而顯得晦暗而不透光。街上行人瞪著我們張望，雖然，身上穿著褪色制服的軍人沒往我們的方向多看幾眼，只是重步行軍過去，皮靴橐橐踏步，揚起一陣灰塵。他們的靴子與來福槍，式樣老舊，看來卻堅不可摧。音樂奏起，剛果歌曲聽來很有巴西風味，馬林巴與喇叭高鳴。軍士、無家孤兒、野狗、雞群，以及破裂的招牌，在剛果偏遠的一角。

「他是個死人，」維迪亞講起R. J.派特爾，「他們全都是死人。」

之前，在坎帕拉與奈洛比，我曾經聽他這麼講過。不過，當派特爾說他不會有事的時候，我倒是相信他的。而我也因為身處非洲之心而興奮。在我看來，倘若你將手指捺在非洲大陸地圖中央，那就是這個地方，哥馬，泥濘的湖畔地區。我試著以維迪亞的目光看待周遭，不過，我辦不到。我既不曾經歷過他的生活，也沒寫過他的書。他決定心意快如旋風：觀察對他而言，就是擬定結論。我知道，不管我寫些什麼，跟他的觀點都不會相仿。他不曾問我想法如何，說不定還是一樁好事呢。

「我很高興，我也見識到這一點，」他說，「我想，我們該走了。」

我們再在米拉瑪過了一夜，再度置身於紛擾爭端的比利時人之間、堆滿菜餚的餐桌、過於明亮的桌燈，接著，我們再度驅車前往魯亨格里，直奔烏干達國界。

我們只有布車道上一處驚險的急轉彎停了下來拍攝風景，此地緊臨著一道名喚卡爾那拔隘口（Karnaba Gap）的深谷，路旁偏偏還沒有護欄或任何保安措施。我穿著蘇格蘭呢夾克，臉上架著我的玳瑁框眼鏡，因此，我的表情看起來也眉頭深鎖，慍怒不悅。

維迪亞說：「我想你一定會幹得很好的。」我們即將到家，他爽朗多了，精神也顯得振奮不少。

今年四月，我就滿二十五歲了。我在非洲以外地區，毫無出版建樹。我很渴望給自己的小說找個出版公司。我吞吞吐吐地跟他這麼說了。

「別擔心，」他說，「最重要的是，千萬不要在四十歲以前就摟了一大堆錢。答應我，你絕對不會那麼做。」

我答應他了，向他保證，我不在日後十五年之間大發橫財。

「先專注在你的寫作。等你過了四十，沒問題——你愛賺多少錢，就賺多少錢。」

維迪亞離四十還遠著，不過，他講起話來比我爸爸還老氣。

我們繼續開車，上上下下基傑奇山丘，車身順著七彎八拐，重新開上大草原，廣大無垠的非洲晴空下，我們經過大型野生動物與長腿蒼鷺，駛過紙草叢生的沼澤。現在，一切看來都如此熟悉。

回到坎帕拉，在我的房子裡，他還在我家作客，我滿腦子都是他講過的話，以及我想落筆寫下的東西。我甚至連澡也還沒洗，還來不及沐浴去除狩獵遠行沾上的塵土，就急忙衝進書房，開始寫了起來。

經過我的房門時，維迪亞探頭進來一看，歡呼一聲：「這就對了！」他很高興，「以前我也是這樣。晚上，有的時候，我們參加晚宴回來，我就會直接進書房寫東西，就像那樣，我身上連外套都還沒脫下來呢。」

他踱進書房，瀏覽散在一旁的稿紙。他上下顛倒地看著。我本想將紙張移正，方便他閱讀，他卻說：「不，我不是在看你的文章。我在看你這一筆字。」

他看得更仔細了。

「是囉。是囉。是囉。」他點點頭，「這筆字不像美國人寫的。非常特殊。直率。知性。那就是你。」這話可比他的認可還受用。

一連數週，他都熱切地講著要離開烏干達，回到倫敦。在他臨行之前，他送我一條他在英國買的領帶。「當時，我就知道，我一定會碰到可以送這條領帶的人。我想送給你。」領帶嶄新，非常細窄——那正是設計風格所在——而且還是橘色的。當時，領帶還放在原裝淺盒裡面。我從不打領帶，不過，我很感謝他送我這個禮物。在他臨走當天，他又送我另外一個禮物。他詳盡無遺地跟我講述他做過的一個夢，夢中牽扯到他的弟弟，以及一樁他犯下的謀殺。我仔細諦聽，他人一走，我馬上就把這個夢記在我的筆記簿裡。

看他離開，叫我難過。我就要失去我的良師，而他同時也變成我的朋友。他認真地看待我，對我而言，意義重大，而他待我猶如同儕作家，更鼓舞了我。除了他以外，沒有人這樣對我，不過，我不在乎，因為，我已經獲得他的肯定了。

接著，發生了一件意料之外的事情。我在非洲從來不會想家，也從來不會因為所見所聞而沮喪絕望。我來這裡是為了工作，而我也一直對這口飯碗，心存感激。我喜歡我的生活。我自給自足。有些日子，我是阿爾伯特・卡謬，在偏遠的阿爾及利亞教書；有些日子，我是喬治・歐威爾，準備出門射象；也有些日子，我就是我自己，寫些我自信從來沒有人寫過，可以驚動全世界的東西。不過，當維迪亞從恩特貝搭機離開之時，回程我開車回家，感覺非常寂寞，形單影隻的寂寞感縈繞不去。從那個時候開始，我就不再那麼喜愛這個地方了。我開始以他的眼光看待非洲，以他的措詞評論非洲。

他相信我。他曾經說過，寫作中人是如何寫完學徒期限的。他說，我們要比過去所有的作者都來得自由。「我們一點也不受教條束縛，宗教和政治的教條。好好地運用這種自由。」我記得他多次凝視著我的臉龐（「人的一生寫在他的臉上」），或是探索著我的掌紋說：「你不會有問題的，保羅。」他究竟看到了什麼？

我的作品當中逐漸滲入喜劇筆調。那是我孤單寂寞所引發的效應，我也為之驚詫，作品卻也注入充沛活力。這種調性取代了原先一本正經的寫法，卻後來居上，讀起來更感確實真摯。我逐漸領悟，原來人生最真實的表述就是幽默，尤其是最擾人不安的幽默。非洲的種種紛擾，不是悲劇，而是鬧劇。這就是維迪亞對我的影響。

友誼比愛情單純，卻更見深刻。朋友了解所有你性格上的缺點，並加以體諒，不過，更甚於此的是，朋友也是一個見證。我需要維迪亞做我的朋友，因為他能夠在我身上，看出某些我自己也不明瞭的東西。他說，我是個作家。他以素來一貫的直率說起。那就是我的一切，因為，我根本不知道，接下來，我要做什麼。

當然，當時我也渾然不知，我與維迪亞相識一場，竟然會在我的，或是他的人生當中，占據如此重要的份量。不過，在我們相識多年之後，英國書評家卡爾．米勒（Karl Miller）在評介維迪亞一部作品時寫道：「小說家保羅．索魯與奈波爾相識在動盪不安的烏干達，就像在說某人與基欽納結識在喀土木[12]一樣。」

12 基欽納（Horatio Herbert Kitchener）：一八五〇～一九一六，英國陸軍元帥，一八九八年九月二日，於恩圖曼（蘇丹中部城市）一役中大敗宗教與政治的蘇丹分離主義救世軍，隨即占領首都喀土木附近城市，並將之重建為盎格魯—埃及與蘇丹共治中心。基欽納於第一次世界大戰時任陸軍大臣，因所乘巡洋艦觸雷沉沒而溺死。「與基欽納結識在喀土木」，意即結識在對方事業顛峰時期。

第二部

作家的作家

第五章
耶誕布丁

在他離開坎帕拉的前一刻，維迪亞終於放我一馬。他最後再重讀一遍我那篇談怯懦的散文，幾經刪節與修訂之後，早已排進預定刊行的日期。他說，現在這篇文章可以定稿了，雖然，我心裡暗想，他可能覺得文字的味道還是不夠對味。

他說，準備寫些新東西吧；我從他身上學到的，比較能用在新的寫作材料上頭。他要走了，我很難過。我逐漸養成依賴他的習慣，依賴他的審閱，依賴他友善的建言。我一心渴望他將畢生學養灌注在一個句子裡，就拿一個笑話來自我解嘲，有人問耶穌基督：「偉大的主，我該做些什麼好事，才能成就永恆的生命呢？」耶穌就要言不贅地，為他歸納了一些基本要點，從「切勿殺生」開始，林林總總下來，最後總結在「賣掉你所有的家當」。

我想方設法地提出我的問題，勉勉強強、吞吞吐吐地向維迪亞討教。

維迪亞的回答是：「說出真相。」

接著就是他的夢，我記下來的夢。夢境是這樣子的：

維迪亞和他的弟弟西華，寄居在他人家中，那家還有兩個孩子，一男一女。西華討厭那個男孩，有一天，當維迪亞、他的弟弟與那個男孩一同外出時，三人之間頓起爭執。西華突然出手毆擊，殺死了人家的男孩。

維迪亞說：「你看你做了什麼——你殺了他！」

維迪亞與西華合力挖了個坑，把男孩的屍體埋在坑裡。

夢境中，當時那個男孩正好要離家外宿幾天；於是，當維迪亞和西華回轉人家家中時，沒有人對他們起疑，或是詢問他們。然而，他們還是因為謀殺而感覺非常罪疚；兩人卻一直無法鼓足勇氣，將實情和盤托出。他們知道，男孩的屍體遲早會被人發現，屆時，大家一定會怪罪他們的。

幾天過後，報紙上充斥著男孩失蹤的消息，屍體也在不旋踵間挖掘出來了。這段期間，男孩的父親突然經歷了劇烈的改變——他想起自己曾經以某些微不足道的殘酷行為傷害他的兒子，他開始將那樁犯行歸咎在自己頭上。他說：「我知道發生了什麼事情……是我害他切斷自己脖子的。」維迪亞和他的弟弟保持緘默——有罪，卻未被懲罰。他們對於犯行一字不提，可是，他們也未能脫鉤自由。夢境終結：夜間盜汗、恐懼、焦慮、罪惡感。

這個夢皮裡陽秋，言外之意如此豐富，我因而印象深刻。我驚詫的是，這個夢裡的維迪亞跟他本人一點也不相像，夢裡的他罪惡感深重又卑劣鬼祟，這個將他弟弟描述為兇手的夢，正巧也是他曾既冷酷又詳盡地告訴我的。

沒有奈波爾的非洲

維迪亞回到倫敦了，我落單在這塊大陸，周遭顯得塵埃更重、薄弱易碎與虛構無憑。我逐漸習慣一個人待在非洲了：孤獨讓我的注意力更加敏銳，而如此專注有助於我的寫作。不過，那卻是我第一次感覺寂寞，並且因為失望而冷漠倦怠。非洲一度令我感覺無羈無絆、活力充沛與自由奔放。維迪亞卻讓我疑竇重重。他藐視當地政客，訕笑非洲貨幣，嘲弄地方報紙，而今在我眼中，非洲顯得狹小、自我毀滅以及困頓拘束。這裡到處可見心術不正的機會主義者，而且危機四伏。非洲像是一片廢墟，又兼以荒蕪不經。你注意到他們四處踐踏草坪，自己走自己的路嗎？

不論在資深教師共同休息室，或是教職員俱樂部，以及坎帕拉的電影協會，「劣貨」字眼總是迴響在我的耳畔。每逢星期天，我長途跋涉，走上邦波路，深入叢林賞鳥。這裡，什麼東西都沒有名字——總是「山」啊、「樹」啊、「河」啊、「鳥」啊的。他們不去區分事物。這裡沒有戲劇。他們根本看不懂。

我的作息還是一樣：早上在辦公室工作，教點課，回家吃午飯，或是在興都小屋解決中餐。午休小憩之後，下午寫作，接著再驅車通過大型鐵門進城，鐵門上高高拱著馬克瑞瑞大學校訓，*Pro Futuro Aedificamus*。經過鐵門，開車在路上，走過萬蝠谷，進城裡窩著的時候，我總會聽到：這一切都會回歸叢林。叢林會回來的。你看，叢林已經開始入侵了。

教職員俱樂部裡的人，虛情假意地問起維迪亞的近況。

「你最近還有沒有聽到你那個朋友奈波爾的消息啊？」

他們有口無心的詢問，還帶著揶揄的意味，因為維迪亞待在坎帕拉的期間，我全程陪同，變成他的影子。他也變成我的朋友，而不是他們的朋友。在他們看來，我就像是拋棄、背叛了他們一樣——我摒斥了他們，晉身維迪亞的朋友。確實如此：我早就摒斥了他們，不過，我一直以為那是我的秘密。與維迪亞如影隨形，作為維迪亞的影子，我無意間洩漏了自己的隱私，而最糟糕的，就是表露了自己在文學創作上的雄心壯志。在此之前，我不過是個村子裡的萬事通，自我沉湎。即使在那個時候，我就知道，作者活在作品之中。我懷疑，我無意間表露了自己，或許是表露了我的企圖，當然也曝現了我的傷口。只是，當時教職員俱樂部是不會介意的。做個本地作家是沒問題的，不過，我竟然與奈波爾朋比，打算更上一層樓，向倫敦投石問路，探求認可的話，就茲事體大了。外僑既嫌惡又渴盼著倫敦。我早就對他們不理不睬。奈波爾對他們視若無睹。他們知道他的輕蔑，他的冷淡，他們知道他用什麼樣的言語侮辱刻薄他們。

對他們大部分人來說，他不過是隻過境候鳥，最討人嫌的外僑：一個謎樣人物、嘲弄者、終日抱怨，事態嚴重的時候，馬上腳底抹油，溜之大吉的傢伙。某人不就在卡霸卡失勢之際，離開坎帕拉的嗎？有些人飛到這裡，信口開河將烏干達說得一無是處，像維迪亞之流的，還會譏笑這裡。不過，等他們一走，就輪到我們嘲笑他們了。他們懂個什麼？這裡是我們的家，我們工作的地方，我們的風險。我們生活在這裡，因為我們喜歡這個地方。輕侮非洲，或是輕視這裡的學生，都被視為惡劣行徑。嘲笑政府更會禍從口出。維迪亞打破了大多數無言約定的規則。誰也不曾公開跟他唱反調——其實，在我們心裡，許多人還暗暗跟他認同——只不過，大家都痛恨他害我們士氣低落。非洲人說他是典型的英國人。英國外僑說他是典型的千里達人。坎帕拉的印度人說他是典型的婆羅門。有些人也說他是某種拓殖者類型，這可是最損人的惡意說法。

奈波爾同時也流露出勢利俗人的表相。他譏諷我們普遍飲用啤酒的風氣，我們差勁的葡萄酒，以及我們家裡的傭人如何淩駕在我們頭上。他對我們的學生毫無賞識。消息四處流傳，說他頒了個獎給溫斯頓·瓦班巴，第三獎，聽過的人都不覺得好笑。他講的一些輕蔑言語，還經常為人複述。人家說：「我替他太太難過。」「貴族氣息」反而是我聽過用在他身上最善意的字眼了。教職員俱樂部言語污穢，素來叫人側目，維迪亞總被同僚用最粗俗的解剖學名詞形容指稱。而當他教訓本地印度人，說他們大難即將臨頭，來日屈指可數，嘮叨質疑他們的退路策略時，後者率皆感覺他總是不假辭色地斥責他們。

塵暴，就是激狂的小型旋風，經常可見於我們的道路與乾枯的田野間。維迪亞就像一股塵暴一樣，冷峻嚴苛地質疑所見所聞的每一款意見，執拗地要求答覆，然後，就像塵暴一樣，他呼嘯而去——裂解消散在遠方，卻在地上留下一小道擦摩的痕跡。

奈波爾走了以後，我就得負責為他辯解，同時，表現得像個極力追摹他的人，同事帶著懷疑的眼光看我，我淪為一個秘密的嘲弄者，不可信賴，就像奈波爾一樣。我再也無法重新融入同事情誼，回復教職員俱樂部的夥伴身分，輪流兼任酒保。

某一天晚上，一名女性英國僑民挨著俱樂部吧台對我說：「以前，我還挺喜歡你的。」她名叫莫琳。她已經喝醉了，因此直言無隱。「我再也不喜歡你了。我覺得你根本就是狗屎一坨。布萊恩也這麼說。」

布萊恩是她的丈夫，教布倫代數的數學老師。他也幫教職員俱樂部管錢作帳。他一聽到莫琳辱罵我，就應了一聲：「該死的老美！」

他說話的時候，好像就已經站不穩腳跟了，不過，他不但沒有勉強平衡自己，反而重重地摔了出去。他也喝醉了，跌倒的時候，還順勢推落一把吧台旁邊的高腳凳子。莫琳絲毫不為所動，她仍舊怒目瞪視著我。

我問道：「妳不過去扶他起來嗎？」

莫琳說：「他還能再往哪兒摔？」同時將杯子湊到她嘴唇邊上。

那是個溽熱的夜晚，酒吧裡就我們三個人，戶外夏蟬揚聲長鳴。吧台上擱著印度淡麥酒與長牙啤酒的杯墊，牆上壁鐘，鐘面寫著瓦特尼[1]，還有一幅健力士最有力的告示牌，另一幅標誌牌上，有形有款的非洲情侶——男人穿著棕色西裝，女人一襲飾褶過度的洋裝——下方寫著——瓦藍吉——烏干達國酒！沿著牆邊，堆著一落《私家偵探》陳年舊雜誌。

莫琳緊閉雙唇，嘴裡灌漱著瓦藍吉，再吞飲入喉，眨眼微笑。香蕉琴酒，要命的劣酒。

她說：「你他媽的還在這裡幹什麼？」

他們對我講的話，就是他們想跟維迪亞說的話。

這時候，為了安慰自己，我到梔香苑走動的更勤了。我幾乎總是會帶個女孩回家。過程簡單明瞭，總是直接問她們相同的問題：「你要不要跟我一塊兒回去我的房子？」問句中最讓我意滿自得的，就是「房子」那個字眼，尼庸巴，跟泥磚小屋是同一個字。通常，她們都會說好，或是，「我們先跳跳舞。」

「我是肉，你是刀。」再度成為我的生活。

維迪亞離開過後許久，教職員俱樂部的人都還在抱怨他。他們對他所知何其微渺。維迪亞曾經管他們叫：「匪幫」。他也曾催促我離開，他說，住在這種地方，遺害身心智能大矣。他說，我沒有時間可以浪費了。我知道他在講他自己。

他一度說過：「我既老又鈍。」接著，就用老年人悔恨想念的語調談起往昔時光。多年以前，事情不是這樣子的；多少事情都每況愈下。

他最愛的，還是那些過時無用的措詞方式：「邇來」、「幾個蹦子兒」以及「一小段時間」。他將所有的雜誌都叫作「紙頭」，或許不如老達菲爾叫雜誌「亮紙兒」，來得古怪有趣。然而，維迪亞還是感嘆時代，這個時代的寒傖齷齪，低階層人民的牢騷抱怨，以及這個時代名不副實的王公貴族。他會大聲咆哮：「頭銜算什麼？」不過是拿來嚇唬美國人用的。根本就毫無意義。文學經紀人都是些「遊手好閒的」，而許多出版公司根本就「爛透了」。

他經常感覺不適。他在非洲的時候，氣喘復發，害他有口難言。他終日失眠，不然就苦於惡夢連連。他經常情緒低落，或是深感沮喪。或許，這些身心苦惱的症狀，對一般高齡人士並不陌生。不過，維迪亞當時才三十四歲。

---

1 瓦特尼（Watney's）：指瓦特尼紅桶啤酒（Watney's Red Barrel），這種大量生產的低標準低壓啤酒在一九六〇年代與七〇初期十分暢銷。

至於在開發殖民地方面，他曾經說過，他與我有許多共同點。我是個殖民地開發者嗎？我從來沒這麼想過。沒關係。他是我的朋友。我也從來沒問過他，年長的感覺如何。或許吧，我心想，等到我也到了三十啷噹歲，我就會有相同感受了。三十啷噹感覺像是中年已屆，四十歲就老了，五十進棺材，六十墓木已拱，屍骨都化作灰燼了。

我比維迪亞小十歲，這可是段漫長歲月，足以讓像我這樣的人轉化為一名老人。我剛剛完成我的小說，現在又著手開始下一本。我自信滿滿。最重要的是，維迪亞，這樣一位傑出作家，他對我有信心。

除了維迪亞以外，所有我認識的人，都不曾注視著我的面相，看出我是寫作的料子。維迪亞看出來了，更有甚者，他說我是個前途無量的作家，同時，我寫作速度之快，也教他感到驚嘆。我跟他可以朋友相稱。他回到倫敦以後，定期寫信給我，表現對我的重視，而每一封來函都是一則經驗教訓。

在某一封早期來信中，他以迅速而斬釘截鐵的風格，分析我持續不輟撰錄時事的習慣而加以拒斥。他說，我一定要扔掉這種傾向。這種流水帳不過是在蒐集編錄個人經驗罷了。作家並不因為周遭多事起落而成為作家。作家該做些其他的事情。如果你寫日記，還鉅細靡遺，就更糟糕了——他說，我連想都不該想到。於是，我甩開我的日誌，我永遠再也不寫日記了。

他說，我該考慮幫《新政治家》雜誌寫稿。我應該避開那些「小牌雜誌」：文學期刊、大學季刊，以及發行量微不足道的免費刊物。

倘若我要寫一篇故事，我一定要先知道，這篇故事為什麼會發生。我必須知道，我為什麼要寫這本小說。他提到《寂寞芳心小姐》（*Miss Lonelyhearts*）。我曾經向他大力推薦一讀。他不喜歡這本書，也不了解我的熱愛所為何來。他覺得那書不知所云。凡此種種，我從不跟他多辯，雖說，私底下，我還是因為書中古怪與任意的諷刺文筆，而佩服這本書。

維迪亞勸告我，同樣也是經由通信，在英國找個經紀人和出版公司安頓下來。美國的出版公司只對一本書有興趣；英國的出版公司會針對一個作者開發——所有的作品。他會幫我找個好的經紀人，屆時，我就該留心找個好的出版公司。

如果，我執意要待在非洲，他說，我就應該考慮幫一家印度報紙開個專欄，每個月寫一篇「東非來函」。他可以代為安排所有的事情。每一篇文章，我大概都可以拿個二十英鎊的稿費。

「目標要高，」他說，「說出真相來。」

作者所能講的最糟糕的話，就是說：「我不過是個講故事的。」他以為那是種自吹自擂的講法。維迪亞不屑這種描述，嫌惡「故事」這個名詞。這是個既誤導又了無意義的字眼。他曾經告訴過我，許多故事其實根本就沒有結局。他用「敘述」一詞取而代之。「敘述」說來雖然比較模糊，卻好用多了。最為要緊的還是結構與形式。風格的觀念讓他惱怒：風格不過在炫耀，展現自我，以及缺乏火候，青澀可笑，自命不凡與毫無意義。他說，藝術沒有漂亮的。

他回到倫敦兩個月以後，來信說到，他正在評論伊安．弗萊明的生平事蹟，就是那個寫○○七，詹姆士龐德的作者。那本傳記不足掛齒，書評也不會寫的多長，不過，他說，寫這種東西真是受罪。披露在《新政治家》的那篇書評中，他又揶揄地提起烏干達的首相，密爾頓．歐布特，參加一場龐德電影特映會時，將他的勞斯萊斯停在彩虹戲院外面，戲院門口遮簷上正好印著《霹靂彈》[2]的劇照。

教職員俱樂部裡，某些英僑聽說過這篇書評，就說奈波爾又在譏誚當局了，他們當他糟粕廢物。首相去看場該死的電影又怎麼樣？總強過看些奈波爾寫的那些「現急」書！只是，歐布特曾經是卡霸卡的強勁對頭，最近他又一舉顛覆了他，過程非常詹姆士龐德，突擊隊員挺著機關槍掃射路華里的宮殿。卡霸卡也以機關槍還以顏色，廝戰之後，才裝扮成女人模樣，逃到盧安達去。一切都太龐德了。

維迪亞信中也提起卡霸卡。他知道是哪些人在倫敦照應他——有錢人，大多是貴族跟些保皇黨。卡霸卡優渥悠哉的住在帕丁頓（Paddington），而且還在麗池飯店開了個戶頭。

信函中款款流洩出倫敦生活：與編輯共進午餐、晚餐宴會、天氣變化、交通狀況。維迪亞甚至還提到飛機從頭上呼嘯而過，令人厭惡的噪音。他告訴我，倫敦精華就在飛往希斯洛機場的航道上。舉例而言，敵軍空襲時，戰鬥機上機槍掃射一定不會漏掉白金漢宮。他抱怨稅賦。他忙著評審一項文學獎。他還傳達他的朋友對非洲的看法——他們都不樂觀。他也提到，雨中散步的情境。

我們在非洲向來不興雨中漫步這一套。我們會躲雨，等候大雨滂沱歇止，而非洲的雨往往也在幾分鐘之後悄然收束。

他也催促我一訪倫敦。來趟倫敦對我一定有好處的，他說。

我輾轉思索，保持聯繫，不過，我還是照樣過我的日子。我在坎帕拉有學生，我在烏干達北部還有責任未了。我的作息常例就是：工作、梔香苑的女孩、我的寫作。

一天晚上，一個出身海線的女孩，賈蜜拉，從我的床上溜下去找廁所。她在門口猶豫半晌——翦翦雙腿，可愛的側影——然後，她在門廳裡拐錯了彎。我聽見紙張乒乓散落的吵雜聲音，以及一句「對不起！」

我扭亮燈光，發現她一絲不掛地站在一堆散落的打字稿紙中。

賈蜜拉問道：「這是什麼？」腳趾擰著地上的紙張。

我說：「基塔布。」

一本書。她張開她粉紅色的嘴巴，歡暢嚎笑。這堆亂七八糟，寫得密密麻麻的紙頭，怎麼會是一本書呢？

不到一個星期，我就買了張飛往倫敦的機票。我剛好在耶誕前夕，離開烏干達。

前往倫敦拜訪奈波爾

從逐漸下降的飛機俯瞰，倫敦就像一汪漫漫黑幕，幕上覆蓋著一層黃色燈光綴成的地圖。我剛從漆黑無垠的非洲暗夜飛來，即將降落在破曉前的城市黃色燈火中，硫磺街燈拼湊出城市的輪廓。機身傾斜，徐緩轉彎，攤平抖直了城市地圖。

2《霹靂彈》（*Thunderball*）：〇〇七系列電影之一，米高梅於一九六五年出品，由史恩康納萊、克萊汀奧嘉主演。劇情大致為：世界性恐怖組織魔鬼黨，攔截到美國運往英國的兩枚原子彈，以勒索英國首相，要求龐大贖金，否則將摧毀英國各大城市，危機最後由〇〇七出馬解決。

外面冷得很。機艙門前的透風過道教我驚詫，飛機本身，臭氣薰天的巴士。倫敦清早還是相當陰暗，瀰漫著大城市的惡臭氣味。

電話也讓我了無頭緒。我準備了些銅版以敷操作之需，在投幣口投下一枚三便士銅版，找到按鈕A與按鈕B。電話接通時，我聽見「哈囉，哈囉」，聽筒傳出一股緊急的噪音——嗶嗶聲不斷重複，高聲拙劣地宣告，我正與一具公用電話搏鬥，噪音轉而喋喋叨叨。就在電話語音系統持續發聲之際，我再度捺入一枚硬幣，使勁兒突破障礙，好將電話打通。我還試了兩次。手腳不夠快是不行的。

「維迪亞？」

「是，是，是，是，是。」那是維迪亞壓住不耐，心情歡喜的時候，一貫反覆的預期語調。「我很對不住，沒法兒去接你的飛機。」

「沒關係。」

「我們家沒那種猴仔車子，你知道的。」

他用「猴仔車子」一詞，指稱那些將馬路塞得水泄不通的便宜小車。

「我會搭計程車過來的。我手上還有些英鎊。」

他跟我說明地址方向，再三強調，計程車司機一定找得到他的房子，不過，如果那司機一臉茫然，我就對他提示藍貝斯南路。

「我們那些劣貨最近怎樣？」

「我沒跟他們說我要來。」

因為，倫敦之行太奢侈浪費了，我沒讓教職員俱樂部的同事知道這趟旅行。同時，造訪奈波爾更證實了我逐漸背棄他們。烏干達英僑只有休長假，才會將倫敦當作目的地，一般例假日是不會遠赴倫敦的。他們講到耶誕假期如何安排，經常會說「上海岸去」。那指的是蒙巴薩、馬林地（Malindi），或是尚吉巴爾、坦加或是巴加摩亞，在這些地方游泳，才能免於水蛭叮咬。每隔兩年，教職員休上三個月的返鄉探親假時，才會到倫敦，兩個禮拜休假可不會大老遠跑上一趟。要是他們發現了我耶誕遠行的去向，外僑們八成會說我太自命不凡了。

計程車疾駛穿過倫敦，坐在車裡，我理解到維迪亞對於秩序的概念。就是這樣，堅固的建築，清掃過的街道，一塵不染，街燈映照下閃閃發光。店鋪、釘緊直立的鐵柵欄、磚砌平台，以及一簇簇的煙囪管帽；我們跨越泰晤士河時，行經的大橋橋體，對稱開展。倫敦如此穩實可靠，建設天長地久，整座城市都像是染上一層黑色亮光釉一樣。無怪乎，維迪亞會將坎帕拉視為任意湊合、荒蕪廢墟與雜亂無章，崩垮是指日可待，遲早要回歸叢林。

不過，倫敦的潮濕與寒冷，讓我卻步再三。即使裹在肯亞買的羊皮外套裡，我還是不住顫抖，再加上飛行的疲憊，這樣一座釉彩光滑的廣大城市，在這個十二月的早晨八點鐘，天色猶然晦暗，我感覺脆弱。

計程車左右搖晃，闖過一處巷道街口。我看到幾張黑色面孔，霎時感覺安心。再轉過一個街角，計程車疾馳乍停，引擎轆轆空轉著。

「斯多克維爾公園新月街三號。」

一幢小灰色磚房，喬治王朝風格建築，一堵矮牆隔開房屋與街道，右鄰住屋形態類似，卻寬闊些，左邊那棟建物狀態就差一些。三號前院有棵剛種不久的小樹。

維迪亞先聽到計程車的聲音。他站在門口招呼我，嘴裡咬著菸斗，我們進門之前，他對右邊那棟房子指指點點的。「那棟堂皇得要命的房子是共產黨的，當然囉。那一棟」——左邊那幢寒酸的房子——「嗯，那家人從來不出門。他們不用工作，你知道。我心想，天哪，他們怎麼都失業了。那可不，他們現在只是在『重新部署』而已。一直以來，我都以為他們是一夥遊手好閒的，不，可不——『重新部署』！」

我幾乎已經忘了，工作，或是沒有工作，也可以充當說笑的材料。在非洲，這種揶揄嘲諷根本就毫無意義，更談不上幽默，因為那裡幾乎找不到任何工作，付給一般認定的薪資；那裡只有自給農業。田裡的活兒做不完，你就準備挨餓。這種情況說不上有趣還是悲哀，只是理所當然而已。

維迪亞關門的時候，帕特輕吻我的臉頰。室內溫暖。要不是因為我剛從東非飛來，我會說，這房子太熱了，不過，我倒覺得完美，室溫剛剛好。窗戶嵌上雙層玻璃，維迪亞厭惡噪音的應對之道，房子裡頭靜悄悄的。

帕特一廂抗議維迪亞總是心血來潮就大興土木，維迪亞則帶著我參觀整個房子，滿臉不高興地盯著工人搞砸了的疏失——角落割切得不乾不淨、孔洞鑽得意興闌珊、串珠緣飾左右不對稱、油漆漆得敷衍草率。

他的書房遠離客廳。房裡地板中央，張開一把躺椅，那是一把摺椅——像海灘椅一樣。他坐在椅子上，伸直雙腿時，躺椅就吱吱價響，嘎嘎抱怨。

「這裡就是你工作的地方嗎？」

「老兄，這裡是我發愁的地方。我在這裡抽菸。我書已經寫好了。那本小說可整死我了。現在我手邊有校稿。你要不要幫我看一看？」

我說沒問題。我問道：「你書賣了一千英鎊嗎？」

他擠出一個鬼臉，嘴角做出姿態，意味著「幾乎拿到了」。維迪亞說自己深居簡出。帕特一個星期三天在女子學校教歷史，包辦了所有的採買、所有的烹調，每天的床都是她鋪的，甚至還幫維迪亞做功課。清掃洗衣雜務，大多是一位鐘點女傭布朗太太負責，維迪亞就管人家叫布朗。

「布朗會幫你洗衣服。你要走的時候，可以給人家幾個蹦子兒。」

「給她五英鎊怎麼樣？」

「不行，不行。太多了。你這樣會慣壞布朗的。」

那就是我的第一天。第二天早晨，他身上一直套著睡衣褲，校讀著《模仿人》的小說稿。我們一同吃午餐。維迪亞的睡衣褲還是沒換下來。

他說：「我只為晚餐穿衣打扮。」接著哈哈大笑——跟他的東非笑聲相比，現在的笑聲比較像是發自支氣管的。

接著幾天，他帶著我閃電出遊倫敦，先從離他家最近的地鐵站斯多克維爾開始，這一站在地鐵北線上，一路通往托登罕法院路。一股含沙捲塵的強風，喘著氣，掃過車站，直上木製電梯：城市冷冽死寂的氣味，鐵鏽、潮濕的磚瓦與油料——繁榮與交通的氣味。置身其中就像一場冒險一樣，不過，我心想：我才不要住在這種地方呢，絕不。另外一個在我心上盤桓許久的念頭就是，我們正在一座島嶼上，一座寒冬中的酷冷島嶼。

我們從托登罕法院路，跨過牛津街，走到大英博物館。現在，我了解了，維迪亞為什麼老覺得烏干達地名之無知與貧乏：倫敦市裡的地名可要響亮多了，而且名過於實，地名遠比實際的廣場和街道還要恢弘。維迪亞好似走在曾經走過千百回的路徑上。大英博物館裡面，他就像給安裝了程式一樣，領著我參觀收藏著拜倫、濟慈與布朗寧手稿的玻璃櫃子；然後，前進下樓，匆匆穿過羅馬與希臘陳列室，跨進埃及遺物展示區，木乃伊與石棺，有些像水槽，有的則像是碗櫥。

「你注意看這個時期的頹廢。羅馬人占據以後，他們就變成無聊廢物，不斷重複。這算不上藝術。這只是模仿而已，老兄。」

走下通往霍爾本的路，經過一條巷弄，一段過道，進入一個公園樣的廣場：約翰．索恩爵士博物館。不經左顧右盼，維迪亞直接帶我去看印度的細密畫像、丹聶爾[3]的蝕刻凹版畫作與霍加斯[4]題名為《選舉》的一系列四幅畫作。博物館附近，維迪亞拐進高等法院大道旁的賈斯東書店裡，賣掉他一路上一直拎著的書——他應邀寫書評的書，頁面乾淨的話，還可以賣個半價。他拿一部分的賣書所得，買了一罐「玩家海軍切」菸斗用菸草。然後，我們在老坎普敦街上的惠勒爾餐廳吃中餐。他點了明蝦，我要了一客「瓦勒斯卡鰨魚」。

維迪亞點了一瓶昂貴的酒。他說：「你們這些大學講師都有好多好多錢，不是嗎？」

我沒有。我手上的現金都已經花在飛機票上了，不過，我對他的熱情款待非常感激，午餐就由我買單了。

餐館裡，餐桌彼此緊接，煙霧繚繞，我們談起非洲。維迪亞不再嘲弄非洲。東非也有讓他感動的地方。他說，那裡吃的東西很真實——新鮮的蔬菜、萵苣與蠶豆，魚是維多利亞湖產的，烏干達北部的尼羅河鱸，他第一次吃到睽隔童年已久的大蕉。那裡的光線何等美妙。夜空，星子璀璨。他擔憂卡塔加山寨的少校，以及他接觸過的其他人，那些他喜歡的人，有些是外僑，有些是印度人。

我說：「他們不全是劣貨吧。」

「當然不是。不過，他們還是會被非洲給毀了。」

「我猜想，你屬於這裡。」

「我不屬於任何地方，」他說，「我沒有家。」

他就是有這種讓人狼狽，接不下話的本事，將尋常閒談轉化為人生狀態的形而上論述。

「你在這裡都跟些什麼人交往？」

他避而不答。他視線撇向一側，說道：「我不要再認識什麼新人了。」

他盯著他的錶，手指捏捏錶殼，就像在提醒時間，趕不及要起身走人一樣。可不。他說：「這支錶是我父親給我的。」然後，他看起來彷彿泫然欲泣。

3　應指當時的雕印之旅行畫家，Thomas與William Daniell兄弟曾出版《A Picturesque Voyage to India》（1810）。

4　霍加斯（William Hogarth）：霍加斯是英國畫家，一六九七～一七六四。他起先學作金匠，在一七二〇年左右開始作雕版畫。他曾經在聖馬丁的蘭恩學院就讀，後來在聖馬丁的蘭恩推動另外一個學院，那就是皇家美術院的先驅。霍加斯先開始畫小幅的群像與交談畫（conversation piece），其藝術名聲，無論過去和現在，大體上都建立在他富有道德寓意主題的版畫上面。這些畫的目的，是要讓觀者去「讀」那些細節，而不是當成藝術品膜拜。

我想自己應該無法忍受看他啜泣。於是我說：「要不要走了？」

走在前往國家藝廊的路上，他都緘默無語，不過，一旦畫作環繞，他的精神又為之一振。我看他在藝廊走的特定路線——掠過某些陳列室、卻在某些陳列室裡踟躕流連、或在某些陳列室裡面，單挑幾幅畫作欣賞——我心裡隨即了然，他的習慣與偏好都是堅定不移，絕不動搖的。他移動速度之快，我幾乎跟不上他。他疾行通過二十幀畫作，以趨近觀察其中一幅，一張臉貼近油畫帆布，盯著某個細節端詳。其中一幅是馬蒂斯的作品，他猛看著畫面上一小點紅色顏料，像是中國字筆劃中最簡單的一捺，濺點在畫面中心附近。

「看哪。靠近一點看。這就是虛無。完全放空意義。」

他手指戳著那一道畫筆一撇，眉毛形狀的斑點。然後，他再拉著我後退，好似一位興奮不已的老師，一定要激發反應，催著我再看一次。

「看到了吧？現在，那一點兒就是個人了。有自己的生命。有型態與意義。甚至還有情緒——所有的一切都是馬蒂斯一筆刷出來的。馬蒂斯畫筆點到這裡的時候，自己要表達什麼，他清楚得很。」

這種對話形式就像上課一樣，不過，我並不介意我們之間老師—學生的關係，因為我也學到了許多。他對我的注意，更加強我對自己的信心。他說得對：表面看來隨意的一筆，卻在大膽地實驗形式。

我們又去維多利亞與亞伯特博物館。計程車經過議會廣場時，他看我凝視著亞伯拉罕．林肯站在一張椅子前面的雕像。

維迪亞說：「那浮雕像叫做『滾燙椅子』。」

林肯雕像旁邊正好還有另一尊雕像，簡恩．斯穆茨[5]，也是立像，不過傾身向前，像個溜冰者一般。

我說：「現在，他可在溜冰了。」

維迪亞說：「如履薄冰。」

進了維多利亞與亞伯特博物館，他再度依著自己的路徑迅速參觀，略過其他房間，專注在印度畫像、蒙兀兒畫作、細密畫、銅器等等。我跟著他看；可是他也看出我注意力開始渙散了。

他問道：「你想看些什麼？」

「亨利．富賽利、薩爾瓦多．達利。」

「他們在泰特美術館。」

我在泰特美術館裡看富賽利的夢魘與達利的《秋季食人》之時，他駐足一旁，然後，他再跟我介紹透納[6]的作品——再上了一堂關於筆觸畫風、技巧如何細膩的課——接著還有布雷克[7]

---

5 簡恩．斯穆茨（Jan Christian Smuts）：南非聯邦總理，一八七〇～一九五〇，布耳人，參加南非布耳戰爭，率游擊隊對英作戰，致力建立南非聯邦，總理任內推行種族隔離政策。

6 透納（William Turner）：英國風景畫家，一七七五～一八五一，擅長水彩畫，融合油畫與水彩畫技巧，追求光與色的效果。

7 布雷克（William Blake）：一七五七～一八二七，英國詩人、畫家、雕刻家和神秘主義者。他的詩作表現了他對自由想像的執著，而他的繪畫則極富詩意和想像力。

與惠斯勒[8]等等。

回到斯多克維爾的家中，他重新換上睡衣，校讀《模仿人》的稿子。他問我最近寫了些什麼。我告訴他那本記述烏干達從黃昏到黎明的宵禁日誌，那是我在非洲所經歷過，最玄異，內容也最為生動豐富的插曲。我身上還帶著打字稿。

「我想你應該把稿子給安德烈看看。」

翌晨，我們一同前往安德烈．朵奇股份有限公司。維迪亞吩咐我將稿子交給他的編輯，黛安娜．艾特希爾。維迪亞待在外頭，站在大俄羅斯街上的遮陽篷下，抽著菸斗，吞雲吐霧，我請人幫我向艾特希爾小姐通報一聲。她聽到我的名字，就請我進她辦公室，我們坐著聊了一會兒。她說她急著拜讀我的書。我離開的時候，滿懷希望，不過，我一見到維迪亞，他就對著我衝了過來，開始大肆咆哮。

他說：「你幹什麼去了！」他握著菸斗，做出戳戮的手勢。他表情狂怒。看起來像是遭人背叛一樣。剛才他一直站在遮陽篷下面。「你究竟做了什麼？」

我無法理解他的憤怒。他知道我上哪兒去啊，我在跟艾特希爾小姐講話啊。

「你說——」

他高聲怒吼：「作者絕對不可以逾越作品！」我不在他身邊的十五分鐘之內，他已經從良善溫情，據實體現為純粹的狂怒。「你聽到了沒有？作者絕對不可以走在作品前面！」

他說，他得回家了，他還有工作要處理，沒時間可以浪費，不過，我應該待在外頭，自己找點開心。他走下銜接地鐵北線的樓梯，咬著菸斗柄。我沿街漫步，感覺非常冤枉。當我回到斯多克維爾時，維迪亞在書房裡，坐在躺椅上，黑暗中呼呼抽菸。

我們每天晚上都校讀著《模仿人》的稿子。他有一份，我拿著另一份。我翻閱跳讀，尋索書中關於非洲的部分，搜尋足以確認最後部分是在肯亞西部，卡塔加山寨寫完的蛛絲馬跡。《模仿人》簡略講述一個西印度政治人物的故事，他的崛起與衰落、他的情愛韻事、他如何出奔英國、又如何自我放逐在倫敦的旅館裡。維迪亞精緻地描寫了權力、金錢、友誼與失敗，一個脆弱的小國，第三世界中一座蕞爾小島。或許，他終究還是受到非洲的影響。我逐頁搜尋，也在句子裡找到了「聰明的老黑鬼」一詞，「他將自己的個性，塑造得像聰明的老黑鬼一樣，白人世界的門路都給他摸了清楚。」看來，帕特還是占了上風。

斯多克維爾的房子客廳裡有一架電視機，卻鮮少開機。之前我聽說英國電視節目既有創意，娛樂性又高，於是就扭開電視，只是想看看而已。維迪亞走進客廳，在我背後站定。螢幕上正是一支唱著打油歌的廣告。

我說：「我還以為ＢＢＣ（英國國家廣播公司）是沒有廣告的。」

「那不是ＢＢＣ，那是耍猴戲。」耍猴戲是他用來講其他獨立電台的話。

我轉台。找到一個時裝表演節目。維迪亞發出一句難堪的不滿咒罵。我再度轉台。有個看

8 惠斯勒（James Whistler）：美國畫家，一八三四～一九〇三。長期僑居英國，作品風格獨特，線條與色彩和諧，富於裝飾性與東方趣味。曾提出「為藝術而藝術」觀點，對歐美畫家影響甚大。

起來像是名政治人物的男人，正在發表一篇關於羅德西亞的演說。依舊站定，維迪亞說：「你以為他在笑嗎？他是皮笑肉不笑。那根本就不是微笑。他是個政客。」

一名觀眾質疑砲轟講者，高喊道：「史密斯老好人！」

「你聽那個劣貨鬼叫。」

我關上電視。

我回到房間以後，就拿出我新的小說稿。這本書在講一個我認識的華人雜貨店老闆，法藍奚斯·楊·何，他的店開在坎帕拉的萬蝠谷。當時，他是烏干達唯一的華裔公民——那個國家裡人口最少的種族團體，一人獨當一面，備受迫害的少數族群。我叫他方山姆，小說題目就定為「方與印度人」。小說寫作的靈感，來自維迪亞一再要求我嚴格審視烏干達種種荒誕無稽之處，也是我測試維迪亞敘述技巧的座右銘。我希望維迪亞能將這本書當作一份敬意，獻給他與他的友誼。

倫敦社交生活

維迪亞遠在聽力所及之外時，帕特就會問我，他們走了以後，以前那些傭人現在過得怎麼樣。觀光訪客、短期居民與大使館人員，講到傭人時，往往流露著儼然自居恩公，或是占有慾強烈的語氣，就像小女生自個兒講起她們的娃娃一樣。維迪亞曾經感覺自己被傭人與傭人家眷親屬給坑害了——他們全是些圖謀不軌的傢伙，巴望著一口飯吃。不過，帕特卻以單純直接的情感對待他們，將他們視為幫手與盟友，他們確實如此。她對他們良善仁慈。她說她想念他們。她低聲對我說，請我代她向他們致意。

帕特就像個母親一般照料維迪亞，而最母性的地方就在於，她竟然睡在緊鄰維迪亞臥房的一間小房間裡，房裡一張小小的單人床。眼看著她堅貞虔誠的小單人床，我想起自己曾經如何幻想與她在非洲做愛。我狂野的衝動，或許在像烏干達這樣蕪亂無章的地方還情有可原，這裡可行不通。這裡可不一樣。這裡是她窗明几淨的家；這裡是她傳統風格的房間；那是她狹窄的小床，床邊的床頭櫃上：一杯水、兩本書、一瓶藥片，無物誘人，更無媚藥蹤跡。我知道，自己任何求愛的動作，都會糟蹋了帕特的真誠款待，然而，我還是渴望交個女性朋友。

我很快就找到女人接納我的熱切殷盼。我在倫敦的第一個星期，第一次隻身出門，就是去一家出版社，該公司即將出版我和一位英國語言學家合寫的英語教科書。我在馬拉威教書時，設計了這本英語教科書，當地各種書籍供應都很缺乏。這本書是為以奇契瓦語為母語的人所編寫的，我的奇契瓦語則是在叢林學校教書時學的。之前，我因為一則捏造不實的政治控訴，被馬拉威驅逐出境，同時因為我在那裡臭名遠颺，書上不能登註我的名字。維迪亞只是大笑。他說：「有一天，你會慶幸自己名字沒印在那本書上。」

那本書的預付版稅有一半是我的。我曾經請他們等我到了倫敦再付款給我，這樣，我才能兌現支票，多些英鎊零花。出版社辦公室在梅菲爾區[9]格羅夫納廣場附近。我過去領支票的那

9 梅菲爾（Mayfair）：倫敦上流社會住宅區。

一天，被介紹認識了教科書部門的編輯，我那本書就是他委託發包編寫的。他又把我介紹給他部門的同事。其中有個年輕女人，與我年紀相仿，名叫海瑟。

當時有人過來要編輯決定一本書的書衣樣式，趁他沒注意時，我就對海瑟說道：「晚一點，你願意一道兒喝點東西嗎？」

她說：「我很樂意。」還提議了一家附近的酒館。她下班以後，會在那裡跟我碰頭。

她裹著冬季外套進入酒館，臉龐縮在高高的領子上，她看起來比在辦公室的時候還漂亮。我們聊了一會兒，喝了點酒，我終於說：「我住在斯多克維爾一個朋友家裡，沒法子帶你回去。」

她說：「沒關係。」

我說：「不，那樣太不方便了。」然後，我一本正經地將斯瓦希里語翻譯為英語，我補了一句：「因為，我想帶你回那裡去，跟你睡覺。」

她的編編貝齒有多麼可愛——她揚首後傾，開懷大笑，而我心想，喔，就這樣算了吧，至少，在這個吵雜擁擠的酒館裡，她聽見我講的話了。她什麼也沒多說。又過了一個小時。我告訴她非洲的故事，我們講到俾格米人，講到蝴蝶，如何聚在一處，鋪就一條啪搭啪搭作響的地毯在金佳路上，我還說到米堤亞納那隻吃人獅子，怎麼破籠而出，大肆危害。我教她說，米米，尼軋馬，委委，基蘇——我是肉，你是刀。我不停說話，才能端詳她淡藍的眼珠，漂亮的臉龐，她專注傾聽時，嘴唇輕抿的模樣。稍後，在駛向維多利亞區的計程車裡，她的住處就在那裡，她親吻了我，而親吻就表示沒問題。

我回到斯多克維爾時，時間已經很晚了。我躡手躡腳地溜進臥房。第二天早上，我起身下樓，維迪亞已經在校讀他的小說稿了。他說：「我想，你一定是交了個朋友。」

帕特和我一同到布里斯登市場，為她即將在當天晚上舉辦的晚宴採買食品雜貨。那是一處露天市場，攤販沿街排開，大多是些黑面孔的蔬菜商人，或是一些看顧攤子的，我猜想他們應該是西印度群島人。我看到一個女人痛打孩子屁股，小孩兒嗚咽啼啜時，她還不斷大聲斥責。我跟帕特說，我看了覺得很不舒服。我們在非洲很少打小孩的。幾乎完全沒有必要；再怎麼說，小孩總是給姊姊帶大的，小姊姊練習當媽咪，年幼的弟弟妹妹也可以充當洋娃娃。他們的母親總是在菜園子忙著，父親就與三朋五友坐在樹下，喝些酸溜溜的，麥片粥一樣的啤酒。這就是村野生活，與這種鞭斥孩童的行徑，有如天壤之別。

帕特微笑。她說：「維迪亞喜歡看小孩挨打。他說，現在的小孩屁股打得不夠。」

籌備晚宴的沉重擔子完全落在帕特肩上。維迪亞除了監督選酒之外，一概袖手旁觀。帕特烹煮所有的菜餚，她擔心菜不夠好，座位安排也教她忒費苦心。維迪亞氣定神閒。他說自己準備要褪去睡衣睡袍。

「我可以先請大家喝一巡雪莉酒，」他說，「之前，我還有一瓶威士忌，不過，一個月以前，某個鄰居過來聊天，順便就報銷了那瓶酒。」

晚宴的目的，是維迪亞要將我介紹給他的朋友們。他說，他們都是老朋友了。他再度重複，他不要再見什麼新人了。客人有修．湯瑪士，他不久之前才剛剛出版了一本有關西班牙內戰的書（他才剛從古巴回來）；他的太太凡妮莎，她可非常「堂皇」，維迪亞這麼說著；安東妮亞．費哲夫人與她的丈夫，另外一個修，也是議員；還有特里斯特拉姆．包爾，他跟我年紀相仿。他們抵達之時，彼此間如此親密修好，讓我感覺被排除在外。我也訝異於他們的談吐；整個晚上，我沒說上多少話。

維迪亞解釋道：「保羅剛從非洲過來。」

「我還在想，他怎麼看起來楞楞的呢？」修．湯瑪士說，「他是非洲來的喔，原來如此。」我不正面回覆他，反而恭維他關於西班牙內戰的書。幾天以前，我才在維迪亞的書房裡找到一本，讀了第一章。

晚餐時，特里斯特拉姆．包爾說起自己正幫ＢＢＣ拍一部電影。安東妮亞夫人在寫一本書。她的丈夫，英國下議院議員說，維迪亞，等你有空，應該到下議院來找我。

維迪亞說：「我不要再見新人了。」

到了他們該告辭離去的時候，修．湯瑪士對我說：「後天晚上，我們家有宴會。你趁晚餐開始之前，早點兒過來。」

維迪亞很替我高興。他說這個邀請可非同小可。我可以結識一些新朋友。我可以順利發展。他說，倫敦社交生活可不是一潭死水。倫敦對新人都很感興趣。

「不過，我可一點也沒興趣再認識新朋友了。」他說。

修．湯瑪士家晚宴當天，海瑟同樣也邀我一塊兒晚餐，而當我對她說，我得跟朋友與他的太太外出時，她顯得挺不開心的。

「你這個朋友是誰呀？」

「你知道作家V. S.奈波爾嗎？」

「他是你的朋友？他很有名的，」她說，「好吧，那今天晚上怎麼樣？」

「今天晚上得參加一個出版公司的宴會，強納森．凱普。」

海瑟說：「嘿，就一個非洲人來說，你混得挺不錯的嘛。」

「也許，晚宴結束以後，我可以過來找你？」

「你知道我住在哪裡。」

我愛聽她這麼說。我愛她的住址——維多利亞區，艾希利花園——同時，我也興奮不已，知道在宴會過後，我就會去找她，而她將在她溫暖的房間裡等著我。

那天，凱普辦公室裡的晚宴，不僅是耶誕派對，也是一場新書發表會，作者是一位年輕的小說家保羅．貝利，他的書《耶路撒冷》（*At the Jerusalem*），已經備受各界讚譽了。貝利是個清瘦的娃娃臉男孩，平滑雙頰上，兩塊害臊的紅暈。他看來害羞，甚至畏縮，不過，他還算泰然自若。維迪亞問他，養家活口是不是全靠他搖筆桿——又是維迪亞慣用的措詞方式——貝利說，不，他還在哈洛茲百貨公司上班。維迪亞說：「告訴我，告訴我，告訴我……」貝利是在哪個部門工作？他是怎麼接電話的？他們怎麼教員工跟顧客說話的？維迪亞還要貝利證實，他所聽說過每一條講到哈洛茲內部儀式的流言。貝利回答他提出的每一個問題，他臉頰漲紅，然而，他還是極端的彬彬有禮，彷彿這裡就是哈洛茲，他是店員，而維迪亞是顧客一樣。維迪亞對於貝利的小說，隻字不提。

就在答覆質問當中，一個魁梧、愉悅、歡鬧的男人晃了過來，堵在維迪亞面前，以嘲弄的語調說道：「這不是老V.S.嗎？」

維迪亞說：「哈囉，京斯利。」他咬緊菸斗柄，瞪著那人大搖大擺橫過辦公室的身影。他說，那人就是京斯利．艾米斯[10]。「他喝醉了。他這人很可悲。我不曉得他那些成就是怎麼回事。」

一個兩頰凹陷，兩眼生得貼近，眼窩深沉的男人，跟維迪亞誠摯地交談。他不算老，然而，卻神情憔悴，看來像個工作過度的囚徒。

「保羅，這位是亞倫．希利托。」

我開始了解，大宴小酌在倫敦，怎麼總是充斥著家族姓氏，面容卻如此不常見，甚至怪誕。我嘴上跟希利托不搭軋地聊著，心裡不斷想著怎麼會這樣，幾年前，我才剛剛看過《寂寞長跑者》和《週六夜與週日早晨》。這兩本小說之有力與直接，在我的評價上，還要高出寫《查泰萊夫人的情人》的勞倫斯，我得以清晰瞥見英國人的生命與工作——我聞所未聞的生活與居家情狀。不過，當時我們談的卻是下雨和羅德西亞。

希利托離開以後，維迪亞說：「他只是報新聞。他頂多就這樣了。他專門報告諾丁罕的新聞，講些勞工階級的事情。那算不上寫作，真的。只是新聞報導而已。不要做那樣子的作家，只會報新聞。」

我答應著，向他保證，我絕對不當那種作家。

維迪亞吸引了其他宴會賓客的注意，而他也把我介紹給大家：約翰．貝理、約翰與瑪麗安．葛羅斯，以及湯姆．馬斯開爾。馬斯開爾正好是保羅．貝利的編輯。維迪亞跟他說，我正在寫一本書。

馬斯開爾說：「把你的稿子寄給我。」

維迪亞還在對其他人說：「我不想再見什麼新人了。」

這句話已經收入他的老生常談嘉言錄裡面了，就像那些用「邇來，本人開始納悶……」開頭的句子一樣。

我們離開凱普的宴會時，又跟京斯利．艾米斯狹路相逢，而他又說了一次：「多叫人懷念的老V. S.啊！」維迪亞只是快步前行。他對他聽若無聞，視若無睹。由於維迪亞的緣故，我也沒跟艾米斯打招呼，避免注意到他的存在。

貝德福廣場街燈之下，雨絲似乎因照耀而凝固，黑暗的街道閃閃輝映，路上的水坑反射著微弱的光亮。維迪亞行色匆匆，急著招計程車回家。他嫌惡計程車資的開銷，可是，夜深到某一段時間，他就會覺得倫敦凶惡猙獰與不可預測，而他更為了要避開粗人、種族歧視者與失序狀態，不敢搭乘地下鐵；有些蕩婦連續搭乘黃線，一趟又一趟的，只為了在車廂取暖。地下鐵車站到了晚上也變得更髒，一整天下來，車廂也髒得叫人卻步。

坐在回斯多克維爾的計程車裡，我看到維多利亞的路標，就說：「我跟人家約好了。我就在這附近下車。」

維迪亞說：「你的朋友。」

---

10 京斯利．艾米斯（Kingsley Amis）：一九二二～，英國小說家。他以其第二部小說《幸運的吉姆》（*Lucky Jim*，一九五四）而聲譽大噪。

「你要不要順道見見她？」

「不，不。不過，我沒有冒犯的意思。只是我再也不想認識新人了。」

他敲敲隔開乘客與司機前座的車窗，要司機讓我在維多利亞街下車。我下車沒多久，就跟海瑟上了床。我們日漸熟稔，前序禮數就一再簡化。那個晚上，她前來應門，穿著一襲絲質薄縷，當她親吻我的時候，我愛撫著她，發現薄縷下面，她一絲不掛，她的肌膚同樣也像絲般光滑。

在我們做完一輪愛之前，我們幾乎沒講什麼話，然後，發洩後的鎮定，我仰天躺著，感覺渾身輕飄飄的。她將手臂放我的胸膛上，前額貼著我的腦門，長髮輕掃著我的臉頰。

「再跟我說一次俾格米人的事情。」

「讓我跟你說『腦袋確實長在肩膀下面的男人』的故事。」

她說：「我可不想做你的黛絲德夢娜[11]。」

我親親她，跟她說：「我喜歡你，因為你又可愛，又知道怎麼讀書。」

「我知道怎麼做的事情可多了。」

她親吻著我，她的舌頭填滿了我的嘴巴。她的雙手在我身上游移。她的手指冰冷，而我的皮膚柔滑，仍然因為性愛而敏感、潮濕。我把她翻了過來，打開她的雙腿，深深吸入她的體味，就像在聞一塊鮮肉一樣。我們第二次做愛的時候，彼此的神經都好像綻露現出，而我們就像將皮膚從我們肉體上扒下來一樣。性交動作讓我全身發熱——不只如此，做愛灼燙了我，海瑟達到最高激情點時，就像隻發情的貓一般狂嚎高叫，好像一隻被我壓住，猛刺致命的貓，只不過，那是歡愉的狂嚎，而她只怕我太早打住，不夠盡興。我們鏖戰過後，只有像死去一般沉睡一個小時，醒來時，仍然渾身大汗。

「我得走了。」她臥房牆上閃亮的夜光鐘指著時間已經過了半夜一點。

「早上再走嘛。」

「我的朋友要跟我一起吃早餐的。」

這話實在不盡不實——我們很少吃早餐的——不過，夜不歸營好像很失禮。

「奈波爾應該是非常聰明，」海瑟說，「不過，個性難相處的叫人不能置信。」

「他一直對我很好。」

「可從沒聽別人這麼說過他。」

「我猜想我知道他的秘密吧。」

她說：「我猜想你確實知道。」還特別強調「猜想」兩個字，因為那是美國式說法。「好吧。我讓你走，不過有個條件——你要再回來找我喔。」

我說：「明天見。」

我走上街道幾分鐘，隨即有感於倫敦街頭夜間之空曠而驚訝。時間還不到凌晨兩點。酒館在十一點鐘打烊之後，人山人海馬上就將街道擠得水泄不通。午夜之前，街上又空無一人。我搭回斯多克維爾的計程車，屢屢經過荒棄的街道，通過一條孤伶伶的橋梁，再往南穿過一座看

11 黛絲德夢娜（Desdemona）：語出莎士比亞的戲劇作品《奧賽羅》。摩爾人奧賽羅統御威尼斯大軍南征北討，娶妻黛絲德夢娜，卻因誤信讒言，誤會賢妻，妒火攻心而刃之，真相大白之時，奧賽羅也自刎謝罪。

似虛假不真，過時陳舊的城市，渺無人跡，或是其他車輛，只有黑壓壓的街道與黃色的街燈。

我的深夜活動讓維迪亞困惑好奇，我看得出來，這也製造了我們之間的距離：我的生活別有洞天，別有交遊，而那位朋友住在另外一個倫敦。維迪亞委婉地提問，除此之外，他也不加深入打探。我想，他應該是察覺到我身上一股貪婪，無法控制兼以獸慾薰心——這種慾望，總讓他聯想到羞恥。我記得，他是怎麼描述自己的性慾衝動的，「本人會以身為男性而羞恥的。」

我不覺得有什麼好羞恥的。我很高興能有個女朋友，毫無羈絆又有智慧又和我一樣自由自在。不過，我也可以預見，我們的交往即將截止。我們一見面沒多久，她就開始說：「你不久就要離開我，回非洲去了，到時候，我一定會很慘的。」

這樣的念頭太過於黯淡，我無法回應。

她說：「我也要你跟我一樣慘。」

「我也會很慘的。」

「我才不相信呢。」

修．湯瑪士家晚宴那天晚上，海瑟就更抑鬱寡歡了。我在宴會結束之後，去到她的公寓，我們做愛，她求我留下來過夜。我說，我不行。

「你總是在你那個朋友奈波爾跟我之間，來來回回地跑來跑去。」

這話不假。我從來沒在她那裡過夜。不過，我真的喜歡她，我也知道，我一定會想念她的。我甚至還想過，她會是什麼樣的太太。說不定，她可以到坎帕拉來看我。她也說她可能會。至於奈波爾，這段友誼，我現在發覺，就像愛情一樣濃烈。他是我的朋友，他曾經指出我的作品中有些什麼優點，他畫出界線，排除任何虛偽造作。我深受他的作品與他的信念鼓舞啟發。我想要永遠做他的朋友。

海瑟說：「我有個印度男朋友在牛津念書。」

我說：「我不想聽妳說他的事情。」

就這樣過了一個星期：維迪亞的晚宴、凱普的宴會、修．湯瑪士家的宴會，與海瑟共度的夜晚。再過幾天就要是耶誕節了。海瑟邀我跟她家人一塊兒到鄉間過節。

我說：「我不能去。奈波爾夫婦都已經安排好了。」他們還沒提到任何計畫，不過，我很確定，他們一定早有安排。維迪亞只是泛泛說到，他的弟弟西華會過來住上幾天，不過這個人很不牢靠——維迪亞就是這麼說的——他也沒有進一步確認。「我不好意思讓人家失望。」

海瑟說：「我想做你的耶誕布丁。」

奇怪，為什麼這麼滑稽的話，可以如此撩動我的情慾呢？或許就是因為聽來滑稽，同時也意味著些什麼。

耶誕節的怒氣

耶誕節前一天，維迪亞說，說不定我們可以上印度餐館打牙祭，維拉斯瓦密餐廳，就在攝政街旁邊一條巷子裡。不過，等我們到了餐館，他脾氣又來了。他說，這個餐廳裡面太狹窄了。他的餐點根本就無法下嚥。他用食指將一塊印度豆餅壓在桌布上，嘎喳嘎喳地拈成碎片，喃喃抱怨著西華，他管他叫西溫。

維迪亞說：「西溫頭髮長長的。」手指頭一面比畫著，那頭頭髮怎麼披散在臉龐兩邊。他緊抿著嘴巴，又說了一次，語氣十分厭惡。「就像薇若妮卡・雷克[12]一樣。」

那天晚上，我們應邀到愛德娜・歐布萊恩家中晚餐。她住在普特尼，跟斯多克維爾還有段距離。維迪亞說她的房子後面看出去就是一條河。

我說：「聽起來，住在那種地方應該挺不錯的。」

「這些郊區只會害我心情沉重。」

「我們要怎麼到她家呢？」

「愛德娜說她會派車子，七點過來接我們。」

七點整，維迪亞說：「車子怎麼還沒來。」

他如此嚴苛守時，約定的時間將至他就已經坐立難安了，不論任何人、事、物，只要是過了那特定的時刻分秒，就算是遲到了。他坐得端直，僵硬中流露著厭惡不快，一本硬殼書攤在他膝上，翻到扉頁部分。他已經寫下了，致愛德娜・歐布萊恩，V.S.奈波爾上。似乎，他還猶豫著，不確定日期該如何落定。

我問道：「她長得什麼樣子啊？」企圖分散他的注意力。

他略略思索片刻，然後擠出個鬼臉，舉手搔搔頭髮。他說：「她啊，她可是喝遍倫敦，一滴不剩。」

想到這個愛爾蘭女人，如此大口飲盡倫敦，竟然就像我要做你的耶誕布丁一樣，讓我情慾蠢動。

維迪亞啪地一聲，合上那本硬殼書——那是他寫的《史東先生與騎士伴侶》（*Mr. Stone and the Knight Companion*）——說道：「我就知道，車子不會準時到的。」

「你怎麼知道？」

「我早有預感。」

帕特也漸漸顯得焦慮，她語氣中毫無信心地說：「希望車子馬上就到了。」

然而，七點三十分，車子還是不見蹤影。我們三人枯坐客廳，凝神諦聽，元氣洩盡。我們根本不可能談起任何話題，只能繞著車子怎麼還沒來打轉。

不發一言，只是一直緊咬著他的菸斗桿子，維迪亞起身前傾，將那本題贈的書放回書架，他憤怒地將書插回架上，擠在兩本比較厚的書中間，彷彿石工在完工時修潤一處一樣。

他說：「我不想去了。」然後，他裝出輕浮女性的聲音說道：「喔，你不要擔心了，我會派車子過來接你的。」他咬著菸斗桿子。「只不過，哪兒來的車子！」

維迪亞眼神回轉。他的怒氣共振在空氣中，音調與頻率之高，力道洶湧，屋子裡每一樣擺設都顯得脆弱不堪，彷彿隨時會給維迪亞的怒氣震個粉碎，或是自行爆炸。

---

12 薇若妮卡・雷克（Veronica Lake）：一九一九年出生於紐約布魯克林區，四〇年代大受歡迎的美國知名女星，面容姣好，金色長髮十分迷人。她的演藝事業一度因酗酒中斷，六〇年代末期雖力圖振作，然而時不我與，一九七三年因肝炎去世，享年五十三歲。

「跟她打個電話，」帕特說，「裡頭一定出了什麼差錯。」

接著，帕特又半哄半催了一陣子，維迪亞才勉強地湊近電話，他擎起沉重的聽筒，靠在頭臉的另一邊，好像祭出武器應戰一樣。

「愛德娜，」維迪亞的語音嚴峻，「車子還沒來。」

電話一端停頓半晌，接著一迭聲鼻音尖銳的倉促解釋，翻來覆去的「對不起」，一而再，再而三。她的道歉就像某種特定的鳥類的鳴聲一樣特殊。

「我知道了，」維迪亞又聽她喋喋不休一陣子，面色凝重。「這樣子的話，」他說，「我會問問羅捷斯能不能載我們過去。」

羅捷斯是個計程車司機，雖然，維迪亞提起他的語氣，儼然就像他的私人司機一樣。維迪亞提起這些穿制服的下人時，都只有姓氏而已，好比，鐘點女傭布朗。羅捷斯開著他的路華汽車抵達時，時間已經過了晚上八點。

帕特對我說：「你坐老虎旁邊。」

維迪亞仍舊怒不可遏。他嘴上咬著菸斗的角度就說明了一切。同時，他也沒把書帶出來。我們相對無言，沉默地沿著老街，駛向普特尼。

愛德娜的房子坐落在迪歐達路上，屋梁挑高，門上一圈耶誕花環，屋內燈火通明，更增添節慶氣氛。愛德娜・歐布萊恩以親吻和道歉迎接我們。幾位客人已經先到了，包括一個名叫柯爾斯的美國人與作家連・戴登。我從未拜讀過戴登的作品，不過，海瑟床頭櫃上有一本他寫的《水下馬》（*Horse Under Water*），我將這本書和我們的性愛姿勢聯想在一起，小小愛巢裡的一項道具，就像那盞小燈、那盤菸灰缸，以及黑暗中閃閃發亮的夜光鐘面一樣。戴登言語溫和，衣裝皺巴巴的。柯爾斯則盛裝過度，焦躁不安。

愛德娜很漂亮，渾身上下，十足的愛爾蘭風情，腰身苗條，一張友善女孩兒的臉蛋，紅髮盤高，穿著一件蕾絲襯衫。她說：「維迪亞跟我講了好多關於你的事情。現在，請坐，請坐——你要喝點什麼？我可得先警告你，我們剛剛還在討論，一個美式說法『信用差距』。我一輩子也搞不清楚那是什麼意思。」

柯爾斯說：「還不就是那個意思？就是說你所相信的，跟你所不相信的，兩個中間的差距嘛。」

「我一定很笨，」愛德娜說，「我還是搞不懂。」

柯爾斯為什麼看起來缺乏說服力，問題應該是出在他的鬍子上，他才剛剛開始留起鬍子，看來像是沒刮鬍子的邋遢鬼，而不像是蓄鬍造型的紳士。他滿臉鬍渣，讓觀者分心，他的表情看在人家眼中，就顯得半疑半信了。他說自己是紐約一家出版社老闆，還希望愛德娜給他寫點東西。

他問我：「你住在倫敦嗎？」

「不。我只是觀光訪友而已。我住在烏干達。我在大學裡。」

「原來如此，你主修些什麼呢？」

「我在當講師。」

「那裡挺危險的，不是嗎？」

「不會呀。烏干達平安得很。紐約才危險呢。」

柯爾斯說：「聽你鬼扯。」

帕特聽他說到最後一句話時，不禁退縮了一下。她不明白的是，每當我遇到美國人，我總喜歡講些話來挑釁對方，有時，還故意冒犯他們。跟英國人講話的時候，我就不敢這麼造次了，我也的確討厭柯爾斯這樣顧盼自得。這類比較年長的同胞，總是期望我們加入美國陸軍，再派到越南，這樣子，他們才能在紐約好整以暇地養他們的鬍子。

「爸，我手錶帶子斷了。」

一個小男孩敲著柯爾斯的肩膀。他穿著一襲學校制服，英國腔調濃重地撒嬌。爸？毫無疑問的，小孩一定是柯爾斯的兒子。柯爾斯並沒有向我們介紹他的兒子。事實上，小男孩好像還讓他略略尷尬起來，兒子講著挑剔煩人的英國腔，來回游移地抱怨，而他魯莽粗率的紐約客老爸可不願分神應付他。

客廳裡又來了一個男孩，那是愛德娜的兒子，穿著球鞋、牛仔褲與運動衫。與另外一個男孩年齡相仿，大概都在十歲上下。他說：「我現在要表演魔術。請問誰有一英鎊鈔票？」

我給了他一張。他將紙鈔塞進一具小型機器的滾筒中間，紙鈔隨即消失。大家都哼了一聲，催促他將戲法變下去。然後，正當我心想，這下子，一英鎊大概有去無回了，他又將那張鈔票變回來了。

愛德娜說：「我需要幫手來幫我切火雞。」

帕特說：「維迪亞可不行。」眼神流轉瞥瞥維迪亞，他一臉驚怖，好像剛剛想起了些什麼一樣。

愛德娜說：「我會給維迪亞準備一些鮭魚的。」維迪亞才面色稍霽。「保羅，你到廚房來幫我忙吧。」

她遞給我一柄切肉刀與一根長叉子，還有一個盛肉的大盤子。火雞裹在烤得焦黃的雞皮裡，閃閃發亮。愛德娜如此親切，又這麼好客，我突然感覺，維迪亞將題獻的書留在家裡，真是有失公道。

她說：「你去過剛果嗎？」

「兩次，」我說，「那個地方很不得了。看起來和你所想像的一模一樣——翠綠、多采多姿、以及暴力，還有一條混濁的泥巴河。」

「我想去剛果看看。剛果和愛爾蘭有關聯，你知道。羅傑．凱賽門[13]。」

「喔，是呀，對呀。」其實，我對這個名字根本一點印象也沒有。我說：「我們就約在利奧波德維爾見。我們乘著汽船上溯河流。我們要深入剛果，暢飲到一滴不剩。」

她充滿感情地說：「喔，你少來了！」然後溫柔地碰碰我。她將一張粉臉貼近我的臉龐，撮嘴咂唇，乾吻作聲。「切火雞吧。」

13 羅傑．凱賽門爵士（Sir Roger Casement）：一八六四～一九一六，英國外交官與愛爾蘭革命鬥士。在他擔任英國領事時期，凱賽門勇敢揭發比屬剛果與祕魯居民慘遭無情剝削的驚人醜聞，由於他的義行可感，遂於一九一一年獲封爵士，日後，英方因其參與愛爾蘭民族主義革命，乃於一九一六年褫奪其爵位，並依叛國罪吊刑處死。

我幫忙上菜。我們在餐廳用餐。維迪亞的鮭魚端到他面前時，好像在頒發某個他贏來的獎項一樣。

連・戴登說：「畫家悉尼・諾蘭就住在對街。」

維迪亞說：「我不想再見什麼新人了。」

那個美國人，柯爾斯，正講到越南，越戰真是一塌糊塗，可是，我們又能怎麼辦呢？這類的話題總會讓我莽撞無厘頭地跟人家衝撞起來。

「我想，華萊士是對的，」維迪亞說，「毛病就出在那些蠢蛋知識分子身上。」

柯爾斯說：「喬治・華萊士[14]？」

「就是他。這個人真是常識豐富透頂了。」

戴登說：「我還比較關心南非那個有色槌球隊員呢。你看到今天報上的評論了嗎？」

「該記住的重要事兒就是，」維迪亞說，「他還是個黑奴。」

柯爾斯摩挲著半長不短的鬍子。他說道：「我不知道你在講什麼。你是認真的嗎？」

愛德娜說：「我要去做愛爾蘭咖啡了。要是有誰看我把鮮奶油倒到湯匙上，我就會搞砸咖啡，奶油會沉下去。」

維迪亞沒聽她說話。他盯著柯爾斯說：「只有當你明白，他是個奴隸以後，你才能討論他。」

愛德娜端來咖啡，奶油浮在上面，我們都移步起居室享用。柯爾斯，還在琢磨維迪亞講的，關於奴隸與南非的話，再度拾起越戰的話題。他說的都是些無聊廢話，我想起自己當初為什麼決定待在非洲，不由得渴望回到烏干達去。

我們告辭的時候，夜空下起雪來了。愛德娜親吻我，跟我說，我隨時可以再來。普特尼是我在倫敦，第一次感覺可以住下來的地方。我喜歡她房子後面寬闊的泰晤士河，河水在她的花園一端湍流打轉的樣子，也叫我神往。

羅捷斯縮在計程車裡，等著我們。坐上車子，維迪亞說：「那個討厭的美國人和他的兒子。你注意到他兒子怎麼講話了嗎？真是維妙維肖呀。好個英國學童。他父親的臉可丟大了。」

雖然說，維迪亞先得我心，帕特還是質問他又怎麼知道了。

維迪亞說：「我有預感。」

帕特對我說：「你不去看你的朋友嗎？」

「不了。她要跟她家人一塊兒在鄉下過耶誕節。」

「英國人就愛這一套，」維迪亞說，「她有沒有邀你呢？」

「有啊。」

「英國人就愛這一套。」維迪亞說。

帕特說：「維迪亞對耶誕節是很不耐煩的。」

14 美國一九六八年總統大選有三位參選，除了兩大黨之外，華萊士（George Wallace）以獨立候選人身分逐鹿白宮。當時正值越戰高峰期間，華萊士明確的發表他對越戰的外交政策。他說一旦當選，將全力以赴獲取越戰的最終勝利。

維迪亞說：「耶誕布丁。」他嚼著菸斗柄。「耶誕布丁。」

第二天就是耶誕節。倫敦天氣晴朗，寒冷而明亮，天空像非洲一樣湛藍，偏偏，毫不體恤天光，城市顯得破敗與陳腐，街道空乏單調。我信步走在路上，走向地鐵的克拉普漢北站。路上除了我，唯一的行人就是一名走在我前面的婦人，推著娃娃車，身上穿的長大衣，長到拖地，破爛的衣襬縫邊拖曳在人行道上。娃娃車的輪子彼此摩擦，一路吱嘎。當我走過那婦人身邊時，才錯愕發現，那人原來是個瘦削男子，頭上裹著一條骯髒的圍巾，娃娃車裡不是嬰孩，而是蹲著一條狗，圍著一條破布結成的狗繩，還有幾只舊鞋子，幾個金屬與玻璃瓶子。

他說：「滾開！」因為我湊得太近了。他顏面損傷，臉頰上乾涸的血塊凝結。「離我的推車遠一點。」

他的臉讓我害怕。瞬間過後，我想起維迪亞說過，醜人凶險。我踏進一家酒館，剛剛跟這樣一個流浪漢不期而遇，現在我小心翼翼，盡量有禮。我喝了一瓶啤酒，跟自己說，這是耶誕節嘛。

回到斯多克維爾，我感覺到家裡氣氛不對。維迪亞的情緒，就像某種氣味一樣，瀰漫了整個房間。不過，我沒有多問。我送給帕特一只蛇皮皮包，那是我在坎帕拉一處拱廊街道上，向一個印度人買的。帕特讚賞道，皮包看起來像真的一樣。我把這話當批評。起皺的蛇皮鱗甲還會從皮包上面片片脫落呢。他送我一條羊毛圍巾。

午餐過後，用餐氣氛肅穆，維迪亞回轉書房，躺在躺椅上，自己一個人在黑暗中抽菸。帕特柔聲對我說：「西華不來了。」

第六章
遠足牛津

敲門聲響，有人扣著門上黃銅基座上嵌著的馬蹄門環，維迪亞不發一語。我們一同坐在前廳閱讀。他就是可以做出聽若罔聞的姿態——好比說，當他聽見不受歡迎的聲音時——就像他也有本事，擺出視若無睹的模樣——正如他遇見一張不受歡迎的面孔一樣。敲門聲再度響起。維迪亞沒聽見，或是裝做他沒聽到。我就起身應門。

西華——錯不了的，一定是他。我認出他那頭長髮，以及「薇若妮卡．雷克」。他的年紀約二十上下，神情歉然，雖然，這種感覺可能是他那張輪廓悲傷的臉龐所營造出來的，清臞消瘦的臉，或是因為他的雙眼，眼瞼半閉迷離，富有東方風情，不像印度人，反而像亞洲人。他的五官只符合我對他所了解的一項事實：他研究中國文化。

維迪亞從不應門，也很少接電話。我曾經問過他箇中原因。

他說：「本人不喜歡意外。」

西華踱進門廊，一面說著：「你是保羅。」

維迪亞站在客廳招呼他，說道：「你把我們寄給你的那件外套拿去幹什麼了？」

「我比較喜歡這一件。」

「是嘛。」維迪亞說話的語氣，完整流露出徹底的輕蔑不屑。

西華穿著寒傖，完全是學生樣兒，一件襤褸外套，圈著毛了邊的圍巾，鞋子的鞋跟磨損，鞋頭給踏扁了。帕特見了不住嘆氣，她也跟著維迪亞喊他西溫，然後，她像個沒信心的老姑媽一樣，吻了吻西華。接著，我們就一塊兒喝茶。

西華手指纖細修長，當帕特將餅乾碟子遞給他，他也伸手取用時，看起來就更加彬彬有禮了，而當他挾著香菸，吞雲吐霧，雙手也更富於表情了。此外，不知怎地，他的手勢與動作，總是暗暗透露著無精打采與疲憊不堪。這種倦怠感尤其明顯地表現在他垂頭喪氣的坐姿，以及他走路的樣子上，他步履歪斜，踢著鞋頭，拖著腳步。他肩頭渾圓，而當他若有所思的時候，他就比著纖巧、香菸熏黃的指頭梳理長髮。

維迪亞說：「我們昨天等了你一天。」

他對西華不假辭色，不像個兄長，反而像個父執輩。兩人之間年齡差距顯著，十三歲的差異，處世態度也迥然不同，維迪亞暴躁乖戾，西華像個大學混混。不過，西華好像也不為所動。

他說：「這話要說就長了！」然後哈哈大笑。他笑得歡愉，鼓動你參與同樂，欣賞這個無藥可救的笑話，完全不可信的藉口。

維迪亞走回他的扶手椅，坐下。他填滿他的菸斗。他點燃菸斗，吞吐了幾口。帕特擔憂著茶點茶盤的瑣碎小事，起身離開張羅之時，維迪亞說：「告訴他啊，保羅。」

「說什麼？」

「告訴西溫，你跟非洲女孩的事情。」

西華問道：「什麼關於非洲女孩的事情？」一逕傻笑著。

「告訴他啊，保羅。」

我說：「說我和她們上床的事情？」

「看吧？他嚇到了。西溫給嚇到了。」

西華說：「我沒有被嚇到。」

不過，他確實受到驚嚇。我可以看出他的忸怩不安，而我也無法理解，他為什麼會那麼驚慌狼狽。他拿著指尖輕敲臉龐。他笨拙地點起一根香菸，神經兮兮地吐出幾口煙圈。

「好你個大自由派，」維迪亞說，「整天扯些千里達的種族歧視胡說八道。這樣就可以嚇到他了。」

那是個氣氛凝重的時刻，兩兄弟各持一端，冷漠疏離。我不巧被夾在中間。我試著解釋打圓場，就說：「其實沒什麼大不了的。我要是沒有非洲女朋友，那才奇怪呢。畢竟，我住在非洲啊。」

「西溫是絕對不會跟黑女人睡覺的。」

西華笑著說：「牛津也找不到黑女人。」

這段對話已經開始讓我尷尬了，繼續爭論下去，不但損了西華，也在損我。

我說：「西華，這樣你就永遠不知道人生憑空少了多少樂趣。」

夾在兄弟之間

西華敲門的時候，維迪亞正在讀一本封面標著紅色「倫敦圖書館」字樣的書。他將手指探入書頁中，準備翻開再讀。

維迪亞問道：「你有沒有帶一些功課過來？」

西華說：「孟子。」

我問他說：「你知道孫子嗎？」

他聽到這個名字的時候，眼睛斜斜地瞟了瞟，再加以證實，念出中文的正確發音，接著說：「《孫子兵法》。」

「有人研究這個嗎？我還在坎帕拉讀這本書呢，很想再多知道一些。」

「這本書其實滿有名的。」西華說。「孫子是唐代晚期的一個將軍[1]。毛澤東欣賞讚美他，所以中國人又再度看重他的兵法了。」他轉頭對維迪亞說：「你這裡有沒有喝的？」

維迪亞說：「你不是才剛剛喝過茶嗎？」

「我的意思是，劑量重一點的飲料。」

他再度縱聲大笑。我頓時明白了他的笑聲，尤其是那種吃吃傻笑，其實是尷尬與不自在所促發的，在他兄長面前，他感覺難堪而無地自容。

維迪亞怒容滿面，說道：「你那些中文書怎麼樣了？」

西華扣扣他的香菸，手指掠掠長髮。他說：「我想，我該上酒館兒走走。要不要跟我一塊兒來呀，保羅？」

我說，沒問題呀，料想維迪亞一定不贊成我跟西華同行。斯多克維爾一帶的酒館，大多過於吵雜與骯髒，我心想，幸好維迪亞沒跟來——再說，他對酒館本來就敬而遠之。我們就著一張小桌，西華抽菸，兩人喝了幾品脫的啤酒。我喜歡他突然間變得如此友善，他身上一股疏懶閒散的氣質，紓解了維迪亞緊迫釘人的注意力。西華看來憂鬱，幾近絕望，不過，他也寬諒，所以還不失為隨和的伴侶。

「我哥跟我講了很多你的事情，」西華說，「你的非洲探險。」

他的話聽起來像在嘲弄，也像是羨慕，其實，他只是太過在意自己講話時，拙於應對的德性，而不是措詞本身。

「每個人都這麼跟我說。維迪亞在幫我抬轎了。」

「他是認真的。他是你的朋友，他真的很以你為榮。」接著，西華悲傷的笑了笑。「恐怕，他就不那麼以我為榮了。」

為了轉移話題，我就說：「你應該來非洲看看的。」

---

1 原文如此，顯係作者筆誤。春秋時期吳國將軍孫武，後世人尊為孫子。不但是出類拔萃的軍事天才，而且是中國歷史上首屈一指的兵學大師。《孫子兵法》一書，大約成書於西元前四九六年至西元前四五三年間，總結了我國春秋以前的戰爭經驗，提出了一系列指導原則，《漢書 藝文誌》中記載為《孫子》有八十二篇，圖九卷。據說原來有十幾萬字，現存的《孫子》十三篇是經曹操刪減，摘其精粹而成。

「我看，還是算了吧，」西華說，「你身上有沒有帶錢？我得買些香菸。」

我給了他一張一英鎊鈔票。

他說：「我會把錢還給你的。」我臉上不需費力就浮現一抹微笑，而當他買了香菸回來，零錢魚貫倒進自己口袋裡的時候，我就知道，我跟這一英鎊永別了。

我說：「你也計畫要從事寫作嗎？」

他又咭咭咯咯地笑了，意味著，我的問題刮傷了他的自尊，教他懊喪不快。他說：「我有自知之明，不會走上這條路的。」

「維迪亞跟我說，你對他的作品很熟。」

「我把整本《神秘的按摩師》都默記下來了。我真的可以背出這本書來。」

原來，那是真的。叫我大開眼界，驚愕不已：那本小說可長達兩百多頁。

「《按摩師》出版以後，我哥回到千里達，我還背了一部分給他聽。我當時不過是個小學生。那可是我的宴會絕活呢。」

「那麼，他有什麼反應？」

「維迪亞好像沒注意到。他一直都很累。我只記得他在睡覺，躺在屋子裡的一張床上。他很少跟我，或是任何人講話。喔，不」——西華摸摸頭髮——「當時還發生了一件事情。他帶我出門，我們買了一條狗。那條狗討人厭的要命，根本沒經過適應居家生活的訓練，連邊都沾不上。維迪亞說，『我想我們受夠了這條狗了。』我們把牠帶到離家一段距離的地方，就放牠走了。維迪亞說，『別管牠，我們走。』不過，那隻狗還是跟在我們後面。於是，我們就再把牠帶到真的很遠的地方，然後，很快很快地走開，我們還躲起來。這次行了，我們就再也沒看到那隻狗了。」

我眼前彷彿浮現維迪亞皺著眉頭的面孔，聽他說著，別管牠，我們走。

我說：「你也知道，跟非洲女孩睡覺的事情……其實沒什麼大不了的。當初，我剛剛認識你哥哥的時候，我有個奈及利亞女朋友。」

西華說：「他只是在逗我而已。」

他說，過幾天，他想回千里達一趟，不過，他手上沒錢，不曉得值不值得要求維迪亞出機票錢。真叫他左右為難。他想回去——他已經一年沒見到他的母親與姊姊了。

我說：「我們該回家了。」

「你不介意再幫我付一杯酒錢吧？」

我同意，雖然心裡也擔憂再喝一杯，我們恐怕就錯過晚餐時間了。回到家裡，維迪亞已經上桌了，再度點出守時的重要：他已經吃將起來了。帕特神色難堪，西華毫不在意，不過，我看得出來，由於我從旁為西華的疏懶作倀，自己也失去人家奉為上賓的尊重。

當晚，帕特與維迪亞就寢之後，西華跟我聊著孟子和非洲以及他的機票困境。十點鐘左右，帕特穿著睡袍拖鞋出來，面色驚駭而無眠。她說：「維迪亞請你們不要再聊天了。你們害他沒法子合眼入睡。」

試映會

除了維迪亞之外，我在倫敦還認識另外一位作家，一個年輕的小說家，名叫B.S.強森，他因為脾氣火爆與情緒起伏不定而聲名狼藉。他與他太太吉妮，一同住在密德敦廣場一帶的公寓裡，強森喜歡喧囂歡鬧，到哪裡都是吆三喝四的。他管自己新生的男嬰叫「香腸」。他是《越洋評論》的詩篇編輯，登過幾首我寫的詩，那些「性衝動氾濫」的詩。我在耶誕節前撥電話給強森，就在維迪亞向我大發脾氣，凶我不該將他留在大俄羅斯街遮陽篷下枯等的那一天。我又打了一次電話給他。

他說：「過來看我的電影試映。」

試映會全天播放，他說。那是一部實驗電影，叫做〈你是人，就跟他們其他人一樣〉。他寫了幾部小說，一本關於吉普賽人的，題作《旅人》，還有一本在講一個教師的，《阿爾伯特·安吉羅》。他最新出版的小說《不幸者》，不裝幀販售，書頁散置在盒子裡，閱讀時可以不拘順序與形態。

我提到我住在維迪亞家裡。

強森說：「奈波爾最討人厭了。」

我說：「不會呀，我覺得他還好啊。」

「你只是個該死的老美。你對英國他媽的階級制度懂個屁呀！」

這一點不容置辯——而他的語氣聽來，如果不是偏執錯亂，就是過於侵略性的精力旺盛了。他的書中筆調，也充斥這股瘋狂、自我中心的動能。《阿爾伯特．安吉羅》的敘事架構尤其咄咄逼人，一開頭先是正經八百的第三人稱敘述，後頭卻轉變為第一人稱的懺悔錄。

為了避免維迪亞與強森之間的對峙衝突，我就邀請西華和我一塊兒參加試映。試映戲院在蘇活區。強森跟一個年輕的巴基斯坦人踟躕在門廊上。我把西華介紹給他們認識。

那個巴基斯坦人說：「祖爾菲卡爾．古斯[2]。」同時伸出他的手來。

影片極短，看來還未了結，最後是個突兀、草率的急轉直下，一旁配樂結結巴巴的，不知所「吟」。影片中主要的角色是個老師。劇情環繞著一班心思惡毒的學生。我隱約感覺，強森贊同這群無法無天的學生惡整他們老師的行徑。影片是虛構杜撰的，卻毫無內涵。大部分劇情都顯得憤慨，我卻接收不到充分的資訊，理解其憤怒之所在，再，歸根結柢，這是一部亂七八糟的爛片。

試映結束，稍後，我還跟強森說：「很不錯。」接著還補上一句：「精采極了。」

強森說：「大家都討厭這部片子。」他似乎還很滿意這個想法，「他們說，片子還要再下工夫。」

假如，我有那個膽子的話，那確實就是我要講的話。

---

2 祖爾菲卡爾．古斯（Zulfikar Ghose）：一九三五年生，巴基斯坦小說家、詩人與短篇故事作家。古斯早年離開巴基斯坦前往美國，結識巴西藝術家妻子，開始將拉丁美洲素材揉進他豐富多彩的英文散文寫作中。古斯栩栩如生地描繪巴西人的生活，增進讀者對拉丁美洲歷史的了解，他現在執教於德州大學。

西華微笑，說道：「是呀，這個片子是有些內容的。」

我們一同到祖爾菲卡爾．古斯家中喝下午茶。古斯的太太是葡萄牙人[3]。當她招呼我們的時候，祖爾菲卡爾朝西華點點頭，說道：「你猜猜，這位是誰的弟弟？」

「別猜了，」強森說，「誰他媽的在乎啊。」

我當時心想，這還是真給我上了一堂英國階級制度課呢，先前，我見過的是維迪亞的上流階級仰慕者——安東妮亞夫人、修．湯瑪士、修．費哲爵士——現在，我就跟他的普羅階級貶抑者正面相對了。

我們又繼續講起那部片子。西華說：「我想這部片子是在評論綜合制中學系統[4]的弊病吧。」

強森說：「除此之外，還有許多其他議題。」接著，他用力地說：「我絕對不會背棄勞工階級的。」

祖爾菲卡爾說道：「大家都在說這部片子的好話。」

強森說：「我要把片子放給山繆爾．貝克特[5]看。」

西華說：「你真的認識貝克特嗎？」

「我在巴黎的時候，就會跟他見面，」強森說著，睜著圓凸的藍色眼珠，凝視著眼前中程距離之處。他雙頰鼓脹，一開口講話，腎上腺素就泉湧噴溢。「我已經給他看過不少我的小說。我承認，他對我的作品影響很大。我跟他說過，『我腦子裡可以聽到你的韻律。』貝克特懂這個。他跟我說，『我也在腦子裡聽見喬伊斯的韻律』。」

維迪亞一定會說，真是垃圾。我用維迪亞的耳朵傾聽，透過他的眼光看待。強森如此浮誇輕蔑，大言不慚地滔滔不絕，一個人猛唱獨角戲，終於斬斷了大夥兒的談話。

最後，祖爾菲卡爾問我：「你都寫些什麼東西呢？」

「一本小說。」我回答，想著我的中國雜貨商人故事。

「你應該寫詩的，」強森插嘴，那可是道不假情面的指示。「別忘了，你要先做個詩人，再談其他。」

我們告辭之後，徒步穿過密德敦廣場，前往天使地鐵站時，西華說：「你還寫詩嗎？」

「再也沒寫了。」

由於我的文筆在寫詩時，每每流於矯揉造作，我早就棄詩從文了。寫詩時，我不得不小心翼翼，詩的形式也限定我只能略略傾吐。當然，毛病是出在我自己身上，怪不得詩。過去我所寫的那一類詩，害得我大腳纏足，像個縮製圖像的畫匠。同時，維迪亞的評語「性衝動氾濫」也教我意興闌珊。

西華微笑，或許想到，寫詩這碼子事有多傻呀。

我在天使站——倫敦觸目可及的醜陋建築，往往都頂著一個輝煌美麗的名字——打公用電

---

3 精確的說，應該是巴西人。

4 供社會各階層就讀的五年制中等學校，從十一歲開始入學。

5 山繆爾．貝克特（Samuel Beckett）：一九〇六～一九八九。愛爾蘭戲劇家和小說家，荒誕派戲劇主要代表之一。一九五八年於巴黎首演《等待果陀》一劇，獲世界各地肯定，聲名大噪，並於一九六九年獲諾貝爾文學獎。

話給海瑟，想知道她和她父母的耶誕假期是否結束了，她回到倫敦了嗎。她接了電話，聽到我的聲音，就說：「趕快過來。我要給你看看我的耶誕禮物。」

我對西華說：「我會晚點兒回來。」

海瑟打開她公寓大門時，她身上穿著一件白色的尼龍雨衣，腳上一雙高統雨靴，同樣也是銀白閃亮，這種搭配剛好是最新時尚流行。她將金髮梳成辮子，兩縷髮絲綣在臉龐兩側，十指剛剛塗上紫色的指甲油，手裡握著一管粉紅色的口紅——她的嘴唇也亮彩閃爍。我嗅到她甜香的香水味兒。

她說：「耶誕禮物！」然後，一隻手伸進雨衣搭在屁股上，順勢撐開雨衣一側的開襟。雨衣之下，她不著寸縷。

九個小時以後，我招了輛計程車回斯多克維爾。我渾身焦燙、遍體鱗傷：性愛在海瑟眼中，既是折磨，也是享樂，張舞著紫色的指甲，她更盡興刮抓。性交之間，她哀嚎地像是遭到懲戒一樣，可是，只要我一停，她又趕忙催促著我繼續。稍後，在黑暗中，她說：「下一次，我要你打我屁股。」

好像，這個城市裡，只剩下我和計程車司機還醒著。躡手躡腳地爬進維迪亞的房子，經過西華的臥房，我覺得，除了我以外，所有的人都窩在黑甜鄉裡，明智而賢德。我再度感覺像條狗一樣。

我睡晚了。維迪亞早已坐在扶手椅內，校讀著《模仿人》的裝訂稿。他校閱地如此專注，他的面容黧黑緊繃，似乎完全封閉。他看起來絲毫未曾注意到我走進房間。我察覺到氣氛蹺敧，他正緊張地試圖控制自己激動的情緒。

我坐著抽了一陣子的菸，什麼也沒說。

最後，他終於說：「西華走了，」他抬眼望出校稿，「我竟然沒有看出來。」

我推敲前晚兩人一定起了衝突，釀成危機。維迪亞經常講到，他如何預感事態發展的。我相信他，因為他也散發出預感。每當他心裡有事，我往往在他開口說明前，就可以感覺得到。

他問道：「我們該去一趟牛津嗎？」然後，他自己回答自己：「是的，我想，我們應該去一趟牛津。」

英國火車初體驗

我從仔細閱讀《模仿人》的校稿中，熟稔了牛津列車。書中的敘述者是個尋花問柳的紈褲浪子。他熱切追求女人的勁頭兒，叫我驚訝，維迪亞對女人總顯得毫無興趣，有時甚至像不共戴天的寇讎一樣。敘述者講到他在倫敦的求學時代，說過：「英國議會總有釣不完的女人，」與維迪亞真有天壤之別。不過，下一個句子就純粹是維迪亞的風格：「那些廳堂跟體臭嗆人的非洲人可不甚相稱。」

牛津列車出現在敘述者漁色女性的行徑當中，列車駛離帕丁頓之後，車掌會過來驗票，他注意到那些年輕女人，拿出旅遊優惠票的票根讓車掌打洞。那意味著，她們是群計畫一日遊的國外旅客，因此也是群容易上鉤的獵物。敘述者機警注意著：「誠如法諺有云，若是有人一時興起，全神貫注，心無旁騖，才能根除錯誤。」連續四個星期，他都在牛津列車上與不同的女人搭訕調情，最後總能跟人家上床盡歡。

近午時分，維迪亞和我在帕丁頓站搭上列車。我沒提起《模仿人》。列車行經阿克斯橋鎮的時候，我看見一處磚砌橋墩上，清晰地漆著幾個大字：「英國保持純白」。

維迪亞看了只是微微一笑。他說：「我跟你講過我的笑話嗎？我會在『英國』兩個字後面，標上一個逗號。」

那是我第一次體驗到英國火車。處在這個友善的大怪物，溫暖的懷抱裡，我覺得安心無慮，坐在車廂角落的坐墊座椅上，看著布克夏從眼前飛馳而過，車窗外可愛的英格蘭田野，即使時節入冬，依然綠意盎然，堅實的屋宅與簇生的樹林圍鑲著青青草原。我從來不知道，自己受那黯淡、迷宮一般，曲折的倫敦多少誤導，直到眼見這片開闊的鄉野綠地，我才豁然開朗。非洲的英國人事事吹噓，我卻從沒聽他們提起如此標緻之綠野，遠山楚楚，村落穩固似乎不可毀滅。他們從來不會講到這類的事情。

我向維迪亞提起心中感想。

他說：「因為他們不過就是劣貨罷了。」

稍後，我說：「這條路，搭火車經過，你一定看過很多次了。」

「喔，天哪。」

我其實是在問他《模仿人》書中情節，只是嘴上不這麼講而已。他口風緊閉，他鮮少追憶前塵往事，不過，他非常重視面相——五官顏面，透露多少訊息；以及表情——擠眉弄眼，洩漏多少真相。因此，我也知道，他的倫敦—牛津列車經驗一定相當不愉快，也有可能，甚於悲苦。他經常講到貧窮，講到身無分文的悲慘情狀。他自述往昔之時，多半夾纏著動盪遷徙與貧寒困頓。他時時回顧，正如他的作品所顯示，不過，現實生活中，他隻字不提。

午餐時間，我們各吃一份起士三明治打發胃腸。我知道維迪亞不忌魚肉。只是，在我看來，素食者就是那些除了起士三明治以外，什麼也不吃的人。

搭乘這班列車旅行，在車上閱讀報紙，如此愉悅，如果還要幾許遠行，我也不會在意。除此之外，我自己親身體會的火車經驗，就僅限於開往奈洛比的隔夜列車、蒙巴薩的快車，以及吞吐著蒸氣，行走於馬拉威與羅德西亞的火車機頭。列車平撫與安慰了我的情緒，激發我的想像力。車窗歷歷閃現英格蘭最美的景致，促發回憶，導引著我，重返往昔。當下，我有個新發現：我願意，而且樂於搭乘火車到天涯海角。

不多時，窗外已經是牛津了，先是一處月台，接著一塊標誌，最後，就是這個地方：凝灰岩石建築、祈禱文浮現在建物輪廓上、大片雜亂無序的教堂與修道院、教會疊石砌磚搭建的小鎮。鎮上圍牆多於教會尖塔與屋頂，窄街小道，似乎，每一塊磚石割切之時，都嵌進一句密語，翻譯還原之後，意思就是：非請勿入。

我們離開車站前，維迪亞特別湊近端詳牆上的時刻表，記下稍晚駛回倫敦的列車時間。看來真是一樁明智之舉。要是我，就怎麼也不會想到，要這樣預做準備——維迪亞又替我上了一課，強調預留退路之重要。我再度自覺像個初學者，好在，我有維迪亞幫我引路。

出站之時，我順手將看過的報紙塞進大桶裡。

維迪亞問道：「你為什麼要買三份報紙？」

我說：「我也不知道。」因為，我感覺到他的不敢苟同。其中一份報紙是《每日鏡報》。「大部分的英國報紙都是這類垃圾。」

不過，我渴於知悉烏干達的消息。雖然，我們在烏干達也可以看到英國週日的報紙，報紙每每遲到，消息在烏干達，還是僅止於口耳相傳、謠言或揣測，不過耳語罷了。《觀察報》膽小如鼠，政府的機關報《人民報》，不過是一把傳聲筒。英國報紙讓我大受啟發，清新、坦率、幽默。不過，我看來新鮮的東西，對維迪亞來說，早就陳腐不堪了。

我們走上大街。

「這裡又濕又冷，」維迪亞說，「當時，我還在這裡的時候，我氣喘得好嚴重，我躺在床上，帕芝抱著我——她把我擁在懷裡——暖著我，我才喘得過氣來。」

拜訪牛津

大學學院——西華的學院，也是維迪亞的母校——就在大街上，入口寬敞，猶如修道院穿堂。一扇小窗，就像高速公路收費站的窗戶一樣，框住窗後一個年長的黑衣男性，那張醜陋的臉。他舉步走進過道，怒目瞪視，樣貌殘酷。

「哈囉，奈波爾先生。什麼風把你吹來的啊？」

他說話的鄉村口音濃重，自信扎實，語氣間流轉著篤定與力道，那人看來不像門房，反而像個獄卒。

維迪亞說：「我來找我弟弟的。」

維迪亞好像略顯拘謹不自在；這是那人對他的態度使然。傭人跟穿制服的下人對待維迪亞可不能像那個門房，他們得更謙卑與畢恭畢敬一些，若否，維迪亞會不舒服的。

「我壓根兒沒見著他。學校要他們出入簽名，不過，我可不指望，他還有那一丁點兒在乎院長是怎麼交代的。」

「呃，不。本人也不會這麼以為。他不在他房間裡頭嗎？」

「你弟弟，奈波爾先生嗎？他把鑰匙留在這兒。那不是昨天的事兒嗎？」

「那，這樣吧，我們就留個話給他好了。」

維迪亞就動筆寫字條，門房則雙手抱胸，站在他身旁。

「麻煩你把我的留話擱在他的信箱裡。」

「要是媽的，他還會看看他的信箱的話，哼，這我可不打包票。」門房接過字條，好像捏著什麼毫無價值的糟粕一樣。「就這樣吧，你老兒最近混得怎麼樣啊？」

「是的，日子挺好的，呃，邇來，本人相當忙碌。多謝你了。」

我怎麼也想不到：維迪亞在這個霸道的傭人面前，竟然這樣束手縛腳。彷彿，他們之間缺乏共同的語言，說不定真實情況就是如此。那是最詭奇的對話了——粗魯、直接、滿嘴粗話的傭人頤指氣使；委婉、詢問的主人，卻像個小媳婦一般。

「我會親手把紙頭兒拿給你老弟的。」

「是，多謝您費心了。」

「收費站」裡電話鈴聲大作。

「先陪了，先生。」門房步進收費站裡，擎起聽筒，高聲咆哮。

維迪亞帶著我參觀中庭、四周建築、尖塔屋頂，還有接待室裡一尊波西・畢詩・雪萊的白色大理石胸像，他也曾經暫居大學學院過。我們離開的時候，門房先生還在講電話。

經過寬街上的黑井書店時，我說想進去瀏覽瀏覽，於是我們就進到書店。維迪亞一旁駐足看書等候，半晌時光，他頻頻投射信號，指示我切勿多加逗留。維迪亞的不耐久候與急躁，就像一陣陣波動，彷彿清晰可聞，獨特的高頻率呼嚎。我看到幾本初版的海明威與歐威爾。

我拿起歐威爾的書，朝他晃了晃，「這一本多少錢？」

「十二先令。你不會要這玩意兒的。」

我們離開書店，隨即經過一棟圓塔。

維迪亞說：「牛津大學總圖書館。」

再走一小段路以後，我們進入另外一處學院入口，慘白的尖聳屋頂高踞在開闊的草原上。

「我們到哪裡了？」

「基督教會。」

像這樣的地方，總是再三提醒我，在許多方面，我是個非洲人。我的世界不能這麼緊迫，要單純一些。我窩在叢林的時候最開心。此外，不只是這些井然有序、古色古香的建築叫我困惑，這些學生也顯得疏離冷漠，地主業者一般的驕矜自持。他們比我要年輕許多，他們看起來也如魚得水。我知道自己沒有歸屬感，而且，我也絕對無法認同這個地方。

回到大街上，我們一路走到莫德琳橋，走進莫德琳學院校地——更多修道院了、又看了一個中庭、建築物都與僧院殊無二致。要我在這裡求學，就像要我在露天劇場演出，卻不知道該講些什麼台詞一樣，都是同樣要命的惡夢。

我說：「不曉得西華出了什麼事？」

維迪亞說：「西溫的毛病就出在他是養於婦人之手的，慣壞了他。所以他才會那麼不負責任。」

我們在艾希莫林博物館稍事停留。維迪亞就像他在國家藝廊、泰特美術館、維多利亞與亞伯特一樣，筆直前進到某幾個陳列室，觀賞某幾幅畫作，仔細端詳這幾幅畫作裡的幾個細節，這些細節率皆隱沒不明。他疾行奔向一幅華托[6]畫作、一幅惠斯勒、以及一幅希里雅德[7]的細密畫像，一無例外地，總是會指出細微末節的特色。「你看這個」，不然就是「你看他是怎麼調色的」！

我四下張望，想找些非洲的東西——一幀面具也好、一柄長矛、一幅風景、任何事物，只要跟叢林有關就好。我了解到烏干達人如果離開了廣袤無垠的草原，或是月山的山坡，坐困牛

---

6 華托（Jean Antoine Watteau）：法國畫家，一六八四～一七二一，畫作多與戲劇題材有關，畫風富於抒情，傾向現實主義。

7 希里雅德（Nicholas Hilliard）：英國北方文藝復興畫家，一五四七～一六一九。

津或倫敦之時，會作何感想。然後，我就看到一幅令我心寬解的作品。

這幅畫一定是完成在波特爾港或是木奔地，茂密擎天的樹林，高大的象草，遠處站著幾株樹冠平展的荊棘灌木。一旁還躲著些小角色，小動物——瞪羚、飛羚，沒有大型獵物——前景色彩豐富，花團錦簇。畫家的名字我毫無印象。我喜歡這幅寬闊的畫布，觀看角度之準確，畫裡的植物在在容易辨識，葉片纖毫畢現、花朵艷麗、穹蒼地闊。即使連天邊幾朵雲彩，似乎也分毫不差。

我並沒有引維迪亞過來觀賞。我心想，恐怕他會不表苟同，壞了我心如此愉悅的良辰美景。畫中不是他的非洲。我看到這幅畫作的反應，提醒自己，我該及早離開英國。維迪亞快步走向我，對著畫作蹙起眉頭。

我為了轉移他的注意力，就對他說：「我們是不是該再過去西華的學院一趟？看他回去沒有？」

「不，不必了，」維迪亞移步離開那幅畫，「他現在要靠他自己了。」

我注意到他腳上穿著那雙他稱做衛得熊的厚底鞋子。那天晚上在奇森邑，他就是穿著這雙鞋子，我們走在基伏湖畔，他說：「那群野狗就欠一頓好踢。」

坐在開回倫敦的列車上，維迪亞說：「不曉得我寫的這些書，有沒有哪一本能夠流傳下去？」

我說，我想《畢斯瓦先生的房子》是一部大師經典，不論年代多久，只要世人還肯讀書，就會歷久不衰。

他說：「你真好。」他似乎在玩味著「大師經典」四個字，接著他說：「本人也希望如此。那是一本大書。」

我們談起那本書。維迪亞說，雖然他從來不曾重新讀過那本書，可是，他已經將一切都放進書裡頭了——他的家人、他生長的島嶼、所有他知道的事情。甚至連書裡提到的小東西都讓他愉悅。回憶令他莞爾。

「書裡頭有三個黑鬼工人——只是幾個頭腦簡單的傢伙，拿鏟子的。你還記得他們嗎？他們只有名字，沒有姓氏，艾德加、山姆和喬治。」

「他們是畢斯瓦家的工人。」

「沒錯，沒錯，」他已經笑不可遏了。他說：「艾德加．米托霍爾哲、山繆爾．歐爾文和喬治．拉明。」三位出身千里達的黑人小說家。

這個私房笑話幾乎害他笑得喘不過氣來，不過，過了一會兒，兩人仍舊談著小說，我們討論到畢斯瓦先生對字體的看法。他的精神又為之一振。他將嘴巴湊近火車車窗，對著窗玻璃哈了一口氣。

「這是泰晤士報體。」他手指鉤畫出一個字母，接著加了些花飾，又寫了幾個字母。「這是細線裝飾的鉛字。還有，這個」——他還在吐氣成雲的車窗上，增添字母——「就是博多尼活字體。我喜歡這個。」

他是認真的，手指頭一逕地鉤畫著，一逕地描述。

我說：「有時候，他們會在一本書的最後一頁上說明字型格式。我從來就不知道那是什麼意思。」

他說：「我最愛那一頁了。」

他說：「你看這個，」手指頭畫著車窗，「這是卡斯隆體鉛字。你注意到不同的地方了嗎？」字母彷彿即將消失。可不，維迪亞的字母駐留在車窗上。列車一接近倫敦，城市燈火隨即再度點亮這些字母，所有這些不同字體的字母。

被玷污的床

我要離開的前一天，維迪亞房子裡來了些工人。他們在他的臥室裡敲敲打打的，修繕一處維迪亞認為粗製濫造的架子。那天是星期六。我打電話給海瑟，問她方不方便見面。她說好，不過，她提到一家酒館的名字，不想跟我在她的公寓會合。她知道我就要走了。她在酒館裡抱怨著，我在意維迪亞遠多於她。

我說：「他是我的朋友啊。」

她說：「謝了。」

我恍然大悟，自己講話傷了她，就說：「妳也是我的朋友啊，當然囉，妳是我的朋友。」

我無法解釋維迪亞為什麼這麼重要，他的友誼又有什麼不同，跟其他人的友誼都不一樣。

我知道他心裡疼愛西華，不過，他似乎非常器重我，遠超過他的親弟弟，而且，他深知我的寫作雄心，我連我的家人都不敢說呢。

海瑟和我繼續喝著悶酒。當天，我們並沒有做愛。跳過這一環，別離顯得更加篤定。晚上，我回到家裡時，維迪亞哀戚逾恆。帕特坐在客廳沙發上。他坐在他的扶手椅裡，臉上表情悲傷，不過，他一開口向她傾吐，就像個滿腹委屈的小孩一樣。

「我沒辦法再睡那張床了，」他說，「床已經被他玷污了。他為什麼要這樣子？那個笨蛋、無知的蠢人！」

他深感噁心，淚水盈眶欲出。

我問：「發生什麼事了？」

帕特先說：「維迪亞臥房裡有個工人，在跟他解釋些什麼……」接著，她彷彿過於驚怕，不敢再講下去。

維迪亞的臉孔扭曲作嘔，他說：「然後，他坐在我的床上，帕芝。他把他的屁股擱在我的床鋪上。」

翌晨，維迪亞還是坐在客廳他的扶手椅上。他神情嚴厲。疲憊令他皮膚灰暗。他竟夜無眠。今天將是個不可開交的日子，我也沒那個閒情逸致去參透，工人屁股玷污了的床鋪，怎麼就不能加以清洗，恢復純淨。工人屁股冒犯，只不過是維迪亞諸多特殊問題當中的一小節而已。只有他才懂這些問題，因此，也只有他才能破解這些問題。

他神情委頓。他說，他很難過我要走了，而他也是真心誠意的——他看起來就像要人家撐著，才站得起來一樣。帕特氣悶，淚眼漣漣，只是，我不曉得，是不是為了我行將離去。

照舊，維迪亞說：「你不會有事的。」

第七章 航空信：函授課程

維迪亞主張，手稿筆跡的言外之意，不容小覷。即使，你看不懂這一筆鐵畫銀鉤，只消觀察字母圈寫與傾斜的角度，還有t字上頭那一槓是怎麼橫過去的，就足以獲取一切所需資訊。他曾經教我，如何從手寫筆跡判讀他的情緒，而他也總是使用一枝鋼筆，沾著黑色墨水寫字。字體大而多圈時，代表他意態慵懶而平靜，普通潦草則意味著專注，字體縮小就是緊張焦慮，微小字體則說明了恐懼與過度操勞，如果字字微縮緊密的話，就是他已經黔驢技窮，無計可施了。或許這也是某種藉慰吧，他如此信服筆相學的教條，知道自己的筆跡在提示他些什麼。

接下來五年，我們靠著航空信魚雁往返，跨越遠距，交談不輟。起先，我還在非洲，接著轉進新加坡；維迪亞則數次往返英國。通常，他會用當地郵局的藍色航空郵簡寫信給我，正面事先印就郵票的那種。郵簡攤開成一張窄窄的長條紙，他說，他看了感覺像是寫中文用的。他還是縱向使用郵簡，密密麻麻地寫著蠅頭小楷。

對我而言，這些信是一股智慧與力量的泉源，相當於創意寫作中的一段函授課程；我從維迪亞身上，見習到現實的作家生涯。這段期間，我沒裝電話，沒有其他密友，甚至未曾稍離赤道地區。信函往返就是生活的全部。面對面的時候，任誰都可以說他是你的朋友，保證會跟你固定通信，不過，信件本身最能測試友誼深淺，還有人惦記著你的最佳佐證。我不想讓人遺忘，因為，我再度埋身在非洲深處。

函授文學課程

我收到他的第一封來信，信中口吻之冷漠，不禁讓我百思不解。其實，比冷漠還糟：他的信讀來還有些冒犯。我交給他的編輯，黛安娜．艾特希爾的那本宵禁紀錄，被人家退稿拒絕了。她的退稿函澆了我一頭冷水，一筆勾消了原本我還以為是個寫書的絕佳點子：這本書用日誌撰錄的形式，記述某次狂暴的宵禁以論述非洲。我曾經向維迪亞抱怨過她漠不關心的態度。

他的回信信封上貼著一枚黎巴嫩郵票，寫在貝魯特布里斯托旅館信紙上，維迪亞和他的編輯同一陣線。他說，她的判斷明智有方。至於出書方面，他將不再給我任何建言。他在信中暗指我上一封信的措詞，像在對他屈尊俯就，說我誤判非洲，我並未讀懂馬提雅爾的警言短詩，最後，他祝福我的報導文學一帆風順。這句話似乎在貶損我手上正在進行的小說。他信中結尾順便提起法蘭西斯．奇契斯特，當時他正駕著「舞蛾五號」帆船單人環球航行。維迪亞寫道：「我希望他溺死。」

那是封脾氣惡劣的信，寫就於他一時情緒衝腦的時候。我一看他的筆跡，就合該心裡有數。雖然，他人在貝魯特，卻隻字不提，除了使用飯店提供、美輪美奐的信紙以外——我懷疑他又在虛矯誇示了。他沒講自己去向何方，也沒說明原因。貝魯特來函不過在展現他的恢弘身段：黎巴嫩，何等的浪漫情韻，一流的國際都會，每個成功的作家都會到此一遊的。

其實，一個星期過後，我收到帕特的來信，說他是前往印度，路經此地罷了。她將他這趟出差稱做「一樁採訪任務」，並說，他會在印度待上兩個月，寫一篇長文章。他輕慢地提到我的報導文學，不也正刺痛他的自尊，教他刻骨銘心，說不定這樣也解釋了他為什麼不肯明講自己即將前往印度進行採訪。

帕特說，他們都是糟糕的通信者，每個都是。西華根本就不寫信回家。我不該期望過高的，然而，她卻說看到我們固定信件往返，她感到很愉快——信寫的這麼勤，可不是維迪亞的一貫作風。

她接著又像個溺愛的母親一樣，叨叨細數維迪亞的來去行蹤。他在山維治的肯特鎮上住了一陣子，房子是租的，帕特則每隔數日搭火車通勤，教書授課。他在沙灘慢跑——維迪亞跑沙灘？這個句子，我還得連讀三次——維迪亞跑著跑著，就扭傷了腳踝，跌倒的姿態如此滑稽，帕特也沒多加在意。結果，他的腳踝浮腫得嚇人，診療醫生同為愛好運動者（他曾經滑水橫渡英吉利海峽，直抵法國），對維迪亞寄予無限同情。

帕特．奈波爾溫情洋溢的來信，提振了我的精神，也解釋了維迪亞的情緒。我再度接獲維迪亞來信，是在兩個月以後，他從印度回來交差的時候，信中的他嘴巴就甜多了，搖身變回那個總是不斷地鼓勵著我的好友。他讚美我，讚美我寫的信——說我天賦優異；他抱怨自己沉悶遲鈍，經常禍從口出，有口無心地得罪人家。

他說，這裡就有幾個例子。西華結婚了。維迪亞冒犯了他，也冒犯了他的太太。他曾經冒犯過他在紐約的編輯。他想，從今而後，只有時時注意自己的缺點，寫信時，下筆盡量簡潔扼要，大多只寫些商業信函，才能避免誤解誤讀。

我倒不必擔心，他會跟我生意客套起來。他描述說他在安東尼．包爾家中，一本紐約雜誌上，看到一則促銷我的小說——我的第一本小說——的廣告。他也談到，以色列，這個教他厭倦的地方，如何備受各方讚譽，阿拉伯諸國卻飽遭譏誚。他喟嘆著，阿拉伯貴族的典型風範：「優雅紳士，浪漫的沙漠民族，戰術精湛，深情摯愛，無怨無悔」——已經一去不返了！

他結束所有的旅程與工作之後，再度嚴重失眠。他的生活千篇一律。每天清早，他都睜眼靜候晨鳥初啼。安眠藥只害得他氣喘加劇。他清減失重——而今瘦到只剩下一百二十磅。如此身心折磨，就是個不祥警示：「是時候了，我該往其他國家找個房子定居了。」

他已經著手寫作他的西班牙港書了，這是一本史書，最後將定名為《失落的黃金國》（*The Loss of El Dorado*）。他為這本書研究做功課，鉅細靡遺地閱讀所有相關文件檔案，意外發現一些學界怪譚，譬如說，某個西班牙人終其畢生精力，只為證明哥倫布、塞凡提斯，與聖德雷莎都是猶太人。

某次來信中，他撇開話題，順帶提起，說我看來似乎非常快樂。他可真是機敏老練。我確實很快樂。我戀愛了。這是我回到烏干達三個月以後發生的事情。我如實告知維迪亞，還說，我計畫迎娶這個女人，她在肯亞教書，我們是在坎帕拉認識的。她也是倫敦人。他恭喜我，說他也非常歡喜。他也樂於得知，他那篇關於印度的雜誌文章——報導文學——又在奈洛比重印出刊了。我欽羡他如此信心充沛，當他說到：「那是一篇好文章，我想，可以列入我寫過的文章中最好的幾篇。」他打算將印度永遠地撇在一邊了。他說，他再也沒興趣動筆寫印度了。

為了鼓舞自己，他也去了趟丹麥。不過，那個地方教他意氣消沉——人人順服守法，鴿籠房舍像監獄一樣，稅率奇高無比。維迪亞發現丹麥人無聊、寂寞、孤立。他們若想紓解心緒，就會登船飲酒弋航，即所謂的「元氣船」[1]，好大醉一場，偏偏，航行歸來後卻更為沮喪。丹麥人孤獨、封閉的最悲哀表現，就是他們的色情工業了，不過都只是暴露狂作態，毫無創意翻新可言：女人「雙腿大開」，或是男人全裸坐在階梯上，「生殖器方得以懸垂顯見」。現在，他厭惡「斯堪地那維亞人」這個字，其字義「冰天雪地、死歿遍地、以及陰沉無歡的性交」。

讀到像「陰霾的性交」這般傑出的語彙，我就很高興，慶幸自己與維迪亞結識一場，同時也暗自歡喜，還好我身在非洲，此地性交絕不陰沉無歡。順便一提，維迪亞說，加勒比海一帶的印度人崇拜一尊邪神，名喚馬伯亞，說不定正好跟那個肯亞政客湯姆．姆伯亞同名，那人的姓氏，維迪亞從來就無法正確發音。

我持續蒐集流言與道聽塗說的小道消息，以充實我的非洲謠言研究（其光怪陸離與傳播速度），我也向維迪亞通報了個有關姆伯亞的故事。一年以前，姆伯亞喜獲麟兒，男嬰卻離奇死亡。報端曾經披露死訊，卻未深究細節。根據謠言流傳，孩子是姆伯亞親手做掉的，因為他發

1「元氣船」（Spirit Boat）：雙關語，spirit 一詞意指「醇酒」、「烈酒」，同時也是「精神」、「靈魂」等等。

現，孩子竟然是個黑白混血兒，姆伯亞太太與美國駐肯亞大使威廉．艾特武德的私情結晶。這段謠言，根本就一派胡言，在奈洛比的英僑社群裡，卻傳得揚揚沸沸的。

維迪亞說，他在不日之間，即將飛往西印度群島或是美國，寫完他的書。不過，後來，他哪兒也沒去。他的書進展緩慢。六個星期以後，我再收到他的信時，他還在倫敦窩著呢。他所有的計畫都改變了。

他堅持，我一定要向他保證，絕對守口如瓶，隻字不提這條獨家新聞，他最近才剛剛接受一家雜誌社委託，在最高機密的情況下，訪談側寫賈克．索泰爾[2]，法國知識分子兼脫黨叛徒。我從來沒聽說過這個人。我的中國人——雜貨店老闆小說方才殺青，下一部小說剛剛動筆；而今，我所有的公餘時間都消磨在肯亞北部的恩布（Embu），和我的未婚妻在一起，她也在一所非洲學校教書。我不曉得周邊有誰會對維迪亞的秘密感興趣。

我納悶自己究竟該如何看待他手上的報導文章。他告訴過我，他寫那些東西不過為了賺錢。出差採訪意味著出國旅行。也可以暫時從他的書中抽身——這事可不容易。當時，我日日教書，夜夜寫書，所以，聽說他的寫作計畫遭到中斷，倒教我寬慰。

他在一封信中問到，不知該不該將他的西印度群島歷史書，改名為《探尋與問題》（*The Quest and the Question*）。書中涵括兩個相隔多年的相關故事：一則在探尋艾爾朵拉朵——黃金國度，以及一個關於刑求的問題，牽涉到千里達一樁惡名昭彰的案子。我怯怯地建議他，《探尋與問題》這個書名聽來匱弱而單調，黃金國就引人入勝多了，書名裡不能嵌進這三個字嗎？為了討好他，我還對他說，我同樣也為了新的小說書名傷透腦筋。

他回信說，他正計畫要取消那個書名，也很高興知道我的小說進度正常。然後，他重新恢復他的教師角色，問我說，我的小說是否崛起於某個「靜止中心」？

他繼續鋪陳道：「不論內容主題有多麼痛苦，每一本好書都暗示著，作者與其主題達成某種內向的和平，某種內部決議，即使是憤怒與絕望，即使這種和平與決議純粹是短暫的。這樣，你才知道一個人的立場在哪裡。」

如此感受應該是源自於他的雜誌寫作工作。他固執武斷，他性格強硬，雜誌編輯就愛他這一類的作者。他的雜誌稿約應接不暇。他同樣也幫美國雜誌寫稿。其中有一篇文章標題是：〈勢利眼：何罪之有？〉，他在文章裡頭幫勢利小人辯解，言下之意，勢利眼族群是慘遭社會踐踏的一個少數弱勢族群。

我從來沒看過哪個勢利眼，不是隨時撒謊扯爛的，這就是勢利眼人士的通病。不過，這話我也沒對維迪亞提起過。就像他的文章一樣（這篇文章從來就沒有重新刊印過），他的勢利態度似乎不過是擺個無害的姿態，想要仗勢欺人，卻也欺負不到誰，只不過，如我所見，受到滿懷恐懼驅使罷了。

一九六七年年底，我在坎帕拉結婚了。維迪亞寫信來道賀，信中提到他自己已經結婚十三

---

2 賈克・索泰爾（Jacques Soustelle）：法國人類學家與極左派強勢政治人物，一九一二～一九九〇，一九五八年曾大力協助戴高樂將軍重新執政，日後卻因不滿法國政府處理阿爾及利亞一事與之決裂。索氏遂返回阿爾及利亞領導叛軍。

年了。信件結尾，他要我給他買個象牙菸斗（當時，大象死後還可以循環利用，製成這一類的用品）。另外，一管海泡石菸斗如何？可不可以也買一柄給他呢？

維迪亞正在諸多轉變之中。他決定要賣掉他的房子——那棟他似乎愛不釋手的房子。他要把房子賣給特里斯特拉姆．包爾，我在維迪亞家的晚宴上見過那人，索價一萬兩千英鎊。房子其實可以賣上一萬四千英鎊，不過，如此脫手，維迪亞可以免掉仲介商的佣金，也省去延遲成交，枯候的成本。

他想去美國。他心裡盤算著，不知道我的哥哥尤金，是否可以幫他找個房子租賃，好讓他小說收尾。小說寫完之後，他打算寫上一陣子的採訪報導，純粹是為了賺錢。等他錢攢得差不多了，他就會開始寫下一部小說。他的語氣中暗示著，他已經有了個寫新書的點子。

他說，我關於非洲的寫作啟發了他。同樣的，他也想寫點跟非洲有關的東西。最後，他致上他的關愛。

一九六八年中，他的筆跡極為細小緊密，顯然受到專注書寫與焦慮的雙重影響，他反覆思索著，身為作家的弔詭與矛盾。他北上蘇格蘭，長期客居在一幢豪華宅邸。他恭維我寫給他的信[3]。我的信讓他想起史考特．費滋傑羅，而他正在閱讀費氏的書信集。維迪亞說，費滋傑羅曾經寫了許多封信給他的女兒，談的都是寫作。就是那類的狂熱，作家為了琢磨這一行的技藝所發展出來的。狂熱的源頭就在於我們一開始都想成為作家，藉著臨摹我們閱讀過的作品，形塑文筆。而我們經由不斷創作，終於更上一層樓了，寫些我們自己也不確實了解的東西。我們因而迷失，不知寫作所為何來。這個問題，小學生和年紀稍長的老作家都不能迴避，都得解決。

他說，寫作中，有一種強烈，近乎佛家觀點的要素，優秀的作品將抵銷先前面世的作品。甚至一本書的後半部也會蓋過前半部，每一本書都會超越先前的某一本，然後就像是稍早作品的輪迴轉世般存在著。

在這棟蘇格蘭寬敞的大宅子裡沉思冥想，維迪亞省思著，富貴虛名之浮華空泛，因為宅子裡的圖書室所有藏書，具皆年代久遠。而今，卻已無足輕重；名聲只是一場夢。作家逐日穩定地自我抵銷，新書取代舊作，後來居上。弔詭的是，書寫得越好，越容易遭到後人摒斥，因為，好書創造了一種標準，勢必遭到修正與淘汰。那是最悲哀的部分了。「真的，而今，我們對待當初在我們年輕時候，教育我們的作家，有多麼的不公平。他們磨練我們的心智，指引我們看待世界的新方式，鼓勵我們投入寫作。」

維迪亞說，現在，毛姆的書幾乎已經不忍卒讀了；然而，在維迪亞敏銳的感受成型過程中，毛姆舉足輕重，影響深遠。文學研究當中最糟糕的一面就是，文學研究往往只跟過去打交道，然而，文學一定要保持鮮活，發揮影響，不然，文學就等同廢物。

他要我深入思考十九世紀英國文學界兩位天縱英明的大家，查爾斯．狄更斯與魯迪雅德．

3 我的去函從未複寫收藏。然而，維迪亞卻逐一保存。這些信件和維迪亞其他的文件手稿，一併收藏在奧克拉荷馬大學塔爾薩校園的奈波爾文物館藏中。我在撰寫這本懷舊談的時候，曾經向館方請求閱讀我寫給維迪亞的信，以及其他部分文件。可惜，始終未獲允許——原注。

吉卜齡，兩人與時間和傳統觀點之間的關聯。兩人都曾經締造輝煌的文學成就，然而，他們的作品都在描寫較其當代文化時間更早的一面。這個面向始終遭人漠視，因為二流作家——文抄公，沒抓住重點——就這麼持續地在某種文學傳統中白費血汗。舉例而言，吉卜齡專寫早於當代二十年的印度，但是，吉卜齡的同輩作家卻還在模仿狄更斯，而狄更斯自己的小說場景，又設在更早的年代。

伴著如此睿智的文學課程，維迪亞捎上他的關愛。

從這樣一位朋友，我得到很多鼓勵，他信中所言，對我的幫助更大，因為，我覺得自己住在烏干達，埋首在第三本小說中，獨學而無友。我從他的越洋信函中隱約讀出，他將我認定為前景遠大的現代作家，留在非洲的新疆域裡，撰述我的見聞。他鼓勵我；他要我了解他所說的矛盾弔詭。

同病相憐

我需要這樣的幫助。當時是一九六八年六月。我的第一本小說，《瓦爾多》（*Waldo*），甫獲佳譽，好評不斷。《方與印度人》即將上市。我正在寫作另外一本場景鋪陳在非洲的小說，《嬉戲的女孩》（*Girls at Play*）。我第一個孩子，長子，剛剛出生。我辭掉了烏干達的工作，接了新加坡的教職聘書。我完全憑著直覺闖蕩。

維迪亞捨卻中國式的藍色航空郵簡，改以橫向書寫在兩張筆記紙上，道賀我們喜獲麟兒。

他同時也恭喜我，旅居非洲五年以後，終於驛馬星動，可以離開非洲了。他坦率表示不能贊同我即將前往新加坡教授英國文學的決定，至於，我要去開課的科目：詹姆斯一世文學——英國國王詹姆斯一世期間，莎士比亞與其當代文人作品研究——他也說自己聞所未聞。不過——奈波爾式曲線球又拋了過來——「說不定，你還可以邀我到那裡去做個閒散訪客。」

維迪亞的典型作風，就是譏誚我在絕望中接下的工作，再三重複他對文學研究之輕蔑不屑；然而，同時間，又要我在當地替他找個訪問作家之類的蘿蔔坑，就像他悲慘不堪的烏干達經驗一樣。這樣的矛盾心結，他自己也坦承無諱。他也希望能表現出高風亮節，偏偏，他總是首先坦白自己的朝三暮四。他偶發率直無私的行為，就成了他最重要的教訓。

他知道我亟需在英國奠定基礎，就建議《泰晤士報》的文學編輯，讓我為該刊固定撰文寫書評。稿酬不是重點——每一篇書評，我都可以拿個十英鎊——重要的是，我得以躋身加入倫敦書評與寫作的小圈圈。我一定要讓自己看起來像個人物，有判斷，有智慧，而且還不會不甘於寫書評。

維迪亞說他即將遠行，離開倫敦，不過還不確定去處。他已經賣掉了他的房子。他還是打算去美國。他又重複了一次，想拜託我哥哥幫他找房子，最好是在美國鄉村地區。他還是有些採訪寫作未了。

我的太太和我從烏干達搬家到新加坡，還帶著我們襁褓中的兒子。那是一九六八年的秋天。我接續教職。我寫了些短篇故事發表與出版。我開始為《泰晤士報》撰寫書評。我的第三本小說已經完成，下一本小說的點子已經在我心中醞釀成形，這一本小說的企圖就大了，是一本關於極權統治下的非洲生活紀錄。我還是捉襟見肘。不過，貧窮並沒有真的阻卻我返回美國；反而是我對於東南亞的好奇——越南傳來陣陣槍戰的回音，戰爭對於鄰近諸國的影響——讓我暫時無心回鄉。同時，我也發現自己可以教書兼顧寫作。教學並不困難；我發現莎士比亞的同期文人相當發人深省，也不會難以親近理解，戲劇作品中狂戾的復仇情節，反而深得我的中國學生認同，他們有些人還狂熱地支持文化大革命呢。

即使在新加坡，我都還能固定接獲我的朋友奈波爾來信，他對我有信心。

他在一封信裡寫道：「你來信信封上的地址，何其可愛的邦戈—旺戈啊！」笑的是我富於異國風情的新加坡街址。而他信封上一枚千里達郵票，我看來也同樣地異乎尋常。

過去，每當他因為辛勤工作而感到疲倦衰弱，他就說：「我感覺自己像隻折翼飛鳥。」而今，他說，他折斷的翅膀已經痊癒了。他回到西班牙港了。他的歷史論述已經大功告成，他自己也深感欣喜，這本書的當代意味如此飽和。連帕特也喜歡。他暗示道，他的誹謗者當中，帕特往往是批評最嚴苛的一位。兩年的工夫，《失落的黃金國》終於竣工，出版問世之際，這本書將解釋諸多現代世界現象，其中種族與階級將是主要議題。「這是本好書。」

他即將由千里達啟程，前往美國完成幾項採訪任務。為了辦簽證，他還親自走了一趟美國駐西班牙港的領事館，結果，美方以上賓款待維迪亞，還致上崇高的敬意。他對我說：「假若我還膽敢寫下任何不利於美國的隻字片語，我心中的罪惡感會害我雙手發顫的。」

他被領事館視為重要作家招待。他獲得簽發兩種簽證：一種讓他出入美國無礙；另一種則允許他在美國境內進行採訪工作連續四年——他在四年字樣下面畫上底線強調。簽證頒發的時候，同樣尊榮備至，總領事還特別從辦公室出來向他致賀，領事館人員各個綻顏微笑。「當地人坐在板凳上，看得目瞪口呆的。」

人家對他另眼相待，畢恭畢敬，將他跟其他島民區隔開來，這樣就可以讓他銘感五內。他說自己也沒把人家的禮遇視做理所當然。他說他離開領事館的時候，感覺虛弱匱乏。

他也跟我通風報信，《泰晤士報》的文學編輯很欣賞我的文章，儘管，待評書籍每次都要千里迢迢地寄到新加坡給我，他還是固定地登載我的書評。不過，《華盛頓郵報》也如出一轍。我一方面教學、固定寫短篇故事，還要分身在剛剛開頭的小說，我從來沒有這麼努力工作，只為賺取如此微薄的收入。我太太也在中文大學裡找了份工作，我們才不至沒頂，可是，我們還是寅吃卯糧，攢不下積蓄。

維迪亞時時掛念著金錢。他抱怨千里達稅賦過高，生活水準太低。不多時，他就要前往紐約市。幾個月過後，一九六九年三月，他從羅伯特．洛威爾[4]的紐約公寓裡捎信給我，他在洛威爾家裡做客。他說，紐約市所有的作家裡頭，只有洛威爾讀過他寫的書。他的採訪工作裡的一項任務，就是專訪洛威爾。

維迪亞在紐約感到困窘不安，這裡誰也不在乎他的書。他說：「我感覺像個侵入者一樣。」

4 羅伯特．洛威爾（Robert Lowell）：美國詩人，一九一七～一九七七，擅長刻畫時代的主要矛盾，曾兩次獲普利茲獎。

他絲毫不認同他在紐約認識的那些作家與知識分子：鮑德溫[5]、貝婁[6]、羅斯[7]、崔林[8]。他沒那個耐性，奉陪他們暢述觀點。他們在他眼中，不過是群狂人，而且，終究只是些心智平庸之輩。泰半時間，他摸不著腦袋，這些人究竟在寫些什麼。他說，他們只是些追逐外界名聲的人，他們的寫作風格完全是條頓式的贅詞疊字。立志寫作，還是逐步緩慢成長的好，一本書接著一本的，建立風格與聲譽。他是夫子自況，不過，我想，字裡行間也在暗示我。

紐約還是有些討他喜歡的地方。那裡的葡萄酒物美價廉。城市充滿朝氣，生機勃勃。他想像著紐約的生活，買棟公寓，每年在這裡消磨一段時日。印地安人——不是「額上點痣的印度人」，而是「頭上插羽的印地安人」——也寄掛在他心上。「美洲印地安人遭受的暴力蹂躪，令我悲憤歡喜更迭交替，」他說，「我感覺，這片土地薄暮之際，還是他們的，中央公園天高氣爽。」

我曾經告訴過他，我在新加坡的日子過得還可以；儘管財務窘迫，這倒是個新地方，認識一些新朋友，而且，我還可以藉機旅遊緬甸和印尼。我已經開始寫《叢林戀人》（*Jungle Lovers*）了。《方》已經出書了——些微的預付版稅，幾篇好評，就是缺乏穩定收入。我對自己說，如果今後十年之間，我每年都寫一本新書，我想我一定可以餬口營生的。十年之後的事情，我就想不到那麼遠了。

維迪亞從紐約回信，祝我好運。他說，有時他也滿心歡喜地想到我的太太和孩子。他這麼說，讓我在感覺負擔沉重與工作過度之時，非常感動。我住在一間雙拼式的房子裡，只能在樓上不通風的房間裡寫作。我只能在授課終了，作業批改完畢，老婆孩子都滿意了以後，才能動筆寫作。抵達新加坡八個月以後，我的作息常例也逐漸安頓，不過，我發誓，這將是我最後一份工作。我終日幻想著辭職走人，只是，天下雖大，我卻不知道該走到哪裡。除了第四本小說已經著手動筆以外，我毫無方寸。我的第三本，《嬉戲的女孩》也即將在英國出版。

維迪亞有計畫，他說。他先幫倫敦的《電訊報》寫了一篇稿子，又幫《紐約書評》寫了一篇，內容都在講加勒比海的島國安圭拉島。他計畫在美國待過春夏兩季，等到九月再回倫敦，屆時《失落的黃金國》就出版了——他回倫敦可不是為了自己，而是去幫他的出版公司打氣，給予道德支持。倫敦稍做停留之後，接著或許會去趟西班牙吧，寫他下一本書——他沒說他心裡想寫些什麼——只是因為西班牙生活費用比較平價而已。

---

5 鮑德溫（James Baldwin）：美國黑人小說家、劇作家，一九二四～一九八七，致力黑人民權運動，作品多半反應美國種族問題，主要著作《向蒼天呼籲》曾入選藍燈書屋世紀百大小說。

6 貝婁（Saul Bellow）：美國作家，著有《抓住這一天》等知名著作。一九一五年出生於加拿大，成長於芝加哥，並取得威斯康辛州大學的人類學學位。他曾在普林斯頓及紐約大學駐講，明尼蘇達大學任副教授，也曾遊歷歐洲，旅居法國。一九七六年獲得諾貝爾獎，係一九六二年繼史坦貝克之後，首位獲獎的美國人。頒獎的瑞士皇家學院讚美《抓住這一天》為當代經典。

7 羅斯（Philip Roth）：美國當代最著名的猶太裔作家之一，生於一九三三年，作品描寫猶太人跟性主題，風趣幽默，人情練達，成名作為短篇小說集《再見，哥倫布》，另有長篇小說《波特諾伊的抱怨》等。

8 崔林（Leonel Trilling）：美國文學評論家，一九〇五～一九七五，哥倫比亞大學終身教授，著有《佛洛伊德與我們的文化危機》、《文化之外：論文學和學識》、《真誠與真實性》等。

維迪亞對於占星與手相的興趣十分迂迴，還有點好騙。我的掌紋令他印象深刻。他在紐約遇到一位占星術士，那人注意到他是獅子座的，就判讀了他的星象圖，預言他一輩子奔波不定，輪轉不休，心理與實體都一樣。如此預言，正中下懷，和維迪亞的期望不謀而合。他總是激切地等著電話，任何一通可以將他送到國外的邀稿或採訪電話。占星師還說，維迪亞甫將行李箱放下，沒多久，就又得收拾行囊動身了。

維迪亞隨行採訪諾曼·梅勒[9]參選紐約市長的競選活動，占據了他好幾個星期的時間。這又是另外一篇報導。維迪亞發現梅勒精力過人，兼以風趣迷人。當時，他正在閱讀梅勒關於政黨大會的一本書，《邁阿密與芝加哥圍城記》[10]。梅勒曾經將這本書稱做「隱喻大雜會」。維迪亞修正梅勒的按語：梅勒當然是在明喻。儘管如此，維迪亞喜歡這本書，他也喜歡梅勒。維迪亞鮮少讚美仍然在世的作家和新出版的書，聽起來頗為突梯古怪。之前，我從來沒聽他這麼說過。

順便問一句，他心裡好奇，我讀過亨利·詹姆士的霍桑研究嗎？我馬上就到圖書館裡翻出這本書，津津有味地讀將起來。我回信致謝，感謝他的建議。他仍舊是我的老師，我的朋友。一個月過後，他讀過了我的小說，來信過度美言了一番。當時是一九六九年年中。倫敦剛剛出版了那本小說，維迪亞身在紐約，卻也收到一本。《嬉戲的女孩》是一本敘事暗沉的書，場景架設在肯亞北部的一所女子學院裡。雖然，當初我基於法律上的考量否認外界揣測，事實上，小說的藍本確實是我未婚妻當年在恩布執教的學校，該校坐落在奈洛比東北方約莫八十哩的叢林裡。

維迪亞說，這本書教他愛不釋手，他恭喜我，說這書「非常、非常好」——言簡意賅，統統濃縮在他來信的前兩行。

他曾經讚美過我，不過，這次不同——他說，這本書絕妙精采，而且讓他感覺自由自在。他讚美書中細節——這是最可貴的地方，他仔細縝密地閱讀。杵在新加坡蟲聲啾啾的燠熱夏夜，聽著天花板吊扇嘓嘓轉動，我需要這樣的鼓勵。我預期中的長篇小說，已經完成了幾章。我還在繼續創作短篇故事。我固定撰寫書評。我教書上課。怎麼可能？我工作的這麼辛苦，賺取的報酬卻這麼少？

甭在意，我的書好。V.S.奈波爾這麼說。他甚至感謝我寫出這些書來——聽來真的很奇怪——不過，他說，日後他會跟我解釋這等感激是什麼緣故。他向我保證，我一定會獲得許多好評的。

我一直試著取悅這麼一位重要人士。而他不只是愉悅開懷。他也欣賞我的小說情節之流暢，敘述文體簡潔明朗，人物對話，開場的段落——幾乎整本小說，他都覺得扣人心弦、強而有力。

---

9 諾曼·梅勒（Norman Mailer）：美國知名記者與小說家，生於一九二三年，曾經寫過《美國之夢》等著名著作，並於一九六九年因《暗夜進軍》一書榮獲普利茲獎與國家書卷獎，這本書記載他親身參與華府大遊行，遭逮捕、入獄，最後罰款了事的一段經歷。

10《邁阿密與芝加哥圍城記》（*Miami and the Siege of Chicago*）：梅勒在這本書中描述、討論一九六八年美國民主黨與共和黨年會，是年兩黨分別於大會中推出當年的總統候選人。

仙樂飄飄在我耳畔。可是，還不只如此：「更重要的是，這部作品，是出自一個體驗過某種特殊經驗，養成某種堅決意志的作家之筆。……書中有種態度，理解與吸收了所有的既存經驗。」

這似乎是最佳讚美的極至了。他特別點出堅決意志一端加以解釋，他說，那就是一種經驗的了解。知道自己在幹什麼是一種洞察力——接著，這是他說的——諾曼・梅勒顯然缺乏這種自知之明。他顯然改變對諾曼・梅勒的看法。現在，他說，他感覺梅勒寫的東西，極端自大狂妄。而我已經超越了自我，達成堅定的客觀敘述，「藝術家真正的抽離提升——並不是毫不關切，而是完全相反的態度」。

他喜歡書中的熱情、幽默、細微差異、殊異的人物、英國的式微與非洲的不可思議、地景鋪陳、情緒渲染。由於他的評語如此熱忱肯定，他說，他有信心可以點出我書中比較不成功的地方。他特別指出懺悔的段落。他說，那些地方寫得太像在「做戲」了。

他的信，我一讀再讀。那是我所收到過最好的書評了，評家富於智慧，知我甚深，這人總是說：「你當真要讓我看這個嗎？你也知道，我不會跟你客氣的。」不但不客氣，甚至吝嗇小氣，勢利成性。然而，這就是維迪亞性情舉措最佳的一刻，表現得細膩而寬大。

他以「非常恭喜，再次賀喜。」簽署暫別。

煎熬著新加坡的炎熱，靠著微薄的薪水養家，勉力寫作新的小說，感覺自己二十八歲就已經老去了，我還是非常快活。維迪亞的來信振奮了我的心志，支撐著我，繼續再在新加坡撐上兩年。我憑著一股意志工作。已經有人告訴過我，我做的事情是對的。

我寫《嬉戲的女孩》的時候，完全是主動自發的，沒有跟出版公司簽約，開頭在非洲，收尾在新加坡。出版應市之日，我還是在新加坡。維迪亞的來信，讓我預期佳譽好評，而在接下來數月之間，我也確實看到各界良好的反應——先從倫敦報紙開始讚美，接著是地方報紙，最後，終於傳到美國了。銷售平平，所得還不足以解放我免於粉筆黑板之苦，不過，這本書確實是個好兆頭。

他的下一封信寄自加拿大，日期戳記在八月十八日。那是他三十七歲生日後一天，他卻不提片語。他再度為錢煩惱。他的錢不夠，他想再多要些錢，每當他收取費用過低時，他就感覺像是遭人羞辱。金錢一向是他的主題基調，聽了，我也安之若素——在這方面，我也同樣需要安慰。他在股票市場投資了一筆小錢，可惜沒有大斬獲。他說：「我現在最需要的，就是好多好多錢。」進一步解釋道，假使他富起來了，他就再也不用筆耕鬻文了。

對維迪亞和我來說都一樣，報導寫作就是錢；虛構小說要靠其他作品供養。出版商雖然付錢給我們出書，區區版稅，充其量只抵得上一年所得。我曾經遭到古根漢基金會拒絕，我從來沒有得過獎，我的預付版稅一向低微——《嬉戲的女孩》在英國只收了兩百五十英鎊，美國出版商則付了幾千塊錢美金。我出版了另一本篇幅長達一本書的中篇小說，《荷莉山謀殺疑案》（*Murder in Mount Holly*），不過也沒掙上多少錢。因此，我還是丟不開教書飯碗，以及乏味的筆耕工作。

維迪亞與我同病相憐。他手上同樣苦缺現金。我也投資了一點小錢買股票，買進各股紛紛跌停墜地。我向維迪亞哀啼訴苦。他說，股票交易體現了西方文明的精髓。你得投資，不過，也得精明。他分析市場，他詆毀賦稅，他刻畫股票的反覆無常，他解構了通貨膨脹，他詛咒開銷花費的必要。

他初抵加州，針對約翰．史坦貝克的蒙特利爾，寫上一篇採訪報導。舊金山很有味道，不過比不上紐約市。他心裡已有定見，紐約是他的最愛。他喜愛生活在大城市裡——他直言自己偏愛夜生活與晚宴，結交知名朋友，談笑有鴻儒。「魅力」一詞，妥貼地通篇運用在他的「市長選梅勒」一文中。他也覺得紐約人的幽默深刻有趣。他甚至還抄錄了一段這樣的對話，嵌在來信裡頭。

「昨天，我跟一個猶太人在布魯克林聊天，」一名梅勒幕僚說道，「我向他講起梅勒。他問我，『是不是那個捅了他老婆幾刀的傢伙？』事情都過了九年了，他還講得像他早上剛剛在報紙上看到的一樣。」

另外一個幕僚說到：「難講，說不定他家報紙送晚了。」

維迪亞說：「紐約人過於抱怨、抗議他們的問題了；其實，就是因為他們的問題叢生，紐約的生活才會如此特殊，散發獨特的韻味。」

維迪亞的梅勒報導刊載在《電訊報雜誌》上。自從我們認識以來，他已經寫了成打類似的報導文章，大多是分析精闢的長篇推論。他旅遊停留過印度、西印度群島、日本、加拿大，以及美國。他發表了七部小說，以及三本非小說著作。雖說，他的書也在美國印行，他在當地卻鮮為人知，他的書往往在不旋踵間就絕版停印。即使，維迪亞坦承他和我——又窮又工作過度——處境完全不同，市場反應卻也一樣。這是一九六九年尾的事情。

我心裡惦念著維迪亞的窘況，爬梳新加坡大學圖書館的參考室藏書，我翻出裝訂成冊的《旁觀者》與《新政治家》雜誌，雜誌裡還刊載著數十篇維迪亞寫的書評。他走筆風趣，有時甚至惡意嘲弄。正如他自己常講的一樣，他一點也不客氣；受評書籍給他裡裡外外，徹底地嚴格評論，而他對西印度群島作家又最為嚴苛。他從一九五七年就開始寫書評了。我遍讀這些從未集結成冊與沒沒無聞的書評，以及所有我能找得到的文章。

我決定寫一本書來討論他的作品，並且在一封航空信中，跟他如此提議。他敞開胸懷，雙手贊成我的主意，他告訴我，他感到失落，他感到悲傷。我一定要了解這一點，他說：他出身低微，他白手起家。他曾經是一個「赤腳殖民地人民」。

「試著這麼想吧，」他說，接著，他驚人地闡明自己在寫作上的窘境，猶如他試著讓時光倒流，好叫我略略窺見他遙遠的過去。「想像一下，一個渴望創作的赤腳殖民地人，當他讀到托爾斯泰、巴爾札克等人的制式巨著時，該有多麼絕望無助，他回頭看看自己的世界，彷彿從不存在一般。海明威？赤腳殖民地人在巴黎？海明威在巴黎為他探險開路？試著先體會這一點，然後再去了解從如此貧窮與疏離的狀態下，窮且益工，創造藝術的努力。」

他在航空郵簡上寫著緊密小字，回信地址是一間位在格拉斯特郡，租來的房子，他說，他正處於一段個人危機當中。與他寄居在這個房子裡有關。他感覺像個流亡者。過去，他所有的不確定感與焦慮，包括國籍、護照與居所，在這段蟄伏期間，率皆故態復萌，重新糾擾著他。不確定感的另外一個隱憂，也在於他的書如此專注在個人身上，因為，他來自這樣一個微不足道，殘缺不全的世界——不是個深富傳統風味與多采多姿的家鄉，而是貧窮凋敝，而且自我危害的地方——而他自己身染「精神上的惡疾」。他的世界只是一片斷簡殘垣，那裡的人還自我耽溺在偽裝與幻想當中。

他曾經坦白無隱地寫到這個小世界，不過，他也不知道，他真能將如此私密的剖析，轉化為藝術，或是文學作品嗎？同時——等同重要的——這種書賣得起來嗎？

他自覺悲慘。他想買一棟房子，可是不知道該買在哪裡，「哪一個陸塊實體區域」。他想要再寫一本書，不過，他的危機感又警告他，這書說不定根本無法吸引讀者。他覺得，根本就沒有人能夠體會他進退兩難的困境。

我自己也深陷困境：沒錢；一本書尚未完成；莎士比亞的同代作家的戲劇與詩篇要教；住在新加坡後街上，一棟缺乏空調的簡陋房子裡。長子將滿兩歲；太太再度懷孕，虛弱徬徨，不曉得自己還有沒有力氣上班工作。大學副校長，涂晉柴（音譯）博士好像以為我還不夠憂慮操煩似的，有一天在圖書館外面攔住我，對我說，我的頭髮太長了。

當時，我的情緒狀態也正好適於闡述維迪亞日益加深的流放感。維迪亞頷首同意，他說，我提議寫一本書來討論他的作品正是時候。而我急切地想要寫些東西，也讓他心裡寬慰。每當他談到他出身的島嶼、他的悲哀、他飄零天涯的感傷、他的不確定感，他都在為我預做準備。他明白表示，我必須深入了解他的背景，不然，我對他的解讀一定會引喻失義的。

這話在我聽來，就像在鼓勵我寫一本關於他的作品的書。我開了一列書單。我鉅細靡遺地讀完所有他寫過的東西，包括一些比較枝微末節的隨興小品——例如，一九五八年，他評論古絲蒂．漢里傑的書《花道之禪》；他側寫格雷安．葛林的文章；散見在《時尚》與《笨拙週報》[11]的隨筆數篇；《印度人畫報週刊》上，他的多封「倫敦來函」等等。即使他的採訪報導也耀眼動人。

他在另一封格拉斯特郡的航空信中強調，他目前的住處只是暫時居所，他四處遷移。他也催促我趕緊找個在知性上比較意氣相投的地方，及早離開新加坡。他知道我在新加坡，一定要忍受過去他熟稔於千里達的二流社會。我們第二個孩子即將誕生，他聽了很感興趣——不過，他這話看來有點言不由衷。他說，他樂見我又在動筆寫新書了（「你還真是孜孜不倦，筆耕不輟」）。他殷切盼望我關於他的作品的研究。他要我豁免於一切人情包袱，讓我獨立自主，批評、哀嘆、摒棄，全憑我筆隨意走。

「你一定要讓我感受到如此的喜悅，讓我看見自己的樣子，」他說，「就像聽見自己的聲音，看見自己從街道一端走來。快讓我看看！」

他真的要我一點兒也不必跟他客氣嗎？我不做此想。我已經告訴過他，我有多麼欣賞《失落的黃金國》。義大利歷史學家貝奈戴托．克羅齊[12]曾說：「所有的歷史都是當代史。」眼前當

11《笨拙週報》（*Punch*）：英國幽默畫刊，富於中產階級趣味，創刊於一八四一年，一九九二年起停刊，一九九六年復刊。

12貝奈戴托．克羅齊（Benedetto Croce）：二十世紀前葉義大利最著名的哲學家，同時也是歷史學家和文藝批評家，一八六六～一九五二，曾於一九〇三年創辦《批評》雜誌，對當時歐洲出版的重要歷史、哲學及文學作品均有評論。

下，不過是成文歷史的一部分罷了。所以，維迪亞的書也大致解釋了出版當年的風雲起伏，一九七〇年：種族與暴力與殖民政策的議題。殖民地最為真實的本質，即其倚賴與次級屬性。維迪亞篤定斷言，殖民地根本就缺乏叛變所須的智能與專注，因此殖民地人民往往縱容其自我毀滅的直覺，耽溺於混沌狀態而不自知。

他的東非先見已經證實成真了。伊狄．阿敏奪政，揚言要驅逐所有的印度人。近乎五年以前，維迪亞就如此質問過：「緊要關頭的時候，你打算怎麼辦？」烏干達已經到緊要關頭。

《黃金國》獲得各方好評，雖然格雷安．葛林語帶保留，認為維迪亞的文氣「通風不良」。維迪亞不為所動。書評無助於書籍銷路，公眾知名與否也無足輕重。倘若這書真好，就會賣，也會延續下去。

「專業寫作，唯足堪慰之處，只有公平兩字。」維迪亞在另一封航空信中這樣告訴我。這是他一貫標榜的口號，不論如何，文學上的優異表現總會獲得財務上的實質回饋。

接著，他解釋了先前無暇詳述的一件事：他在前年來信中，首度提及他感謝我寫了《嬉戲的女孩》這本書。他說，我在書中表現的信心充沛與率直無阻，讓他深受鼓舞，開始認真考慮寫一本場景在非洲的小說。過去，對他而言，這個寫作計畫幾乎難如登天。

看完我的非洲小說，五個月後，他自己的非洲小說就動筆開工了。寫作進度令他滿意。這是本短篇小說。他說，寫作過程中，他不斷地想起我。

那真是莫大的恭維：我關於非洲的寫作竟然還對維迪亞起了正面影響。成果就是《自由國家》（*In a Free State*）一書，假使這本書再拖個一年，就永無完成出版之日了。

約莫同時間，我接到倫敦傳來的消息，B. S.強森（「別忘了，你要先做個詩人」）竟然自殺了。他在一陣沮喪低潮襲來之際，坐在鏡子前面，割開手腕，看著自己汩汩失血而死。他不過大我幾歲，還是我認識的人當中，最樂觀開朗的作者。我一直不能釋懷，他究竟出了什麼狀況。

困境

維迪亞讓我保持信心，使我懷抱著如此的希望，我開始盤算著離開新加坡，帶著我太太跟兩個孩子——我的次子路易斯，已經於一九七〇年出生在新加坡了——遷移他鄉，再也不為薪資折腰，不做老闆，不幹夥計。維迪亞始終不忘強調身為作家的自由。我迫切渴盼這樣的自由。我寫完了《叢林戀人》，決定要休假幾週，我計畫搭船到婆羅洲，攀登金納巴路山（Mount Kinabalu）。我太太說：「好吧，你要是真的想去的話……」

我走海路到了婆羅洲。在亞庇（Kota Kinabalu）雇了馬來人做我的嚮導。我們不借任何科技器材之助，上山下坡，健行穿過叢林，一路向上，攀爬過樹蕨舞爪、嗜葷植物猖狂的森林。豬籠草斗大如豬，潮濕的樹幹上垂吊著一簇簇紫色蘭花。我們在山邊的避難小屋裡待了幾個晚上。回程路上，我決定再給新加坡一年的時間，時間一到就辭職離開。

我問維迪亞我該上哪兒好呢？

他在航空回信中說到，仔細思考你正在計畫些什麼。我曾經提到遷居英國鄉間的打算，不過，他說，我年紀輕輕，不該過早避市隱居。我不能缺乏社交聯繫。我不該拒絕往來，閉門謝客。「生命彷彿很漫長；不過，年過半百，誰也無法創變出新花樣來；你接下來的二十年，非常重要，不可不慎。」當時，我二十九。

他存疑質問，英國真是個生活起居的好地方嗎？這地方貧瘠得很，缺乏知性上的辯論；英國作家專門黨同伐異。作家一定要置身世界之中，作品才能在世界文壇享有一席之地，流芳百世。「海明威、費滋傑羅和其他一些作家，都不食人間煙火，也都是些蹩腳作家，因為，他們眼光太淺，無法超越自己的『作家』志業。」

他說，真要想定居英國鄉間的話，我一定要有書可寫。不然，鄉間生活其實既乏味又了無意義。不論如何，每個星期我都該上倫敦一趟，會會舊雨新知、買書、聯繫交誼。他勸告我，別買房子，先看看英國鄉間是怎麼回事再說。我不該將自己釘死，因為基本上，鄉間置產意味著定居寫書，也就是金盆洗手，退出江湖了。世界就變成另外一個地方了。他已經在格拉斯特郡住了十個月，不過，只要他一寫完《自由國家》，他就要離開那裡，他說：「與世界再度相見。」

一個月以後，他又來了一封航空信。我說了一句「多塞特郡一棟小屋」令他沉吟良久，那也正是我心裡想的。他挖苦我的措詞，笑我拿陳腔濫調來想像英國鄉間情境——「擠乳女工、春日清晨、彬彬有禮的鄉間招呼」，還有我荒謬不經的白日夢，妄想在晴朗無雲的日子裡，在英國的懷抱裡，在閃亮的豎框窗欞下，埋首於書房盡情寫作。

然而，我毫無此類的遐想。我只是想在鄉村環境裡，找個便宜房子，因為我有一本書要寫。我不想再寫非洲了。我正為下一本新小說勤作筆記，背景設在新加坡，故事講的是個困在當地的男人，受雇於一個凶殘的中國人（「去把頭髮剪一剪」）——我的夢魘——這人又如何做起淫媒，以求生存。小說也會講到越南，畢竟，美國大兵總是到新加坡休假兼遊憩的。我之所以提到多塞特郡，並列入考量，是因為我有一位姻親住在那裡，正在幫我們尋覓租金合適的房子。我蠢蠢欲動，想要打包辭職；我何等渴望全天寫作的生活。

我在新加坡是最後一個摩希根族人：我系上其他外僑都已經走了。學校施行新政策，只聘雇華裔講師。校方問我何時另謀高就；他們想要找個華裔的講師取代我。

我說：「我不走。」只為撩得他們煩心。私底下，我發誓，只要情況允許，我馬上轉身就走。不只是因為我覺得工作過度，身心透支。教職員俱樂部的醉鬼也教我厭惡透頂，牢騷滿腹的外僑、粗魯的新加坡人、悶熱潮濕，季風雨傾盆兜下。我討厭我們的房子，豪雨排水溝的臭氣，而我握筆的手掌冒汗，筆桿不斷從指間滑落。新加坡沒有腹地。我為了掙脫這種束縛囚禁的感受，只有旅行，跟太太輪流照顧我們的兩個孩子。不過，我總是比較占便宜。我搭乘火車從新加坡坐到曼谷，再轉往緬甸，到峇里島，在蘇門達臘北部健行，置身巴塔克族人之間。一九七〇年尾，峇里島上，我認真思索就這樣退出放棄吧，帶著全家人一同消失，逃進深山裡，再也不回頭。不過，那只是短暫實驗吸食海洛英之後的效應。沒多久，我又重新坐回書桌前面了。

維迪亞寫完《自由國家》時，他在寄自倫敦的航空信中說：「這本書對你特別有意義：你只要讀完這書，就會了解箇中原由，而你，也只有你才能說得出書中的某些事情。」

我想，他是我的朋友。我有個朋友。而今，我也成為他寫作生涯中的一部分，而他絕對也是我的一部分。我們書寫信件往返，虔誠執著的像日記記述一樣，我向他報告我的進展——而他予以嘉許；我請求他諮議建言——他也傾囊相授；然後，我們談論著這個世界。關於他的書，他講對了。我帶著特殊的興趣閱讀。認出書中許多面孔與景致。

一九七一年初，維迪亞動身前往牙買加。他從京斯頓寄了一封航空信給我，說他在千里達老家翻出一些早期創作的文章，非常驚訝自己當年怎麼寫得這麼勤奮，而歲月如梭，轉眼這麼多年就晃了過去。他說：「我有種奇妙的感覺，好像我在翻揀某個死人的遺物。」

他催促我多加把勁寫討論他作品的那本書。他還列出所有他曾經供過稿的小牌雜誌，包括《印度畫報週刊》、《經濟週報》（孟買發行）、以及《倫敦生活》、《二十世紀》與《皇后》雜誌等等。他希望我這本書能成功。他篤信這書一定會有市場的。他在美國還名不見經傳，而且，儘管他在英國獲獎無數，銷路還是平平不見起色。

一九七一年五月中旬，他在一封航空信中報導自己正處於非常低潮狀態。他已經避世隱居到威爾特郡，一棟平房別墅裡，房子坐落在一大片地產上。平房又是另一處暫時借住的通訊處，讓他感覺像個流放者。五個月來，他一直恙疾不斷，沮喪低落，寫不出東西，什麼錢也沒賺，他特別在這幾個字下面畫上底線強調。

「馬齒徒長的脅迫、力不從心、衰亡枯竭。我想，我之所以疾病纏身，恐怕是在竭神操勞完成《黃金國》之後，過去這兩年半來的深沉沮喪所致，」《自由國家》一書已經是「意志上的重大勝利」，卻害得他更形勞頓。他感覺「一股非常深刻的疲憊，以及對未來的強烈焦慮」。當時，他三十九歲。

我雖然極為同情，卻不怎麼理解。我已經將辭呈遞給新加坡大學了，預計六個月後離職。我同樣也深感焦慮，不知何去何從。我決意今後要以寫作維生。我有兩個稚齡孩子，家無餘糧。我太太壯志雄心地說，她也可以在外面找個工作，補貼家用，我還是覺得侷促不安。我的小說《叢林戀人》即將在英國問世。

維迪亞從他的平房別墅裡捎信來：「佳評如潮！」

我想，多了不起的夥伴啊，告訴我這麼棒的消息。所有的書評都是好評——他括進引用文句，他在讚語下方畫線，他說，寫作雖然煎熬，不過，收到這樣的書評就足堪告慰了。他為我高興。「筆墨無法形容，你的成功讓我感到何等欣喜。」

我的小說還被書評家當作一回事。反應熱絡預告了幾個月後在美國出版的前景。在永遠地離開新加坡前夕，我信心百倍，鬥志蓬勃。另外一則消息是，我們在多塞特郡找到租得起的房子，房子不在村落裡（「彬彬有禮的鄉間招呼」），而在鄉間深處，偏遠道路一端，一座陳舊的鐵工廠。

維迪亞說，那個地方離他的威爾特郡平房不遠。他殷切期盼我們秋天造訪，一同漫步在巨石柱群之間。他說，我去拜訪他的時候，我們可以進行「一段編輯上的討論」。我告訴過他，在蒐集資料準備寫我的奈波爾研究時，我找到不少隨筆與文章，湊起來足足可以編一本他的非小說文集。鄉間景色真是「哈代[13]的可笑」。有一天，他外出散步，正好碰到剪羊毛典禮，他

13 哈代（Thomas Hardy）：英國小說家、詩人，早期和中期主要從事小說創作，作品多以其家鄉韋塞克斯為背景，學界封為鄉土地域作家。後期轉向詩歌創作，代表作為小說《黛絲姑娘》、《無名的裘德》、《嘉德橋市長》等，均為經典名著。

就在信裡詳細描述，言無不盡：魁梧的剪毛工人、農場傭工、嚇得縮抖的羊群、地上成堆的大片羊毛、凝結成塊的羊毛油脂、儀式般地紮捆羊毛。他把整個過程描述得像是《冬天的故事》[14]裡的第四幕第三景一樣。他最後下結論道：「即使在我們這個嚴重污染的世界裡，還是有許多事物可以保存流傳下來。」

落腳倫敦

這封信收到後不久，我就急著斬斷自己跟新加坡的牽扯關聯。我太太鼓勵我。她已經幫家裡在多塞特郡找了個房子。我們在一九七一年十一月一日離開新加坡，與我們首度親履斯土之日，前後正好整整三年。三年間，我一步不出東南亞，一通電話也沒有打過——沒有電話。不過，我住在非洲的時候，同樣也沒有電話。八年沒打過電話，反而把我寫信的文筆給磨尖了。我還出版了五本小說。

帶著兩個孩子，飛越半個地球，這般令人張皇失措的經驗——喀拉蚩過夜、貝魯特延誤起飛、抵達倫敦的時候，正好碰上蓋．佛克斯日[15]，鞭炮煙火，此起彼落——教我迷眩困惑——頭暈眼花，感覺自己就要倒地不起，下身雙腿似乎即將癱軟。到了倫敦，我當時三歲的長子，要我抱他。我把他拎了起來抱著，他就在我肩膀上吐了。

倫敦又濕又冷，黑街，黑樓。八年來，我從來沒冷過。我心神渙散，沒頭蒼蠅似的在滑鐵盧車站亂轉，急著尋找開往多塞特郡的列車，拖拉扛背著大小皮箱與行李，孩子臉色蒼白，疲軟渴睡，眼前來了一位行李員，推著一輛鐵製的行李車。他是黑人，某些旅客也是黑人，我極目所見的掃地工友，也都是黑人。

我說：「占寶，基凸，嘎尼？」因為那個行李員遲疑了一會兒。

他往後退了幾步，沒打算回應我的招呼。

「米米，那塔卡，米帕嘎尼，阿委里，」我繼續說道，「撒撒，西維。」

他似乎毫不在意，我們急著找行李員幫忙，我身上掛著、吊著的箱子、盒子已經搖搖欲墜了。

我說：「咖莎，烏沫，安股卡，」將他的注意力引導到一只翻倒的箱子上，拜託他把我們的行李統統捆到他的車子上，我比手劃腳指引著他，「芳果，米及果，悉已。」可是，我的雨

14《冬天的故事》是莎士比亞改編的喜劇作品，卻略帶悲劇的調性，同時該劇的寫實風格，最為人注目。劇情改編自一五八八年，羅柏特・葛林的戲劇作品《龐多斯托》，劇中主角西西里王里昂提斯（Leontes）善妒好猜忌，懷疑他堅貞的妻子荷蜜歐妮（Hermione）與他的老友波希米亞國王波理克森尼斯（Polixenes）有染。幾度陰錯陽差之後，三人終於在波理克森尼斯的兒子弗洛理哲（Florizel）與里昂提斯跟荷蜜歐妮的女兒玻蒂塔（Perdita）完婚之後，握手言和，重歸於好。《冬天的故事》第四幕、第三景的舞台場景就在一處牧童小屋裡。

15 蓋・佛克斯日（Guy Fawkes Day）：十六、七世紀時，英國國王以新教（基督教）為國教，並抵制舊教（天主教）的活動。信奉舊教的蓋・佛克斯在一六〇五年十一月五日預備爆破英國國會，以刺殺英國國王詹姆斯一世，以及其他皇室成員，結果行動失敗，蓋・佛克斯及其黨羽率遭逮捕處死。處決日並訂為紀念日，即「蓋・佛克斯日」，舉辦盛大的花車遊行與煙火表演等節目。

傘上哪兒去了？「姆哇烏羅，屋口，瓦圯？」

那人面露微笑，可是袖手旁觀，不動如山。

我問道：「及諾，拉口，那尼？」有時候，知道行李員的名字也幫得上忙。可是，他什麼也沒說。孩子開始煩躁起來。我太太拉拉我的手臂。我終於失去耐性，決意叫他滾他媽的蛋。

「湍迪，」我說，「咱們走。」

我太太說：「你瘋啦？」

這時候，我才恍然大悟，方才，我一直在跟那人說斯瓦希里語。我不是瘋了，只是直覺反射而已。

三個小時的火車車程，載著我們一路探及鄉間深處。這裡與倫敦附近公園式的鄉村地帶截然不同，卻更為可愛。連綿丘陵起伏較劇，巒峰也高些；高樹蔽天，石牆寬闊，傾圯更甚。花草樹叢，枝葉蕪蔓，無人修剪。我們的石屋家中，壁爐裡生起旺旺爐火。我在屋頂閣樓發現一個可以寫作的房間。微風輕扣窗玻璃，南風帶來海潮氣息，汪洋浪濤就在七哩之外。橡樹高大，落葉禿枝，平疇綠野，沉郁漲濕，行道泥濘，雲重壓天。下午不到三點，暮色已經四合。

我心想：我們可以在這裡待上十年。然後轉身回家。

過了一個星期，維迪亞捎信過來，不再是航空信，而是一只厚實的白信封。請來電，他寫著，接著，一如往昔的儉省，他補充說明：「週末與下午六點以後較為便宜。」

第八章

九點五十分開往滑鐵盧

維迪亞管他的平房別墅，就叫「平房」（The Bungalow），雖然在初次見過這幢平房多年以後，我才發現這房子的真實名號是「起毛草小屋」（Teasel Cottage）。維迪亞素來強調事實真相，不過，又有誰能怪他隱瞞這個傻氣好笑的真名呢？

平房低矮狹窄，對他的氣喘非常不利，這類矯揉造作的建築結構，維迪亞平常會不屑地貶低為東施效顰，並且深惡痛絕屋牆上刻意風化仿古的燧石，與小屋極力營造的古典氣息——然而，他現在就住在這樣一棟房子裡。不過，這幢平房位在一處知名的地產，威爾斯佛德莊園上，我猜想，維迪亞一定是喜歡上這個地方古老風範的魅力，和其夙負盛名的，招待客人過夜的別墅宴會。威爾斯佛德的領主，外界咸知其行事作風怪誕不經——有錢的瘋子往往都被人家這麼描述——領主瘋得病入膏肓，領主宅邸就像一所療養院，院裡就收他這麼一個患者。

偌大的領主宅邸故弄玄虛，花上大筆銀子，扮出古老久遠的表相，骨子裡其實新穎得很，葛蘭康諾勳爵動土興建於一九〇〇年，採取十七世紀末期方格花樣的燧石與石磚風格，期盼媲美迪士尼世界的偽造堆砌。建物上裝飾著華麗的三角牆，甚至還嵌了那種維迪亞在航空信中訕笑不已的豎框大窗。宅邸四周環繞著「作態扮老」的圍牆和假拱門，這幢大宅子還隱密得很，駛出一個以「湖」為名的村落（神話中藍斯洛爵士的家鄉就在這裡）後，開上安姆斯伯利附近通往莊園，巷弄般狹窄的側道。湖村無湖，卻有一條河，雅芳（Avon）——另外一種雅芳，為數眾多的那種雅芳，因為古英文的雅芳意思就是「河流」。

那條河流經威爾斯佛德莊園。早期居住此地的先民，在河畔低窪積水地區，堵出一片氾濫牧草地。日光明亮之時，天高地闊，蒼穹廣及索爾斯伯里平原，穿過農場田野，史前巨石柱群（Stonehenge）就在一個小時腳程之處。維迪亞簡稱「石頭群」，有時候則說「石柱」。威爾斯佛德莊園裡最為驚奇駭異的景觀，就是莊園樹群，幾乎全都枯死了，樹冠枝幹攀纏著厚厚的長春藤，成團成簇，扼殺老樹。從平房的窗戶探頭望去，這群黑壓壓的枯木歷歷可見，雖然毒藤纏繞無章，卻依舊枯立不倒，像是層層包紮著長春藤繃帶一樣。

「他就愛看長春藤，」維迪亞說，「他才不管那些藤子把樹都絞死了。」

他講的是史提芬．田南特，威爾斯佛德莊園領主。起毛草小屋就是為他蓋的，可是他從來沒住過這裡。田南特祖上濟濟多士，強健多能，當代不少知名親友，有些人還榮膺皇家名銜。他本身是個「尊貴的」伯爵，適足以果斷印證維迪亞的高見，每當他哄笑不齒那些「畸形貴族」，並嘲笑英國皇室頭銜了無意義時，他笑的真對。

田南特失心瘋多年。他嘴裡經常嚷著：「吾乃大英尿壺親王是也！」他將頭髮染成紫色，間或染做鳳仙花色。他黎明即起，塗妝抹粉，鮮紅唇膏，粉豔雙頰，眼影濃重——據說，他有六十種不同色度的眼影。他不管上哪兒，一定隨身擁著他的熊寶寶，以及一隻玩具絲絨猴子。雖然他很少在外鬧事，不過，他也絕不深居簡出；有時候，他會上樸茅斯市[1]去買化妝品，三不五時也遠赴倫敦，甚至飛到紐約。他詩寫得差勁。在他神智完全失常之前，他還是尊社會名流。他與維拉．凱塞[2]及E. M.福斯特交好，戰地詩人齊格菲德．薩遜[3]一度也是他的愛人。他也畫畫：幼稚的雙曲線圖案，畫些卡通化的男人，泰半是些水手，東印度炮手、船員等等，凸股著圓胖可愛的臉頰，神情好色淫亂，雄偉的雙頭肌，褲裡胯間膨脹地不可置信，有些像是裹著一根黃瓜，有些則像是偷藏了一顆哈密瓜。

史提芬．田南特就是這樣一個懶散、滑稽，酷愛變裝的零號同志，不過，他貴族出身，又家纏萬貫，所以，他一講笑話，大家都笑，紛紛稱讚他了不起。他的起居率由一對夫妻照料，史考爾夫婦——維迪亞講到「那兩個史考爾」的時候，指的總是約翰與瑪麗．史考爾這對夫妻。史考爾夫妻長年煎熬，悉心照料田南特，保護他無微不至，久而久之，遂遁形成為某一類的英國僕傭，教人分不清楚誰是主子，誰是奴才。他們掌握權力——奶媽的權力，管家的刁

1 樸茅斯（Bournmonth）：英格蘭南部多塞特郡的城市。

2 維拉．凱塞（Willa Cather）：美國女小說家，一八七六～一九四七，作品描寫美洲大平原開拓者和邊疆居民的生活，小說作品《我們之間的一個》獲一九二三年普利茲小說獎。

3 齊格菲德．薩遜（Siegfried Sasson）：英國詩人、小說家，一八八六～一九六七，一次大戰知名的反戰詩人，以反戰詩《老獵人》、《反攻》及小說體自傳《喬治．舍斯頓》回憶錄著稱。

難，「還請您原諒，先生，不過……」——然後，他們就站在悲傷、傻笑的史提芬與真實世界之間。要是有人妄想給這片家產上的喬木除蔓，史考爾夫妻就會立即阻止那種在他們來說，略為時髦的輕舉妄動。「我們這裡不來這套的。」

可是，黑色的藤蔓把這個地方搞得陰森恐怖，也毀掉對稱平衡的樹型。蔓草叢生，厚實纏繞，樹木都看不出樹種與品種。莊園四處的樹群，彷彿絞架般僵直，矗立在漶漫的淹水牧草地上。

經過將近九年生活在熱帶地區，我真無法相信，眼前這片風景仍然如此晦暗與不友善。「鬼影幢幢」四個字最能完美形容這個地方了。這好像是我所到過最詭異的所在了。就是當年退居隱道在邦迪布吉歐，我也從來未曾感到如此強烈的疏離感。我盯著那些枯立恐木與其他頹腐而奄奄一息的樹木，心裡不由聯想起田南特。

最古怪的事情就是維迪亞與田南特一直緣慳一面，他竟然從來沒見過他。十五年來，維迪亞只有浮光掠影地瞥見過他，兩人從來沒講過話。所有維迪亞住過的怪地方當中，目前為止，這裡算是最離奇的了。不過，這間平房租金便宜：維迪亞每個月預備象徵性的房租，上繳葛蘭康諾勳爵，史提芬的弟弟，克里斯多福．田南特，維迪亞就成為住在花園一端的作家，大宅子裡的瘋子鬼吼著：「有人說我是天才！」還是清晰可聞。

平房裡照明不良，天花板低懸，冷牆厚實，窗牖窄小。威爾特郡之平坦，與緊鄰的多塞特郡西部大異其趣，我們家就住在那裡。我們相隔七十哩之遙，丘陵崎嶇，就在沼澤森林谷的入口處，樹籬成排，其實也稱不上是樹籬，不過是嬉春怒放的白石楠，石牆欲崩，土壘將坍。我家有個名稱，叫做鐵工廠，傍著山腳下的古老要塞，以及幾棟暗鬱的教堂。最靠近的一座教堂，位於斯多克阿保特村中，興建於十一世紀。鐵工廠有五個房間。我坐在樓上最小的一間，寫我的小說《聖傑克》（*Saint Jack*）。墨水暈染的紙上，鋪陳著新加坡與陽光與惡作劇；我的窗外天色暗沉，潮濕的田野起伏，落葉飄盡的冬木，枝幹黑褐，這些樹都是橡樹，鹹濕海風掠過樹枝時，還會順勢呼嘯一番。

首次造訪「平房」

維迪亞在信上寫著，請來電，請來訪。

我們講上話的時候，他說：「你怎麼淨挑最貴的時段打電話？」時間是上午十一點。我不是揮霍無度，只是粗疏大意。我一心想要再跟他見面。我們約定了一個日子。

維迪亞幫我上預備課程，英國人生活的社交儀式，醞釀親疏遠近的各種過度階段，先從咖啡茶敘開始，接著，隨著交誼逐漸熱絡，可以約在下午五點一同小酌，然後，再往共進午餐這種較為重大的承諾邁進。晚餐就是朋友結交的最高層次。「晚餐最隆重，」維迪亞說，「晚餐很重要。」餐點和儀式，對他來講，非同小可，不可兒戲。他總是堅持選酒，卻幾乎從沒付過酒錢。（「別人喜歡付錢，享受付錢的樂趣。我可不能掃了人家的興頭。」）他注重食物品質，即使他食量小。他習慣以衣帽飯局取人——餐館評價、餐點精粗、飲酒價位、談笑內容、甚至連人家穿些什麼，也在他計較項目之中。要是他們穿的邋遢平常，他就自覺受辱。他把所有的事情都當作人身攻擊。你鞋子沒擦？顯然你對我有意見。你衣著寒傖，根本就是言行粗魯。

我在附近有市集的城鎮，布里特河上的布里德港，買了一瓶葡萄酒做伴手，就帶著太太一道前往，我知道維迪亞何其講究守時，就提早出發，預留充分的時間上路。遲到是同樣的粗魯無禮。

我在張羅這趟拜訪的時候總是想起，他曾經向我提到某人的話。「看到沒有？他就怕會出錯，結果，每件事都給他做錯了。他擔心焦慮會失敗，結果就失敗了。簡直就像是他自己存心惡搞一樣。」

可是，維迪亞同時也是我的朋友。我們最後在一道兒的時候，我還在烏干達，沒出過一本書。五年過去了，我出版了《瓦爾多》、《方與印度人》、《嬉戲的女孩》、《荷莉山謀殺案》、《叢林戀人》。我完成了《V. S.奈波爾：作品初介》。我才剛剛收到我的短篇小說集《與安妮一同犯罪》的新書樣本。《聖傑克》我剛寫到一半。八本書：我時年三十。

我的預付版稅微薄，書籍銷路平平；可是，我還是知道甩掉新加坡的飯碗，回家掙扎吃自己的，我沒有做錯。我這麼做也是受到了維迪亞的鼓勵。他始終堅持魚與熊掌，不可兼得。作家一定要自由無羈。只要你領一份薪水，上頭有個老闆，還得打理辦公室的雜務，你就算不上自由。

往維迪亞家路上，我與太太談起這個話題。

我太太說：「我想找份工作。」她在牛津受的教育，聰慧博學，當時，對她來說——對其他許多女人也一樣——工作代表著某種自由。

「妳能在多塞特做什麼？」

「我們一定得搬到倫敦。這裡根本沒有工作機會。」

可是，我喜歡多塞特，尤其最喜歡這裡的深沉神秘——讓我想要描述抒懷。多塞特在偏遠之處，富於異端邪教風情，此間最美的教堂上，安著一只面目醜惡的承霤口，當地人都管它叫羅鍋傻子；這裡深入村野，隱密而遠離塵囂，舒適宜人。房子租金低廉，內地多的是輟學生、陶瓦工人、油漆師傅、農場幫傭、捕鼠為業的，以及擺渡看船的。我在酒館裡遇到他們，射幾把飛鏢、玩一盤手柱球、敲幾桿彈子，酒館在南波武德的加洛普營，那裡甚至稱不上小村莊，只是個十字路口交會處而已。順路北上，再碰上一個十字路口，四人骨灰地，這裡有一棟房子鬧鬼，鄉人稱之「黑屋」。

我們一路東行，開車走在往維迪亞家路上，談著找工作的事情；從鮑爾史多克到愛佛爾夏特與萬佛爾德伊戈與托勒波口隆與托爾坑附近的水坑鎮，再經過東柯克，T.S.艾略特就埋在這裡。

我說：「真美。」

她說：「我寧可待在倫敦。」

一想到倫敦燻黑了的磚瓦與惡臭的空氣與酸楚的面容，只會叫我低迴沮喪，而我們就在這樣各持一端的情緒下，開進威爾斯佛德莊園，抵達平房。直覺敏銳的維迪亞，鐵定嗅出我們夫妻之間未能議決的衝突，氣氛凝重而傾軋。我看得出來，因為他表現得這般熱切殷勤。他對於夫妻爭執也是過來人，自不陌生。他吱吱喳喳地招呼我們，滿心歡喜能見到我們。

「先別急著進屋——看。你看到那堵牆沒有？」

他講的是平房附近一堵厚實的城垛。

「這牆不是真的，」維迪亞說，「這堵牆原來是要人家從窗戶裡遙遙遠觀的，可是，只要你湊近細看——你看！這只是個蠢把戲。騙騙眼睛而已。」

帕特從屋裡出來，擦著通紅雙手，模樣狼狽，總是為了烹調而神經緊張：她顯然又在廚房裡忙得不可開交，驚慌失措。

我說：「小意思，不成敬意，維迪亞。」順手遞給他那瓶博恩紅葡萄酒，以及《與安妮一同犯罪》的新書樣本，頁扉題獻著：送給維迪亞與帕特，友誼關愛，保羅上。

「保羅，保羅。」他瀏覽酒瓶上的標籤。這樣的動作，用他自己的話講，就是「速見速評」。他可以在一眨眼之間，端詳盡覽。紅酒通過審查了。他對我的車，勝家車，評頭論足一番，接著再審查我的襯衫，我的外套。

「你看起來多有精神啊，」維迪亞說，「這麼年輕，又這麼用功。」

帕特用她滿足歡喜的語調，對我太太說道：「這段路真遠啊。」一邊帶著她推門進屋。女士招待女士，男士跟著男士。

「維迪亞，你鼻子上有些東西。」

我不想點到「你的鼻孔裡頭」，不過，他的手指頭倒是長驅直入，直搗鼻孔。

「那是鼻菸，」他說，「我很迷這玩意兒。你要不要也試試看？」

他的鼻菸收在小小的錫罐裡邊，像是裝著藥丸的小圓筒。維迪亞蒐集了五、六種——各有不同氣味。不過，這時候實在不適合抽鼻菸，鼻菸合該在午餐過後享受。帕特好不容易將餐桌準備妥當，他卻輕輕扣著鼻菸盒子，抽著菸斗，我太太在一旁幫忙帕特。維迪亞和我，兩個男人，只是在一旁久等枯候，等著飯來張口。我一點兒忙也沒幫，感覺挺難受的，維迪亞卻談興大發，津津有味地談著鼻菸的種種。他總是將狂熱偏好轉為深入研究。去年他迷上早餐的牛奶麥片什錦粥，明年可能是佳釀紅葡萄酒、股票市場或是他的花園。

帕特說：「請坐，請坐。」

我們先用了湯，接著是水煮鮭魚、馬鈴薯和球芽甘藍。桌上一個海碗盛著青菜沙拉，卻乏人問津。帕特筋疲力竭，焦慮攻心，深怕應付不來廚房炊事的嚴苛要求，她信心不足，只有一絲不苟地遵循著食譜訓示，不敢稍有逾越。沒有安全感的人，總會在爐灶前面方寸大亂。廚藝少不了偶爾信心充沛的憑空猜測與即興創作——實驗與取代，創意十足地處理失誤與不確定性。偏偏維迪亞代表了一項挑戰：抱著食不厭精的素食者挑嘴態度，從不下廚，絕不幫忙。他端坐桌前，等人侍候。

「保羅，你嘗嘗這個。」

他斟酒，我輕啜。

「留在嘴裡，停一陣子。就這樣——你嘗到杏仁、桃子了嗎？複雜深刻的最後一道風味，橡木芬芳中暈浸著一絲白堊。你品出來了沒有？這滋味是不是太可口了？你一定要細細體會。」

他也在我太太的酒杯裡添了一些。

帕特說：「我不用。」

他從自己的杯子裡又啜了一口。「而且，還有那麼一點點玫瑰蓓蕾的幽香。」

我太太說：「味道好極了。」

「用點沙拉吧，」帕特說，「維迪亞最難侍候了。他從不吃沙拉。他專門大驚小怪的。」

維迪亞聳聳肩膀。他吹毛求疵，不退一步，總在盤子裡翻翻揀揀的，就怕有一絲半縷的肉片纖維。葷肉教他倒胃。肉就是走獸軀體，筋腱肌排，肉食者鄙，自甘貶低為食人蠻族。每當他講到肉，我總感到一股絃外之音。在他說來，肉汁一樣糟糕，因為，肉汁玷污了蔬菜。「玷污」是他最屬意的字眼。

我太太問道：「你經常上倫敦去嗎？」

維迪亞說：「只去剪頭髮。」

我說：「可是，你一定很懷念你倫敦的房子吧？」

「房子已經是人家的了。銀貨兩訖，錢我也收了，存在銀行裡。我管它叫我的『房錢』。」

帕特說：「我們是想搬家換屋。我們所有的家當都鎖在倉庫裡。」

這下解釋了平房為什麼看來這麼空洞，小小的書櫃，幾幀掛畫，室內瀰漫著起居室與臥室共用的套房氣氛。

維迪亞說：「咱們該住在哪裡呢？」他學義大利人的姿態，雙臂上舉，「住在哪裡好呢？」

我太太說：「拐個彎，轉回倫敦哪。」

「倫敦可不會轉向我，」維迪亞說，「這可不是個小問題，老兄。本人究竟該搬到什麼地方去？告訴我，保羅。你說，我該搬到美國去嗎？」

「說不定你會喜歡美國。你不是說過，你喜歡紐約嗎？」

「我最近一直在想著些狂野的東西，某些崎嶇的地方。崇山峻嶺。大片土地。」

「蒙大拿嗎？」

「蒙大拿！我應該去住蒙大拿的。」

我說：「那裡冬天可冷了。」

「好極了。」

「下雪。冰暴。風雪暴。」

「我最愛雪了。我最愛劇烈變化的嚴苛氣候了。」

「那我呢？」我說，「我又該何去何從？」

維迪亞從不輕浮搪塞。他蹙起眉頭，他尋思片刻，他停箸沉吟。「你一定要先在這裡奠定名聲，」他說，「現在先把美國忘了。想起美國只會讓你喪氣。美國人光會展現自我。梅勒那一碼子事。羅斯——那個酸葡萄羅斯。而這一幫子人光會吹捧海明威和費滋傑羅，他們卻不知道，海明威和費滋傑羅都是些蹩腳作家，老兄。蹩腳，蹩腳透頂。」

我太太說：「我挺喜歡《夜未央》的。」

「假的感情。假的風格。全都是裝出來的。他寫給他女兒的信，反而很優異——信裡頭反而不會裝模作樣，只是一個父親跟女兒說話。不過，他的小說裡什麼也沒說。還有關於他太太的那些胡說八道。」

「婕爾妲。」我太太應著。

「她瘋了，」維迪亞說，「失心瘋。」

帕特說：「喔，維迪亞。」接著開始喋喋訓斥。

「我只是在跟保羅解釋，為什麼他的作品在英國受人欣賞的程度會比較高。他不會耽溺在虛偽地展現自我上面。」

帕特說：「我不是在講那個。」

我說：「有沒有人要來點沙拉？」

「婕爾妲，」維迪亞說，「女性靈魂的自我戲劇化表現，真是教我厭煩透頂。說到底，那不過是一種取悅身體的方式而已。」

我太太說：「她也寫了本小說，《與我共舞》。」

「我是就一般而論，不光在講某一本書。我講的是這種虛偽的女性主義，女人因為這種女性主義，都變得心思瑣碎。」

我太太平緩地說道：「女人不過是想要解放自我，掙脫傳統角色的束縛。因此，外出工作才會——」

「女人就是巴望著有人見證，就是這樣子，」維迪亞說，「要人目睹見證她們的歡樂或是她們的沮喪。」

「維迪亞，你說夠了吧？」帕特說，「你簡直要煩死大家了。」

他微笑，偏偏又繼續說道：「女人為什麼對自己的身體這麼執迷呢？男人在青春期的時候也會這樣子，可是，這些女人可都長大成人了。」

我說：「我猜想，很多女人都不快樂吧。」

「不，不。她們內心深處可開心得很呢。只要有人一旁見證，她們還會更開心呢。」

我太太已經懶得再搭腔了，她只是靜坐一旁。

帕特說：「葛里斯太太給我們做了個很好吃的蘋果派。」

維迪亞說：「葛里斯上哪兒去了？我今天怎麼都沒看到她？」

「她上教堂去擦銅器了。今天教堂裡有個洗禮儀式，為她的姪女兒辦的。她過去擦亮那些黃銅器。」

我太太說：「我不用蘋果派了，謝謝你。」

「那麼，就來點咖啡吧？」帕特說，「維迪亞，你現在就到客廳坐著。我不許你再胡言亂語了。」

「你到底在哼哼唧唧個什麼勁兒？」維迪亞從餐桌旁起身，「保羅，咱們去聞聞鼻菸。」

我再度敏銳地意識到，帕特和我太太又得留在後頭收拾餐桌，煮咖啡了。我試著幫忙，不過，帕特揮揮手，叫我別管。她說：「維迪亞想你，想死了要再跟你見面。」

他教我怎麼品聞鼻菸。我試過幾種味道，扣一小撮鼻菸在手背上，猛力吸氣，接著就噴嚏大作。

維迪亞卻沒有打噴嚏。鼻菸逸散進入他的鼻子裡。他無法解釋這麼掃興洩氣的轉變。他只是笑著。接著，他領著我在古老的氾濫牧草地上散步，一邊說明這些草原是怎麼圈地圍堵成形的。四野灌叢，他已然熟稔，他熟知這些野花的名字，地上不同種類的綠草，甚至那些給藤子纏死的枯立木，他也分辨得出來。他知道哪些是橡樹，哪些是紫杉，哪些又是白楊木。他略略提到他的房東，言談間卻帶著無上敬意；他提到史考爾夫妻。

「今天時間不夠，不能去看石柱，」他說，「不過，改天，你還會再來，是吧？」

「喔，當然。」

「到時候，我們再走到石頭堆去。」

天色漸漸暗了下來：十一月的暮色，有如夜間霧氣，從地面冉冉升起，盈溢晦盲於天地之間，不像一道鬃色的光束，反而像是黑暗迷潮急遽湧現，讓你以為自己就要瞎了，在這深秋午後三點的英格蘭草原上淪失視野。

回到平房借用洗手間的時候，如同在倫敦一樣，我看到維迪亞和帕特還是分房而睡。只要稍稍瞥見某幾本書與衣飾，我就一切了然於心。這類的臥室暗示著失眠與孤寂。

我說：「我們該走了。」

「喝了茶再走吧，」帕特說著，「還有茶點蛋糕呢。」

我們用了茶，吃了水果蛋糕，我還嘗了點葛里斯太太的蘋果派。維迪亞思索著蒙大拿。他說，他會回千里達過年。我們穿上外套準備告辭出門的時候，他說：「再見到你真好。放心，你不會有問題的。」

帕特說：「再回來看我們喔。」

步出平房，室外一片漆黑中，我聽見維迪亞叨叨絮絮地，抽抽噎噎。然後，他說：「我真不想讓你走。你走了，我一定會難受沮喪的。」

「維迪亞。」帕特柔聲安撫著他。

村野夜幕中，他的身形愈發矮小，逐漸模糊，威爾斯佛德莊園的高牆暗影，加深夜色，像在我們身後關上一道厚重大門。

一路上漆黑無亮——鄉間道路上一盞路燈也無。我太太不發一言，兀自沉思默想。好半晌，她才打破沉默說道，「之前，你說他們過得很快樂，我覺得才怪呢。他們一點兒也不快樂。」

「難道妳不高興我們過來這一趟嗎？」

「沒錯。我可憐帕特，不過，我也替自己慶幸，還好我見過她了。我絕對沒打算落到那種下場。」

我們開過整個威爾特郡，回到多塞特郡，一路上，她都不再開口。一直到前方閃現多徹斯特市的燈光，她才像是憬然初醒一樣，接著，她又開口說話了。

「不過，他一點也不在乎我。」

「他在乎的。」

「他根本連問都不問我過去做些什麼，他也沒提到過我們的孩子。就是你們兩個，男生跟男生一道，談著他們寫的東西。」

「我想，有女人在場的時候，維迪亞總是覺得不自在吧。」

「不，不是不自在。女人讓維迪亞生氣。他討厭女人。他嘲笑婕爾妲，可是，他究竟又知道她什麼來著？他嘲笑女性主義。那可能意味著女人讓他發狂的著迷，不過，他痛恨這種想法。」

我認識維迪亞六年之久，我從來沒有這樣子想過他。

「別在意，」我太太說道，「反正，他是你的朋友，不是我的。」

回到鐵工廠，我繼續埋首寫作我的小說《聖傑克》。同時間每個星期，我都會寫上幾篇書評，一篇給《華盛頓郵報》，一篇給《泰晤士報》。不過，稿酬還是入不敷出。我開始動用我微薄可憐的存款以應生計。我太太說：「你看吧？」我滿懷希望，但願賣了《聖傑克》，可以恢復償債能力。我再一次申請古根漢基金會的出版獎勵。鐵工廠收到一封信，告訴我再度落空。古根漢基金會的拒絕信拼錯了我的姓氏，不曉得為什麼會讓我光火難抑。我向維迪亞抱怨此事。

「你該高興，幸好他們拒絕你了，」他說，「那些基金會獎助是專門補貼二流寫手，一些玩弄藝術的傢伙。你用不著他們。你不會有問題的。」

我們打電話談事情。三十歲了，我裝了畢生第一支電話。平房離鐵工廠有好一大段路——幾個小時的蜿蜒車程，鄉間巷弄上，鐵牛當道，牛車駕駛慢速蝸行，老人踩著腳踏車，閒散出遊，牛隻成群，好不熱鬧。不過，我們都沿著同樣一條鐵路線，從愛克西特開往滑鐵盧的路線。最靠近我家的車站是克魯格恩，剛巧越過索美塞特郡界邊；維迪亞家的車站則是薩里斯伯里。

倫敦午餐行

時序入冬。倫敦房產市場榮景非凡，意味著我們也許一輩子都供不起一棟倫敦房舍。沒關係，我樂在鄉居，終日寫作，白天把孩子託在賓明斯特的托兒所，夜晚上酒館打彈子。同在酒館飲酒的農場工人教我稱奇不已。他們一開口淨扯些惡毒意見，滿腦子仇外意識。「我跟那個搞屁眼的講，『你幹嘛不滾你媽的回你老家去』。」有一天，新聞傳來，一群小學生進行校外旅行時，碰到突發性雪雹，遂於凱恩格姆附近失蹤，結果，七個小朋友凍死在大雪中。老福雷德，坐在加洛普營的壁爐旁，說道：「凍死活該。我念書的時候，從來就沒這麼好的事情，上什麼蘇格蘭校外旅行的。」

每兩個星期，我都會搭火車上倫敦一趟，交書評的稿，順便將評過的書賣給賈斯東書店，換取現金，就跟維迪亞五年前的行徑一樣，吃午餐，蹓躂蹓躂，再搭晚班火車回多塞特去。在火車上用晚餐：「要不要再來點烤馬鈴薯呢，先生？」萬家燈火飛馳而過，暗夜中，村落光點閃閃爍爍。

某次，我們在電話裡聊起來，維迪亞說著：「我們去倫敦吃午餐。」

「惠勒斯怎麼樣？」我第一次到倫敦旅行的時候，我們曾經在那裡共進午餐。當時，我只知道這家館子，即使如此，我還是避門不入，因為在此用餐所費不貲。

「康諾特更好，」維迪亞說道，「雖說，你有許多同胞都在那裡用餐，還是瑕不掩瑜，餐點服務都好。康諾特餐館，我們就這麼說定吧。」

我說：「好啊。」

他說：「那你就去訂位吧。」

我們相約火車上見，九點五十分開往滑鐵盧的班車，我還得提前一個半小時在克魯格恩站上車。耶佛爾、薛爾伯恩、吉靈漢、謝夫茨伯里，再到薩里斯伯里，而他就站在月台上，短小精幹，服裝整潔，額上黑髮濃密，酷寒中包裹得密不透風——圍巾、豎領、手套——偏偏還是異國風味十足，幾乎蔚為奇觀，一九七一年，薩里斯伯里車站月台上，站著一個矮小的印度人，身邊的英國人，人人高出他一截，個個小心翼翼地裝作沒看見他。他也絲毫不加留意。

一看到我，他略略點頭，眉間舒展。他輕輕推開車廂門，撿了個對面的位子坐下。其他旅客紛紛轉移目光，反而看來更加專注。我在薛爾伯恩看到一個高個兒男人上車，說不定是來自那裡的學校，當時順便就將一本布面裝幀的小開本書，布面顏色褪淡，湊近他的面孔。他心不在焉，無意閱讀，反而側耳旁聽，因為，維迪亞已經打開話匣子，跟我講起話來了。

「保羅，保羅，你心裡有事，我看得出來。」

「沒，我沒事。」

「你太太不高興，對不對？我有預感。」

「她想找個工作。」

「好啊！掙幾個蹦子兒回家。」

「你最近怎麼樣？事情都順利吧？」

他說：「我好比一隻折翼飛鳥。」每當他說起自己筋疲力竭，幾近崩潰的時候，通常他就會這麼說。不過，他繼續解釋。「過去十五年來，一直有股強大的緊張壓力逼迫著我。」他僵了一下，擠個苦臉，以茲說明，然後，他就變得軟癱癱的。「我已經體力透支了，創作讓我膽顫心寒。我累了。我懶了。失眠，老兄。不過，看看你，創意不斷地寫著你的小說。告訴我，你去倫敦要跟什麼人見面？」

我跟他說了。

維迪亞說：「這人是個無名小卒啊。」

我又提到另外一個名字。

維迪亞說：「他誰啊？他是哪根蔥嗎？」

我又跟他說了第三個名字。

維迪亞說：「那是仿冒品啊，老兄。全都是些假貨。他們根本連邊都沾不上。」

「可是，他們對我都挺好的——我是說，他們給我文章寫。」

「當然。你寫你的文章。你忙你的。你從來不缺點子。不過這些人會榨光你的精力。你跟他們見過面以後，總是累個半死，不是嗎？」

「我想是吧。」不過，這又能證明什麼？每次我跟維迪亞見過面，我也總感到虛脫啊，有時候，我還會頭痛，腦子裡嗡嗡作響。

「他們要吸乾你的精力。」

一聽到「吸乾」這兩個字，車廂角落裡坐著的薛爾伯恩學校教師，從書中抬眼掠過我們，隨即又趕緊捧著小書，堵住臉孔。

「他們會毀了你，」維迪亞說，「他們都在玩弄藝術。我跟你講個故事。你提到的第一個人」——維迪亞巧妙地避開，省去指名道姓——「那人沒有半點才華，偏偏還寫了本小說。『我是個小說家』——純粹鄉下人土風。他出身小地方。他寫些假仙小說，不過在玩弄藝術罷了。他還寫了另外一本——講些農民、土裡土氣的。可是，他住在倫敦。他只是新聞報導而已。接著，他移到更大的圈子裡，還是在玩弄藝術。他那個鄉下老婆就很不開心。她還以為他是天才。她不曉得他只是在玩弄藝術而已。後來，他跟女人胡搞，被人家捉姦在床。這是他的天賦人權。他是藝術家啊，小說家啊，他可以做這種事情。可是，他的老婆絕望透頂。結果就自殺了。為什麼呢？」

現在，那個學校教師坦坦白白地張口結舌，我也一樣。

「因為他玩弄藝術的關係。」

平疇綠野，甚至比非洲夏日田野還綠，車窗外的樹叢快速退移，一段跳躍的風景帶。烏鴉振翅飛起。

「不要玩弄藝術。」

我們停在安多佛。無人下車。一個女人上車，落坐在我們車廂裡的最後一個座位，當我開口回應時，彷彿嚇了她一跳。

「我會謹記在心的，」我說，「我到處都看到《自由國家》這本書。」

「真的嗎？恐怕我對出版商鋪書一點也沒興趣。」

「這本書一定會登上布克獎最有希望得獎書單的。」

「什麼獎來獎去都是騙人的。我反而覺得美國人的想法很正確。專心賣書就好，甭在那邊費事找人給獎的。」

「我是說，你真有先見之明，預先就看出東非印度人遲早要給攆了出去。」

「這本書很重要。」

「不曉得他們在東非怎麼看待這本書。」

「那個湯米．馬黑鬼不會喜歡的。」

坐在角落的男人再度抬眼望來。

「不過，這實在是一本大書。」

列車行經巴辛斯多克附近一座橋梁時，橋下石牆上寫著歷歷分明的大字：禁止有色人種移民。

維迪亞直直地凝視前方。「你跟康諾特訂了張桌子吧？喔，好。」

到了滑鐵盧站，眾多旅客下車，車廂頓然空盪無人，我們就要下車時，我一眼瞥見，先前我以為是個學校教師的那個男人，手上那本布面褪色的小書，遺留在車廂角落的座位上。沒錯，我的臆測無誤，他果然是個學校老師。那本書是西塞羅的《演說精選集》，拉丁文文集，扉頁上無人簽名，頁緣上倒是用鉛筆寫了密密麻麻的批注。

維迪亞說：「我們把書拿到失物招領處吧。」

一路往失物招領處走去時，維迪亞信口謅起，想像中書主與別人的對話。我的書掉了，我很確定。接著，你怎麼不去失物招領處問問。說不定，有人撿到你的書，送過去招領。然後，這也不是完全不可能的。接下來，我們一定要過去看看。也不是完全沒有機會……

我們將書留給失物招領處的辦事員，他坐位周圍全是些雨傘和外觀不詳的包裹。

維迪亞手上也有書要賣。我們就先規畫路線：先搭計程車到賈斯東書店，再上菸草商店買一罐玩家海軍切，接著去通訊社，然後再坐計程車到卡洛斯廣場的康諾特。我發現兩趟計程車資都叫我出錢時，微微略感困惑。

康諾特的門僮，頭戴高頂絲質禮帽，穿著黑色帶披肩的阿爾斯特大衣，接縫處鑲著綠色滾邊，兩頰通紅，鬢角飛張。門房兩撇仁丹鬍子，機警不懈；裹著長禮服與條紋長褲。玄關附近一尊花瓶裡插著鮮花。酸蝕雕刻鏡面閃閃發光。這一切狄更斯式的表現，在在指明，康諾特可不是等閒消費之處，這是個昂貴的地方。

侍者在玄關迎接我們，領著我們進入燒烤用餐室一張餐桌旁邊坐定。侍者帶有英國人頤指氣使的態度，一面阿諛卑從——同樣糟糕的徵兆。菜單送上。維迪亞要來酒單。他捏拿著酒杯，調到正確角度，極端專注地端詳著酒單，足足長達一分鐘。他似乎已經胸有成竹，選定要點哪一瓶，接著他抬頭看著我。

「你在這裡會有發展的，」他說，「麥克・瑞特克里夫非常欣賞你寫的書評。」

瑞特克里夫是《泰晤士報》的文學編輯。

我說：「可是，我討厭寫書評。」

「他們總是要你判定一本書。所以說，書評裡一定要歸結到某些結論。大部分人即使把一本書從頭到尾都看完了，還是不曉得自己究竟對這本書有什麼感想。」

酒侍者走到我們桌邊。他穿著一身黑，脖子上一圈金鍊子，乍看還可以混充某個佩戴純金官銜名牌的市鎮首長。他看維迪亞手上還夾著酒單。

「您決定要點酒了嗎，先生？」

維迪亞對著我說：「咱們來瓶貨真價實的酒。咱們來瓶經典佳釀。一瓶勃根地白酒。」他手指頭點在他的選擇上。「第七十八號。」

「非常好，先生。卓越的選擇。要我現在就上酒嗎？」

維迪亞點點頭。桌上隨即擱上一只水珠凝結的銀桶，酒瓶旋開，軟木塞細細品聞。那是一瓶普利格尼─蒙特拉歇。維迪亞吸啜少許，就將酒液運到嘴裡齒牙周邊品嘗。

「好酒，」他說著，「風味豐富。這一類的葡萄藤根扎得很深。才會有這麼複雜的味道──你嘗到白堊土的味道了嗎？」

我也啜了一口。白堊就該是這種味道嗎？

我問道：「這酒叫什麼名字來著？」我拿起酒單，佯裝做尋找酒名的樣子，匆匆瀏覽過價目。這瓶酒竟然要價十一英鎊。我即將交稿的書評，稅後不過只有十英鎊。

「你們加州釀酒葡萄藤子的根就淺多了，降雨過多的緣故。這樣也不壞──各有千秋。你體會一下這兩種酒的不同。這些法國酒的根扎得深哪。」

侍者推來一輛載滿牛肉的小推車。車上盛著每逢星期四的「午宴餐點」，烹煮過的牛腿根肉。維迪亞揮手叫人推走。我心想，假如我點了獸肉佐餐，恐怕會對維迪亞不敬，只有轉而盯著「波淞」（Poisson，法語的「魚」）看。這本菜單泰半是法文寫就的。

「英國文壇會徵募新人，」維迪亞說，「這一點，不是那麼廣為人知。他們總會提拔新人，他們會騰出空間來。這裡的文壇沒有排外專屬性格──而是像選秀一樣。」

侍者在他身後徘徊，可是他故意視若無睹。那人讓我心裡發毛。

我的手指指在杏仁烤鱒魚上。我說：「我來一份烤鱒魚吧。」

「要不要點些開胃菜呢？」

「龍蝦濃湯。」

侍者一一記下的時候，維迪亞說：「這個主意好。我也來一份龍蝦濃湯，接著再上蒙地卡羅鱈魚圓。」

「蔬菜呢？要不要我幫您準備一份什錦蔬菜？」

維迪亞說：「那樣就太好了。」他又啜了口酒，吸咂通過他的牙齦，接著說道：「像你這樣的作家，即使是美國人，還是可以成為英國文壇新血，然後，你就加入了他們。大家都會不約而同的選上你。我想，情勢早就已經為你開展了。你的名聲也逐漸壯大。下一步就全看你自己了。」

「羅伯特．洛威爾也經歷過同樣的過程嗎？」

「我認為洛威爾狡詐虛偽，你不覺得嗎？」

這個時候如果提起，他還一度客居洛威爾的紐約住宅，未免就太不識相了；好幾封維迪亞寄給我的信上，也將洛威爾家當作回信地址呢。維迪亞還幫《傾聽者》雜誌專訪過洛威爾。我在寫書蒐集資料的時候，也讀過這篇訪問。

「他的詩非常好，」我說，「《疲憊男爵的城堡》、《生命研究》[4]。」

維迪亞說：「我很確定，要我去評審美國人的詩，我一定是個蹩腳的裁判。」這是他的講法，表示他討厭洛威爾的詩。不過，他專訪的文章裡可沒這麼說。

侍者端來我們的龍蝦濃湯。吞嚥幾口之後，我說：「可是，洛威爾也很瘋狂，不是嗎？」

「他可一點兒也不瘋。」

「你認為他是個騙子。」

「徹頭徹尾，十足的大騙子。」維迪亞專注在他的湯上，他汲飲斯文，連握持湯匙的角度都詳加考究。

我說：「他進進出出精神病院，滿嘴巴唧唧喳喳的。」

「他裝的，」維迪亞說，「如果有人要實現自己的幼稚症幻想，醫院就是再好不過的場所了。」

「他的住院詩讀起來挺嚇人的。」

「我對他的住院詩一無所知。我該找來看看嗎？」

「那就看你自己怎麼決定了。他的太太，卡洛琳夫人，怎麼樣呢？」

維迪亞將他的湯匙安在一邊，上身前傾，說道：「個把個月前吧，一場晚宴上，我就坐在她旁邊。」他扮出他專有的嫌惡鬼臉，擠眉弄眼，五官扭曲得像只卡莉[5]面具。「她身上好臭哇。」

4《生命研究》（*Life Study*）：出版於一九五九年，贏得當年美國國家書卷獎的詩集獎項，其中也收錄了一些自傳性的散文。

5 卡莉（Kali）：印度教女神，形象可怖，既能造福生靈，也可以在反手之間毀滅萬物。

我哈哈大笑，可是，維迪亞還兀自皺著眉頭，不住吸嗅。

「洛威爾非常看重這個頭銜，」他說，「頭銜究竟算什麼？美國人怎麼會對頭銜這麼著迷啊？」

「那是因為我們那裡沒這回事兒的關係，」我說，「再怎麼說，頭銜還是一樁大事呀。」

維迪亞說：「頭銜根本就是廢物。」

侍者站在一旁諦聽，表情看不出來他同意與否。他顯然拿不定主意，在這樣典雅講究的地方，當個制服侍應生，資方長期訓練他要仰望尊重某些他此生無望企及的名號。

他一面說著：「請留意，兩位男士，盤子很燙。」一面將鱒魚擺上我的桌前，再給維迪亞端上他的魚圓。接著，他又大費周章地幫我們上菜，手裡運著兩柄湯匙，充當大夾，布上四種不同蔬菜。

侍者離去以後，維迪亞開始用餐。我等著他對食物評頭論足。他什麼也沒說。

「我有個主意，頭銜應該擺在郵局裡賣，」他說，「你可以像付錢買電視許可一樣地購買頭銜。你進郵局去，買幾張郵票，貼在一個小本子裡頭。累積起來。再去多買幾張。集滿幾本小冊子。三本集郵冊可以給你換上一枚帝國勳章。集滿六本可以兌換帝國軍事勳章一枚。集滿一打集郵冊可以受封騎士。」

「這樣還算公道，頭銜的價值不過如此。」

「不過如此。」

我們繼續用餐，維迪亞還在鋪滿餐點的餐桌上，嘮嘮叨叨地數落著受勳者名冊，一一詆毀。

侍者回轉，收去我們的餐盤，再遞上甜點菜單，同樣滿紙法文：鮮桃薄片、糖漬、懸鉤子濃汁、還有一系列的精選起士。

維迪亞說：「我不用。」

「咖啡？」

維迪亞說：「黑。」

餐廳走廊響起一個小孩哭號的聲音，小朋友給人家抱進懷裡，扶梯而下時，哭聲就漸漸止歇遠去。置身於這樣華麗浮誇的陳設中，聽到兒童嚎啕，反而觸動我的心弦。

「天哪，」維迪亞說，「有誰會帶小孩上餐館啊？」

「義大利人總會帶孩子上餐館的。」

維迪亞說：「低等農民習氣。」接著他又滔滔不絕地厥詞不休。只是，我早就聽過他這般說詞了，他又扯出所有講到小孩的文章。怎麼就沒人針對像維迪亞這種，經過理智考量，決定終生不育的人，寫上一篇文章呢？

我聳聳肩，卻覺得自己像個懦夫，不敢告訴他，其實我有多愛我的孩子。在我準備從鐵工廠出門之前，我的長子馬賽爾跟我說：「到倫敦買一本瓢蟲書給我！」他的弟弟，路易斯應和著他，「書！書！」坐在餐館裡面，光是想到他們，都叫我心裡作痛。我好想他們。

維迪亞說：「前幾天，有個工人來到我們家，」他臉上微笑，笑想著自己接下來要講的話。「他跟我說，他在上工的時候，心裡卻在想念他的小孩。你相信這種鬼話嗎？」

「我信，我現在心裡就想念著我的孩子。」

「是嘛。」

他一旁自顧放言，侍者趨近，桌角一端擱上一只白色淺碟。淺碟上一張帳單，對摺。現在帳單杵在我們中間。維迪亞的「是嘛」製造一股靜音效果——他這廂如此明顯地表示意趣，適足以標榜出完全相反的態度——不信、不解、不耐——而就在這陣沉默中，我伸出手指按住帳單，擦指之間攤平帳單。

維迪亞一看我端詳起帳單，頓時就心不在焉。他往後坐，表情沉著有神。他完全沉浸在自己的思維當中。

我說：「十七鎊六十四便士。」

維迪亞微笑。他裝聾作啞。他耳中聽得附近一張桌子的美國食客說道：「我很樂意付錢搜購。只要我們在國外用餐，內人總喜歡蒐集餐廳菜單，尤其是我們在歐洲旅行的時候。」

「你聽見沒有？你們美國同胞就是這樣子。」

我從皮夾子裡撿出四張五英鎊鈔票。現在，我只剩下兩張一英鎊了。

維迪亞說：「這樣就好了。」

「小費怎麼辦？」

「那樣就很慷慨了，」他說，言下之意，二十英鎊就綽綽有餘了。「那樣就可以讓他非常開心了。安東尼．伯吉斯[6]被服務生嚇到過，小費出手才會那麼闊綽。他對計程車司機也是一樣。」

我把二十英鎊擱在淺碟子上，再由前倨後恭的侍者收走。現在，我口袋裡扣掉巴士車資，就只能在火車上買一罐雙鑽啤酒。晚餐已經泡湯了，瓢蟲書也沒了。

維迪亞說：「我們可以走了吧？」

我們經過伯克萊廣場，步行到皮卡迪利，繼續談著寫作與出書。我有聽沒有到，更無心了解。我感覺軟弱匱乏，近乎虛脫脆弱，每當我跟人家打賭輸了，或是意外發現帳戶透支時，就會產生這種相似的感受。這次則是因為，我把所有的錢都花在一頓午餐上面。維迪亞則愉快活躍，箇中緣故正好跟我相反：我破產了，他卻撈飽了。此刻，他名副其實地精力充沛，充電飽滿，好像，我開銷這樣一筆費用，看他這般開朗，聽他喋喋不休，還是划得來的。

他說：「千萬不要為你的書擔心。」現在，他碎嘴長舌，還語多激勵。「書沒寫完之前，你怎樣也猜不到這部作品是在講些什麼。」

他精神抖擻，不過，這也是他一貫的教諭方式，我在非洲的時候，也因此獲益良多。他剛剛才吃香喝辣，乾盡大半瓶勃根地白酒，卻不費他分文半子。他敞開話匣子，因為這是他表達感激的方式。

「你每天寫作，每天都會有所突破。一路下來，你就會有一連串的新發現。你一寫完，整本書的走向連你自己都嚇一跳——你說不定還得回頭修理開始的部分，因為，你已經發現自己

6 安東尼．伯吉斯（Anthony Burgess）：英國當代小說家，一九一七～一九九三，以虛構小說探討現代社會困境，幽默諷刺，帶有道德的真誠與光怪陸離的幻想。知名作品《發條橘子》出版於一九六二年，以二次大戰後動盪的英國社會為背景，並經已故大導演史丹利．庫伯力克改編為同名電影。

究竟表現什麼主題了。」

他在杜克街上，佛克南與梅森百貨公司附近，突然轉身，要我沿著下坡走到半途，一家藝術經紀店鋪櫥窗裡掛著兩幀印度版畫。

「我希望你有空再過來這裡，看看這些畫作。你有錢的時候，也不妨買下來收藏。這是丹聶爾，以銅版蝕鏤版畫的印度。這兩幅畫有多可人哪。」

可是，我沒辦法集中注意力。我益發感覺虛弱、疲軟、無助，甚至還有些耳背，痛失二十英鎊，就像經歷過一次截肢手術。

「維迪亞，你有什麼打算？」

「我要到倫敦圖書館一趟。就在聖詹姆士廣場角落。」

「我是說，將來有什麼打算？」

「千里達，」他說，「回去當當女王蜂。再去南美洲，阿根廷。」

他突然悶悶不樂，看起來舉棋不定，眺望前塵，霧中尋覓不著線索開示。

「我什麼都不想再寫了。我覺得，我想說的，都已經寫出來了。」

我們並肩站在杜克街狹窄的人行道上，計程車喧囂駛來。街道一端佳士得剛剛結束一場拍賣，維迪亞說，人潮蜂擁而出，騷動紛擾，猶如戲院觀眾散場，突發群聚的烏合之眾，各個衣裝相仿。

維迪亞說：「我可能再也沒有話說了。」

他凝視著那對銅版蝕鏤版畫。一幅畫面上描繪著英國國旗飄揚在印度大陸上：印度人、英國人與馬匹圍繞著一棟氣派非凡的建築物，像是一座大帳棚。《賽馬場會場，馬德里附近》。

「是的，我可能再也沒有話說了。」

我說：「我會待在多塞特。」我雙手攢拳塞在我空空如也的口袋裡面。

「你不會有問題的，保羅。」

「如果不會再見到你的話……」

我伸出手來，不過，維迪亞一心還沉溺在無話可說的可能當中。反正，他鮮少握手，即使他跟人握手，握起來還是疲弱不振，不情不願，似乎擔憂著被人玷污一樣。

他說：「我要往這邊走。」

「我會搭計程車去《泰晤士報》。」

那就是我在吹牛了——我壓根兒沒那個錢。我搭巴士到布雷克法萊爾，交書評的稿子，然後，再從布雷克法萊爾沿著泰晤士河走到滑鐵盧車站，好省下一段巴士車資。沒錢在外晚餐，我只有搭早一班車回到多塞特，好趕上家裡晚餐開飯的時間。我還是不懂，我怎麼花這麼多錢在一頓午餐上面。我不願意想到這樣的事情，想了就討厭。單單那一餐午膳，就費去我將近一個月的房租。

回到鐵工廠，以及我嗜呼吵雜的可愛家人身邊，回到我的樓上書房，回到我的小說當中。維迪亞說得沒錯，我渴盼著結束這本小說，好發現究竟這本書的主題何在。

可是，當天晚上，雖然沒有新的瓢蟲書，我躺在兩個孩子中間，從他們舊的童話書裡面挑一個故事講給他們聽，這是漢斯·克里斯丁·安徒生寫的故事。屋外，海風從路的盡端吹來，颳過我們家黑橡樹光禿禿的樹枝。

兩個孩子依偎在我的身旁，我讀著：「『你不了解這個世界，這就是你的毛病。你應該要出門旅行去。』於是，他們就出門旅行去了，影子像主人，主人跟影子一樣，總是如影隨形，從不分離。」

第九章
「我得保有些秘密」

進退兩難

維迪亞曾說，是他發掘了我，我的自負卻要說，我也發現了他。兩種話說來都對。友情交誼經常都帶著互利救濟的意味。去年在新加坡，因為美國人對他還一無所知，我就寫了一本書介紹他的作品。當時，美國沒有出版公司要出他的書；他的美國版早已絕版停印；也從來沒出過平裝本。我感謝他在寫作上給我的幫助，不過，我同樣也認為自己幫得上他的忙。而且，我在美國出書的時候，也可以吸引讀者同時注意到我們兩個。因此《V. S.奈波爾：作品初介》是一部出於愛心的作品，受到友情的推動，可是，就跟許多禮物一樣，這本書同時也帶有自利色彩。

維迪亞的出版公司接受了這本書。預付版稅微薄，少得出奇，這麼說吧——康諾特四頓午餐差可比擬。我一心期盼，我的小說《聖傑克》可以讓我紓困，恢復償債能力。

維迪亞從千里達寫信給我，寄到鐵工廠，他在信中表示欣見這本有關他的書即將出版。即使預付版稅微薄，他說，他的出版公司一定會力挺這本書的。假如書賣得好，我就會獲利；倘若這是一本好書，就會帶動許多事情發生。有價值的書一定能夠在市場上自力發跡，天賦卓越的作者絕對功不唐捐，一定會收到報酬的。再說，有時候，奇蹟也會出現。

我曾經向他抱怨，自己工作太過，右手寫小說，左手還要批書評。他說，他了解我進退兩難的困境。

他說：「你應該在英國報紙上多多露臉，擴充名聲的基礎。」一如往常的實際，可行的建言。「不過，他們付的稿酬實在低得嚇人。」

一講到自由投稿作家之汲汲營營，艱苦自持，維迪亞確實是發自肺腑之言。他也走過同樣的路，十二年前，他也像個文丐一般，任人差遣筆耕不歇：狹窄的租賃居舍、捉襟見肘、每週書評、待寫文案與演講費。我從自己編纂的參考書目中，就可以看出，他在寫作《畢斯瓦先生的房子》一書時，一邊評閱過多少書籍。假如，他可以一面寫書評，一面創作出一部經典作品，有為者亦若是，我當然也可以追隨他的前例。他對於這樣的包袱很敏感，這也是獨立作家的一部分。駐任作家從來無須擔憂面對，按月受薪的雜誌員工，以及簽有肥厚合約的寫手，都可以拋諸腦後，不過，對於自由投稿作家來說，這可是無時無之的困境，因為自由作家不願意拒絕任何稿約，擔心往後就無人邀稿了。同時，自由作家也深諳所謂「筆耕」的真意，就是「拖犁老馬」。

維迪亞的寫作生涯也剛好浮現相同的問題。他應《紐約時報書評》之約，想去南美洲一趟。偏偏潤筆低微。他想要寫阿根廷——《書評》也同意，只要他想寫，來稿照刊——然而，他還是覺得利潤不足，划不來。因此，用他自己的話說，他寧可待在千里達，寄住在妹妹家中，當個女王蜂。

這封信尾，還附著他拉雜寫來的醫療報告。他只要是碰到金錢與健康的主題，總是不殫細瑣地深入枝節，娓娓道來。他詳細剖析失眠症狀，而他在股票市場的斬獲，又是另一類高燒起伏的病歷表。寫作讓他筋疲力竭。每次他完成一部作品，就幾近崩潰。他說，從一九六五到一九七一年間，他日日寫作，而今，他感覺自己已經給《模仿人》、《失落的黃金國》與《自由國家》等三本書給榨乾，還不提同時間寫的那些採訪報導——統統湊起來，篇幅也不少於一本書了。他如此簡略概括地，綜合報導歷年來之案牘勞形，正是我所需要的激勵與靈感，雖然，他所描述的後果也令我提高警覺：極端遲鈍、疲憊、一到公共場所就覺得暈眩欲墜、神經衰弱等等——「心靈，而非肉體，竭力籲求休息，還要再休息。」

就在這樣耗盡心力的狀態下，他停筆了，而我也一直記得他說過的話，「我可能再也沒有話說了。」我還是持續寫信到千里達給他。我現在時間比較充裕了。我已經寫完了《聖傑克》，並且將稿子賣給倫敦的「包德利黑德」出版公司。我的英國版預付版稅兩百五十英鎊，一半從簽名書銷售回饋，一半是出版預付。我花了一整年的工夫在這本小說上，卻只拿到一百二十五英鎊，再扣掉經紀人抽取的百分比——可以在康諾特吃上五頓午餐。我的編輯說：「我們原本期望可以多給一些的。」我心裡也是這麼想啊。

這些微不足道、瑣碎無當的數目——不過，當時，這些數字對我卻很重要，我的生計全靠這點小錢哪。

我太太說：「你還說你不想讓我在外頭找工作？」不過她也沒對我反唇相稽；她溫柔敦厚。再說，這可是樁敏感話題。

她在英國國家廣播公司找了份工作，我們也舉家遷居倫敦，在英格蘭典型的濕冷暮春中，告別多塞特，燠熱夏日就在眼前。我們割捨了窮鄉僻壤，其實我覺得自己還差可忍受，因其率直無諱的緣故，也因為我們空間寬闊而備感尊重——整棟房子任憑坐臥、綠樹屋邊合、草原郭外斜——現在，一家四口投入陰沉的市郊深處，擠進一幢小公寓。公寓污穢不適、狹窄、骯髒、簡陋、吵雜不寧。房舍泛發異味，兼以寒凍陰冷。寒酸抱怨的鄰居，大車轟然駛過主要幹道——小公寓在在提醒著我的失敗。

我想要再提筆著手下一本小說。我胸有成竹，心裡有個寫書的好題目，藍本是我在加洛普營酒館裡，從一個老頭兒那裡聽來的鬼故事。多塞特給我的第一印象，就是當地奇特的地理景觀。我想要寫下來，這裡比起所有我所知道的非洲地方，都要黑暗與離奇。除了鬼故事以外，我的點子落在一個英國人類學家身上，他從非洲載譽歸國，退休後回到鬧鬼的家鄉定居。

可是，我在倫敦無處安身寫作。我們在一棟噪音盈耳、隔成多間雅房的屋子裡，租住兩個房間。我試著在臥室桌上寫作，偏偏苦於所有曖昧含糊的回憶與聯想：臥室應該充溢著夜夢與酣眠與性愛，而這個臥室裡還浮泛著前任房客的殘餘氣息。正如出租臥房經常五味雜陳一樣，這個房間還是聞得到前人的體臭。

公寓在一樓，每當我背對著房間，坐定寫作，隔著雜草叢生的前院，就可以看到面向著伊林區的戈登路，天空灰霾陰沉。我的兩個孩子就待在另外一個房間裡，瞪著我們租來的電視。我無法工作。我感覺倦怠。我向維迪亞抱怨這般欲振無力的慵懶。他的反應既友善，又富於智慧。

他回信寫道：「自由作家生活的基調就是自由。」接著，他說，怠惰不過是自由的另外一層面向，我應該坦然接受。他也說，每個自由作家都該具備基本的信心，即使偶有挫敗，船到橋頭自然直，到最後，一切都不會有問題的。不過，那當然還是個問題。「你的朋友不能給你這樣的信心：你只能向著自己的內心深處，極力搜尋。」

他接著對我太太在英國國家廣播公司世界報導的工作深表贊同，他自己也隨時收聽他們的廣播服務。這是他從千里達寄來的第二封信，信中語氣之委婉，近年少見。阿根廷之旅似乎讓他重新振作精神——他終究還是接了這趟採訪工作。他兩天前剛剛回到西班牙港，馬上就開始計畫盤算了。他會先寫該交的稿子，一篇側寫喬治．路意斯．波赫士，另外一篇就專寫阿根廷，行文中將特別凸顯艾薇塔與裴隆主義。文章完成之後，他就得決定該去巴西（稿酬四百英鎊），還是紐西蘭（五百英鎊），或是乾脆直接回家，回到平房去。他最近才回絕掉加拿大與奈及利亞的採訪邀稿。

乖張異常的是，這般絡繹不絕的稿約，反而令他反感排斥。如此友誼的關照以及許許多多邀稿，反教他對未來抱著悲觀願景，將來就再也沒有人肯費心關照他，也沒人再肯邀他寫稿了。外界對他的接受，只會讓他懷疑自己是不是日漸膚淺、皮毛、無聊。他既然這樣鬧情緒，當然就會把好意視為詛咒，讚美當作凶狠念力，要對他發功戕害。

維迪亞打算編纂一本雜文合集，書名就叫《過度擁擠的臨時禁閉營與其他文選》，他想收進三篇先前他關於印度的採訪，卻遭到帕特反對。她說，沒有人會對這三篇文章感興趣的。書評家也會借題發揮來抨擊他，人家會抓著書中單調的印度主題不放，印度的選舉、印度的匱乏等等。帕特說得沒錯，維迪亞始終執迷於印度這個主題，不過，寫作本身就是執迷與非理性的行為。由是，他固執己見。他覺得，船到橋頭自然直，他不會有事的。他三不五時就這麼說。

那就是他最強韌的力量，他不屈不撓地篤信，寫作是公平的——不論短期間如何起伏，好書不會埋沒的，好書終究會獲得肯定與認同；爛書遲早會淪為垃圾。只有蓋棺認定，千古評價才做數。寫作之中自有公道。你要是敗了，就是你活該。你得接受自己的失敗。

他的信念可以當矛，也可以做盾，可攻可守，而他再三重複，這個信念也逐漸在我腦海中扎根發芽，使我堅強。現在就要論定我們的作品能不能受到世人肯定與報酬，為時尚早。外圍徵兆猶然曖昧不明。他借居在他妹妹家中一個房間，千里達西班牙港，瓦薩因公園，林地路三號；而我跟我的一家四口，蝸居在西倫敦伊林區，戈登路八十號，面對面的兩個狹窄房間裡，不知道誰家的收音機大鳴大放，樓上還有小童號哭。我自己對於寫作的信心，確實能幫助我度過難關，同樣有所助益的是——或許幫助還更大——就是他對我的信心。

即使是他開口要我幫忙，也像在加強我的信心。他說，不知道我有沒有那個意願，幫他校訂他的文選校稿。假如我感到任何驚詫，請我一定要告訴他。這本書其實是我在新加坡讀過他所有的雜誌文章之後，建議他合集出書的。當時，我還擬了一張清單。他從清單中選取了幾篇，後來，卻一概略過所有我找到的書評。這又給我上了一課。他說，書評文字自有其目的與功能，可是，除了文章裡的笑話以外，毫無持久的價值。「可惜，我們不能保留笑話，剔除其他部分。」他選錄了篇幅較長，內容較為扎實的文章。他在採訪寫作中投入極大心力，其熱忱直追撰寫虛構小說時的張力。而這段期間，如同他自己所說的，沒有小說向他毛遂自薦過。

目前，他心中沒有寫小說的主意。「創意方面，我猶然持續貧瘠。」他自覺健康狀況比前一陣子要好多了，只是，他還是擔憂著將來。他還是堅持，我還沒到達自己作品質量最佳的年紀——我還可以引領期盼那般豐饒的年歲。那樣的承諾叫我振奮不已。至於他自己，「四十不惑，我卻有種病態的感受，我的作品已經趕不上我的年紀了。」

連看到他自己的書，都讓他勃然大怒。他嫌惡避談自己的書。他感覺像個騙子。他說，他鬱鬱不樂。「寫作這一行，真能達到心滿意足的境界嗎？」

這是信中措詞最為嚴苛的部分，其他部分的語氣就舒緩多了。他似乎精力充足，像個登山者攀過一峰接一嶺，還欣喜愉悅地抱怨陡坡登頂何等艱辛。有些段落聽來，他甚至還希望滿懷。「如果，我再度動筆寫作，我想，就會像個全新的新人寫作一樣。」一直到當時，寫作都像他在自我「治療」。他說，寫作給予他信心。現在，他暗示著，他要從頭再來過了。

他看起來已經像個全新的人了。沒寫小說，沒錯，不過，他另有文章寫作與旅行的計畫。同時，他也敏於洞察。他說，他在阿根廷認識了一個女孩，女孩影印了兩頁湯瑪斯．哈代的小說，小說中的女主角在這兩頁裡省思她的人生與處境。維迪亞說，哈代小說中有一行，「最卑劣的吻都要付出絕望般極高的代價」，非常震懾驚人，尤其是將「吻」、「絕望般極高」與「代價」三個詞彙並列，營造出無比的震撼效果。

他點到為止，信中也只洩漏給我小說書名：《歸鄉》[1]，可是我找到了這句話的出處，而且深受原文感動，拿著紅筆，來回多次圈點。

讓人愛到瘋狂——這就是她最大的心願。愛就是唯一的甘露醇酒，驅散日子裡腐心蝕骨的孤獨寂寥。而她似乎也渴盼著那種抽象情境，即所謂熱情狂愛，而非任何一個特定的愛人。

經常，她神色不善，責難卻不導向任何人，轉而衝擊在她心中作祟的幢幢鬼靈，而命運就是這群小鬼的頭領，她沉鬱追想，就是因為命運作弄，愛情只有降臨在轉瞬即逝的青春年華之際——所有她能掌握贏取的愛情，不旋踵間就會像沙漏流洩一般沉底不復。她每每思及，日益感受天地不仁，心中蠢蠢欲動，遐思著突發莽撞而驚世駭俗的舉動，無論發自何處，只要她能出手攫取，一年也好，一週也罷，甚至一個小時的愛慾狂焰就夠了。空無愛慾熱情，她歌而無樂，擁有而無享受，勝出卻不感勝利。孤寂無聊更加深了她的慾望。在艾戈頓，最冷酷與最卑劣的吻都要付出絕望般極高的代價；而湊得上伊人芳唇那張嘴又要往哪裡尋找呢？

堅貞地守住愛情，只為身後一面貞節牌坊，對她沒有任何吸引力可言：堅誠摯愛，只因為愛情具有足夠的張力。寧可烈焰灼身，迅速消散，也好過燈籠螢光，溫潤餘暉經年。她可以輕易預見其他女人必須從經驗中汲取的教訓：她已經走過愛情，度量過愛情的高塔，登堂入室，細細審查過宮殿之美，結論：愛情不過般憂寡歡。然而，她卻衷心渴盼著愛情，就像沙漠旅人，渴求一杯鹽水而不得。

她時時反覆誦念著禱詞；不拘特定時間，只要想禱告，她就雙手合十，有如毫不造作的虔誠信徒。她的禱詞總是不加思索，即興成章，經常脫口而出如下：「主啊，請您開釋我的心，解脫如此憂懼鬱悶與孤寂無托：帶給我絕美的愛情，若否，還是讓我死了吧。」

「於是，我想要再愛與繼續寫作，」維迪亞在信上寫道。他用一反常態的抒情溫柔語調說道，他要從往昔中汲取熱情與喜劇與緩釋。倘若他不重新振作，就該擔心自己會死在還能創作出優異的文學作品之時。

我非常驚訝——驟然的生機勃發、他的渴盼、他的熱情、他的殷殷懇求。通篇語氣，讀來像是憂慮著單相思的痴戀。接著，他還引述了幾行德瑞克・沃爾科特的詩。他曾經引述過沃爾科特；詩人也是個鄰近島民，兩人年齡相仿。他說，第一次讀到沃爾科特這首詩的時候，詩裡

1《歸鄉》（*The Return of the Native*）：哈代在一八七八年出版的小說。書名裡的歸鄉者即克萊姆・優布萊特（Clym Yeobright），結束他成功卻自感膚淺的巴黎珠寶生意，回到故鄉擔任一名學校教師，他跟他的堂妹托瑪欣（Thomasin）可以視為傳統生活方式的典範，托瑪欣的丈夫戴蒙・威爾迪甫（Damon Wildeve）與克萊姆的太太優絲塔西亞・范伊（Eustacia Vye），兩人卻嚮往著城市生活的熱絡。優絲塔西亞意志堅決而熱情澎湃，受不了對於克萊姆的失望，遂重燃與戴蒙的秘密戀情，經過幾度磨人的巧合事故之後，優絲塔西亞自信應為克萊姆母親之死負責，意圖逃離家園，卻意外落水。戴蒙也在下水挽救優絲塔西亞時溺斃。本書所引述的這段文字，就是優絲塔西亞的獨白。

的文字曾經讓他驚駭：「只是，我的文采減退，才智走味／——不過，我從心中躍起——」

我再讀一次詩句。我又回頭再讀一次哈代：「最卑劣的吻」。維迪亞行文終結，說道：「看哪，這樣一封快活的信怎生轉變成這樣的。趁著放假一天，作家坐定桌前，寫信給朋友，就會促發些奇怪的事情。」

那簡直像首詩了（「看哪……」）。維迪亞的詩句比沃爾科特還要甜美流暢、節奏輕盈以及意味深長，因為，沃爾科特的第二句太弱了。由於他用上了「朋友」這個字眼，再度肯定我們的友誼，我又精神抖擻起來。同日之間，儘管負債累累，儘管收音機與哭號孩童呼應爭鳴，我又恢復了工作的信心。我開始推演下一本小說的情節，《黑屋》。

我還注意到另外一件事情。他的來信經過塗改。塗改的人就是他，他撕掉了半頁信紙。他在附帶補述中加以解釋，卻更吊人胃口：「第一頁前半頁審查刪除。我得保留些秘密。」

寫作難以維持家計

一個月後，帕特從千里達捎信過來，說她喜歡我那本關於維迪亞作品的書，我很高興；然後，她又補充說道：「這本書維迪亞愛不釋手，走到哪兒，看到哪兒。他讀的專注，臉上還不時浮現微笑，或是哈哈大笑。」這話同樣也教我開懷。

然而，我還是擔憂著自己將來如何。當初，我的策略就是寫作謀生，而今，策略顯然不管用。一本小說，一本評論，數十篇書評，一本短篇小說合集——一年不到的，這些作品不過換取到不足餬口的些微收入，我還得感謝太太找了工作，補貼家用。現在，我開始寫作第七本小說，一邊還接些採訪報導的案子，看起來，我似乎還是無法光靠寫作維生。雖然我焚膏繼晷，好評如潮，還是讓我家無餘糧。

寫作這一行，真能達到心滿意足的境界嗎？

我心想，可以的。我很滿足，只是我貧無立錐。因此，有維迪亞這樣一個朋友，就更突出重要了。

帕特說，她在我的《V.S.奈波爾》書中，看出愛與了解，而這般深刻的情感，我在檢視維迪亞的作品時，賦予我特殊的洞悉力。她坦承，自己也曾經想要寫些與維迪亞親身相關的東西。維迪亞寫《自由國家》一書的時候，還特別翻閱托爾斯泰的傳記，以及一本關於桃樂蒂・華滋華斯的書，還有其他作家的生平記事。文人傳記是維迪亞經常閱讀的書目，彷彿從窗外窺探，那些同樣受到寫作煎熬的人過些什麼日子，再回頭與自己生活比較。她側耳傾聽他高聲朗讀桃樂蒂・華滋華斯日記片段，或是宋妮雅・托爾斯泰說法，帕特・奈波爾驚訝地發現這些「婦人之見」如此敏銳，她心想，自己應該也可以寫些類似的文章。

她開始隨手筆記，描述維迪亞寫書的進度，寫日記，記下他的按語。不過，沒多久，她就心灰意冷了。她的性格從來就不夠堅強，再說，要在家務都圍繞著V.S.奈波爾這個中心主角的情況下寫作，更不容易。她自覺缺乏熱情與深度；她懷疑自己是不是流於繁瑣。還有，由她來寫維迪亞還有另外一層顧慮——奈波爾的太太——以他作為翔實與親密側寫的主題。那可是既冒昧，又遊走在粗俗邊緣的不智之舉。

她說，那就是為什麼我的書對她意義重大，因為，我也表達了許多她對維迪亞的作品的感受。她說，由於，她也同樣地受到維迪亞作品的影響，所以，她很高興看到我完成了這本書。我的書再度成功，再獲佳評，可是，我卻了無收入。我既憤怒又迷惑。我要的並不多，不過一家溫飽罷了。我不敢妄想致富。我只想過得去就好，僅此而已。

就在我不知所措的當兒，這間租住公寓門上的收信口，推進一封公函，詢問我出任維吉尼亞大學駐校作家的意願如何，任期始於兩個月以後。我說好。如果我單身赴任，過的像個僧侶一樣，我可以寫完我的小說，並囊裹絕大部分的薪資。第一個學期，我就得離家駐校四個月。

我太太說：「我會想你的。」

她了解。她樂在英國國家廣播公司的工作，而這股成就與滿足的快感，令她同情我的挫折處境。不過，在我誓言此生不為猢猻王，決意辭掉新加坡大學教席一年之後，再回轉大學教書，感覺特別苦澀難堪。我輝煌的頭銜應該差可慰藉，駐校作家，可是，如此頭銜反而對我嘲笑不休。作家應該自由無羈，不受任何雇主拘禁——維迪亞就是這麼說的。

我在維吉尼亞過著僧侶般的生活，我收到一封維迪亞的來信，詳敘他的紐西蘭之旅。他已經回到平房了。他再度經過千里達，再度造訪阿根廷，寫完他的採訪作品。他讀過我的書了，還想再讀一遍，因為，工作讓他心有旁騖，未能專心拜讀。同時，讀到專寫自己的書，他也變得小心謹慎起來。他又回復到平常那個矛盾相抵的自己：「只是，我不認為我的感想有什麼意義（而且，我也不知道自己有什麼感想）。」

他想要再擇期會面，跟我聊聊英國，以及我適應得如何。我失望嗎？我在熱帶地區待了八年以後，對於這一處「工業現實」有何感想？

他心裡還是記掛著非洲，因為阿敏將印度人從烏干達轟了出來。正如他多次預言一般，他說，烏干達就要回歸叢林了。他歸咎在白人外僑頭上，他們雖然可以豁免於扶植阿敏上台的罪愆——不過，他們也營造出姑息阿敏，使之壯大的環境。到頭來，他們大可一走了之，將烏干達當做一段恐怖往事，拋諸腦後。

我已經有許多年，不曾聽維迪亞如此徹底詆毀某個情境，不過，他的逆耳警語逐一實現，也讓他悲憤更深。他曾經預言獨裁統治的崛起、印度人遭到驅逐、白人拒絕支持、坎帕拉步向衰頹，最後回歸叢林等等。

「那是塊惹人嫌惡的大陸，只適合次等人民。抱著次等志願的次等白人，這些人一心只想，就像南非一樣，耽溺在懲戒非洲人的惡劣快感中。」你只有盡早開溜，留下來的話，手上就要緊緊地抓根鞭子。烏干達證明，只有兩種人在非洲撐得下去，次等人和野蠻人，主子跟奴隸。

他從來不曾如此聲色俱厲地發言譴責過。非洲軍人將八萬印度人——男人、女人、還有兒童——押上飛機，家當細軟一概充公，維迪亞的熊熊怒火也一觸即發。印度人失去了家園、土地和生意，許多人連畢生積蓄也蕩然無存。他們大部分都獲准入境英國，可是，有誰願意活在一個嚴寒冷酷，又充滿敵意的地方？在英國與美國，還有屈指可數的幾個人替他們仗義執言；在非洲，就沒有人為他們喉舌了。非洲人奚落質疑他們，而白人外僑，就像維迪亞說的一樣，只是迴避一旁，袖手旁觀。

「這個世界最可悲的事情，就是到處充滿了愚笨與平庸的人；而地球運轉就為了圖利那些愚笨與平庸的傢伙。」

至於來日的打算，維迪亞心中尚無計畫。他剛剛回到英國四天，感覺卻像活過一段倉皇、煉獄滌罪般的時期。他講起四年來居無定所，沒有自己的房子。他擔憂股票市場將再度崩盤。他想要再寫本書，偏偏找不到主題。那種似曾相似的感覺重襲上心，感覺空虛不安，感覺生命即將走到盡頭，廢紙堆塵埃僕僕的暗示。

他情緒低落，感覺茫然失措。也是因為他備感疏離的情緒，什麼國家？什麼護照？他在平房裡感覺無處棲身，而這也是他想跟我談談英國的另外一個原因。他想知道，我喜歡英國什麼，又不喜歡英國哪些方面。他把我看成另外一個流浪者。

可是，我人在維吉尼亞，朝思暮想著我的太太與孩子，像個暴風雨夜裡，航行在汪洋上的水手，我發誓，我再也不幹這等撈什子勾當了。維迪亞還提起他想回千里達，採訪報導一則發生在黑權公社的暴力謀殺案。

他對我的書下的評語，恰如其分，也正是我想聽到的。他說，讀這本書，他感受到「驚奇、歡欣，以及十分的謙恭。這本書下筆之敏銳易感與典雅高尚，讓我驚讚；同時也提醒我，教諭我一些我早已遺忘，或許從來未曾了解的事情。」他提到我行文上的慷慨大度與周延縝密。回想起往日如此勞力密集的付出（「過去的，都過去了」），他再度憂患，又為將來發愁了。他說，他滿心哀傷與憂懼。

他獲獎無數：約翰・羅威林・萊斯紀念獎、毛姆獎、霍桑獎、W.H.史密斯獎，而且，《自由國家》一書還讓他布克獎到手。文壇早就將他封做當代最優異的英語作家。然而，文名卓著不能讓他稍釋於懷。他苦於書籍銷路無法拓增，企求更多金錢回饋。

正當他宣告自己的生命將近尾聲之際，我卻感覺自己的人生猶未開展。他順手糾正我書中幾個錯誤，都是小錯，事實記載上的手民之誤。他也談到《自由國家》一書，這書「結構何等緊密」。他也寫到某個夢境，夢中主角，他決定略過不提。「寫作過程中，我獨自幻想出所有的夢境，全是為了他。」《自由國家》令他著魔；他一度「深深沉浸其中——幾乎到精神衰竭的狀態」。

《自由國家》令我感受之深刻親密，我無法予以評價。我在這本書裡，辨認出哈吉．霍爾史密斯的身影，還有坐困圍城的非洲國王；我認識書中某些非洲人；維迪亞的上校就是卡塔加山寨的少校——一個模子刻出來的人，同樣的咆哮；書中侍者就是侍候他的侍者，而且，就像維迪亞當時形容的一樣，「小弟身形龐大，步履快捷，所到之處總會帶動一股體臭亂流」。書中的路就是我們開車旅行經過的路徑；標誌鮮明的招牌還是同樣的「注意落石」；而我在「即將長成男人」的男孩身上，看到自己。書中同樣的野犬狂吠，還是讓我心驚膽顫。《自由國家》泰半篇幅是我們在盧安達狩獵旅行的紀錄，不過重新連綴，編鋪成一條拼花被單：我但見縫線針腳處處，不詳內情的讀者乍讀像一幅天高地闊、賞心悅目的畫面，在我看來，卻是一方方補綻。不過，只要你有個朋友是作家，兩人又經過相同的旅途，這就在所難免了。

他說：「我深摯期望，你的書可以為你的犀利敏銳、筆耕勞作與友誼關愛，帶來相當回饋。」

他這麼說就是給予我的最佳回饋了。我著手寫《V. S.奈波爾》的時候，就已經定位在一部愛心的作品上，幫他一個忙，也給自己上一堂課。寫作過程中，我自己獲益良多，物質回饋則尚無著落。也許這本書引發某些人對他作品的興趣，轉而替他增加些新讀者。可是，我懷疑，在許多方面，維迪亞的生平要比他的作品還精采。他曾經評論過索美賽德．毛姆，說毛姆一生何等豐富曲折，即使，那老先生總是嚴詞否認。至於《V. S.奈波爾：作品初介》，則銷路奇差，從來就沒有再版。二十五年後，仍然絕版停印。預付版稅收到的那一天就花掉了。二十五年來，我沒再收過這本書的版稅，出版公司也從來不曾寄給我銷售報表。我從來就無法釐清究竟印了多少本。一兩千本，或許吧。這本書正好落入出版書籍最悲慘的命運：成為收藏家的典藏項目，幾乎無人問津，無處發行，只是物以稀為貴罷了。

那個時候，維迪亞同樣求財若渴，至少這是他自己說的。他家無恆產，只有滿箱滿篋的手稿與文章，截至今日，他整個寫作生涯的完整紀錄。他曾經前往大英博物館討論出售一事，還約略開價四萬英鎊，總括所有的信件、手稿、照片、紀念物、地圖、速描、筆記，舉凡所有出現在他汗牛充棟的文學生涯的一紙半簽，都包括在內。卷帙繁浩，因為他曾經告訴過我，他生性迷信，從不隨意丟棄載有手寫筆跡的字紙便條，就像人家保存剪下來的指甲和鬚縷髮絲一樣。然而，在他攏聚所有紙堆以後，大英博物館改變心意也不無可能，說不定連當初同意的最低收購金額都不願支付。他需要應變計畫。

因此，他問我，我方不方便替他傳話，就說維迪亞有意出售他的文件檔案呢？美國的大學應該挺方便的，日後，他也可以向他們諮詢。他在千里達老家的卡紙箱子裡，找到一些他寫在久遠以前的信件與札記：「一九五〇年七月，我在泛美航空飛機上，一俟降落著陸，馬上動筆寫下的鉛筆札記。」重讀過去往來的諸多信件，讓他動念寫一部自傳。可是，萬一這些文件資料在騷動中付之一炬（「這在千里達不是不可能的」），那該怎麼辦？他需要一個安全的地方來妥善保存。

當然，還有錢。他想要將這些紙堆轉換成一間坐落倫敦市中心的公寓。

維吉尼亞大學英語系系主任跟我算是朋友。就是他給了我這個駐校作家的位子。我請教他的建議。他說我該去找大學圖書館館員談談。這位圖書館館員就是那類孜孜不倦、井然有序的人物——井然有序而非睿智聰敏——管理圖書館的人大抵若是。他禿頂生輝，恰好吻合這種一絲不苟的氣質；他鬍子刮得乾淨，雙頰紅潤，衣裝整潔有致，楚楚考究，我心裡存疑，這人究竟愛不愛讀書。

我說：「不曉得您有沒有興趣收購V. S.奈波爾的手稿檔案。」

「我知道這個名字，」圖書館員說到，「他寫了《馬爾谷地的食人族》。」

我說：「那是R. K.納拉揚[2]寫的。」果然不出我所料：這個乾淨、目光清澄的先生，腦子其實漿糊得很。我順口列了一串維迪亞的作品，雖然這人一直面帶笑容，偏偏一本也沒有勾起

2 R. K.納拉揚（R. K. Narayan）：印度英語小說家，一九〇六年生，病逝於二〇〇一年五月中旬。他以一虛構的小鎮馬爾谷地（Malgudi）為背景，創作了一系列小說，鋪展尋常百姓的悲歡哀樂，在印度教追逐永恆的傳統信仰與現代西方工業文明的夾縫中如何安身立命。

他的印象。

「他打算賣些什麼呢？」

「所有的東西。他所擁有的一切紙本。信件、書籍、手稿、照片等等。」

「他曾經收到知名作家有意思的信函嗎？那樣的信件通常可以值上不少錢。」

我感覺這番對話進行的並不順利，不過，我也慶幸，還好我替維迪亞擋掉辯白他不是R.K.納拉揚的羞辱。

「我很確定，他一定有很多此類的信件。安東尼．鮑爾也是他的密友。」

圖書館員微笑，卻了無欣悅。笑意忸怩，透露著困惑不解，彷彿我脫口而出，講了些異域番邦的南蠻鴃舌。

「他心裡打算賣個什麼樣的數字呢？」

「四萬英鎊。」

「換算成美金是多少？」

「大概九萬美金吧。」

「你在開玩笑。」

我沒搭腔。圖書館員雙顎緊閉，緊咬牙根。他說，大學沒這筆經費。我轉身離開他的辦公室時，可以感覺他臉上泛起勝利的微笑，猙獰地灼燒我的背影。

當然，別的大學和圖書館一定會有意問津的。我寫信。我打電話。有時候，我會提出價錢，有時候，我只是請人家出個價碼。沒人問津。許多經我洽詢意願的人，只是浮泛地聽過奈波爾三個字。怎麼會這樣？維迪亞在美國名聲不彰，我不意外；這也是促使我寫書介紹他的作品的動機。真教我驚奇不已的是，怎麼連學術界人士與圖書館員都這般閉塞無知呢？

我委婉地將結果透露給維迪亞，或許是因為我的圓滑老練，明眼人登時可以看出，我吃了不少閉門羹。維迪亞一向敏於感知外人的拒絕與否定，他很難消受如此訊息。他寄來一紙短箴，隨即遁入沉默，再無音訊。

從我在維吉尼亞大學授課的班級看來，美國大學素質遠遠不及馬克瑞瑞大學和新加坡大學。我在夏洛特維爾的學生所讀甚少——他們幾乎沒有人讀過喬伊斯或是契可夫的短篇小說，他們自己卻還想寫短篇小說。有時候，他們交來去年修習其他科目時寫的作業。通常，他們什麼也不交。他們性格上還算討人喜歡，知性上卻懶無節。有些還是研究生呢。我要是給他們批個不高的分數，還會有人抗議。

有個研究生對我說：「嘿！保羅，你搞不清楚啊！我這門課沒有B不行！」

我跟他說，給你個C已經算是我慷慨開恩了。他已經修到碩士階段了。他用的工夫實在太少了。

他對我大吼大叫的：「喂，我就是要個B。」語氣像是要搶我的皮夾子一樣。

這真是我聞所未聞的新鮮事：教師不讀書，學生不能寫。一個學期我就受夠了。我領出我的積蓄，打包返回倫敦。

我們從西倫敦搬家到南倫敦。而今，我們在卡佛區租下一整間房子，不過，這個地區比伊林區還更不宜居家。此地充斥著作姦犯科的不法之徒——小偷、扒手、偷車賊、搶皮包的、闖空門的、勒脖子搶錢的，以及符合各種描述的多能小賊。可是，卡佛地區實在太窮了，這竿子歹徒還得搭火車前往倫敦其他自治區，或是一路直達西區，比較有助犯行的地方，下手扒竊斬獲也比較豐富。

一九七三年春天，《黑屋》交稿之後，我踩著腳踏車，騎到滑鐵盧車站，腳踏車停在火車上，坐到薩里斯伯里，再從車站踩著鐵馬，一路踩到威爾斯佛德莊園。維迪亞看得出來，我的財務狀況窘困如昔，不過，我還是告訴了他，為什麼我要離開維吉尼亞大學。

「你曾經說過，你再也不要教書了，」維迪亞說，「你壞了自己的規矩。你要是給自己定了規矩，就要遵守下去。」

我們穿過田野，散步到史前巨石柱群，他再度通盤解釋，淹水牧草地的形成原理。

「你會喜歡維吉尼亞的，」我說，「那裡的鄉間景色美極了——青山連綿，綠野無限。」

「恐怕，美國不適合我。我覺得，我不能活在鄉間環境裡。」

「說起來，維吉尼亞跟這裡還有點像。」

可是，我心裡想著：才怪，維吉尼亞要比這裡美多了，這塊圈圍起來的薩里斯伯里平原，還有一條高速公路，緊鄰奔馳在古怪的史前紀念碑旁邊，呼嘯間，石柱為之渺小。

「我得守住現在所擁有的，」維迪亞說，「要我再遷居移民到另外一個國家，恐怕就為時已晚了。」

我們繼續走向灰棕色的桌形石，巨石緊挨在車道旁邊，車輛颼颼飛馳。

「那麼，你現在計畫怎麼樣？」

他說：「我還在想辦法找錢。」

「你是認真的嗎？你真要在倫敦買房子嗎？」

「沒錯。我想，我需要的就是這個。」

「我想，你一定可以找到四萬英鎊以下的房子。」

他說：「不，我的房子絕對要不折不扣的高尚時髦。」

說這話的時候，他遙遙望著天邊。

退稿與暢銷書

回到倫敦幾天後，我在包德利黑德的編輯詹姆士．米契，專抽雪茄的蘇格蘭人，偶爾也客串詩人，請我到維克特法國餐廳午餐。他說他想要討論一下《黑屋》。我們會面的時候，他還非常友善，不過在我們用過第一道餐點，乾掉大半瓶葡萄酒之後，他還沒提到我的小說，就有些不祥的徵兆了，接著，他說，他一點也不喜歡我的稿子。

米契說：「恐怕，我不能出版這本小說。」

我不敢置信，我說：「你的意思是，你要退稿嗎？」

他說：「這樣會傷到你的名譽。」

「我沒有什麼名譽。」

他說：「我想，只要你重新讀過，你就會同意我的看法。」

「我不必再讀一次。書是我寫的。假如，我覺得書不夠好，我就不會把稿子交給你們。」

我的語音尖銳，想來，他可能也大吃一驚。我自尊受損，氣憤填膺。或許，他還自以為緩和了這個打擊，畢竟，倫敦人好於午餐，不過，把午餐轉變為通知退稿的場合，未免也太麻木不仁了。而且，他們憑什麼退我的稿？我的小說寫得當然好囉，不是嗎？

「我請威廉．崔佛看過，他也同意我的看法。」3

崔佛是他旗下另外一名作家，我想，應該是比較有才華的吧。

我說：「我上一本小說的書評很好。你們公司也付給我兩百五十英鎊。我想，這本小說也會收到同樣的稿費。你們不過給我一點小錢，就可以出版我的小說。」

他說：「這是原則問題。」他已經點起一根雪茄，同時動了怒氣，臉色不善，他放下叉子，停止進食。「我對這本書沒信心。我不會出版我沒信心的東西。」

我說：「你出了一大堆垃圾書。」

我猜想他也認同這句話是真的，因為他猶豫半晌，至少，他看起來惶惑不定。

我說：「你要是拒絕出版這本書，你就失去我這個作者了。我會去找其他出版公司出書。我再也不會讓你出版我的書。這本書不過花掉你兩百五十鎊而已。這頓午餐就讓你花了三十英鎊。」

米契禿頂，可是頭顱一側還殘存那麼一撮髮束，他將這一縷倖存殘髮梳過他的光頭，偽裝烏絲表相。現在，這撮潮濕、多事遮頂的鬈髮滑落一旁，懸蕩在他耳朵一側，活像哈西德教派奇異的鬢角鬈髮。他看來狼狽無助。

他說：「要是你能夠改變我的立場的話，我就出版這本小說。」

「那麼，這樣就夠了。夠了。算了——把我的手稿還給我。」

心情惡劣透頂，我還是用完午餐，跟著他一道兒走回辦公室去取原稿，一路上蠢念暗動，想把他推到車道上去撞車。他把原稿找出來還我，看起來還是驚異不平，我的怒氣或多或少還叫他尷尬。

我找了另外一家出版公司，不過，同時間，也認真地思索，我怎能單靠寫作維生呢。我跟維迪亞和盤托出。他請我一塊兒上查林十字飯店茶敘。

他說：「你應該先讓我看看你的書的。你怎麼沒讓我先看過呢？」

「我不想拿自己的問題讓你煩心。」

維迪亞說：「朋友是幹什麼用的。」

他還能說些什麼比這更真實，或是更加善意關懷的話呢？八年來，他還是站在我這邊，對我還是這樣善意祝福。

「他把稿子交給威廉·崔佛看。崔佛顯然也不喜歡這本書。」

「威廉·崔佛算哪根蔥啊？」

我就需要這個，維迪亞一貫無情刻薄的輕蔑不屑。

3 威廉·崔佛對這件事頗感困惑，他從來沒看過《黑屋》。他看過的手稿——而且很喜歡——是《與安妮一起犯罪》——原注。

「他什麼也不是，」維迪亞冷冷地說道，「我剛剛出道的時候，也碰過同樣的事情。朵奇叫我把書先擱在一邊。那本書就是《米奎爾街》。他不知道該拿那本書怎麼辦。本人的作品至今還是會接到一些愚不可及的評論。」

「他們為什麼要那麼做？」

「因為，他們資質平庸、性好撒謊、低三下四，而且愚蠢無能。這就是他們做這種事的原因。」

他真的發火了，氣得不能接續談話。他啜了口茶，轉眼觀望其他茶桌旁的人物。他看到一名大腹便便，行將臨盆的太太，緩緩地穿過這個簡陋寒傖的茶室，她不時坐在椅子上撐住自己，一手扶著下背部，保持平衡。

「在我看來，世上最醜陋的光景就是女人懷孕了。」

他這麼說話讓我驚訝不置。我無言以對。他將目光從那女人身上移開。

我說：「我又有了個寫書的主意。」

「說來聽聽。」

「一段長途火車旅行。」

我接著解釋道，我在維吉尼亞的時候，讀了馬克．吐溫的《繞著赤道跑》（*Following the Equator*），那是一本已經絕版，名不見經傳的旅遊書，可是，書中錯誤的地理推斷，以及旅途上偶發的小事故，卻可愛的緊。我喜歡馬克．吐溫快活的玩笑，還有長途旅行。這本書除了他的旅行以外，就沒別的了。對話占去了泰半篇幅。吐溫沒打算裝出見識廣博的樣子，他對行旅間經過的國家——澳大利亞、印度與南非等等，還有許多國家——往往一知半解。

「我已經先查過地圖了，」我說，「我可以從維多利亞車站出發，先到巴黎，到伊斯坦堡——再到阿富汗邊境。接著就到開伯爾隘口了，再搭火車貫穿印度。緬甸也有鐵路，泰國也一樣。我可以再搭火車遍行日本，最後搭乘西伯利亞火車回來，再將這段旅程寫成一本書。」

維迪亞說：「那倒是個不錯的點子。」他認真地專注思索著，想要找出漏洞或是任何可疑之處。不過，這個主意實在太過單純，單純到找不出缺點。從倫敦搭火車到日本再回來：怪的是，過去怎麼就從來沒人嘗試過。

「我打算九月動身，」我說，「我預計十月可以到達印度。那個時候，印度的氣候怎麼樣？」

「嗯，不錯。」

他看來心不在焉；他還在想著我的書，我的旅行。他看到了些我沒看到的事情——我可以從他的反應判斷。他知道這是個絕妙的點子，可是，除了點子之外，他還看到更多。他已經預見一本叫好又叫座的暢銷書了。

「你覺得，我到了印度該去拜訪些什麼人呢？」

他思索片刻。他皺起眉頭。「你自己會找到門路的。」

從我開始認識他這麼多年以來，我還是第一次感覺到，他不情願幫我的忙。不過幾分鐘以前，他自己還在講「朋友是幹什麼用的」。

「你在印度有沒有什麼人可以介紹我認識呢？」

近年來，他去了印度六七趟，還在當地待上一年。他寫了多少次印度。印度一直是他著迷不放的主題。他對印度瞭如指掌。

「我不知道。你到德里的時候，或許可以去看看嘉柏瓦拉太太吧。」

一邊聽他講話，如此勉為其難地吐出那個名字，我心裡暗暗起誓，我絕對不去拜訪這位茹絲．普拉瓦．嘉柏瓦拉[4]。

他說：「你不會有問題的。」只是，這一次，他話中有話，語調略帶自怨自艾，幾近憎恨，我從來沒有在他身上感測到這層情緒。彷彿在怨嘆我即將背離捨棄他一樣。這又是為什麼呢？這個火車旅行的主意，可是我在百無聊賴，絕望無助之中想出來的，我想要趕緊找本書寫，好向出版社討一點錢，如此迫切需要有如燃眉之急。

帳單送到我們桌上。我掏錢買單，還付了小費。維迪亞視若無睹。即使帳單摺成最精美的日本紙藝作品，盛在最昂貴的精緻瓷器上送到他面前，他還是不會看見。這是他的生存之道，帳單來去，絕對不落他法眼。偏偏，他還是一臉嫌惡。

維迪亞語音不悅地說：「這家飯店以前還挺隆重的。」或許，他的不悅導因於我剛剛洩漏的寫書想法。「以前，在這裡喝下午茶還算一樁特別雅事。本人一度還相當傾倒。」他做個鬼臉。「再也不了。」

我啟程旅行。一九七三年九月十九日，從倫敦出發，搭火車到巴黎。我換車再搭到伊斯坦堡，再換車，取道安卡拉，前往德黑蘭，再到宗教狂熱分子的聖城，麥什德。再繼續挺進，穿過阿富汗（搭巴士，而非火車），下行到開伯爾隘口，上行到西姆拉，再搭火車下行到馬拉德斯，渡輪過海直抵斯里蘭卡。前進到緬甸、泰國與新加坡，沿著越南（轟炸慘重，硝煙猶存）海岸行進，上下日本，乘桴浮於海，抵達納霍德卡，最後搭上跨西伯利亞火車回家。旅行全程，我都提心吊膽的。擔憂自己會遭遇不測，一路上，我有聞必錄；我嘲笑自己困窘的處境，敘述筆鋒也滲進一絲高燒囈語般的幽默。次年一月，我回到倫敦，還是深感愁雲慘霧。我錯過了耶誕節。每個人都對我吼道：「你上哪兒去了？」我翻開我的筆記本，寫了那本書，將一段段的火車旅途串聯成一整段敘述。書名取自坎普爾的一條路名：火車市集。

有時候，奇蹟也會降臨在作者身上，維迪亞曾經這麼說過。《火車大市集》（*The Great Railway Bazaar*）就是個小規模的奇蹟。我原先毫無預期。我在寫作這本書的時候，《黑屋》出版上市了——書評頗表敬意——在我完成這本旅行書之後，我又開始寫起下一本小說《家族兵工廠》。《火車大市集》在上市之前，就已經三刷了，以敷書店通路鋪書所需。正式面世之後，旋即成為暢銷書。那是我的第十本書。至此，我也認識維迪亞十年了。那個時候，我已經出版印行了一百萬字。

「（寫作是個）堅苦卓絕的行當，」維迪亞說，「不過，也有回饋報酬的時候。」

4 茹絲．普拉瓦．嘉柏瓦拉（Ruth Prawer Jhabvala）：出身德國的印度小說家，兼寫短篇小說與改編劇本，生於一九二七年，嘉柏瓦拉擅長處理不同文化間的差異與衝突，曾以小說《熱與塵》獲一九七五年英國布克獎肯定，近年來改編E.M.福斯特小說為電影劇本，同樣也成就非凡。一九八六年與一九九二年，嘉柏瓦拉分別以改編《窗外有藍天》與《此情可問天》，兩度掄元奧斯卡金像獎「最佳改編電影獎」。

所有的意外收穫都是息息相關的。我並沒有因為這本書而致富，不過，卻足以維生。我償清前債。倉稟餘糧夠我撐到下一本書。我終於鹹魚翻身。我再也不必為錢煩惱——免於為錢煩惱的自由，就是我最大的財富。不再苦苦掙扎。我自由了。我三十二歲。

而且，至少我了解了，當他寫到：「我從來無須受雇工作；我在年紀尚輕的時候，就立下誓言，絕不工作，絕不以這種方式與他人發生牽扯關聯。如此，我獲得免於人際紛擾的自由，免於瓜葛枝節，免於樹敵，免於競爭。我沒有敵人，沒有對頭，沒有主子；我誰也不怕。」這段話的真義究竟為何了。

第十章
午宴

「我現在就可以預見到，」我太太裝出無限神往的語調地說著，雖然，她兩眼不過盯著地板上一只穿鬆了的襪子。她彎腰撿起襪子。「男生聚在一道兒說他們的書，女生落在另外一邊聊些鍋碗瓢盆的。」

今天是星期六。她忙著蒐羅一整個星期的待洗衣物，整棟房子上上下下的拾掇，而我亦步亦趨，跟著她團團轉。這種已婚夫妻之間的談話，配偶追著配偶，呶呶詢問，應答從一個房間，轉換到另外一個房間，叫人不光火也難。她怎麼就是不肯跟我一塊兒去維迪亞家，參加他的午餐宴會呢？

「每個星期我只有星期天一天可以休息。再說，他其實只是你一人的朋友而已。」

這類的討論照理講，在一方停止追問，或是另一方佯裝太過忙碌，遁形免戰之後，就該戛然而止的。

「嘿，我可經常跟妳的朋友打交道。」

她一邊避開我，避開我的問題，東翻西揀出更多髒衣服，她說：「我還特別問過帕特，可不可以帶著孩子一塊兒去。她說，修和安東妮亞．費哲夫妻倆也會到，他們不會帶著小孩的。我聽得出她在暗示什麼。」

「我們兩個人去就好啦。那是午餐聚會。應該會挺有意思的。」

「我覺得他一點也不喜歡我，」現在，她抖著該洗的衣服。「不過，我也不認為他是衝著我來的。我懷疑他根本就不喜歡女人。」

「這樣講話不公道。」

「你只要看看他書裡頭寫的女人。他討厭她們。她們都糟糕透頂。『太太是個惡劣字眼』，這話可是他寫的。」

我笑她多心，同時說道：「《模仿人》裡頭就有一個好女人。史黛拉夫人。還記得性與童話故事嗎？『鵝啊—鵝啊，呆頭鵝』？」

她隨嘴應道：「你也該知道，只有正經女人才漂亮……喔，你去吧，」她看起來工作勤奮，又德行崇高，負擔著滿懷的骯髒衣物。「玩得開心盡興就好。不過，千萬別叫我跟你一道兒去。他不會想我的。我跟你打賭，他連提都不會提起我。」

孩子們，聽到我們爭執的語音，爬到二樓樓梯間偷聽。

她說：「你可以搭火車過去。」她對孩子喊道：「爸爸最喜歡火車了，對不對？」

「爸爸喜歡火車！」

他們說，trines，這就是我們住在倫敦的結果。

一場文學午餐會

星期天早晨，西行駛離倫敦的班車，車廂空盪，是我最喜歡的班次了。薩里斯伯里列車從滑鐵盧車站喧囂駛出，快速穿過克拉彭接駁站不停，通過人家屋宅與後院，而我第一次抵達倫敦的時候，就萬分驚惶地盯著這些房子，一廂自問，有誰要住在這些漆黑磚瓦、破舊煙囪、昏暗燈光之中？還有盈光閃熠石板屋頂，陰森的大門，以及鑽進鼻孔的塵埃煙灰？答案，就是我。本人住的房子就是這個樣子。只是，這些房子看起來都淒慘陰鬱，我們家是唯一例外。

火車車輪如大槌一般，連續敲打鐵軌接頭，我應著行車節奏，埋首閱讀星期天的報紙，不時還從報紙堆裡抬眼，看看綠樹平野，休息雙眼，車窗外，有些樹已經枯了，有些樹葉枯黃了。風力增強時，樹葉就像枝梢驚鳥一樣飛起。秋天總叫我思潮洶湧。四年前，同樣的季節裡，我剛剛到來，看到同樣的樹木，田野潤澤翠綠，池塘上泛起薄霧，枯葉碾展平攤在潮濕的路面上。

維迪亞事先關照：「我會派輛車子去接你。」他還告訴我司機的名姓。司機是華特斯。他就站在薩里斯伯里車站外頭，挨著他的車子等我。

他說：「您就是佛魯先生吧？」

「沒錯。」

我們直奔威爾斯佛德，途中兩造無言，一路上落葉成堆，我心裡感謝維迪亞的周到細膩。到了平房，華特斯替我開門，一派私家司機作風，他接著說：「一共是四英鎊。」

碎石車道發出嘎扎嘎扎，滾動擠軋的聲音，通報著來客駕車抵達，就像鏈條拉過滑車一樣。維迪亞出門來招呼我。他身後站著一個鬼靈精面孔的男人，身上穿著一條緊身絲絨長褲，背心紅金色塊交雜。

維迪亞問道：「你認識裘利安．傑布嗎？」

我說：「我聽說過你。」一邊跟那男人握手。

「人家都專說我的壞話，講我些糟糕透頂的事情。不過，你聽過就算了，一點也不要在意。」傑布說道，「認識我準沒好事兒，我可是又瘋又壞又危險。」他目光撇到一旁，接著，又裝出美國口音說：「嘿，鬼話扯到這裡就夠了。」

他就是那類的英國人，只有操弄起美語腔調，才能表現他幽默的一面。這種現象並不少見。我就知道許多美國學術界人士，不祭出假英國腔，就無法精確地闡述理論。多少諧仿不過導因於神經過敏的自我意識。

「是啊，是啊，」維迪亞說著，看來對傑布的愚言蠢行頗為不耐。「趕快進屋子裡來吧。喝點飲料。」

傑布跨進門檻的時候說：「我剛剛才在跟維迪亞說，我有多討厭他的留聲機。你看，這老古董多叫人噁心啊！早該送進維多利亞與阿伯特博物館了。這玩意不過是個白癡機器設計來扭曲聲音的。」他雙手摀著臉頰說道：「真是討厭死了。」

這時候，我們正好聽到車道上驟然傳來一陣嚴肅的吱軋聲，碎石擠壓的聲音如此酣暢滿足，令我油然嚮往臼齒咀嚼核果的快意。這陣連續磨合的聲音起自一輛棕色積架轎車的寬輻輪胎。聽得再仔細一些，幾乎就像一隻巨爪大蟲，飢腸轆轆地踩踏著碎石前來。

「修和安東妮亞，」維迪亞說，「是了。是了。是了。」

傑布出得門去迎接他們。他說話語音揶揄而友善，偏偏出自一名陳年菸槍之口，聽來像在咆哮一般。他從一個藍色菸包裡，叼出法國香菸抽著。

維迪亞幫我介紹認識費哲夫婦。我說：「早在十年前，約莫在耶誕節前後，我就見過兩位了。」

安東妮亞夫人說：「我特別記得你呢。」

我愛聽她講到「特別」兩個字的時候，口齒不清的發音。她美目盼兮，皮膚白皙，而當她說話的時候，舌頭與牙齒微微地不相協調，讓她顯得不甚靈巧，因此也更加性感，同時，也引得旁人注意起她漂亮的嘴唇。

「你的書寫得真好，」她說，「我都買來當禮物送人。」

修．費哲一聽此言，轉過身來對著我。他個頭高大，行動遲緩，一張大臉審慎多思，看來面色憂慮，還兼以盛氣凌人。他的肩膀傾斜，一邊高過另一邊，他的姿態也顯得疲憊。維迪亞這個筆跡學家，曾經給我看過一封修．費哲的信，對他的筆跡評頭論足，「你看，就算是信紙上下顛倒看，他這筆字看起來，還是飽受折騰。」

傑布對著安東妮亞說：「唯一會讓我產生種族偏見的，就數威爾斯人了。」

修．費哲巨大的身形，以及他頭頂上無用權威的光環，充溢填滿了這棟平房。他在議會裡占有保守黨的一席，他也教我納悶，這麼明智與深思遠慮的人怎麼會想要投身政壇呢？我無法想像他發表演說，或是挺胸頓足地拜票會是何等光景。他代表密德蘭的斯塔福與史東選區。我從火車車窗得知這幾個地方的地名，搭車前往利物浦時，克魯威與斯多克前面就是這幾站。他的席次在保守黨屬於安全席次，選區城鎮看來荒涼凋敝，不過，這也可能是錯誤印象，搭火車遊英國是種特殊經驗，觸目所及都是人家後院，鮮少看見窗戶敞開。而且，如果你跟英國人提起某個地方看起來挺荒涼的，他會寬容地輕笑著，回你一句：「喔，那個燒陶窯子[1]啊。」好像，那個地方的沉寂破敗算不上一回事似的。

「來點雪莉酒吧？」

維迪亞一邊斟酒，一邊描述著這種雪莉酒的種種妙處，酒液中泛著胡桃與橡木的香氣。

傑布說道：「我在這裡總覺得像個夢遊仙境的愛麗絲一樣。」接著，他又哈哈大笑，扮個猴相鬼臉。「當然啦，我在其他很多地方也覺得自己像愛麗絲。」

他縱聲狂笑之時，聽得出不安的嘶喊，可是，他生性詼趣，又比周遭賓客要友善得多了。

傑布說著：「史蒂芬．田南特就是那隻三月兔子與紅心皇后的綜合體，」還將兩手靠著嘴巴圍成傳聲筒，裝出美國口音，對著我的耳朵輕語：「腳仔。」

傑布吐氣在我的臉龐，我感覺很不舒服，就說：「他也算個隱士，不是嗎？」

「我可不曉得，要是有人跑美國跟史蒂芬一樣勤，還算是隱士嗎？他愛死樸茅斯了。他從來不會錯過耶誕默劇。和真正的隱士維迪亞比起來，史蒂芬根本就是個四處逍遙的野蠻瘋子。」

「這個地方棒極了，」安東妮亞夫人說著，「就像魔法森林裡的一座小屋。」

她打扮得像個牧羊女，褶飾鑲邊的淡紫色短衫，襯得她柔嫩的肌膚更加出色，配上一襲絲絨農裝長裙，腰身上的圍兜與過肩吊帶，刺繡圖飾閃閃發亮。她淡綠色的瞳眸與她略為蓬亂的金髮一樣美麗動人。柔軟寬大的嘴唇，讓她看來一半像女孩，一半像個女人，她有異議的時候，就咧嘴歡笑。

「如果，我住在這裡的話，我絕對不會輕言遠遊的，」她說，「裘利安，你滿嘴胡言亂語。」

裘利安裝出氣憤不平的樣子說：「我又胡說史蒂芬什麼來著了？」他誇張地吞吐著他的法國香菸。「在座諸君之中，恐怕只有我真正見過史蒂芬。我看他總像個東方遜王之類的人物。他總是躺在一張華麗的長沙發上，接待所有的訪客，身上還裹著一條絲質披肩。他的樣子東方得一塌糊塗——當然，也是不男不女的要命。」語畢，他就呵呵大笑起來。

安東妮亞夫人說：「這裡感覺滿奇妙的。」

「這棟小屋是史蒂芬蓋給自用的，」傑布說著，「可是，他從來沒有踏進一步過。他只是待在那裡，你也知道——對著一些很下流的東西吃吃傻笑。」

我心裡狐疑著，維迪亞該怎麼向安東妮亞夫人解釋，那些被長春藤纏死的樹木是怎麼一回事，不過，他什麼也沒說。他聽得又有訪客到來了——車道碎石再度擠壓出聲。他一直留心諦聽著車道上的嘰嘎聲。這回是輛計程車。

他嘴裡嚷著：「是了，是了，」一邊前去應門。一對年輕夫婦進得門來，維迪亞向大家介紹他們是麥爾侃與羅蘋，遠自紐西蘭而來的朋友。維迪亞在一趟演說旅行中認識他們。麥爾侃

---

1 英格蘭斯塔福郡北部盛產陶器，外人遂以the Potteries稱之而不名。

一頭黑髮，臉龐紅通通的，紅得像是較高層次的尷尬，這種紅潤僅見於英國農場男孩與某些蘇格蘭人的臉上——天生膚色蒼白的人，顯現這等的身強體健。羅蘋面容甜美，雙肩寬闊，戴著一頂柔軟卻毫無必要的帽子，正是紐西蘭人外出的衣著習慣。

「你的書太棒了！保羅，」麥爾侃對我說，「我們在奧克蘭碰到維迪亞的時候，我就跟他說，我們到英國的時候，如果能跟你見上一面，我可就美夢成真了。這可真是我的榮幸。」

裘利安反唇相稽道：「嚇，還真是個書迷！」

我不理他。討人厭是他幽默的一部分。「我的榮幸。請問你也是位作家嗎？」

「我也寫點東西。敝人忝列大學英語教員。維迪亞來訪的時候，我帶著他四處轉轉。算是讓他旅途比較平順。」

他比我年輕，而我充分了解他一度擔任的角色，因為，那正是十年前我扮演過的角色。我將他視作維迪亞的門生，似乎看到年輕時的自己一樣，當年，由於我協助他的非洲之旅，輪到我參訪英國的時候，維迪亞也曾經如此酬謝過我。

「這裡天黑的好早，」羅蘋說道，「而且，你聽那風呼嚎的聲音。」

倘若我沒從她鼻音濃重的 dahk 聽出她的紐西蘭口音，那麼，她的 weend 一定逃不過我的耳朵。只不過，初來乍到之時，我也對英格蘭氣候發表同樣的觀察心得。

「相當對。」修．費哲說著，只是，他正跟維迪亞講些旁的事情。他站直身子。他的頭幾乎挨到天花板。平房廳室狹窄，他看起來更顯困窘，話又說回來，說不定，他在大部分房子裡面，都覺得渾身不自在吧。「我很了解他，」費哲說著，「我願意不計一切，只要能再跟他共事就好。他出席總是穿著一些出色得不可思議的西裝。他會說，『印度買的，』不然就是『這是特別蒐集喀什米爾某種山羊下巴的毛做的』。」

維迪亞說：「我覺得我可以吃下那些衣服。」

他們究竟在講誰呀？而我也沒問。英國的宴會總是充滿這樣形形色色的暗語，講些你連聽都沒聽說過的，驚世駭俗的人物。

「相反的，你怎麼不吃些餐點呢？」帕特從廚房出來，信口說著。她招呼著宴會上每一位客人，抱歉先前為準備菜餚忙得無法分身。她還是面色憂懼，不過，我看得出來，這回，她多了幫手，一個穿著棕色毛衣的女人，身上繫著圍裙，正把湯舀進碗裡。

維迪亞為大家斟酒，嘴裡念著：「我想，你們一定都會喜歡這個酒的。酒液很均衡，扎實，幾乎有些肉感，可是平順好落喉，而且，我想你們都會同意，這酒也圓潤。」

「我們今天別理會維迪亞平常的飲食習慣，」帕特說道，「來，一塊兒嘗嘗葛里斯太太的牛尾湯。」

維迪亞面前端上一盤燻鮭魚，這是他專屬享用的餐點，而我一看同桌賓客都痴羨著他的鮭魚，感覺比個人面前的棕色濃湯要可口多了，心下也隨即了然。

傑布說道：「維迪亞對於食物真是絕對的狂熱挑剔。倫敦才新開張一家餐館叫做『彆扭客』，專供素食的。每次我打從那裡經過，就會想到維迪亞。我還經常在那一帶屯著呢——看吧，誰也不知道我講的是什麼意思！」

維迪亞說道：「本人盤算著買輛車子，」硬生生地截斷話頭，改變話題。「你說，本人該買什麼樣的車子好呢？」

「我是車盲啊，」傑布說，「我根本分不出車子的型啊，款哪的。我也不會開車。我討厭車子，真的。或者說，我都給車子煩死了。」

修．費哲說道：「我們一度建造世上最為精良的車輛。」他的語音莊嚴緩慢，我們都靜候他大發讜論。「不消多疑，我將再起，我們一定會迎頭趕上的。」他停頓片刻，又說：「或許，你該等到那個時候，等到英國勞工的典範精神重新隨著裝配線滾動的那一天吧。」

我問他：「你覺得你那部積架怎麼樣？」

「有點像匹疲憊的老戰馬，」他說，「就像車主一樣。」

傑布應道：「只是不像你開車上路，加速前進，還探頭出去喊著：『吃我的屁去死吧』！」語音又轉成美國腔調。接著，傑布興致濃厚地對麥爾侃說道：「紐西蘭是不是有個很了不起的本土名字？」

「我想，你的意思是毛利族語吧？」

傑布說：「我想應該是吧。」他一人坐在桌邊抽菸，其他人都還是細嚼慢嚥著。

「愛歐提埃羅歐，」麥爾侃說著，「意思是長條（long）白雲之境。」

「或者說，錯誤（wrong）白雲之境還差不多，」傑布語畢，隨即轉身背對那兩個紐西蘭人，朝著安東妮亞夫人微笑，安東妮亞偏偏沒聽到他剛剛講的話。

安東妮亞夫人正對帕特．奈波爾說道：「假如能在這些島嶼裡，挑一個小島過日子，我可是再喜歡不過的了。」可是，她們聊的不是紐西蘭。她們促膝長談的是另一樁完全不同的話題，她們在講西印度群島。「我最愛完全絕對的懶散了。」

「妳會受不了那裡的炎熱氣候。」

「我最愛氣候炎熱了。」

「妳會無聊的發慌。」

「才怪呢！」安東妮亞夫人說，「我一定會喜歡的。花朵、燠熱、陽光、大海。這就是我心目中的天堂。」

這個可愛的女人，寬鬆的白紗長縷下一絲不掛，兩袖蕾絲飄飄，寬沿軟帽半遮著臉，手上擎著一柄小洋傘，施施然微笑著，從一處熱帶植物園向我走來，而我正坐在一座黃色灰泥農場房舍屋頂陽台上，一旁桌上擺設著茶具，還有一壺用我收穫的橘子釀製的橘子果醬。大鳥籠裡，快活的鸚鵡高聲鳴叫，蔚藍天空，陽光普照，映照出我的安祖花[2]巨大綠葉的條條葉脈，而安東妮亞夫人的胴體側影，透過薄紗蕾絲長縷也纖毫畢現。我幫她往茶杯裡倒茶，她純然安適，渾身透著費洛蒙的香氣。燠熱、慵懶與滿足，彼此揉雜滲透，醞釀出濃郁的感官愛慾。「我最愛那些熱帶島嶼了，」她對著帕特說道，聽得我的體溫也直線升高。「我最愛無所事事了。」

帕特說：「可是，妳是我認識的女人當中，最忙的一位了。」她已經站起來傳遞第二道餐點用的盤子了，水煮魚與奶油韭菜與沙拉。

2 安祖花（anthurium）：熱帶美洲產的天南星科植物，像台灣常見的姑婆芋。

安東妮亞夫人發言抗議，可是，我充耳不聞。我早就與她一同私奔去了，我戴著草帽，穿著農場短褲，赤腳歇在陽台上，幻想在椰子天堂裡永浴愛河。

維迪亞問我：「你的酒怎麼樣？」

「你說得對。肉感。圓潤。平順。」

傑布插嘴說：「你們講的是瑪格麗特公主嗎？」

維迪亞說：「待會兒，大家都來試點鼻菸。」再度截斷傑布的話頭。

「哈洛．麥克米倫也嗅鼻菸，」修．費哲說道，「他老是不休不撓地吵著要本人也嘗嘗。」

維迪亞說：「我不會吵著強迫你的。」

安東妮亞夫人興致勃勃地說道：「我想要試試看。」

在我們的熱帶陽台上，她總是首肯答應我的各種狂野提議，而她也只要輕嘆一聲，纖纖玉指扯扯她的袍子，我就會說好。我抬頭看見葛里斯太太正在收拾碗盤，這才明瞭，我的幻想讓我如此著魔，渾然不覺午餐已經結束了。

「我也想來一回，」麥爾侃說道，「羅蘋，妳怎麼樣？」

羅蘋點點頭，好啊，她也想聞聞。

「真是可悲啊，一群人云亦云的呆頭羊，」傑布說道，「我才不會拿鼻子去湊那種邪惡的東西呢。我寧可來一腳。喔，你們看保羅！他可被我嚇壞了。」

我說：「我知道你講的『腳』意思是香菸，裘利安。」

傑布說：「不過，我講的可是另外一種腳，」他嘲笑著我，再用他的美國口音說道：「腳仔！」

我知道，這時候，唯一正確的反應，就是裝傻，任人揶揄，而不顯煩躁，然後，再只是憐憫地對著揶揄者微笑，讓對方自覺幼稚而無地自容。或者說，你講的還真對。

帕特說：「鼻菸只是消失在維迪亞的鼻子裡。」

羅蘋問道：「我還以為妳一定會嗆得大打噴嚏呢。」

帕特說：「維迪亞從來不會打噴嚏。」

「我愛打噴嚏，」安東妮亞夫人說，「我也不曉得為什麼。」

我的機會來了。我說：「打噴嚏之所以樂趣無窮，是因為鼻子裡面的勃起組織——即使連女人的鼻子裡也有。鼻子也是一種性器官，非常的敏感。我是說，鼻子也可以感受撩撥，然後膨脹腫大。有些人在『性』致高昂的時候，就不能用鼻子呼吸。」

每個人都瞠目結舌地瞪著我看。

「卡夫特—愛賓就是這麼說的，」我繼續說道，喋喋不休。「《性慾精神分析》，噴嚏與性那一節。」

安東妮亞夫人面露微笑，不過，她的丈夫卻皺起眉頭，凝視著自己巨大的雙手，沉思默想，餐桌上一陣不安的沉默之後，他的臉色更加凝重陰霾。或許我一時多嘴，嚼舌過度，不過，我也不在乎。我滿腦子只想著裸裎競逐在高溫炎熱的島嶼上。

傑布說：「聽起來反而像是你過來人的經驗之談啊，保羅。」

「如果聽起來像是我的經驗之談，那是因為我在瞎吹胡扯，」我說，「不過，難道你從來沒聽別人恭維你有個『高性能』的鼻子嗎？」

「無時或已，只是，還好我早就不能人道了，」傑布說著，「我就是那『殘廢的放蕩者』。」

麥爾侃將雙肘擱在餐桌上，隨著他開口朗誦，粉色雙頰益發紅潤。

就這樣，當我陽痿不舉的日子迫近時，
而我隨著梅毒醇酒的惡運驅使
無奈退出淫蕩歡樂的巨浪高潮
擱淺在怠惰荒逸的黯淡海灘上……

「這詩用你們紐西蘭腔調念起來，還真可愛啊——不是嗎？」傑布精神抖擻地吸菸，再奮力吐霧。「要不，我是不是該說『鷸鴕』（Kiwi）呢？」

安東妮亞夫人說：「這詩聽起來好熟喔。」一邊輕輕點著她漂亮的嘴唇。

麥爾侃回道：「約翰．威爾莫特，羅契斯特伯爵。」

「麥爾侃的博士論文就在寫十八世紀新古典主義時期以及宮廷才子，」羅蘋說道，「論文每個字都是我打的，所以，我也該知道。」

「羅契斯特讀來真叫人滿心愉悅，」安東妮亞夫人說著，「維迪亞，你還在讀他的詩嗎？」

維迪亞還來不及回答，麥爾侃已經將他的粉紅臉龐堵在安東妮亞夫人的白皙臉龐之前，開口說道：「用『滿心愉悅』來形容色情詩還真不尋常。」

「我一點也不覺得羅契斯特的詩色情露骨。你們紐西蘭人一定很容易大驚小怪。」

這個我喜歡。我們可以一起躺在陽台上讀著羅契斯特，安東妮亞夫人與我。麥爾侃不正面答覆她，轉而再度將他的手肘撐在餐桌上，長嘴鸛鴕在拚命賣弄學問，為了要闡明他的色情詩觀點，他又朗聲讀著：

藉著愛情陰綿卻強大的力量
此情殊為不適
男人要趁著花開，即時猛幹
或是等過襤褓沾屎。

「我想，你剛好證明了我的觀點——也正好說明了你們有多愛大驚小怪，」安東妮亞夫人說道，「羅契斯特其實是個道德家，真的，只是那麼一點點不規矩，可是非常有趣。」

麥爾侃咆哮道：「只是那麼一點點不規矩？」他操著紐西蘭口音，並不足以充分立論；反而像在挖苦自己一樣。他氣憤地再度朗誦：

所有歡樂英格蘭的名媛淑女啊
各個親過女公爵的手，
祈禱啊，最近看戲的時候，

見到一位義大利貴人，名喚賈陽巨先生的嗎？

安東妮亞夫人說：「『不規矩』正是我會用來形容那種詩的字眼。」

維迪亞開始侷促不安，餐桌談話轉向如此，讓他非常不自在。我知道他急著離座，結束這段對答。他已經掏出他的菸斗，來回撫擦著，大拇指還插進菸斗凹處。

羅蘋說著：「麥爾侃可以這樣跟人家辯論一整晚。」一邊拍拍她丈夫僵硬的手臂。

「羅契斯特根本就只會搞前戲，」傑布說道，「不曉得是誰說的，前戲完全是中產階級的玩意兒？」

麥爾侃的雙眼因憤怒而失去神采，而我猜想，因為安東妮亞夫人笑意微微，略略從他身邊移開，雙手還故作端莊地疊在膝上。麥爾侃拿下巴朝著她呶呶，說道：

因此，驕傲的狗娘四處引導
集合地痞無賴匯成色情大聚會
諂媚無恥地四出搜尋
鹹濕美味的膨脹陰——

「我聽出來了，語言，」傑布興高采烈地喊著，接著又說：「你的紐西蘭腔調讓十八世紀寫的詩多了幾分辛辣，以及妙不可言的細微差異呢。」

帕特說：「我們該上咖啡了吧？」

維迪亞說：「你這又是哪門子要命的英語研究？」

傑布回嘴：「我爺爺恨死這些歪詩了。你知道我爺爺是誰嗎？」

我說：「我不知道。你又知道我爺爺是誰嗎？」

「我爺爺是希來爾．貝洛克[3]。你家祖上又是哪一個？」

此時，安東妮亞夫人微笑著正面迎向麥爾侃。他看起來心焦意亂、上氣接不住下氣、怒火中燒。他將自己的口齒不清抬到戲劇性的優勢，開口說道：

就別再談起見異思遷，
虛情假意與毀棄誓言；
如果出現奇蹟，我可以
在這樣度日如年的一分鐘裡，忠誠待你，
老天也只允許這一點點。

麥爾侃回應道：「羅契斯特寫這種東西不過是欲辯無言，找個爛藉口，因為他發現自己根

3 希來爾．貝洛克（Hillaire Belloc）：法國出生的英國作家、歷史學家、散文家兼文評家。一八七〇～一九五三，公認為二十世紀前二十五年間，才思最為充沛的英語作家，著有《英國史》（*History of England*）。

本無法對伴侶忠實。」

「我倒覺得這詩既可愛又抒情十足，」安東妮亞夫人說著，「你引述的那些詩，我一句也沒聽過。不過，或許因為這是我們勾畫出自己想要的作者吧。我知道，我為什麼覺得維迪亞是優秀的作家。我確定，你也一定可以引述一些不利於他的東西。可是，在我而言，羅契斯特可是個抒情詩人，迷人之處多得說不完。」

這趟辯論的重點說不定不在羅契斯特伯爵的詩篇上，反而像在階級與口音上大作文章。餐桌上的氣氛因而沉悶，餐室內未及發言的其他人都覺得窘惑。維迪亞起身，麥爾侃與羅蘋兩人輕聲交談，互舐傷口，傑布在咯咯傻笑。修．費哲蹙眉沉思，彷彿在捕捉一絲絲流洩言外之意的回音。就在那個當兒，我聽到安東妮亞夫人打了個噴嚏，看見茶褐色的點點鼻菸散落在她的鼻孔周圍。她淚眼盈盈地對我微笑。我巴望著她能問我一些關於勃起組織的事情。

修．費哲說道：「維迪亞，我剛剛想起來，」重新拾起先前給打斷的談話，「現在跨種族通婚的這麼多，就會產生一些古怪的種族矛盾。黑人變的像白人，白人變的像黑人。」

維迪亞說：「我曾經寫過這個題材。」他走到書架邊，抽出一本皮革裝幀的《模仿人》，讀起寓言〈尼日與塞納河〉裡的集中段落。

他一開口說話——而他說的清晰得體，確切掌握每個字該怎麼強調、知道接下來會是什麼、又該如何調整停頓的時間——午宴賓客全都閉嘴，靜了下來。維迪亞挺腰坐正，將書捧個端直，拇指插在書本背脊的溝槽裡，繼續讀下去，謹慎周延，有如對著方才脫口道出羅契斯特伯爵那些猥褻詩句的麥爾侃，給他上一堂朗讀的課。維迪亞讀完的時候，他就像個代理牧師結束一場說教之後，合上聖經一樣，閉攏書本。

「你明白了吧？」

只是插曲一段

我們到平房後方散步，好讓維迪亞領著我們見識淹水牧草地與樹木。羅蘋與麥爾侃走在一塊兒，妻子平撫安慰著丈夫，丈夫樣態依舊狼狽。帕特趕上去湊近他們，和他們走在一起——直到現在，離開室內了，才能說午餐餐桌上經過一場軒然風波；帕特正充當愉悅的女主人兼和事老。我推搡了一番，擠過去走在安東妮亞夫人旁邊。

我們沒聊什麼——多美的林子啊、低垂的枝幹哪、樹上的藤子纏得可真厚。

「你的幻想就是我的幻想，」我終於說了，「熱帶島嶼與無所事事，晴朗的天空與一汪碧藍的礁湖。」

「真高興我們所見略同。別人都以為我一定是發瘋了。」

「不，一點也不。」我可以想見那白色的長衫、小洋傘、耷拉軟帽——還有她猛力前後擺動的大腿，以及汗濕涔涔的腰側。

修・費哲跟維迪亞走在前面，兩人側耳密談些重量級的事物——從他們引頸交談的方式，我就可以猜出十之八九，這種傾斜角度往往意味著事態嚴重。

我說：「我也喜歡妳引的羅契斯特那首『捉住這一天』裡的句子。」

「聽你這麼講真好，」安東妮亞夫人說著，「你現在在寫些什麼呢？」

「一本小說，背景就在倫敦。」

「我相信一定又會是本暢銷書。維迪亞相當以你的成功為榮。」

我好想擁著她，把我的臉緊挨在她的香頸上——她看起來如此輕柔溫暖，多麼漂亮的嘴唇。我想要緊抓住她的牧羊女衣裝。她微微閃過，避開路上一處泥濘淺窪。

那井然有序而短暫的一刻，我們只是走過淹水牧草地上一條小徑的八個人，這條小徑如此狹窄，大多時候，我們都得走成一條單人縱列。我感覺這一分鐘猶如一世，和諧而充滿活力，幸福的集合，八個不同的人來自四面八方，圍繞著五月柱[4]翩然起舞。

傑布加入我們，他轉過頭來對著我說：「我總算想到我的小說該起什麼書名了。想不想聽聽看哪？」他雙手往前一攤，朝著天空遞出。「我這就打算叫它『光』。」

他急步向前，或許是趕著去告訴維迪亞。他步履輕盈，五步併作三步，鮮紅背心鑲著金邊，略微的小丑樣態，有點像個馬戲班藝人，卻如此迫切於取悅。

我說：「我不曉得裘利安還寫小說。」

「他才不會寫小說呢，」安東妮亞夫人說，「不過，他這人可愛甜美得很。」

只是，我心不在焉。我忖念著，羅契斯特那些猥褻詩撩得我心猿意馬，尤其是當我看到安東妮亞夫人微笑聳肩的時候。我想告訴她，我在心裡幻想著，我們兩人在熱帶小島上如何繾綣纏綿。不過，一日將盡，而我也想到，這有什麼用？我不過是胡思亂想罷了。這是我一輩子都改不掉的習慣。

回到屋子裡，帕特在屋外一張藤編小桌上請大家用茶。維迪亞取來他的空氣步槍。我們輪番對著紙靶射擊。羅蘋得分最高。她連連說了兩三次：「啊，我以前從來沒試過呢！」安東妮亞夫人端起步槍，瞇眼瞄準時，看起來美極了。她可不是一朵羞卻、不顯眼的紫羅蘭小花；而是個勇於嘗試，富有冒險精神的女人。我就愛這一點。更適足佐證，她是熱帶島嶼上的絕佳伴侶。當她再度揹起步槍，緊抿著嘴唇，我好想要她轉個圈，一槍斃了我。

接著輪到傑布。他又裝出美國口音說道：「好了，現在放下你的槍！」他連擊四發，發發「麵包」，連紙靶的邊都沒沾上。他端著步槍擺個架勢，維迪亞就用他的坎帕拉相機幫他拍了張照片。

修．費哲說道：「維迪亞，這可是最上乘的款待了。」他喝了最後一口茶，隨即轉變為一種告別姿勢。他從口袋裡掏出車鑰匙，對著安東妮亞夫人抬個頭，給她一個信號。

我想到與他們一同坐車回到倫敦，好接近她，跟她在一塊兒。不過，渴望無望。他們也沒打算邀請任何人與他們順道同行。我有種感覺，他們想在回程路上，討論一些嚴肅的家務事。

「我恐怕要晚歸了，」傑布說道，「你可以幫我叫輛計程車嗎？」

傑布走了，我又逗留了一會兒。那兩個紐西蘭人也還待著不走。或許，在我之前，傑布也

4　五月柱（Maypole）：英國鄉間慶祝五月一日五朔節的習俗，全村青年男女會在村子廣場豎起漆上黑黃兩色斑紋的樺樹柱子，即為五月柱。柱頂插上早晨摘自野外的山楂枝子與白底紅十字旗子，垂下長條綵帶，男男女女就手拉著綵帶散開，圍繞著柱子唱歌跳舞。

是維迪亞的門生——他和維迪亞之間充滿自信，兼以不時揶揄的友誼，意味著或許就是這麼回事吧。我做為門生的日子已經過去了：我現在生計寬裕，家庭幸福，手上還有另外一本書準備付梓。麥爾侃可能是下一個門生，可是，在我看來，他撐不了多久；他太喜歡唱反調了。跟維迪亞爭辯是不會有結果的。你得聽他的，縱容著他，放過他所有不合邏輯的論點，而且記住，如果他說：「義大利人用泥巴做起士。」你不會糾正他說：「不，起士是用牛奶做的。」你只是笑而不答。你更不會扒糞不絕地引述羅契斯特伯爵的猥褻詩。

維迪亞對著麥爾侃說：「你是說，我說他們該讀些什麼書，說錯了嗎？」

「不，我只是說，大部分的紐西蘭人將他們本國史視為良性殖民統治的典型。」

他們又重述一次鸛鴕發現記。維迪亞怒容滿面，像是被人冤枉了一樣。帕特臉色蒼白，也許是因為家務操持勞累與失眠無休，以及午宴賓客過多吧。

我說：「我得走了。」

帕特說：「我會打電話給華特斯先生的。」

「我們再談，我們再談。」維迪亞似乎給麥爾侃說的話驚擾了。

麥爾侃和羅蘋兩人密會私語，看起來再度像是異邦人士。

我們各自離去，彷彿，分別消失在黑暗中一樣，逐漸縮小在個人命運的旅途上；迷途失群，不再忠實，瓦解離析，最後歸於塵土。不過，在午餐宴會中，僅僅幾個小時，我們各個都機巧高明。

回程倫敦的火車上，我試著從車窗看出，卻只能看見自己的倒影，夜色框住我的影像，盯著窗內：我的另一個自我就這樣瞪著我，整整一個半小時。

我太太問道：「嗯，他有沒有提到我呀？」她微笑著，不等我的回答，因為，答案是什麼，她清楚得很。她只是明知故問而已。時間會照應一切的。

小說總要不時穿插著揭露謎底，才能引人入勝，你才會一頁翻過一頁。重點，經常就在於時機的掌握。這本書卻是另外一種類別的敘述，形態不同，不必掉弄虛玄，只是隨著年歲流逝，平鋪直敘地記述一段友誼罷了。

時間也照應了我們。安東妮亞夫人離開了她的丈夫，嫁給劇作家哈洛德．平特。悲傷欲歿的修．費哲遷出家宅，借住在朋友家中，稍後，這位友人說他是心碎而死的。帕特．奈波爾經診斷罹患癌症，動手術切除乳房，卻已經回天乏術。她也死了。我離開了我的太太，失去了我的家人。傑布自殺，就著伏特加吞了些藥丸。從此再也沒聽到那對紐西蘭夫妻的消息。

不過，那一切都發生在許久過後。那一場午宴聚會，不過是一段微不足道的插曲，不過是個陽光普照的日子罷了。

第三部

維迪亞爵士的影子

第十一章
擁有房子的人

早些時候，維迪亞玩笑著說道，總有一天，他要將他的姓氏英國化，從「奈波爾」（Naipaul）改作「乃—波爾」（Nye-Powell），頭上再戴著一頂軟趴趴的蘇格蘭粗呢帽子，身上穿著諾福克外套，揮著手杖，昂首闊步在京斯頓街頭。嘿—嚇，我說！天氣可真好呀，啥？

他重複地念著：「V. S.乃—波爾，」彷彿在高聲宣誦著某個顯貴嘉賓大駕光臨一樣。他將Powell念作「波爾」（Pole），就跟安東尼．波爾一樣，他對波爾知之甚深，交誼不輟，而且還毫不留情對後者擺出一副俯尊屈就的架勢，儘管兩人年齡與階級懸殊，文學造詣上（這是維迪亞所認定的）更有天壤之別。

我總愛聽維迪亞講笑話。他的笑聲顯示他的健康狀況良好。更重要的是，經過十年交往，我們之間還是足夠友好到交換笑話，或是任何其他資訊。我可以跟他開口，告訴他我想要些什麼。朋友是做什麼用的？

他同樣也說過：「有人以為本人只是個棕色的小個頭英國人，真是錯得離譜。本人讀到人家這麼寫，聽到人家這麼講，或多或少也會心驚膽戰。」

然而，他又是什麼人呢？他深惡痛絕於自我定義，尤其討厭「西印度群島作家」的頭銜，他期盼著外界能欣賞理解他的才華——這又有誰能免俗呢？——只是，囿於他的印度血緣，他注定只能淪於眾人之中（他的某篇短篇故事題目）：由於他的種族膚色，他和世界上其他十億餘印度人毫無差別。大部分定居英國的印度人，儼然形成一個新階級，都過著儉省、卑微的日子。維迪亞走在倫敦街頭，不像個諾貝爾獎候選人，反倒像個雜貨店老闆，正好就是他最厭恨的那種「杜卡瓦拉」：倫敦街上的一個報攤老闆，急吼吼地從銀行趕回他的攤子，攤子上賣著香菸、口香糖、還有每天的報紙，隨時將露著屁股奶子的雜誌供在攤子最上頭。那個地點現在已經成為英國家喻戶曉的機構了，俗稱就叫做「巴基鋪子」。

英國的印度人最感怨怒的一端，就屬外人捨印度人一詞不用，而逕自稱他們做「巴基仔」了——巴基斯坦人的簡稱。就像沒幾個英國人見到棕色臉孔時，還肯花點時間與功夫區別分辨，印度人見著白色面皮時，也如出一轍。維迪亞總是自豪於自己的特殊出眾。多年以前，他曾經提到過，自認人生一大樂事，就是傲然獨矗在英國街頭上，表現出他的異國風華（認定我的殊異秉性，對我是必要的）。那可是在印度移民大量湧進英國之前。而今，如果只憑著他身體髮膚的特徵，維迪亞就什麼也不是了——換句話說，他不過是個巴基仔而已。

不再是無殼蝸牛

地址的意念——擁有一個自己的地方——時時縈繞他的心頭，有時幾近執迷著魔。沒有房子，讓他切切渴盼著自有住屋。他總說自己無家棲息，一無所有，無處歸屬。我猜想，維迪亞小時候還過得去，卻混沌紛擾的童年生活——他是《畢斯瓦先生的房子》書中的安南德，這本小說就是他自己的家族記事——使得他在千里達無從扎根，而他也多次暗示著，印度人的公民權在這個島上屢遭褫奪。

他信封上的回郵地址經常都是轉交地址，暫存待領之處往往都是出版公司或是他的經紀人。真傷感，我心裡想著。蝸居多年，他還是將平房當作一個暫時棲身之處。他冀求著更好的，將他大部分的家當都收藏在一間倉庫裡。只是，時光流逝，他還是一隻無殼蝸牛。他在書中是安南德，可是，他日益追仿慕亨．畢斯瓦，他書中的主角，畢斯瓦也一樣渴盼著擁有一處可以稱做自己的地方。

我已經在倫敦買賣過兩棟房子了，由是，這些日子以來，我們談論房地產的時間遠多於商討書籍寫作。我是個房地產持有人，而他也喜歡那種穩固的實際感受：不再胼手胝足，捉襟見肘，住在租來的公寓，看著租來的電視。總而言之，現在，他鮮少提到書了，對他正在寫的書更是三緘其口，只是偶爾點點頭，信心百倍但卻流露著明顯的驚詫地說：「我想，我現在在寫的東西非常重要，而且從來沒有人寫過。」

他已閉口不談我的作品，我姑且視之為他對我的同意，而非漠視。現在，他會說：「你不會有問題的。你看吧？」

不過，他心上總是記掛著房地產。還有，地點。

「找個會下雪的地方。我看見一棟小屋，堆柴生火。靴子。」他微笑地遐想，「我愛雪。」

他曾經描寫過雪景，每每用上夢幻般的誇張語調，只有將皚皚白雪當作裝飾品——就像蛋糕上的糖霜——的熱帶島民才寫得出來；就算是不神奇，雪花輕如鴻毛，晶瑩剔透，積雪從來無須剷除，更不必開車駛過雪泥。可是，他去過幾個下雪的地方，而且對那些地方沒有好感。將「下雪的地方」從他的列表上刪除吧。

好些年來，他曾經幻想著遷居蒙大拿。他喜歡這個地名；他想像著藍天無際、高山峻嶺、茂密的森林。他並不知道蒙大拿的「惡土」形象。不過，他也在親履斯土之前，就決定了蒙大拿不適合他。

加州吸引著他。他向我討了些人名、地址與電話號碼，這些加州人或許有興趣載著他四處繞繞兜風，順便請他幾頓便飯。他是那種喜歡探訪別人的人。他喜歡有人來接他，享受著被人家請上上座——如此榮耀的位置，當然是他歸屬的所在。我在加州的熟人接待了他。不過，他不喜歡加州。他認定加州人熱中於培養肉體，而非心靈；他看加州人泰半自私自利、拜金虛浮與矯揉造作。

他喜歡紐約市。他喜歡紐約的幽默與紐約的包容。從來不會有人在紐約盯著他瞧。他一度坐而夸談，要在紐約買間公寓，每年在那裡待上幾個月。可是，他從未真的起而執行。

身為一個島民，再加上他將自己認定是一個鄉下孩子——雖然，他七歲的時候，他們老家就從微渺的鄉間小鎮查瓜納斯，搬到西班牙港——他說，加勒比亞一帶有些情景，總叫他懷舊思鄉，大嘆歸去來兮：回憶中，清涼的可可樹農場，林蔭深處的大別墅頂樓寬闊的陽台。可是，只要一想到農場柵門外的騷動不安，他曾經將那種混亂狀態條分縷析地寫在〈千里達殺人事件〉一文中，想像追摹地寫在《游擊隊》一書中，就令他裹足不前。

這些地方離他現居英格蘭的地址都還天高地遠；比較沒那麼遙遠的威爾特郡，以及倫敦，他熟稔倫敦的大街小巷，屯居之處曾經北上泰晤士河北岸的麻斯維爾丘地，以及南下到史崔特罕。

「你花多少錢買下克拉彭那棟房子？」

我對他據實相告。

「那棟房子現值多少？」

我揣測了個市價。

「你明白了吧？你已經成為這個市場的一部分了，你已經進入房屋買賣的循環了。而這些時間以來，我成天光是哼哼唧唧的，擔心受怕我會虧錢。本人早在多年之前就該買些房產了。讓房子自個兒靜靜地增值就結了。然後，再進行本人的下一步。不過，本人就是前怕狼，後怕虎的。」

他鬱卒，感覺比無殼蝸牛還糟糕：而今，他無處可去，還有些絕望。

「而你在美國也有個地方？」

「我在鱈魚角有棟房子。」

「我不想看到那棟房子，」維迪亞說，「那只會提醒我一生中犯下的種種錯誤。」

我告訴他，克拉彭地區有不少維多利亞時期的大宅子。切爾西一帶暴漲的房價還沒傳染過岸來。這個提議令他哂笑。

「可是，你也知道，本人要的是時尚流行的東西，」他說，「一定要不折不扣的切合時尚。」

京斯頓或是騎士橋區，他說。這些地方總叫我聯想到色彩紛異的阿拉伯牆壁塗鴉，手書潦草的招貼，停車一位難求，阿拉伯人裹著長袖寬袍，彷彿即將穿越阿拉伯大沙漠，還有為了迎合客居倫敦的阿拉伯人各種需求的生意：喀巴布串烤羊肉鋪子、鮮果販子、果汁吧棧、烈酒店鋪、按摩院，以及伴遊服務跟明目張膽的攬客妓女。每個公共電話亭裡都貼滿這類措詞露骨的妓女名片（「青春豐滿金髮女，任君差遣」）。

我按下這些聯想不表——其實，他也清楚得很——我提出其他建議。

「切爾西怎麼樣？」

「太虛偽了。」

「魏登菲爾德勳爵[1]就住在那裡。」

「我想，你剛好佐證了我的觀點。」

「聖約翰林地應該挺時尚的吧，不是嗎？」

「聖約翰林地，我親愛的保羅啊，那是郊區呀。」

「里奇蒙挺討人喜歡的。我滿想住在那裡的，沿著河岸找個房子。」

「那裡是不錯。確實也有些像樣的人住。不過，里奇蒙還是郊區。而且，本人還得買輛猴仔車子。」

買輛小車，開著上上下下代步，在他眼中，這種打算純屬荒唐無稽。

「梅菲爾算是時尚的顛峰了。」

「梅菲爾墮落頹唐。根本就是個騙局。到處都是些花街柳巷。我知道，美國人很迷那個地方，不過，抱歉得很，保羅，梅菲爾就是不適合我。」

「倫敦的每個地區你好像都住過？」

「也不盡然。麻斯維爾丘地。那個公寓之前住過一個奈及利亞人。真是髒得難以言喻，不過，帕芝和我合力將裡裡外外清潔消毒了一番。」他扮了個鬼臉。「史崔特罕。我的《畢斯瓦》就是在那裡寫完的。那段時間真是美好。接著斯多克維爾公園新月街。非常質樸的小房子，真的。我一直像個游牧民族一樣。」

「你也在愛德娜．歐布萊恩位在普特尼的家裡住過。」

「短暫停留過一陣子，」他說，「不過，普特尼不行。我要的是時髦高尚的地方。」

他在格洛斯特路上，找到一間公寓，隱居在成排維多利亞式的公寓建築峽谷之中，樓面裝飾華麗，露台與希臘風格的雕梁畫棟比美。皇后宮門巷。他說，講太多會觸霉頭。直到他買下

1 魏登菲爾德勳爵（Lord George Weidenfeld）：匈牙利裔的猶太人，一九八三年逃離納粹占領，到達英國，日後成為英國國家廣播公司知名的戰地通訊員，以色列第一任總統魏茲曼的首席政治顧問，並成立國際出版公司，於一九六九年與一九七六年兩度獲英國政府封爵。

公寓交屋之前，他都緘默以待，避而不提。

公寓裝潢完工之後，他說：「過來用些茶點吧。」

他的居室袖珍，直至目前為止，是我在倫敦所見最為迷你的居家住所。我當下才理解到，這些表面恢弘迫人的建築大廈，內部其實一再隔間細分，因此，他買的其實只是原本寬敞的公寓裡的角落——就像是個食物儲藏室、壁爐牆角、女傭的臥室一樣。電梯更為狹窄：一次只能擠進兩個人。要是三人同行，其中一人就得說：「你們搭電梯吧，我走樓梯就好。」如果，聽得到人聲言談，講的話一定是阿拉伯語。

「這是間小巧玲瓏的房子，」維迪亞說，「撿到算是我的運氣。」

他因為所在地點而喜歡這間公寓，或許，還要加上房子形狀與大小都奇特無朋吧。房子內部不但狹小，而且還不完整——就像火車臥鋪上的單人小室——室內還給半堵牆壁截斷，隔開一條進門通道。登堂入室之後，再跨一步，你人就進了廚房，廚房也只是個僅容單人立錐的角落。臥室隔在四步階梯登達的夾層上，一張床就占滿了空間。就是那樣子了：如此狹小的房子，你不論舉手投足都要估量最經濟、不占地方的姿勢，併膝躬身而坐，站著也得小心，萬萬不可輕舉妄動，要不然，你就會撞上几角，或是砸了家具擺飾。牆上一幅赤褐色的葛飾北齋[2]版畫，幾個小櫃子，一具銅材濕婆舞像。公寓裡各項用具都因體積精巧而選定；每樣東西都剛巧適位。不過，兩個人就可以擠滿起居間。從北向的窗戶看出，就是其他屋宅的後牆。

維迪亞可能是唯一對這間公寓還滿懷熱忱的人。過去，他經常沮喪或是情緒低落，可是，他也能夠——這是他自己說的——感受無上的歡樂。每當他獲得某些他想要的，或是期盼已久的事物，與他相處就是一樁賞心樂事。

「你住在這裡，穿著可得時髦些，」我說，「恐怕，你還真得將名字改成V. S.奈—波爾囉。」

他說：「V. S.乃—波爾，OBE[3]。」接著就哈哈大笑起來。

擁有自己的家，使得他信心滿懷，希望無窮。他說，只要他人在這間公寓裡，他就覺得精神振奮，情緒高昂——在我看來，這是他的窩，可是，依照他自己的形容，想必與他所見略同。房子或許僅容旋身，卻居高臨下，還兼以隱蔽深密。他感覺到屏障與保護。再加上，公寓靜謐。對一個作家而言，不論是房子還是公寓，都應該以適合工作與否加以評判。某些地方不只因為安靜與採光而完美，甚至還包括了些難以名狀的風水要件。

「我可以想見自己在這裡寫下優秀的作品。規模宏大，重要的作品。」

同時間，我擠身坐進一張低矮的椅子裡，膝蓋正挨著下巴，雙手收束在胸前。我擔心，萬一條然起身，會砸爛了什麼東西。

「再過幾年，假如房地產市場還像現在一樣水漲船高的話，我就會換一棟比較大的房子。」

---

2 葛飾北齋（Katshshika Hokusai）：影響十九世紀後期世界藝壇的日本藝術家，一七六〇年生於日本江戶（即今東京），卒於一八四九年，本名中島時太郎，五歲時對繪畫產生興趣，少年時當過租書鋪學徒，跟隨木刻師傅學藝，工餘學習繪畫插圖，一七七八年拜師浮世繪大師勝川春章。葛飾集東方古典風格和西方用色、陰影、寫實主義和科學性構圖等技巧，從而革新東方藝術，在構圖用色、筆墨技法均有獨到之處。

3 OBE：Officer (of the Order) of the British Empire的縮寫，意即獲得不列顛帝國勳章的軍官。

幸福洋溢，他也勾勒起換屋的想像——新居要更大、空間更充裕，卻絲毫不減其時尚流行——雖然說「時尚流行」一詞總叫我竊笑，因為，時尚這種東西，與任何一位作家（無理性、叛逆、好操縱、創新，正如我看待自己與維迪亞一樣）都是背道而馳的，作家甚至還會批判撻伐流行文化，視之為創造性想像力的大敵。

維迪亞並未將投身流行時尚視同盲從順服，相反的，他將投身時尚當作可以讓他顯得遙不可及——用他自己的話來說，就是讓外人「無置喙餘地」——這也是最上乘的位置。他無意讓自己在公眾面前可親可見，將自己推到呼喊相聞的近距離。離群索居令他心安氣定，還有點兒撲朔迷離，不食人間煙火，然而，同時，仍然穩坐在中心位置上。這顯然就是他棄蒙大拿就肯辛頓的原因。肯辛頓地區不屬於倫敦的文學圈子。那是個優點。如果，他待在一個三不五時就會不期然而遇上熟人的地方，這樣就算不流於低階庶民風氣，也夠叫他狼狽不安了：他性格中帶著操弄者的恐懼，生怕驟然而至與未經計畫的事物。

「我可以想見帕芝在烹調午餐，」他還在述說著他想像中換屋後的大宅子，有著許多許多房間的那一幢。「而我在書房裡，振筆疾書。」

他正在鋪陳一處場景，好幾年以後的一景。他在這幢大宅子裡頭，撰述一本藏諸名山之作，賓客雲集在交誼廳裡，一旁女僕正忙著擺設餐桌（忠心耿耿的老媽子威克特，頭上戴著室內女帽，套著工作罩衫，有她在，可是家有一寶啊）。帕特在廚房裡監督廚娘，抑或，她正在客廳裡幫著客人斟酒吧？不論如何，時間正值午宴，而維迪亞正埋首在他藏書滿坑滿谷的書房裡寫作。

「接著，」——他伸展雙臂，做出推開兩扇大門的動作，一邊扣上他的外套，堂皇進場——

「我就走過門檻，進去用餐。」

我希望他臉上帶笑，他的面容卻無一絲笑意。我也沒笑，雖然，在我暗自竊笑的心底，我也想見家人有請大師用餐，步向一屋子滿心期盼與崇敬的午宴嘉賓。這種情境讓我聯想起但尼生之於淡水居，或是亨利．詹姆斯之於蘭姆屋，或是毛姆之於默瑞斯克莊，這一類作家群曾經被拉金[4]嘲諷為「窗板緊閉的鄉間宅邸中的一坨屎」。

有了這間公寓，我和維迪亞見面就頻繁多了。我很歡喜，因為，除了他之外，我在倫敦沒有幾個朋友。伏案寫作終日之餘，離家放風總是樂事一樁——我雙臂痠痛、背部肌肉抽筋、雙腿也因為枯坐多時而屈張盤結。我騎著腳踏車，一路騎到巴特海橋，繼續向北前進，經過切爾西與福爾罕，直到肯辛頓，再將腳踏車鎖在他的白色公寓大樓外的黑色欄杆上，然後聽著他的聲音從對講機裡傳出來：「是了，是了。」

無法接受討價還價

有一天，我口袋裡正好塞著一本平裝本小書。他注意到了，就問我那是本什麼樣的書。

4 拉金（Philip Larkin）：一九二二～一九八五，英國五〇年代詩界「運動派」大將，強調和追求日常生活經驗的詩語言，對抗四〇年代「新浪漫主義」詩派的華麗詞藻和艾略特（T. S. Eliot，一八八八—一九六五）為主的「現代派」的玄學高姿。

「《中間人》[5]，我以前從來沒有讀過。」

維迪亞突然想起些矛盾反諷的事情。我可以從他嘴唇弧度與眼神中看出來。

「哈特利對女皇著迷得很，」他說，「對她絕對的崇拜敬愛。然後，那一天終於給他等到了——人家竟然要封他一個ＯＢＥ。他馬上就接受了。這可是他面謁女皇的絕佳機會啊。」

我們正在喝茶。維迪亞吞嚥茶湯之時，還微微笑著。

「他準備停當。他住在巴斯（Bath）。他雇了輛車子，穿著他的晨禮服——燕尾服、高筒帽——直奔倫敦。興奮之情，溢於言表。大喜的日子。他的作品終於受到肯定了。女皇在等著他呢。」

現在，維迪亞點著頭，一手握著茶杯，他的姿態暗示著，這是個帶有道德教訓的寓言故事。

「哈特利來到了白金漢宮。隨著一群等著受封榮銜的人排成一條長龍。女皇向他趨近。哈特利非常緊張，不過，還是滿懷感激。他終於獲得女皇的認同。她站在他的面前，瞄了一瞄她的提詞卡，說道，『哈特利，是了。你在哪裡高就啊？』」

維迪亞放下他的茶杯，低著頭，裝出畢恭畢敬的樣子。

「『我是個作家，陛下。』」

接著，他就捧腹大笑，笑其荒謬不經。

「就像你說的一樣，ＯＢＥ和騎士頭銜都該擺在郵局裡出售。」

「集郵冊。每次都買上個幾張，再湊成一本冊子。」他伸著舌頭，做出舔濕郵票再貼上的動作。「哈特利大受打擊，我想他回程巴斯一定是條漫漫長路。」

某一次，我又騎著腳踏車去維迪亞的公寓看他，克拉彭前幾天才發生一場暴動，我經過克拉彭轉運站時，見到商家櫥窗用木板蓋住，有些店鋪還遭到劫掠；街上散落著碎玻璃，擦撞痕跡累累的車輛。情況比我聽說的要嚴重許多。暴動起自一樁發生在布理斯克頓的種族摩擦事件，接著擴大到高路，再跨過下議院一帶，波及到轉運站，各方暴徒在此會合，再花上幾個小時砸窗搗車。

我到了他的公寓，就將外面的情景一五一十地說給維迪亞聽。

「那算不上暴動，」他說，「只是滋擾而已。你說得對，是挺嚇人的。不過，算不上暴動。」

「好幾百人參與。都是些憤怒的西印度群島人。」

「他們不會憤怒的，」維迪亞說，「他們有什麼好氣的呢？他們快活得很。他們就是要有人親眼目睹，結果，外人就注意到他們了。他們確實是搗毀了些玩意兒。櫥窗啊什麼的。我想，他們大概還偷了些電視機吧。」

「看起來很嚴重。」

「不過是作秀而已。」

「如果那不算暴動，那你要怎麼稱呼這個事件呢？」

5《中間人》（*The Go-Between*）：一九五三年出版，並於一九七一年搬上銀幕，故事大綱為一名十二歲的男童，由於不解成人世界人際關係之複雜，而釀成的悲劇。作者哈特利係英國小說家、短篇故事作家與評論家，一八九五～一九七二，他的作品融合了英國小說傳統的風格與細膩的心理學差異。

維迪亞說：「一時激情高昂。」

他最怕人群了，他總是避開擁擠的人潮，他從不搭乘大眾運輸工具。不過，他總括的感受就是，所有的紛亂騷動，都是做給攝影機的鏡頭與打知名度用的。倘若無人在意，乏人問津，就不會有事了。

可是，當暴動——因為那是真正的暴動，而不只是一時激情高昂而已——持續惡化時，維迪亞應英國國家廣播公司某個新聞節目之邀，就暴力事件加以評論。他說沒問題，這個議題也一直縈繞在他的心頭。ＢＢＣ提議派輛車接他到攝影棚，不過，維迪亞說，要他出門奔波，絕對沒這個道理。節目製作人萬般不情願地，同意派一攝影小組到維迪亞家中移樽就教。

第二天，我正好在維迪亞家中，他臉上笑意洋洋，告訴我後來發生些什麼事情。

「他們來了三個人，」他說，「我得說，還真是把房子擠的水泄不通。他們急著想要立刻開鏡，當然，我也早就胸有成竹，講稿都準備好了。我想要談談這類事件造成人心浮躁，又是怎麼攪得大家都想看到燒打搶砸，以致暴徒激情高昂的。我本來還打算引一段可愛的路意斯．麥克尼斯的詩〈火弟兄〉。你知道這首詩嗎？『只要我們火弟兄今天諸事不順／就攻上倫敦街頭……』說得是在倫敦給德國炸彈轟得開花的時候，一邊旁觀的變態快感。正好完美的切合眼前發生的事情。

「那個製作人說：『我們可以開始了嗎？』

「我說，『你還沒提到錢的事情。』

「顯然地，這話就像給了他一計耳光一樣。錢？不過，我告訴他，我不會做白工的，我不可能不拿錢的。他問我想要多少。我說：『你該付給世界級醫師或是律師多少錢？』

「他說，『我要打電話回我的部門請示。』講完一通很長的電話以後，他說：『我可以付你三百英鎊。』

「我說：『門兒都沒有。』

「『我們最多只能付這麼多了。』

「我只是轉過身，背對著他。我注意到攝影小組裡，有個男孩子一直盯著我的濕婆銅像。我就說：『你可知道，濕婆的每一隻手臂都有他特別的上舉姿勢，整支舞像營造出一種行進的動態印象？』」

我說：「BBC的人後來怎麼樣了？」

「他們站了一會兒就走了。我不會為了區區三百英鎊就開口的。我心裡的數字是一千英鎊。」

「不曉得他們為什麼不肯多出一些？」

「因為他們根本就看不起作家。」

「可是，那個製作人又何必跑這麼大老遠地，以為你會發表評論呢？」

「因為他是個資質平庸、滿嘴謊話、下層階級的小弟。」

「那其他幾個人又怎麼樣呢？」

「都是些不男不女的年輕人。」

他知道我在逗他。他也不介意。他很高興有個發洩悶氣的出口。每次維迪亞火氣一旺，帕特總是嘆息不止，或是面色憂懼，不過，維迪亞的憤怒不過是在高聲播送他心裡的怨尤罷了。

他說，作家絕對不能讓人家揩油占便宜。那夥電視小組來了，機器燈光都上架了；電視小組又給他請出門外，什麼東西也沒拍著。意志軟弱的人或許會說（我很確定，要是我就會那麼說了）：「既然，你們人都跑了這一趟，我們就拍吧。不過，下不為例喔。」

這樣寬厚待人的話，維迪亞就會違反他的中心信念，意即：絕對不要讓自己低價廉售。「律師會賤價拍賣自己嗎？」維迪亞說道，「我對這些放肆的傢伙說：『你們會付多少錢給律師？你們會付多少錢給一個位居專業顛峰的建築師，或是醫師？』」他執著不懈地緊抓著這個主題。「建築師或醫師諮詢一次，一定會要上一千英鎊的。那就是我的應得費用。身為一名作家，我已經攀升到這一行的頂峰。我的費用當然應該跟醫師、科學家、或是律師的費用並駕齊驅，沒有折扣。討價還價的，根本就是種侮辱。」

大致就在這個時候，在他搬進小公寓的第一年間，公共借閱權利金法案在倫敦已經有了後續發展。法案背後的推動力量，出自一位作家，布理吉德．布魯菲（Brigid Brophy）。這項運動呼籲國會通過一項法案，在政府機關中成立一個專責機構，以隨機取樣為基礎，統計每年各個作家作品在公立圖書館中出借的次數。再代入特殊的公式，計算出應予補助的金額，然後逐年寄發支票給作者。最高金額以兩千五百英鎊為限。公共借閱權利金法案——作者可以依圖書館借閱次數而獲補償——是個開明的計畫，我也為之強力鼓吹。法案催生初期，要以集體簽名連署來喚起文化大臣的注意。我踩著腳踏車，直放維迪亞的公寓，請他加入簽名。

他說：「不。」儘管這是為了一個有價值的理由簽名，也不干他的事。他厭惡請願。而且，他也不能忍受看到自己的名字出現在某些不是他寫的東西上頭。「我什麼都不簽。」

我是流亡者

他的尊嚴威迫，再加上他的友誼驅策，不論我在寫些什麼，總會形象鮮明地想起他。他的批評與友誼無關。他也許可以同意，但是幾乎無法銘刻印象。三不五時，他也會引述詩篇，不過，總是單行斷章的。實際上，他從來不曾讚許任何一名還在人世的作家，也從沒聽他將哪一位作古寫手當成夙昔典範。我在自己寫的書中提到他的殊異出類，他的文風傳承幾乎空前絕後，因此，我也飽受其他學者與作家的批評。或許，我該說，他所受到的影響極為微渺，並且內化到羚羊掛角、無跡可循的程度。過了一段時日，維迪亞坦承他父親的寫作對他影響深遠。不過，他也總是說：自己還是要靠自己。

即使，我心裡知道，他或許不會翻讀我寫的東西，然而，每當我架構文句的時候，心上還是惦著這位讀者。他的贊同帶給我信心，不過，他從來不會輕許認可。他深惡痛絕漫不經心與知性上懶散，還有囫圇含混的意見。談話中，他經常會倏然尖銳地說道：「你這話是什麼意思？」反駁我過於立即反應的回話。我們相處的時候，他對我總是全神貫注，這可是項高度嚴苛的審查。通常，我有耳無嘴：我是鮑斯威爾，他是約翰生。我還在學習階段。我知道，不論何時何地，在他面前，我總要表現出最好的一面，此外，只聽不說，我可以從他身上學到更多，遠強過跟他插嘴辯駁。質疑挑釁只會激怒他，又有什麼好處？他在某些方面，就算不是通靈，也稱得上叫人毛骨悚然地未卜先知；至於其他時候，他不但昧於實情，失之偏頗，其心態褊狹更叫人驚訝。

維迪亞慣性地心事重重，總是如此。雖然他在英國置產，擁有房產，卻深居簡出，交遊不多。他鮮少講電話談天。不寫作的時候，他就沉思默想。世界大事與公眾人物經常喃喃喋喋在他遺世無友的心頭。我們碰面聚首，他一定先蹙著眉頭，說明最近他心裡盤桓著些什麼，在他漫漫無眠的長夜裡，又有哪些議題叫他積鬱憂懷。他會說：「南非那檔子荒唐事兒。」接著，當他胸中塊壘抒洩殆盡之後，他就可以聊得比較從容了。有他在場，我不敢分散注意力。即使獨自寫作，我還是深刻地感受到他的智慧，筆下一字一句莫不推敲再三：維迪亞會怎麼說呢？每個段落都會想像著給他的筆尖劃過篩除（「我不會跟你客氣的，你知道。」）——即使到現在，就舉這一段為例吧，同樣的筋疲力竭。

「我是個流亡者，」他總是這麼說著。他在自有的皇后宮門巷內，小巧而一塵不染的公寓裡，他就講得更勤了，彷彿這間公寓具體佐證了這種荒謬的妄想——同時也是許多滯英外籍人士深信不疑的信念——擁有房產就等同於歸屬。他擁有房子的歷練越豐富，他的疏離感就越強烈。

當他顛沛流離在租來的寓所，世俗家當一概收藏在倉庫裡的時候，他倒不像現在動不動就將流亡一詞掛在嘴上；而當他在印度、美國與加勒比海沿岸旅行，甚至多次造訪阿根廷之時，他似乎也無暇提及流亡。當時，他行道天涯。不過，他在倫敦中心擁有一處窗明几淨，安全穩固的寓所之後，某些傢俬終於再度出櫃啟用——他最鍾愛的版畫與書籍，舒適椅和濕婆舞像——他卻更加有力與莊嚴地說：「我沒有自己的國家。我無家可歸。」

出於禮貌，我並沒跟他點出，他可是持有英國護照的，而我拿的不過是外僑登記證而已。我飲下我的茶，鼓勵他繼續講下去。

「流亡，對我而言，不光是個比喻說法。而是真實存在的狀況。我是個流亡者。」

午茶過後，我們經常一道兒散步到維多利亞與亞伯特博物館，十分鐘的腳程，去參觀蒙兀兒王朝畫作。維迪亞特別指出，某幾幅小幅的菱形人物畫像，看來直出尼古拉斯・希里亞德的細密畫。

我還是會下鄉去看他，去平房拜訪他。某一日，他遞給我一張房地產仲介的廣告傳單：單子上是一幢磚房的小幅快照，幾句扼要說明（「房屋需翻新現代化」），以及「將於拍賣會中出售」等字樣。磚房位於距離此地不遠的鹽田鎮上，從照片上看來，只是一棟半頹圮的小屋。

「帕特會去競標。」

拍賣會場總叫維迪亞焦慮，即使是倫敦的名畫拍賣也讓他聞風生畏。我卻因為拍賣屢屢締結意料之外的交易而喜歡。他在心裡認定，拍賣根本就是自由入場的打群架；參與者之熱切叫他膽怯。競標過程容易叫人利令智昏，喊價過頭。他總是委託外人幫他去競標。

不過，他不想多談這樁房屋競標，說來還別有緣故。許多事情一說就破，多嘴會害了他到手的機會。

帕特代夫出征，競標成功，以相當便宜的價位買下那棟磚房。接著他們又花了一段漫長時光翻修舊屋。這就是棟一應俱全的房子了，坐落在斜坡緩傾的草原上。維迪亞添了一層磚鋪平台，又用石頭砌了一道欄杆矮牆，加蓋一層全新的覆瓦屋頂、車庫、酒窖，還有新窗戶，雙層玻璃，這樣維迪亞才不會聽到草原牛群哞哞，或是英國皇家空軍從薩里斯伯里平原上低空掠過的噪音。他又設計了庭園造景，四周圍起高聳的樹籬，鋪上碎石車道，以及一道精鋼正門。磚房是維多利亞晚期風格，也可能是愛德華式，非常漂亮，也因為外觀不是那麼恢弘，看起來反而比較像家。這棟物業就叫做酪農小築。

「人們經常引用『流亡』這個字眼，」維迪亞說道，「『羅伯特．洛威爾是個流亡者。』不過，羅伯特．洛威爾算是哪門子流亡？倫敦到紐約的飛機票不過幾百英鎊。他是個美國人。他在紐約還有一棟堅固牢靠的房子。在飛機票便宜的世界裡，有什麼流亡放逐好說呢？他大可不如歸去，回他家去。」

維迪亞坐在酪農小築的沙發上，交叉著腿，抽著他的菸斗，陽光從窗戶射入。天空中盤旋的烏鴉，給窗櫺框了起來，賈汗季皇帝[6]的畫像安在一邊牆上，另一面牆上書架藏書萬卷，掛著一幀霍克尼的銅版蝕刻作品，一個渾身毛髮的男人躺在一張床上。

「可是，我不能回家，」維迪亞說，「我沒有家。我了解，印度是他的幽黯國度，而英國——話說回來，沒有人能夠成為英國人的，即使他們拿得到英國護照也一樣。可是，千里達又怎麼說呢？

「千里達，老兄——千里達！」

最近，他才剛剛回到千里達，採訪撰寫一系列有關麥可．X審判的文章，麥可．X鼓吹「黑權」運動，在他膚色斑雜的公社裡，犯下幾樁殺人罪行，被害人還包括他的白種女友。做案情節充斥著暴力、種族衝突、欺瞞、曖昧紊亂的性關係，以及相互出賣。

「卡非已經攫取了千里達。卡非不會要我的，」他銜著菸斗噴吐。「只是，卡非又真的知道自己想要什麼嗎？」

所謂「卡非」（Cuffy）是個罕見字眼，一個廢字，出現在一本過時的，以黑人為背景的旅遊書上，「卡非」一詞出自一個迦納（阿肯）字，意即星期五，藉以命名一個出生在星期五的男孩。

維迪亞說：「流亡之於我，可是真實的處境。」他從沙發起身，眺向窗外，沉鬱地凝視著他那排七呎高的樹籬。

我說：「這房子可真是綠蔭深處有人家啊。」想將話題從「卡非」上移開。

從一條無名巷道——其實，只是條步道——半途轉進，整個酪農小築都深掩在濃密灌叢與矮樹之中。

「是啊。綠蔭深處。」

他喜歡這個詞和這個意念。那也是真的。他栽植樹木與灌叢，就為營造一道障蔽，遮著房子。行經鹽田路時，除了偶爾瞥見新建的覆瓦屋頂一角之外，就再無蹤跡了。

維迪亞敞開通往平台的雙扇門，引著我步出屋外——或許，他腦中還在思忖著，綠蔭、綠蔭——說明他庭園造景上用心。

6 賈汗季皇帝（Jahanjir）：一五六九～一六二七，印度蒙兀兒帝國第四代皇帝。

「你注意到我的園子有什麼特色了嗎?」

「沒有花。」

「沒錯,也算半對。不過,還有另外一個特色。這是個綠色庭園。無處不綠,」他說,「你明白了吧?清一色的綠。」

一朵花也沒有,連盆栽瓶養也無。花朵只會讓人分心,純屬厭物,植花蒔草又得耗費偌大心力。同時,花草還是種全國性的走火入魔。只有英國人才會想要去營造假山庭園,搞個嶙峋坡壁,上面種些療肺草與燈籠海棠,三色堇和彩葉草,香雪球和山梗菜之類的,成團成簇地蕪蔓在苔蘚遍布的大圓石上。維迪亞這種庭園,純綠,成堆的綠葉,在我所知道的英國,還真是前所未見,也可以說這是個凸出而獨特的庭園。你聽說過有誰洋洋得意地誇口,「看哪,我的全綠庭園!」?

如此單色庭園,情趣自然迥異於花草花壇、水蓮池塘、窗沿花台、一道道玫瑰拱門、攀延蔓生的鐵線蓮與紫藤。然而,儘管色彩單一,園子裡其實種了許多不同種類的灌叢。每一種灌木的名稱及其屬性,維迪亞都瞭如指掌。

「你怎麼會決定你的庭園只要一種顏色呢?」

維迪亞說:「錯了,保羅,」哂笑我的誤解,「綠色不是單一顏色。綠色包含許多不同種的色彩。從最淺淡的粉綠,一直到近乎墨黑的濃綠。我的院子裡有著極大綠色的色差,所有可能的色調都在其中。」

可是,院子裡幾乎沒有草葉,也沒有稱得上草坪的地方。我對他提問了這一點。

「沒錯。草很少。沒有草坪。這也是我計畫的一部分。」他又再度微笑。「我有個理論，不管是誰，只要盯著大片草坪看，都會覺得疲憊不堪。觀者一想到修剪雜草需要的工夫，就夠累人的了。草坪是不能賞心悅目，紓解疲勞的。草坪只顯示了大量的勞力與噪音，割草機連續數小時地嘎嗒作響。草坪讓人筋疲力盡。」

誰會這樣想啊？

我犯的愚蠢錯誤就在於帶了一棵完全不宜的矮種日本楓樹作禮物，慶賀他喬遷之喜。維迪亞不無疑慮，卻還是向我道謝，再指示一名和善的老園丁，喚做巴登的，將小樹苗栽在園子裡。滿園綠意，襯得小樹的深紅樹葉更加突出。我又怎麼會知道，除了綠色以外，其他顏色，他一概拒斥門外呢？

幾個月過後，他歡喜地傳信：「你那棵樹也不是光發紅葉而已。春深之後，葉子就轉綠了。」

酪農小築獨門獨院，挨不近其他屋宅，遠離村莊，沒有標示，沒有門牌，幾乎隱形，遁消在綠蔭深處。在維迪亞心中，偏遠隱蔽，就是安全保證。

唯一不盡如人意之處，就是皇家空軍基地飛行中隊的噴射機不時低空飛過。這些飛機是訓練來表演特殊飛行技術的，不但要垂直飛行，半空停機，空中翻滾、效法直升機垂直起降之外，甚至還要倒著飛。維迪亞的雙層玻璃窗外，飛行噪音震耳欲聾。

「我想，沙烏地阿拉伯人和中國人都會來這裡參觀基地，試試看這些飛機的性能吧，」我說，「他們的國防部長之類的。」

「不會的，」維迪亞說，「這些嘓雞先生[7]不會上這兒來的。」

「不過，他們確實向英國買這些飛機，不是嗎？」

「嘓雞先生待在倫敦。嘓雞先生會到倫敦附近的小飛機場參觀示範飛行。」

「所以說，你從來沒在這裡看到過他們？」我不得不跟著維迪亞說：「那些嘓雞先生。」

「嘓雞先生根本不曉得有這個地方。」

他的意思是，這片草原、一灣小河、對面山丘上的農場，威爾特郡。

維迪亞大部分的財產，除了他歷來的文件紀錄以外，全都搬出倉庫，重見天日，擺設在酪農小築裡頭。有些家具，多年以前，我就在他斯多克維爾的家中看過，而今重新啟用，去塵上光之後，閃閃發亮，還有照片，以及一些從烏干達與印度帶回來的工藝品。周圍環繞著他所有的家當，享受著家居生活的舒適安逸，他又舊調重彈了。

「我是個流亡者，」他說，「你可以回家。你有個大而強盛的國家。我什麼也沒有。我沒有家。是的，『流亡』這種字眼聽來過時。不過，對我來說，卻有著特殊意義。」

我持續拜訪，從薩里斯伯里車站踩著腳踏車，去程上坡騎到維迪亞的家，回程再一路下坡。我將腳踏車抬上火車最後一節的警衛車廂，鐵騎相伴，讓我感覺自由無羈。我最愛趁著春天的早晨，踩著腳踏車，騎到我的朋友維迪亞家去，經過藍鐘花盛開河畔，或是暮春時節，沿路罌粟花綻放。路上幾個拐角，總可以看到雉雞飛起。

「今天早上，我接到一通撥自美國的越洋電話，」維迪亞說，「我拿起聽筒，聽到聲音。美國人。」

他的語調清楚顯示，這是通不受歡迎的電話，可是，他的樣子卻還氣定神閒的。

「我沒說哈囉。我說：『不要再做這種事了。』」

維迪亞欣然自得地，講出一個這麼嚴苛責難的句子，我忍不住笑了出來。

「『不要再做這種事了。』然後我就掛斷電話了。」

帕特說：「我就知道，保羅聽了一定會笑的。」

沒錯，我笑這般敵意深重的招呼方式，同時也因為，我一向喜歡探知別人的底線何在，尤其是某個朋友的底線。有助於了解什麼情況才算是過分踰矩。陌生人致電維迪亞，在他，是不能接受的。

「他怎麼拿得到你的電話號碼？」

「我不知道。」

只有少數幾個人知道維迪亞的電話號碼。他的說詞是這樣子的：陌生人來電，不是有求於他，就是要糾纏他。

「我只想確定，每當我接到電話時，來電的人是我認識跟喜歡的人，」他說，「我不想聽到陌生的聲音。」

---

7 嘓雞先生（Mr. Woggy）：wog是主要使用在英國的輕蔑俚語，意指中東與東南亞一帶的有色人種，來源不詳，據說是worthy Oriental gentlemen（高尚的東方紳士）的縮寫，正確性存疑。奈波爾再將wog延伸做woggy，言下之意更加不敬。

他的酒窖幾乎全部塞滿，蒐集名酒可是他最怪異的狂熱之一，因為，這些日子以來，他幾乎滴酒不沾，即便小酌，也只是沾唇。他說，葡萄酒害他頭疼。可是，每次去看他，他總會向我介紹整箱新購的葡萄酒，以及最近填滿的酒架，他會告訴我葡萄的年份，解釋酒液中複雜的風味。

一日，我們散步經過酪農小築的車庫時，我看到一輛車子。一輛車子？

「維迪亞，你買車了。這是什麼廠牌的？」

「我不曉得。某個歐洲小猴仔車子吧。」

那是一輛全新的紳寶（Saab）。綠色的。我從來沒看他開過，也從來沒看過這部車子離開車庫。

時光流逝。他又在倫敦買了另外一棟公寓，比皇后宮門巷的那間要大得多。這棟公寓在博龍頓路後方，這裡就足以體現他的午餐幻想了，他可以從書房給請了出來，跟他的朋友與仰慕者會面。他還是保留著皇后宮門巷的小公寓。他持續長住酪農小築。他偶爾待在新的公寓裡，有時戴著一頂軟趴趴的蘇格蘭粗呢帽子，拎著一根手杖，自言自語著，這房子該怎麼裝潢才好。接著，他就會開始一段獨白，熱情澎湃，傷感無依地，說著：「『流亡』這個詞對我意義重大。我就是個流亡者。」

第十二章

我朋友的朋友

維迪亞從他的公寓，袖珍的那間，打電話給我——我從他周邊壓縮的音響效果就聽得出來，像是有人困在電梯裡喃喃自語一樣。「你有空過來喝杯午餐後的咖啡嗎？有個人我要讓你見見。」

「有個人」意指一個朋友。好啊，我也想見見我朋友的朋友。

會見維迪亞的「朋友」

那是一九七七年炎熱的英格蘭夏日。即使倫敦的熱度也不足以蒸發我的快樂，連日專注在純粹的虛構撰述，寫著我的小說《映象宮殿》（*Picture Palace*）。藉著一個精明的老女人說話的語音，我描述一個攝影家的生平故事，闡述寫作的矛盾。我答應自己，這本書寫完之後，就要來一趟長途旅行，紓解這幾年來，禁錮家中撰寫小說的困頓。

只是，要在倫敦最炎熱的日子裡寫書，還是很不容易。開窗雜音多，石板屋頂被日頭炙得發亮，磚塊給烤的過頭，變得脆弱易碎。城市腳下的土地縮水，因為，倫敦就是打造在一大塊乾旱的黏土上的。下沉中的房舍開始龜裂，磚塊上的灰泥塗層擋不住接縫處綻現的缺口，窗戶上的磚瓦水泥也坍垮了下來。都是這陣子驕陽酷暑烤出來的。

倫敦人也行將崩潰。倫敦人不習慣高熱天候，他們變得大驚小怪，自我意識更重，穿著更加隨便，街頭溜達的人也更多了。你可以在公園裡，看到女人脫得只剩下內衣褲，日曬通風，對著天空露齒微笑。赤膊著上身的男人，晃著粉紅色的胳膊，跟觀光客搶地盤，觀光客則不住叨念著，「我們還以為會下雨呢！」一般而言，大家都變得比較快樂了，不過，倫敦可不是一個適合陽光的城市：空間不足、太過狹窄、公共游泳池寥寥無幾，而且設備與衛生都恐怖難堪。這個城市是為了工作與室內休憩而建的，還有廣大的公園綠地以供行人行使其伸腿權利。如此豐沛的陽光，並不常見於倫敦，居民也不知該如何利用——只有租條小船搖櫓在蜿蜒河道上，或是一小時花上二十便士，在公園裡租把摺疊椅，不然，就在泰晤士河岸的板凳上坐坐。不多時，陽光與酷暑就會讓人不知所措，除了坐在太陽底下發呆，喝上幾品脫的儲藏啤酒之外，就無所事事了。

我到處都看得到這些人；出門閒晃的人太多了，交通也受影響。我騎著腳踏車赴會，別讓嚴守時間的維迪亞枯等：下坡騎到河邊，再上坡踩到綠地公園地鐵站附近的小餐館，我們就約定在這裡見面。皮卡迪利廣場人潮擁擠，工作男女趁著午休，外出用餐，微笑著——就連落單行人也面帶笑容——因為，陽光實在太好了。倫敦人習慣低著頭在雨中快步前進，可是在陽光普照之時，步伐就放慢了，腰桿也挺直了，在這樣子的日子裡，人人都抬頭挺胸。你一定要經歷過各種英國天候，才能完全了解英國的國民性：多少英國人的情緒與名言佳句都該歸因於英國的天氣。

我鎖好我的腳踏車，環顧四周。沒看到維迪亞。

他在我到達後幾分鐘才進得小餐館，面容凝重深蹙，顯示他的懊悔遺憾，他迭聲鄭重地抱歉自己遲到，也在提醒我，他對於守時的標準，標高仍然和過去一樣。我絕對不能以為這一次誤失，就代表他不再堅持了。他還在大言不慚地夸夸高談，絕對不給任何人第二次機會，尤其是某些不這樣就不可能忠誠的人，更不能稍釋；只要某個親近密友讓你失望一次，那就夠了，當下就該結束了。親友關係也就到頭了。遲到一次，就足以碎裂切斷交誼。所以，我將他的「抱歉、抱歉、抱歉」當作我們兩人共同領受的高聲呵責。

有個微笑吟吟的女人跟他一塊兒進來。她苗條纖細，與我年紀相仿，三十六歲上下，天候炎熱，她穿著一件飄逸生姿的淺色洋裝。她的五官與帕特略為神似，膚色同樣白皙，漂亮的嘴唇，同樣的儀態與身材，豐滿的酥胸——她是個頭比較高的帕特，十年前的帕特，這個帕特的自信卻飽滿的多。

「保羅，這位是瑪格麗特。」

「你的事情我都知道了，」她說，「聽維迪亞說的。」

原來，這位就是我的朋友的朋友。如果，她跟傑布與那個紐西蘭人麥爾侃一樣，都是維迪亞的男性門生，我還會拿自己跟她做比較；我還可能會焦慮掛意。可是，再怎麼說，我還是警覺起來。她也是個作家嗎？觀察你的朋友的朋友，可以更加了解你的朋友，注意到某些他所欠缺的特質——例如，在溫柔、幽默與反應方面的特點。毫無例外的，不論性別如何，這種場合總像是情敵會面一樣。

我們聊到網球。溫布敦正打得火熱。

「我討厭溫布敦，」維迪亞說，「我一看到網球就嫌。荒唐透頂。」

瑪格麗特說道：「他不是這個意思。我教他怎麼打網球的。」而我心想，她一定挺喜歡糾正維迪亞的。

我說：「有時候，我也會打打網球。」

維迪亞說：「不過，你不會像其他人一樣，盲目崇拜網球運動。」

瑪格麗特說：「他只是喜歡唱反調而已。」

我說：「大家都在為法蘭西斯．奇契斯特喊加油的時候，維迪亞卻想把他扔進水裡淹死。」

「真的嗎？」維迪亞說，滿高興有人提醒他這檔子事似的。「我真的那麼講過嗎？」

瑪格麗特問道：「誰是法蘭西斯．奇契斯特啊？」

就憑這句問話，以及她的口音——我還沒琢磨出究竟這是哪裡的腔調——我猜想，她一定不是英國人，可是，她的樣貌卻十足的英國人長相。我一面推敲她的口音，一邊談論著天氣——陽光普照，氣溫上升等等。維迪亞說，天氣一好，烏合賤民就蜂擁而出了。我們站在吧台邊上，點了咖啡，維迪亞一一細數下午他還得奔波應付的差事。

瑪格麗特說：「我非常喜歡你在《電訊報》上那篇講維迪亞的文章。」

那是一篇人物側寫。我暗自想著：維迪亞怎麼做，我就怎麼做，寫出事實，不偏不倚，讓光怪陸離的癖好特性不言自明。他創意獨具，不過，他的文字多讀幾次就乏味難堪。最好還是撇開他的原創性，談談軼事趣聞就好。有些人因為這篇文章而喜歡上他，有人也說，同樣一篇文章，讓他們覺得維迪亞難以忍受。

「我可以在你的文章裡看到維迪亞，」她說，「之前，我讀過好多別人對他的評論，可是，字裡行間我都看不到他，他們都寫得虛浮不實。可是，你寫的維迪亞——連他媽媽都說，可以認出維迪亞來呢。」

維迪亞帶著一絲不耐地微笑，或許是因瑪格麗特提到他母親的關係。他總是虔心追念著他的父親，英年早逝的席普薩德，可是，維迪亞對於母親的情感就複雜多了，她是一家之主，掌控許多奈波爾家人，千里達島上，堅毅不拔的印度寡婦。

我喜歡她的溢美之詞，卻還在納悶瑪格麗特的腔調何來，她說話的音律與抑揚頓挫：每個音節都謹慎發音，她語音逐漸逸去的調調，她講話時，顯著的、近乎拉丁語系的方式。難道，她還是威爾斯語系的嗎？我按下沒問。

「你在《紐約時報》上寫《游擊隊》的書評也很棒。維迪亞非常喜歡。」

這倒叫我尷尬起來了。維迪亞和我從來不提我幫他寫的書評。也沒有必要。書評與友誼無關；純屬文學批評，知性判斷。就像維迪亞自己說的一樣，寫書評意味著幫一本書下結論，讀書純消遣的讀者則絕少為之。

我說：「那本小說確實讓我很震撼。我可不常被嚇到。可是，我讀到〈千里達殺人事件〉

——那篇講麥可．X的文章——也嚇得冷汗直流。」

維迪亞說：「那真是挺恐怖的東西，老兄。」

瑪格麗特說：「我覺得太長了。」

我問道：「什麼太長了？」這樣說那篇文章，聽來既離奇又大膽。我可不敢那麼說。不過，她是他的朋友。

「那些文章啊。《紐約評論》應該把篇幅截短一點。」

我瞥了維迪亞一眼。他啜著咖啡，然而，他也聽見了。

「還有，《游擊隊》書裡那個女人。她實在太天真了。我覺得她很差勁。」

我說：「我想，說不定原本的安排就是這個意思。」

她語音曳長，話聽起來更糟糕了：差阿阿阿勁。維迪亞眼睛眨也不眨一下，而我也不敢偷笑。

維迪亞說：「失陪一下。」就直向小餐館側邊走去。

「瑪格麗特，妳是哪裡人？」

「阿根廷。」

「妳住在那裡嗎？」

「是啊。布宜諾斯艾利斯。」

「有機會我也想上那兒走走。」

「你一定要來看看。維迪亞的評語有些不公允，說我們那兒不過是一碼子『塗白的墳墓[1]』

而已。真要命。」她巧笑倩兮。「你住在倫敦嗎？」

我說：「目前如此。我正在寫一本書。小孩一放暑假，我就會飛回美國。」

「這裡的學年好長喔。布宜諾斯艾利斯就短多了。」

「妳也有小孩啊？」

「三個。不過——」她原本還想再多說些什麼，話到嘴邊，她又三思了半晌。她臉上失去笑容，茫然望向前方中程。

我說：「我最喜歡的地方是多塞特。我剛到英國的時候，就住在那裡。妳知道那個地方嗎？」

「我沒去過。只在書本裡讀到過。湯瑪斯・哈代。」

「妳書應該讀得很多，才會知道哈代。」

「才不呢。維迪亞說：『妳什麼也不懂！』他說得對。除了哈代以外，我還看了些什麼？不過是些米爾思的玩意兒[2]。」

「有時候，哈代也很米爾思呀。」

「我可不這麼覺得。」

1「塗白的墳墓」：語出《聖經・馬太福音》，耶穌將法利賽人比喻為「塗白的墳墓」，意即偽君子，偽善者。

2米爾思的玩意兒（Mills and Boonish）：米爾思出版公司（Mills and Boon）專門出版言情羅曼史小說，占有英國百分之八十五的通俗閱讀市場。

「《無名的玖德》書中有一段，女主角在悲嘆她的命運。」

瑪格麗特搖搖頭，再度微笑，卻困惑不解。我們的對話轉移的太快，她跟得吃力。她轉首望著維迪亞離去的方向。

我說：「她說：『讓人愛到瘋狂──這就是她最大的心願。愛就是唯一的甘露醇酒，驅散日子裡腐心蝕骨的孤獨寂寥。』諸如此類的東西。」

瑪格麗特開始仔細地盯著我端詳。

我說：「這段感嘆後來結束在──」

「結束在一段祈禱文，」瑪格麗特說道。接著，她就背出那段祈禱，咬字清晰，帶著她的外國口音，雙手合十，虔誠禱祝道：「『主啊，請您開釋我的心，解脫如此憂懼鬱悶與孤寂無托：帶給我絕美的愛情，若否，還是讓我死了吧。』」

「你讀過這一段嘛。」

「這是《歸鄉》裡面的，不是你前面講的那個。」

維迪亞回過來找我們的時候，說道：「我們該走了。」他猶豫片刻，或許是他醒悟到我和瑪格麗特正聊到某個重要關頭，只是，他不曉得我們在講些什麼而已。他看起來像是急於離去，好分隔我們。他說：「你還好吧，保羅？」

「我很好，正在寫一本小說。」

維迪亞對瑪格麗特說：「他滿腦子都是想法。」

不過，此刻，我腦子裡只有一個想法，連結到許久以前的一封信，他在信中寫道，他在阿根廷遇到一個女孩，女孩影印了兩頁《歸鄉》給他。

回到家中，我找出那本小說，翻到那一段，又讀了一次。段落比我印象中要長。當初，我一收到維迪亞的來信，敘及「最冷酷與最卑劣的吻……絕望般極高的代價」，就將這幾頁標注起來。那時候，我還不覺得這些字眼有什麼重大意義。現在看來，就更耐人玩味了。

在提到吻的句子後面，哈代繼續寫道，「堅貞地守住愛情，只為身後一面貞節牌坊，對她沒有任何吸引力可言：堅誠摯愛，只因為愛情具有足夠的張力。寧可烈焰灼身，迅速消散，也好過燈籠螢光，溫潤餘暉經年。」段落繼續，引出優絲塔西亞．范伊渴望被愛的殷殷切盼，然後戛然而止，「她卻衷心渴盼著愛情，就像沙漠旅人，渴求一杯鹽水而不得。」

維迪亞信中這一節，不過又給我上了一堂文學課程。我第一次讀到的時候，只想到湯瑪斯．哈代；第二次，我腦子只有阿根廷的瑪格麗特。

情勢逆轉

過了一年沒有維迪亞，或是維迪亞音訊絕少的日子。不過，就友誼而言，時間是毫無意義的，不通音訊也不代表什麼，因為，兩造彼此熟稔與肯定。一點兒也不會受到愛情關係中的不安全因素磨損，友誼中，在哪裡停駐的，就從哪裡接起。而我也是鮑思威爾，諦聽約翰生博士說道：「千萬別將通信中斷當作善意衰頹。誰也不會永遠持恆在寫信的情緒中，也沒有任何人總是有值得大書特書的事情可以寫進信中。」

他離國遠行，接著，我也出門去了。我見過帕特幾次，她總是為了維迪亞不克同行，她必須單身前來致歉；而我總是再三寬慰她，告訴她，見到她總讓我心歡喜，我的幾乎成真的舊愛啊。這些日子以來，她比以前還要容易困惑，為一些她記不住的瑣碎小事狼狽失措，就連像是從皮包裡掏出金額正確的銅版這類小事，都可以讓她掙扎怨嘆。她的失眠，就像病毒感染一樣，頑強地掌控著她，不讓她入睡，害得她面色蒼白，雙眼下沉。她臉上條紋縱橫，頭髮具已花白。她不過四十幾歲，樣貌卻像個小老太婆，焦慮煩悶，衰弱匱乏地像個慢性病的長期病號。不管她手上拎的提包或是包裹有多輕巧——可以跟一本小書一樣單薄——她看起來總是不勝重擔，彷彿她都得使勁拖著走。

她一人獨身前來晚餐，孤伶落單，她看來更顯衰弱。

她說：「維迪亞出國去了，」語音遲疑，「他接受了一個美國的工作機會，地方在……是不是有個地方叫做衛理的？」

「維迪亞？他去教書嗎？」

「恐怕是吧。」她的微笑純然只有憂慮。「他非常在行的，人家對他也非常禮遇。而你也知道，有時候，只要他上台演講，聽眾都會起立鼓掌的——他在紐西蘭演講的那一次就是這樣。只是」——她停頓半晌，別開她蒼白的眼神——「學生要是不用功，沒做他交代的功課，他就會暴跳如雷，大發雷霆的。」

我知道她所謂的「大發雷霆」是怎麼回事。那可是面容緊繃，鐵青發紫的狂怒。

「妳有他的電話號碼嗎？我過幾個星期就會去美國一趟。」

那一天，我從來不知道紐約的雪會下得那麼大，雨雪猛暴，整個城市因此關閉——困在酷寒之中，積雪成堆，四處渙漫，第五大道上看不到車輛移動，只有行人在白皚皚的街道上踟躕前行。這種天氣狀況總讓我聯想起維迪亞說過的話，「我最愛劇烈變化的天氣了。」他指的是降雹、颶風、季風雨、冰雪暴，和這種下大雪的日子。

大雪天裡，紐約也變形了。白雪包裹了城市，乍看像是回歸自然了，靜音無聲，反璞歸真，街頭甚至還安全多了，由於天候惡劣，歹徒劫匪都待在家裡，窩在發臭的房間裡，擁被呼鼾。這座柔軟的白色城市既美麗又狂野，雪霧迷離，模糊了摩天大廈的輪廓，遠看就像冰磧挖深的峽谷與岩石所堆積的山巒面北群峰，支支冰柱滴淌，猶如惡龍獠牙。

我是從佛蒙特轉赴紐約的，我的穿著也適足以應付這場大雪。我跋涉趕赴幾個公務約會——雖說，大部分的企業與辦公室都閉門歇業了——中午時分，我撥了通電話到衛理學院去找維迪亞。

電話是某個女人接的。

「維多，找你的。」

維多？

「是的，是的，是的，」維迪亞一聽出我的聲音，就用他一貫的方式招呼著。他說，他很高興我打了這通電話。他想要開車進城到紐約。我們可以共進晚餐。

「你開什麼樣的車啊？」

維迪亞總覺得技術說明文字荒誕可笑，這回，他顯然很開心地告訴我，那是一部「超小型」的小車，他還重複了兩次，一旁輕笑不住。

「這車在雪中開得動嗎？」

「沒問題啦。」

這次，真是他最可以自豪於嚴守時間約定的一刻了：他遠道從康乃迪克州積雪深重的中途鎮趕來，遵守約定的時間，一路開到曼哈頓，六點整。

「美國人對於下雪真是大驚小怪，」他說，「你電話一來，雪就停了。路上都除過雪，鋪上砂子了。道路工作人員真是了不起。大家都誇大行車的危險了。我這趟車子開得就很開心。」

「你開車過來的？」

「當然。」

他全身包裹得溫暖禦寒，看起來更富亞裔氣質，一點也不像印度人，反而像是你可以在中亞看到的，那些細眼矮個兒騎著馬的游牧民族，直出金帳汗國[3]後裔。他隻身前來。他的頭髮留長了，跟過去一樣，只要是他疲倦了，他兩隻眼睛就斜調一旁，眼皮也厚厚地垮在上面。

「我想，我們可以去中央車站的蠔霸飯店，」他說道，「人家跟我說，這家飯店還不錯。」

「不過，咱們還是先喝點東西再說吧。」

當時，我們正在我入住的中央公園南方旅館，在我的房間裡。他到達的時候，我正在喝啤酒。我已經先喝完一罐，第二罐正喝到一半。維迪亞注意到了。

他說：「都是暖氣的關係。」好為我辯護。「你需要啤酒，因為，中央空調的暖氣烤得你都脫水了。他們暖氣開得太強了。而且，美國人牆壁建的特薄，總是可以聽到別人家裡在哼哼唧唧的。」接著，他笑了，因為我正好又拉開了第三罐啤酒。「你真的還要再喝一罐嗎？是嘛？」

我給他倒了杯葡萄酒，問道：「課上的怎麼樣啊？」

而今，局面逆轉。十二年前，我充任教師，他是作家。他曾經警告我，教職為害之烈。旅行暫居新加坡，容可接受，可是，要在那裡教書？你也知道，我不贊成那種做法……作家不該有工作，不該有老闆，沒有教師，沒有學生；不該遵從任何人的作息常例；上頭不該有主子，下頭不該帶傭人。基本要點就是，寫作根本就不是一份工作，而是，用他自己的話來說，一段生命的歷程。

我從自己八年間，艱苦掙扎於熱帶地區的經驗得知，要我一邊教書，一邊寫出滿意作品是不可能的。許多人那麼做過，有些人也成功了，不過，即使下筆如神助，寫得流順通暢，文理中還是少了些什麼，因為，校園與現實世界的差距太大了。維迪亞自己曾經對我開釋過這樣的教訓——現在，維迪亞是個薪資低微的駐校作家，困在一所傲慢勢利的學院裡，教授創意寫作課程。最近，他在接受《週日電訊報》訪問時，曾經如此表示，「我寧可服毒自盡，也不要以此維生。」

這些遐想紛紛流轉經過我的腦海，因為，維迪亞沒有回答我的問題。他蹙著眉頭，盯著面前的那杯酒看。

他語氣故作驚詫地說：「我從來也沒想到，寫作課程竟然是營養學分！」或許是怒火攻

3 金帳汗國（Golden Horde）：即欽察汗國，由拔都所建，統轄東歐及中亞大部分地區。

心，裝得過火了些。

「以前我也不知道，」我說，「你應該是個挺嚴格的老師吧，不是嗎？」

「還不夠嚴格，」維迪亞說著，「學生選我的課，只是因為他們想要不勞而獲，什麼都不幹就可以拿個A。他們很少做作業，幾乎什麼都不寫。他們跟我扯謊。我試著激勵他們用功，他們反而發起脾氣來瞪著我。他們還深感冒犯。『可是，這是一門寫作課！應該要很容易才對！你竟然要我們做功課！』」

他手舉起來，比了個死心認命的手勢，啜一口酒，看起來形狀淒慘。《電訊報》的訪問中，他有個學生陳述自己退掉他的課的原因：「簡單說吧，我從沒碰過像他這種差勁的、心胸封閉、不體恤、不關心，以及根本就不會教的教授。」

我說：「說起來，那應該是一所優秀的大學。」

「他們都是些墮落鬼。全是騙子。」學生懶惰，其他教員素質低劣，那個地方難以忍受。跟這些低能人物近距離接觸，也損害了他自己的心智。

「那裡天氣怎麼樣呢？」

「天氣倒是非常好，」他說，「我們不要再提那堆墮落鬼了。這酒不錯。可以讓我看看瓶塞嗎？」

他拿拇指和食指旋拉著軟木塞，他發掘了這家釀酒葡萄園的相關細節。他又將軟木塞轉了一圈，拍掉殘餘的塵埃，就像個考古學家玩賞著一件極有助益的文化遺物一樣。

「加州葡萄酒的品質大致上都被低估了，」他說著，幾乎自言自語，接著又說：「你到美國來做什麼？」

「之前，我待在佛蒙特，參觀吉卜齡在布瑞特伯雷特外圍的故居，」我說，「我想寫他——他的美國太太、他的美國住家，以及他的美國生活又是怎麼結束的[4]。」

「他怎麼離開美國的呢？」

「為了些雞毛蒜皮的事情大動肝火。他喝得醉醺醺的大舅子揚言要宰了他。那不過是酒後氣話，可是，吉卜齡提出控告。他的大舅子在當地挺有人望的，是個好傢伙。吉卜齡卻被人看做勢利眼和不速之客，英國水兵仔。結果挺難堪的。吉卜齡搬回英國，還是一肚子氣。」

「他可是非常的有名啊，」維迪亞說，「非常的有名啊。」

「我想，這段故事可以改編為一齣精采的戲——爭執、對峙、法庭聆訊等等。我手上有一份他們對簿公堂的謄本。而且，當時，他還在寫《叢林王子》——你知道，就是講叢林法則的那本。」

「這個主意很妙，」維迪亞說，「很引人入勝。」他沉思了一會兒，又將軟木塞湊近鼻子，聞了聞。

「我們該吃晚飯了吧？這附近有幾家不錯的餐館。廣場飯店就有家印度館子。」

4 一八九二年，吉卜齡娶了美國出版商威爾寇特・貝勒斯提爾（Wolcott Balestier）的妹妹，卡洛琳・貝勒斯提爾。當年新婚夫妻移居美國，落腳在吉卜齡夫人位於佛蒙特州的房產上，只是這對新人的行事風格與當地鄰居大異其趣，幾經折衝之後，吉卜齡夫妻無意改變與調適，就結束了他們在美國的生活，於一八九六年遷回英國。

他說：「我們還是試試蠔霸吧，要不要？」他語氣中隱含著堅持。

我們步出旅館，經過十五條街口，走到中央車站，一路上讚嘆著四下寂寂無聲。此時，有些街道已經清除積雪，幾輛計程車緩緩地駛過這片銀色世界。

「我也有個寫劇本的主意，」維迪亞說，「萊禮六十四歲，在蓋亞那。他最近才從倫敦塔給放了出來，好讓他尋找黃金國，贖回自由身。這是個冒險，現在，他發現自己走到一個死胡同。可是，他不能承認失敗。他又老又失落。」

我們一路踢著積雪漫步，他告訴我這個奧利諾科河上的萊禮的故事，他有意動筆的劇本。

就著一棟建築穿堂的燈光映照下，有個女人站在積雪已經剷除乾淨的角落，彷彿在等著什麼。她戴著一頂裘帽，裹著一件圈了毛領的大衣，她那張狐狸精一般的臉龐，就框圍在柔軟的皮毛之間，皮與毛的溫暖。她轉身避開我們，省掉四目交會的麻煩，而就在我們走開以後，一輛看似名門要人的轎車駛近路邊，她趕緊衝上車，彷彿鬆了一口氣。

「你看到那個女人了嗎？滿漂亮的，你不覺得嗎？」

他沒有立刻回答我，我將他的沉默當作是自己問了個蠢問題。然而，事非如此，他是在思索。

「每個女人生得都不一樣。」他緩緩地說著，彷彿在發表一則新聞一樣。

他攏聚手指，好像人家在摘水果一樣，做了個挖取的手勢。我以為「生得」兩字的意思應該比女人的形體模樣深入複雜一些。他暗示著女人的曲線，而不是任何女人特別的內在機制；他的意思比較是泌尿系統方面的。

「不過，那種事情，你也早就知道了，不是嗎？」

跟他一同走在這樣一個大都市真是一大樂事。我們兩人自由自在，大雪紛紛，放了紐約一天假，人潮淨空，車輛幾乎絕跡。因此，這座大城就變成我們的了。

而經過這麼多年，我從來不曾輕忽這段友誼。與他結識，我自覺幸運，能跟他相處，更是我的榮幸，獲益良多於他的嘉言勸諭，他的錯誤也讓我警惕，他的智慧激勵著我，而他的作品也啟迪了我。我知道他的矛盾。最重要的是，我屢屢受到他奮鬥的尊嚴所鼓舞。寫作之於他，是種折磨，每一本書都教他痛苦難當。而我們現在又處在什麼階段呢？我三十六歲，他四十五歲，兩人都勤奮寫作。我正在寫作一齣劇本，盤算著一趟南美洲之旅，而他在教書——雖然，他曾經說過：「萬莫教書！」然而，此時此刻，他正在康乃迪克州教授創意寫作。此番為難，只為了一個原因：他需要錢。我們的位階如此戲劇性地逆轉，我得處處留意，小心謹慎，不要拂損了他的自尊，千萬別跟他提到，或是跟他說（就像之前，他經常對我說的一樣）：「你們教書的，錢賺的可多囉！」

我們並肩走著——他心裡想著萊禮，我惦記著吉卜齡——而我們彼此相告，這真是了不起的點子啊。

這種勉勵，他的友誼所展現的知性活力，讓我歡喜。或許真正重要的是我們彼此間的信任，真誠的設身處地，其中也包括了寬囿原諒，以及，我們彼此相知甚深。而今，我們對彼此了解，已經到達某種境界，朋友間已經熟稔到無以復加的地步。他的友誼既是一種樂趣，也是一大寬慰。

當他說到，「這樣你就明白了，我們還真的認真討論起美國總統究竟懂不懂該怎麼讀一本書呢！」我還在回味著「每個女人生得都不一樣。」這句話。

「吉米．卡特？」我自個兒尋思的時候，他一定是嘎嘎不歇地扯到卡特了。

「沒錯。他真懂得怎麼讀書嗎？我可一點兒也看不出來。」

「他倒是提過狄倫．托瑪斯[5]。」

「喔，天哪。」

從第五大道走到中央車站的那段短距離路程上，我們專注地聊到美國政府之平庸不文的作風。我們拾階而下，走進蠔霸飯店的溫暖與燈光之中——生意冷清，這場雪暴的附帶損失。我們點了菜。我們繼續聊天。我們小酌。我們用餐。維迪亞不住地提起衛理學院的話頭。衛理學院墮落，虛偽，根本就是個騙局，寫作課程竟然當作營養學分，學生懶惰。

「真是爛透了。爛透了。我當初真的不該接這個工作的。」

「當時你又怎麼會答應呢？」

「那時候，我還以為這家學院會做點好事。當然，還有為了那幾個蹦子兒。」他又做了個悔恨交加的鬼臉。「不過，你也明白，我只能怪自己。誰叫我壞了自己的規矩。」

他不時抬眼掠過我的肩頭，望向我的後方，幾個人圍坐一桌，興高采烈地談笑著。我猜想，這下子，他正打算過去呵斥人家閉嘴噤聲，或是把他們的菸熄掉。所幸，他還算客氣體恤：只是一眼瞥過，隨即又繼續我們的談話，現在，我們聊到紐約的作家，以及這些人如何自以為是。維迪亞認為紐約的作家膚淺，黨同伐異，好嫉妒，對外在世界漠不關心，汲汲營營於當地人的見證，狂暴，而且還說不上十分聰明。

「我要學生讀康拉德的書。他們竟然不知道他是什麼人。他們讀些——什麼人呢？科特．馮內果？不過，他們對《進步的前哨》與《密探》倒還有反應。裡頭還是有些不錯的東西。」

「以前，我在新加坡也都會指定這篇小說。溫妮是個很好的角色。」

「之於溫妮，康拉德說：『她深刻地體會到，人事哪裡禁得起探察細看。』」

「過去我總會叫學生去讀你的《史東先生與騎士同伴》。我好愛那本書。」

「保羅，你真好。你知道的，我也指定學生讀你的《家族兵工廠》，讀你書中描述的倫敦與炸彈——失陪一下。」

他一邊告罪失陪，一邊抬眼望去，接著，他起身走向我們後方的那一桌，我摒住呼吸，暗自禱告，拜託他千萬不要鬧出軒然大波。

而我轉身看過去，只見三人同坐一桌，共飲一瓶葡萄酒，沒有用餐，三人嘴上卻都叼了根菸。一男二女，而其中一個女人竟然是來自阿根廷的瑪格麗特。

「哈囉。」

她對我微微一笑，舉起她的酒杯。她神情微醺，衣衫皺亂。我上一次見到她，是在倫敦的某個炎炎夏日，她穿著一套夏日長裙。而在這個刺骨寒冷的紐約冬夜，她的面容因氣溫嚴寒而

5 狄倫．托瑪斯（Dylan Marlais Thomas）：威爾斯詩人，一九一四～一九五三，詩風和濟慈（John Keats）相近，詩篇注重聲律，但與一般的格律有所不同，而是發聲時所產生的意義和效果，對死亡的感覺亦極其敏銳。

起斑發疹，同時她還穿著一件厚厚的洋裝。她的頭髮受風吹而蓬亂、潮濕。然而，即使衣衫不整，邊幅不修，她還是一如往昔，標緻不減——就像某些女人當她們的裝扮略為走樣，上衣沒紮進褲腰，或是一顆鈕釦沒扣一樣。

我離桌去招呼她，與她攀談，而當我靠近她們那一桌時，她向我介紹她的兩名同伴，她的哥哥與嫂嫂。維迪亞什麼也沒說。

我說：「你們覺得這場雪怎麼樣？」

「維迪亞愛雪，不過，這場雪害得我們日子幾乎都過不下去了，」瑪格麗特說道，「我們住在康乃迪克州，離這裡好遠。」

維迪亞說：「保羅，今天晚上太愉快了，可是，我想，我們該動身了。回程我們還有好長一段路要趕呢。瑪格麗特？」

「稍待一下就好。」

維迪亞說：「麻煩你把帳單遞給我，好吧？」語氣稍感厭煩。

我說：「不用了，我料理就好。」

「喔，那就好。」

瑪格麗特對他蹙起眉頭。

他說：「失陪一下，我馬上就回來。」

瑪格麗特與我再度落單一道兒，不過，卻在我意料之外。我將信用卡交給女侍。

我說：「從康乃迪克開車到這裡，車開得很辛苦吧。」

「車是我開的。維迪亞討厭開車。」

是嘛？可是，我說：「要是我知道你也在的話，我就會請你跟我們一道兒用餐了。」

「維迪亞想跟你好好聊聊。你是他的朋友。你們從不吵架！」

「我們就是那樣子。Dos Amigos（西班牙語，意即：朋友）」

「Claro.」她開懷暢笑，「他要求學生讀你的書，但我不知道究竟是哪一本。」

「我過去總是叫我的學生讀《史東先生》。」

「那本可是他不喜歡的作品。」

這我倒從來沒聽說過。「他還不喜歡哪些自己寫的書啊？」

「《艾爾薇拉的參政權》、《島上一枝旗》。」

「我還以為這些作品都是他喜歡的。而且，《史東先生》也可以算是一本小規模的經典了。」

「他可不這麼想。」

眼看著維迪亞朝著我們疾步行來，我心裡想著要問他：他寫的這些小說，究竟是哪些地方讓他不滿意？只是，時間已晚，而他們又急著離去，而我也明哲保身，看著我朋友的朋友在這個遙遠的地方具體現形。

飯店門外，大雪紛飛中，我們互道別離，我獨自在心頭尋索，不過，同樣也深刻的體會到，某些人事還真禁不起探察細看哪。

是年年底，在倫敦，我到他的窄小公寓去看他，我們一道用茶。當時帕特待在鄉間，住在酪農小築裡。我沒提起紐約，也沒談到衛理學院。

我說：「我就要去南美洲一趟。」

他說：「我現在正思考著要不要去剛果。」

「你要寫一本遊記嗎？」

「不盡然。就說是一本帶有主題的遊記吧。」

我說：「我打算從我麻塞諸塞州的密德福老家出發，只搭火車，往南走，一直到巴塔哥尼亞為止。」

「這個主意很有意思。我知道你一定會發揮得淋漓盡致的。」

我說：「我會在布宜諾斯艾利斯待上一陣子，」他沒有反應，我就接著說：「那裡，我一個人也不認識。」

「是嘛。」

「認真說起來，全阿根廷也一樣。」

這似乎是個自然而然的徵詢，因為過去七年間，維迪亞多次造訪阿根廷，廣泛地寫過許多相關主題——寫過波赫士，寫過艾薇塔，寫過他們的政治文化與恐怖主義。有時，他下筆論述相當尖銳：「拉丁美洲帶有某些相當『渣滓』的特質。他們幻想著只要除掉該死的人就不會再出岔子了。滅種屠殺就是他們的歷史。」可是，現在他對著我皺眉頭，好似我跟他提到一個他聞所未聞的地方一樣。

「你在那裡有沒有認識一些我可以去拜訪的人？」

「那裡虛偽詐欺的人很多，」他說，「要是你碰到穿白色鞋子的人，就離那些人遠遠點。還有那些手腕上戴著會發光的手錶的人，也要提防。」

「我在想的是，你有沒有認識一些我可以去拜會相談的特定人士。」

他認真尋思了半晌。最後，他終於開口說：「沒有，沒有。」接著，他站了起來。午茶結束，拜訪至此，告一段落。他帶著一絲苦澀地說：「你沒問題的，保羅。你不會有事的。」

我動身啟程，完成我的巴塔哥尼亞之旅。我寫完了我的書。他也旅行去了。他寫了他的剛果文章——採訪報導。過了一段時間，他寫了本小說，《大河灣》，以非洲為背景，故事是一個印度人與一個有夫之婦之間一段愛慾狂烈的婚外關係。他還寫了些其他東西。我在一家書店的目錄裡看到這本書，一本私人印行的《剛果日記》：「印量有限，僅三百三十冊。三百冊以數字編號，二十六冊以英文字母編號，另四冊注明收受者姓名。」

我的姓名並不在列。我花了兩百美金買了編號四十六的那一本。維迪亞在書上親自簽名。題獻給「M. M.」

第十三章

主題就是死亡

兄弟是彼此的翻版，這寥寥數字卻隱含了一層暗示，「兄弟」、「彼此」，另外一個兄弟。每次見到西華總像是迂迴地遇見維迪亞，好像我在不意之間撞見某個相貌相似，卻不盡然一致的孿生兄弟；像是篇潦草塗鴉的草稿，而非精修細琢的完稿定本。

手足之間，就是那樣。哥哥的聰明才智可以是弟弟的喪心病狂，老大是原創十足的雕塑家，老二就雙手靈巧，老三呆頭呆腦，丟三落四，老四說不定就是個殘忍野蠻的罪犯，甚至還是個狂暴的毀滅者。一家子裡頭，一個人有成就，附帶三四個瑕疵的不良原型。你在胖弟身上看到瘦哥的身影，騙子身上看到藝術家的痕跡。這般廣泛的變異究竟根源何處，同枝蓓蕾，開花卻姿彩殊異？沒有人了解他們的過去；而一門兄弟率皆憎怨這些音容笑貌上趨同演進的模糊，因為，諸如此類的肖似之處很容易誤導外人。

活在兄長的陰影下

翻開筆耕兄弟檔的歷史，衝突屢見不鮮，從自覺感情受損與小家子氣的怨嘆（「為什麼大家都只注意到他呢？」），到兄弟彼此惡性的文學鬩牆，弒兄戮弟（「混蛋！看招！」）。兄弟之間，一人一定得屈居另一人下風。只要看看威廉與亨利．詹姆斯兄弟檔、奧斯卡與威利．王爾德、詹姆斯與斯坦尼斯羅．喬伊斯、湯瑪斯與海恩立克．曼、安東與尼古萊．契可夫、勞倫斯與傑洛德．杜瑞爾——眾家親生手足知性上都有高差分歧，而且，身為作家，他們都徘徊在失心發瘋的邊緣上。

這類的兄弟經常打從出世就有自相殘殺的傾向，而他們之間的鬥爭往往也幼稚無聊，因為，手足對峙時，幾乎總會體現一些殘存不去的幼稚病病徵。兄弟鬩牆之際，免不了挖開家族秘辛，如此羞愧門楣的互揭瘡疤之後，寬囿原諒都已經無所謂了——傷害已經造成。兄弟鬥爭文學，是種教旁觀者目不轉睛的運動比賽，而敵對雙方卻不啻於阿鼻地獄，經常傳出「他先動手的！」或是「選我！」的慘叫呼號。其中顛撲不破的戰況，還包括一名手足刻意裝出對自己弟兄毫無興趣的隔膜態度；結果，你一定會對某人欽慕有加，對他的手足又寄予無限憐憫。大家族裡的其他家人——正是手足爭寵的原因——莫不退避三舍，生恐選邊幫風。看起來較為高尚的一方，不盡然文才就比較高明，甚至連他的為人都不盡然高尚。

西華．奈波爾從來就不會主動告知有關他的兄長的訊息，而且，如果你貿然相問的話，還會被他當作冒犯：他們鮮少會面。就兄弟而言，西華的神情儀態像透了維迪亞，舉手投足之間，叫人不想起維迪亞也難——措詞方式、千里達人特有的古怪、印度人的吹毛求疵等等，而且，他偶爾脫口而出的評述，有時還增加了我對維迪亞的了解；不過，西華既不耐又敵對的手足態度，往往模糊了我對他大哥的理解，甚至還損害了這些理念。

同時，西華為自己對維迪亞的手足之愛叫屈，可是，他卻說他的哥哥傷他甚深。「我也有些脆弱的地方，可是，他卻難以體諒，」西華在一篇題為〈吾兄與我〉的散文中寫道：「長久以來，我們兩人間共存著某種苦惱。」這話可就輕描淡寫了，而「苦惱」一詞是維迪亞的說法，他經常用這兩個字含蓄地指稱憤慨或是狂怒。西華當然有憤怒，至於維迪亞，則是漠視——抑或，蔑視了。

維迪亞曾經說過：「西華是養於婦人之手的。」而他一而再，再而三地老調重彈，一邊還搖頭喟嘆，對著想像中婦道人家的關注所造成的傷害，大感不以為然。

維迪亞也同樣帶著情感，語氣較軟化地說：「我父親心臟病發作時，是西華一個人發現的。當時，父親已經死了。西華只是站在一旁，動彈不得，一言不發。他根本說不出話來。」

我偶爾會上維迪亞家看他，經常跟他在電話裡聊起來，同時還通信不輟。可是，我動不動就會在路上碰到西華，我們從來沒通過電話，我沒跟他寫過信，也從沒收到他寄來的信過。如此經常地與他相逢，適足佐證他的生活之隨心所欲。他說，他從不預先計畫——那聽在我耳中，實在是種奢望。我總感覺自己工作過度，禁錮在作息常例之中，可是，假如我口出怨言的話，我就不夠老實坦誠了——其實，我喜歡這樣賣力筆耕，寫作就是我最快樂的時候，創作之於我是純粹的喜悅。西華則隨聲應和著維迪亞，也說寫作真是煎熬。同樣的，他樣子看起來還是挺愜意的。

我在自己財務狀況最不濟的那段時期，遇到過西華，時間是一九七三年——「我要動身旅行一趟，找本書來寫。」後來就集結成《火車大市集》一書。離開巴基斯坦的旁遮普之後，我啟程新德里。我在一家上等旅館的餐廳巧遇西華。他告訴我，他剛剛飛到印度。我說，我是從倫敦搭火車，走陸路過來的。

「天啊，那路程有多久哪？」

「約莫五個星期。」我心想，自己時間掌控得滿好的。

「五個星期！」他像一尊帕夏[1]一般端坐在坐墊上，抽著香菸，呷著熱茶。圓胖的臉頰隨著他笑逐顏開，不斷顫動。「你還真是個自虐狂。」

「火車旅行有時候也挺有意思的，」我說，「像是東方快車。有些土耳其列車。阿富汗西北部赫拉特（Herat）的清真寺。還有開伯爾隘口等等。」

「繼續啊，攻上開伯爾！」接著，他又哈哈大笑起來。

他一味譏嘲，對話就淪於乏味無趣了。這也不是新鮮事了。我總覺得，他的揶揄當中隱藏著嫉羨，而我也清楚，要是我反唇相稽，他鐵定暴跳如雷。

我微笑，輕視他的嘲弄。新德里的十月，二十五年前。兩個三十歲男人同坐在花園裡，心裡各自盤算著一本書。他有個文名滿天下的哥哥——他不會有事的。可是，如果我遊畢返鄉，還寫不出書來的話，我就滅頂完蛋了。

「你這一趟奔波下來，打算幹嘛？」

我說：「寫一本遊記，旅行書。」

「我不曉得你還寫旅行書。」

「只是一種嘗試而已。我需要錢。」

「所以，你就想像別人一樣寫印度嗎？」

「不。我要寫的是這一趟完全的旅程。我要搭火車經過馬德拉斯到斯里蘭卡。然後，整個行程——加爾各答、仰光、越南、日本。再搭跨西伯利亞火車回家。」

我不該跟他講這些的。他爆出狂笑，笑到喘不過氣來，笑到嗆著噎到，他鼻孔噴煙，一張大臉漲得通紅。

「我想，耶誕節之前我就會回到家了。」

他說：「我星期三就到家了。」

今天是星期一。我好想回家。我自覺意志消沉，就回到旅館，想要撥電話給我太太，偏偏什麼也沒接通，只有靜電如浪潮的雜音，以及電話線一端微弱不知所云的語音。我思鄉心切，一夜無法成眠。

第二天，西華和我又碰面了，同樣也是意外相逢。他在餐廳裡有個好包廂，我離開的時候，湊巧經過。他把我喊住，然後點了咖啡。他的咖啡桌上散落著紙張，還有一紙電報：恭喜榮獲霍桑獎。星期三盼你早歸。愛，珍妮。

---

1 帕夏（pasha）：土耳其、埃及的省長或是軍司令，源自土耳其語「長官」之意。

他剛剛贏得一項文學獎。他就要回家了。他太太愛他。真是幸福——無上的幸福。

我問他：「你覺得印度怎麼樣？」

「不怎麼樣。」他又呼號著咆哮。

這就是他跟別人對話的方式。聽來像在尋釁找碴嗎？他讓你問他問題，然後，他回你一個毫無益助的答案，再陰沉不快地哄然大笑。

「跟某些我去過的地方相比，這裡可以算是天堂了，」我說，「伊朗。喀布爾[2]。白夏瓦[3]。」

「這就是第桑四界啊！」

接著，又是一陣狂笑，像是某種形式的標點符號一樣，充滿嘲弄意味的驚嘆號。我只能從他的笑聲裡聽出緊張焦慮與剛愎頑固。多年之前，和我在倫敦共度耶誕的年輕伴侶，已經長成一個相當乖戾的人。

而今，他坐似塔來立如山，印度驕陽之下，如此碩大形體害得他行動緩慢而笨拙。他看來侷促不安。他菸不離手。他啜著威士忌。他給我的印象，不是個愉悅滿足的胖醉漢，而是個不開懷的酒鬼，困惑，不快樂，而且憤憤不平。而他的笑聲流洩最多慍怒。

他活在維迪亞的陰影底下，我也一樣，不過，頂著聰慧兄長的陰影，可是最為黯淡的處境了。然而，他的知性生活就開展在偶像崇拜維迪亞之時，這尊偶像在一九五〇年離開千里達，當時西華只有五歲，而偶像從不在家。西華變成維迪亞的忠實信徒，深受維迪亞的影響，以至於只要他落筆為文，讀來就像在拙劣地模仿維迪亞一樣。西華撰文企求細膩，結果卻是浮誇盤文，掉弄玄虛，雖然說，他在雜誌側寫作家與人物寫手眼中，還是比較「性情溫和」的奈波爾兄弟。還有，他出於虔信的舉動，連維迪亞都稱奇不已：他將整本《神秘的按摩師》默記在心，倒背如流。記憶背誦神聖的經文，表現了無上的尊崇，可是，西華自己的散文風格也同時判處死刑定讞。不管他怎麼揶揄我，我還是無法不對他感到一絲絲惋嘆。

然而，當時在印度，我羨慕他即將飛回倫敦。我咒怨著自己時運不濟，為什麼我就得獨自踏上漫長旅途。電話不通。我收不到郵件。我就像個年老、與世隔絕的探險家一樣。確實，獨行讓我見識更廣，獨行也讓我因為經驗而改變。不過，倘若有人說：「這裡是一萬美金，拿去，不要再旅行了。」我一定立刻掉頭，跟西華一塊兒搭上飛往倫敦的班機。

有個年輕的印度女人在餐廳裡四處閒晃。她盯著我看。怎麼著？印度女人從來不曾這麼大膽。她碰碰我的手臂。「嘿，我去過美國。」她牽起我的手，擠了一擠。這是種印度人的表達方式，就像在說：「上我吧，我是你的了。」她直直地盯著我的雙眼看。

她說：「我不會咬你的。」她撲了粉的臉龐與鮮紅嘴唇與銻墨般黑得發亮的雙眼，為她戴上一張春情蕩漾的面具，我心裡要她，同時也怕她。

她說：「你怕我啊？」

「沒錯。」

她嘴裡被檳榔染紅的牙齒，直出一幅「卡莉，毀滅女神」的畫像。她拉拉她的紗麗，再度

---

2 喀布爾（Kabul）：阿富汗首都。

3 白夏瓦（Peshwa）：巴基斯坦北部城市，也是西北邊境省省會。

揚首歡笑。跟她做愛，我不會害怕——我可以感覺到她的狂野；我怕的是接踵而來的諸多滋擾——氣憤填膺的家人親友，揮舞著刀劍斧刃而來，我的股裡[4]可就危在旦夕了。凡事在印度都有個價碼，一晌貪歡通常都要懲以刑罰。

那天晚上，和西華飲酒餞行的時候，我又在庭院裡看到那個卡莉女人。

「你看到那個女孩沒有？」西華說道，「我今天早上才跟她睡過。」這回他的笑聲曖昧甚於從前。「她真的很瘋。我說，她真得很瘋。」

那個早晨，他搭機前往倫敦領取他的文學獎，重新回歸日常作息——好個走運的衰狗。同一天，我搭上開往納格浦[5]的火車。我將「第桑四界」寫入我的日記，這句話也在我的書中找到一席之地，只是沒將西華的名字安上去而已。經過馬德拉斯，到達印度南部以後，我繼續南下到斯里蘭卡，再往前走，走得更遠：緬甸、越南、日本——前進，緩緩地走進未知之境。

耶誕假期到了。我還在西伯利亞，瑞雪隆冬。我竟然還在這段要命該死的旅途中！我奮力掙扎。最後，新年前後，我終於回到家了。我寫了我的書，一年後，書出版了。我清掉了我的帳單。

然後，我又在宴會上碰到西華。

「又搭火車去了嗎，保羅？哈哈哈！」

現在，我很確定這是嫉羨的笑聲了，而我也憐憫他，他的笑聲不言自明。

兄弟倆大不同

維迪亞認定自己的形象是個對抗逆境的奮鬥者，而西華則體現了一個寵壞了的，受到過度保護的孩子，或許，這也是相當精確的觀察，不過卻讓他們的關係棘手而難以拿捏。我對他們的童年所知甚少。顯然，西華在牛津求學的日子好過多了，而當他決意寫作維生之時，出版公司紛紛大表歡迎。他大哥是個作家，小弟當然也會有些天份。西華痛恨如此推理，卻也從中得利不少。

維迪亞說：「他就會抱怨，成天找藉口。我父親就是那個樣子。」

他們的父親，席普薩德，一直是個我不了解的謎，不過，既然畢斯瓦先生就是以他為藍本虛構的人物，就可以幫助我了解這個人。畢斯瓦先生的某些特徵也可以在奈波爾兄弟身上看出來。多半時候，我看西華就像個受苦受難，卻年輕許多的，拙劣的維迪亞翻版——乖戾而遲緩，痛恨這位有名又可怕的兄長投射在他前方的巨大身影，他可以悄默無聲地不見蹤影，偶爾出現，開口就毫不客氣，直批武斷。

西華總是學著維迪亞，嚷嚷著寫作如何艱苦，每個句子都害他殫精竭慮，勞心勞力（我總

4　股裡（goolie）：起源自印度語的俚語，意即睪丸。

5　納格浦（Nagpur）：印度中部城市。

想嘲笑兩人，跟他們說：「要是人在海上航行的話，寫書不是更困難嗎[6]？」），西華還更勝維迪亞一籌，每每停筆良久，不事寫作。他將怠惰標榜成自己突出絕倫的天賦，然而，真經過他費事塗寫的作品，或許是他非凡驚人的心血結晶，偏偏，文字本身倒無啥出奇之處。他只是空有一張嘴終日自我吹捧而已。維迪亞說他太懶，又酗酒過度。他說，西華的肥胖完全是自我縱溺以致。要是我聽了他的描述而遲疑不信，維迪亞也會坦承自己斷言過於無情。除了西華覺得寫作很難以外，還會有其他更簡單的解釋嗎？不過，又有誰說寫作容易來著了？

「西華在維迪亞眼中，根本就一無是處。」稍後，與維迪亞長期合作的資深編輯黛安娜·艾特希爾曾經說道，「他心裡成見已定，西華遲早會害自己出醜，並讓整個家族蒙羞，而且，他還會嗑藥染癮，淪落成一個沒用的廢物。這是種深沉的焦慮。他對那個孩子很冷酷，真的很殘忍，不管他做什麼或是說什麼，他都會說他是個笨蛋，真的，罵到讓西華只能坐在一旁，什麼話也不敢講，因為他一開口就被維迪亞打斷。」

「他很不快樂，」維迪亞說，「這又是為什麼？」

維迪亞之所以能夠保持心平氣和，就在於他的信念，天道好還，凡事萬物都是公平的——不論是在人類施為之間，或是在自然與藝術之間亦然：不是武斷或隨機的，而是屢試不爽地自然公平。善有善報，藝術修為也會讓你自己進步。優秀的作品總有出頭天，不誠懇的寫作遲早會遭到揚棄——雖說，不論任何寫作，時間還是個因素；作品高低互現，起伏升降，還是要耽擱上一段時間。倘若，技巧顯然低劣的作家，寫出一部暢銷書來，表相背後一定另有緣故。維迪亞並不全然摒棄廣受歡迎的小說家。他說：「說不定，那些書裡也有些東西。」他的意思是，不管表達的有多粗糙，人家書中還是有些啟發或是真理。他認為喬治．華萊士所言「蠢蛋知識分子」，一語道盡學術生涯的墮落實況，而他也藉著引述與贊同華萊士的箴言，來嘲諷美國人，並深感快慰。伊弗林．沃也援引類似的方式來激怒美國人，說著：「厄爾．史丹利．賈德納[7]是你們最優秀的小說家了。」

不過，維迪亞只是半帶揶揄而已。他真心相信，人生沒有幾樁意外。某些事情，你自以為是意外，其實，根本就是你活該，就像某種業障一樣。我第一次聽到「業障」這種字眼，還是聽維迪亞說的，正如他也是我經驗中第一次聽人家用vibration（感覺、印象）來表達intimation（示意、暗示）的。他同樣以為，某些人內在的障礙與迷惑，吸聚了惡運加身，其他人則是活該自找的。事情進行的不順利？維迪亞鮮少對任何人的呻吟寄予同情。一定是你自作孽不可活。文學獎學金與自由支配的零花錢與贊助人的銀子都寫不出書來；寫書只有靠作家自己，而優秀的作家是不屈不撓的。這不是宿命的說法，也不是毫無憐憫的無動於衷，相反的，這是維迪亞執著的宇宙和諧信念，而他也再三重複，現實生活中，你值得多少，就會得到多少。

---

6 這句話是雙關語，「在海上」（at sea）一詞，一方面指航行，海潮洶湧，海事動盪，不便寫作；二者，at sea也有「困惑，不知所措」的意思，意即，如果你不知道該怎麼寫，寫作當然就困難多了。

7 厄爾．史丹利．賈德納（Erle Stanley Gardner）：美國多產偵探小說作家，一八八九～一九七〇年，他的懸疑作品緊湊精采，並且著重於法庭上的對招拆解。賈德納創造了八十餘部以裴利．梅森為主角的作品，日後也改編成大受歡迎的老牌偵探電視劇。至今，他的作品總銷售冊數早已上億。

正如維迪亞有言，西華確實愛抱怨。維迪亞也充耳不聞。他認為小弟的抱怨根本就無病呻吟，只是西華在自我縱溺罷了。「他只是要別人注意他，全在作秀。別理他，他就會閉嘴，不再抱怨了。」

就算維迪亞對我美言有加，也無事於補，而維迪亞稱讚我，也只是基於同一個原因。他說，我書寫的好不是拜運氣或是意外之賜。而是因為專注勤奮與辛勤工作的緣故，「你明白了吧，保羅，你言之有物啊。」我不常抱怨，不過，話說回來，我又有什麼好抱怨的？早在我能出書賣錢之前，我就已經摸索出一條寫作維生的路子了：一年出版一本書，雜誌邀稿有求必應。而且，深恐陷於窮無立錐之境，我總是量入為出。

諷刺的是，我見到西華的時候，比見到維迪亞的時候還要多。我們年齡比較相近——他只比我小四歲——因此，我們共同之處較多，彼此認識的熟人也多——舉例而言，強納森．雷班，他就說，他覺得西華只想搞觸擊短打，焦躁不安，動不動就語焉不詳地格格發笑。西華不像維迪亞那麼堅強，不過，這也是他好命的地方，身為傑出作家的小弟，他出版的路子走起來也順遂的多。想當然耳，西華企求外界能將他跟他的兄長分別評價，讓他矗然獨立，掙脫父兄的陰影。然而，他在選擇寫作主題時，卻好像有自殘的傾向，這些主題好像只能讓兩兄弟更加凸顯為彼此的翻版，重點都非常相近。兩人都將殖民主義寫得像一段離奇鬧劇一樣，非洲旅行之瑣碎無益，加勒比海沿岸權勢階級之腐敗，第三世界又為何是個死胡同，印度停滯不前的錯綜複雜的環節因果，還有，毫不留情地問起疏離的問題：我究竟歸屬何方？這方面，他們兩人同樣執迷堅持誰也不在乎他們的歸屬。

有時候，西華的文學偏執幾近仿作。西華批評撻伐加力騷的文章，讀來像在模仿維迪亞。他們的散文文風中，可以確切看出相似之處，西華連措詞用字都選用一些維迪亞偏愛的字眼——「玷污的」、「幻想」、「苦惱」、「失落」、「騙子」等等——甚至表現得完全一致的挑剔苛求，藉著誇張鋪陳，讀者怎能不注意到兩者如此類似。

就這樣，西華．奈波爾在斯里蘭卡一家中菜餐廳午餐，這對任何地方的旅人都是件稀鬆平常的事。他落腳在一個濱海小鎮，加樂（Galle），挺漂亮的一個小地方。可是，在西華筆下，卻是一段令人作嘔，不潔到難以想像的經驗。

「我吃得極少，心驚膽跳，避開端到我面前，印著拇指指紋的玻璃水杯。現在，我步行穿過撤空了的格林區，海岸邊浮升起下水道的玷污惡臭，叫人不擔憂也難，我怎能不想起，警覺心也益發高漲，那雙傾向漫不經心的手，如何隨興所致地髒污了我的餐盤、我的餐刀、我的叉子。」

有人居住的地方就會相當的髒。西華似乎從未憬悟到，他這樣誇浮的描述，毫無著墨於這個世界，反而將他自己的龜毛挑剔說明得一清二楚。維迪亞對於髒亂的恐懼，傳奇般地揭露他的肛門強迫性格，不過，每當他寫到這一點，他總會擴大自己的論點，涵括到種性制度或是文化議題。西華卻只是把自己寫得像個膽怯又愛小題大作的傢伙。

維迪亞，身為一個真實的殖民地居民，當他談到他的疏離感時，往往頗為可信，雖然，任何一個讀者都可回他一句：「那又怎樣？我們還不是也有我們自己的問題？」畢竟，他寫的也不只是發達多金、生活優渥的中年族群，以及固定通勤於威爾特郡與肯辛頓的中產階級的人性狀況——只寫自己，無暇他顧。西華，後殖民地時期，六〇年代的叛逆小子，七〇年代的保守分子，再將自己塑造成流亡人士或是流浪者，就不足取信了。他明擺著討厭旅行。不管怎樣，他算哪門子流浪者？他心目中，全世界最糟糕的旅行，不過就是遠足到某家中菜餐館。他的旅行通常都迅速快捷。他攀上一門知名的報人，入贅岳家，他在倫敦日子好過得很，他喜愛參加宴會，人盡皆知。

他總是單身赴會，如果沒喝得酩酊大醉，也是踉踉蹌蹌地，傷感地吃吃傻笑。他醉到最高點的時候，還會放縱自己對著女人，含渾著印度紳士口音，大獻殷勤（「瓦的老天哪，泥灰藏的美麗」），而他如此執拗，女人也搞不清楚，他究竟是在追求，還是侮辱。

西華不管寫什麼，寫得都不順暢。他總喜歡引述維迪亞關於寫作難於蜀道的抱怨，改編成某種吹噓的形式。「我一個字也沒動。真是艱難掙扎啊。」毛病究竟出在哪裡？他第一本書還廣獲認可，出版商慷慨大方，倫敦坊間各家報紙對他都極禮遇。

我盡量不避開爭論，生恐自己看來像在蔑視他的痛苦。

他說：「我每寫一本書，就像生了場大病一樣。」

「當然。」

「不過，你只要隨便攪和攪和，書就一本接著一本出版，保羅。」

「你真的這麼想嗎？」

「攪和」這樣貶損的字眼，讓我心裡想起一根棍子和一個桶子。

「你現在又在攪和什麼了？」

他又縱聲大笑，有如犬吠，還過於尖銳，不僅是單純的牢騷，或許也意味著再度打斷，讓我無從辯答。

他說：「你寫書最簡單了。」

我在倫敦越來越常聽到這類的侮辱字眼——在美國反而沒聽人家這麼說過——羨慕給予英國人出言冒犯的魯莽信心。西華是始作俑者，也許是因為他憎惡維迪亞對我父執輩一般的關懷與明白的讚賞。而我未曾怨嘆寫作之困難，適足證明我只是二流寫手；西華之掙扎煎熬則充分顯示他的天賦文才。

「他酒喝的太多了，」維迪亞說，「他身材都走樣了；他肥了。你注意到他臉頰鼓得多高嗎？他根本不運動。那是個懶惰、自私的身體。」

這又是維迪亞的正義觀點中的另一層面向：你的身體就是你應得的。依維迪亞判斷，身體髮膚說明了當事人的一切訊息：皮膚不好，因為你是個惡人；肥胖則視為道德上的缺陷。維迪亞書中的肥胖角色，若不是頭瘡腳膿的罪犯，不然就是無法信賴的憊懶傢伙。

維迪亞曾經在接受訪問時指出：「我非常自豪於擁有健美的體格。」接著又說：「身體是我們可以控制的。身體就像是個皮囊，裡頭裝著我們的靈魂。」儘管如此，也曾有好幾個人跟我提起，由於他身形矮小，再加上氣喘纏身，維迪亞總深深感覺體型上的自卑。

誰都看得出來，西華不快樂。我不知道其中緣故，不過，一定不脫與維迪亞之間的關聯。我依舊認定，多加了解西華有助於深入認識維迪亞——雖然，維迪亞或許會否認——親兄弟總是援引了解其他手足的關鍵。偏偏弔詭的是，西華跟我反而越來越像是兄弟，我們之間的互別苗頭、錯誤的關係模式，而我們的交情也因為幾近於手足對峙而消解不存。

「星期天過來我家用茶吧，」某天晚上，西華在宴會中對我說道，「帶你全家一起來喔。」

聽起來很不錯。那還是早先時期。我們各自的妻子與孩子都還沒碰過面。西華的房子位址在艾塞克斯。地圖上看來，是一條一直線的車程，不過，當天卻因為下雨和路況惡劣，還有英國村莊（「這裡一定就是嘉斯菲爾德了」）奇特又教人著惱的瓶頸路段，我們困在我的小車裡辛苦地摸索了三個小時。一路上，我不斷地向我的小家庭成員保證，這一趟遠行一定會值回票價的。我們見到了西華的泰山大人，一位聲名遠播的廣播人。一屋子擠滿了人——西華還真是左右逢源。可是，我們到達的時候，他正在講電話，而當我試著跟他打招呼，說哈囉時，他卻對我氣急敗壞地綻唇一笑。

「你沒看我忙得不可開交嗎？」

接著又是一陣沉鬱的笑聲。

我們用過茶點之後，逗留一個小時就起身告辭了，開車回倫敦南區，回程還有一段長路呢。他幾乎沒跟我講上話。

我太太問道：「哪一位是西華啊？」

我向維迪亞提起這段插曲，我們大老遠開車赴會，卻覺得自己不受歡迎。

維迪亞說：「他跟我說過，他一看到你就覺得沮喪。」

「我無法想像，這又是為了什麼。我從來不跟他提我的書。我只是聽他講自己的東西而已。」

「說不定，就是因為這樣子吧。」

「因為我只聽不說？」

「不，因為他厭恨他自己。」

舉輕若重的西華

另外一段時期，西華搬進倫敦公爵閣地區一家書店樓上的大型公寓裡。這種安排看來非常有格調，他置身各色各樣的風雲事件之中，尤其是公爵閣一帶不拘小節的多元文化表現。我們則捉襟見肘地住在遙遠而毫無生氣的卡佛區，車程一個小時，越過倫敦才到得了。而今，我們兩家已經是彼此居家晚宴上，不情願卻還是經常造訪的賓客了。

第一次在他的公爵閣公寓晚餐時，我就注意到西華面前上了一道特殊的餐點：份量較大、菜色不同、看來較為可口。

我問道：「那是什麼？」

西華伸出雙臂，交合在餐盤前面，護著他的大餐，他的太太解釋道：「西華只吃素食。」

某人說道：「可是，我看他那盤像雞肉。」

「是雞肉沒錯，」西華說，「雞肉不像牛肉那麼糟糕。」

我們的茄片夾肉裡就合著牛肉，而我覺得，那個時候，所有人都垂涎著西華的特殊待遇。西華解釋說，他自小就吃些特定的食物長大。我猜想，奈波爾家族一定把雞肉當作一種蔬菜，因此也加深了我對維迪亞的了解，尤其是他在飲食方面的彆扭怪癖。

另外一次作客西華家，飯後我幫忙清理善後，我將一些剩菜收進冰箱時，看見許多層層相疊的餐盒，上面還清楚的標注著：星期三午餐、星期三晚餐、星期四午餐等等。

我對他太太說：「你真是有條有理啊。」當時，她在洗碗槽一邊忙著。

「喔，那個啊，因為我星期二要出門。」

她進一步說明，只要她得離家出差，就會事先幫西華準備好餐點，她離家期間，他需要的所有餐點。食物都預先煮熟，菜色配料各自不同，只要熱過就可以上桌了。西華不願，或是不能燒菜料理給自己吃，因此，如此的奶媽照料——或是，母親呵護——就變成精心對應的解決方案。

她看我臉上泛出微笑，隨即翻臉反應，說道：「維迪亞還不是不會做菜。他還不是讓帕特從頭到腳，侍候地妥妥貼貼地。」

那也是真的，與我的生活或大部分我認識的人的生活都有一段距離。奈波爾兄弟的生活究竟是組織完善地滴水不漏，還是因為他們都娶到任君擺布的太太？這一點，說明了太多太多千里達故鄉老家的生活。當然，他們兩個都給過度寵溺，結果，如果不說害得他們幼稚無能的話，只能說讓他們看來大不中用。

即使，有人要幫我煮飯，像奶媽一樣照顧我，我還是會嚴加拒絕。撰寫《蚊子海岸》的時候，為了保持身心平衡，寫作進展的如此穩定，我也變得迷信起來：我不要在生活裡出現任何變化。我住在倫敦。每天中午，我上同一家餐館午餐，點同樣的餐，炸魚條。我專注地冥思默想著我的故事裡的言外之意，思索著我的人物。我深深以為，我周遭任何差池改變，都會擾亂我的敘述。

小說完稿的那個月份，一九八一年四月，我寫信給維迪亞，他立即狂喜地回覆，「那本小說聽來非常了不起——正是那類你會發揮得非常好的主題。故事主軸既簡單又吊人胃口：所有的好點子都該是這個樣子。」

兩年用功在一本書上，大功告成之際，那正是我最想聽到的。維迪亞可是再慷慨寬容不過的了。

「你的精力過人，叫人讚嘆；你在寫作上諸多傑出成就，似乎讓你更加精力充沛。不管我走到哪裡，都會碰到你的著作和你的大名，而我也總是感到與有榮焉。」

經過了這麼多年，他還是我的朋友，持續為我加油打氣。我樂於取悅他。他讀過了這本新小說。

他說：「這是一本大書。」

一九七八年，發生在蓋亞那瓊斯鎮，人民廟堂公社成員集體自殺事件，西華和我都備受震撼。在我而言，那是畢生所見最為毛骨悚然的慘案了。也是形式最為暴力與夢魘驚恐的偏執妄想。移居蓋亞那的彌賽亞，吉姆．瓊斯，在他的追隨者之間，營造瘋狂氣氛，正是啟動我構思《蚊子海岸》一書的人物，雖然，書裡情節完全不同。西華也寫了一本關於瓊斯鎮的書，《去向不知何處之旅》。他經常迂迴提及他這段經歷性質之恐怖，因為，他在九百多具屍體尚未裝袋搬移之前，就抵達了瓊斯鎮。他說自己從未曾見過如此不堪的場景。這段見聞令他喪志失神，讓他封筆無言了好一陣子。寫那本書的時候，他飽受近乎精神崩潰的煎熬。當時，我理解到，他之所以如此缺乏安全感，不是因為自負或虛榮或幼稚，而是因為某些相當基本的東西：他已經飲盡了高腳杯，而就在他準備揚首照杯之時，卻發現恐懼潛伏在杯底，正如，我過去教過的一齣戲裡，一行可怕的台詞：「我已飲盡，卻看見蜘蛛。」8

沮喪之下，西華行文越發虛浮累贅。派對擴大成「飲宴作樂」，演說加碼為「正式致詞」。可以直接了當地表達：「機械取代了勞工」的地方，他會寫成：「機械已經顛覆了集體肌肉勞動的奴役狀態。」講到千里達人的時候，他會說：「吾人有所體認，包裹著未曾言明的率直，我們在帝國制度之中，微不足道的狀態。」這只不過是在虛張造作地說：「我們感到，我們在不列顛帝國裡無足輕重。」

在事實突破了拼湊混成的表現手法之時，效果就顯得庸俗乏味了，而他所嘗試營造的風格，既不自然又徒勞無功。他也如實坦承。他說自己深感挫折。現在，他寫的東西，形式都像在吹毛求疵。

「我整天坐在書桌前，」他告訴我，「我一事無成。我想寫，可是，什麼也寫不出來。」

這可不是十年前慵懶的藝術家誇辭，而是種苦惱哀求。也是種憂懼。

「有時候，一直到下午五點，我什麼事也做不成。有時候，什麼也寫不出來。」

我們身邊沒有別人，他不再嘲弄我，不再格格傻笑；他鄭重嚴肅，他的樣子看起來狼狽透頂：臉色蒼白、浮腫、近乎狂亂、一手握著一杯酒，一手夾著香菸。

「我哥哥以為我懶。」

他的語音疲憊。他是個包袱沉重的男人，而今，我明白這絕對不是做戲。他似乎即將放棄，聽天由命。一九八四年，甘地夫人遇刺身亡時，他專程飛到印度，寫了篇憤怒追思的悼文。彷彿為了逃避他已經開了頭，寫書的嚴肅承諾，他文章寫得更多更勤了：他寫第三世界——否定這類地方的存在；寫澳洲——厭恨那整個國家；寫他自己和他的兄長——期盼著他的困惑可以理解，同時承認維迪亞可能是世上唯一了解他的人。

即使是最不費力的舉手之勞，都會害得他喘不過氣來。他說：「我變得好累。」而他說話的語氣，讓我相信，他的健康一定很不對勁。我問維迪亞，有沒有我們幫得上忙的地方。不過，他只是舊調重彈，活該西華自作自受。他講話的時候，流露同情，卻也愛莫能助，也不曉得如何補救。

真的，當你聽一個三十九或四十的男人向你喊累，你不會想到他病了，只會猜他是不是工作過度，或是根本就在誇大其辭——夜裡混得太晚了，玩的太瘋了，他一定是疏於照顧自己。你絕對不會猜想，這人是不是病到垂危關頭了。然而，西華卻是如此。

當時，他的澳大利亞書正寫到某個章節，正講到一個名喚提薩的風趣的錫蘭人，提薩跟他說起男性雄心在斯里蘭卡可謂無用武之地。西華寫下提薩的提問：「在你們島上也一樣嗎？」

---

8 這句話是莎士比亞戲劇中，《冬天的故事》第二幕，第一景。西西里王里昂提斯疑心宮廷中有人對他不利，遂自嘆道，倘若蜘蛛蟄伏在杯底，舉杯飲盡，不見蜘蛛，則不受毒害，蓋乃無知之福澤；若是（杯中酒）我已飲盡，卻看見蜘蛛，則命在旦夕。

然後，他就死了。

他的心臟一直衰弱。說明了所有他說過的話與做過的事，以及他所有的感覺。剝奪了他所有的氣力；使得他疲憊癱軟。這也是為什麼他會不住喘氣，大汗淋漓，為什麼他每每吹噓夸言，為什麼所有的事情，他都舉輕若重。

他癱伏不治在桌上，還是被他的兒子發現的，就像三十三年前，西華發現自己的父親逝世一樣。

我寫信給維迪亞，盡可能地婉約措詞。他回信，寫道：「我嚴重憂鬱幾達臨床症狀，無事於補的那一種。每日醒來之前，惡夢總會降臨，或是攻擊我。其實，我總是被這些惡夢給驚醒。」

而他在信上結尾寫道：「真好，能夠在此時此刻，握住你伸出的友誼雙手。」

彷彿，我才是那個活了下來的手足。可是，維迪亞持續悼念，而當他寫完《抵達之謎》（*The Enigma of Arrival*）一書時，他題獻給西華，他說這本書，「死亡就是主題」。

第十四章
玷污的蔬菜

相濡以沫

維迪亞說著：「到了牛津廣場就往北走，一直走到看到教堂為止，教堂尖塔就像一根削尖的鉛筆一樣。」以他一貫精確的方式，幫我指出一家印度餐館的方向，我們約好在那裡一同午餐。只是，我也知道那座教堂的位置。

一如往昔，我總是急著要跟他會面。我想知道，此刻，他心裡又盤桓縈繞著什麼，因為他無事不問，從不輕信，而他看待事物的眼光與觀點又殊異出眾。他的言論總是出人意料，獨具原創力。他好唱反調，偏偏，他每每一語中的。

多年以前，在他諦聽僑居烏干達的印度人吹噓身家安全與財產之時，我就在他身邊。維迪亞判定：「他們都是群死人。」而今，倫敦市街上大部分的書報攤與地鐵站的郵局票亭，都是這些印度人——烏干達難民——在經營打理。他們在英國南部隱隱然又形成另外一個完整的看店階級。

在西華逝於一九八五年的三年前，維迪亞一度爽朗風趣。他說，「智慧上的壓力」害得他落髮無計。不過，他既忙碌又開心。「本人好像異乎尋常地滿載著待辦要務。」他不過五十歲。他確切地預料到福克蘭戰役的結果，當然不脫他獨特的弔詭。阿根廷人已經表明誓死奮戰到底。「阿根廷人說他們要戰到淌乾最後一滴血，」維迪亞說，「就意味著他們準備要投降了。」

接著，戰況果然如此發展，歷歷不爽。可是，西華猝逝之後，他又逐漸悲哀低迴了。他靜默地哀悼憂傷；他的悲痛顯現在他的作品中，在他選擇的主題上。他寫到死亡與即將死亡——他的妹妹最近也去世了；他的散文逐漸滲透出衰朽宿命的暗示與悲傷的低調，疏離孤立的基調更加深沉，因為，所有的輓歌都透露著孤寂無依的況味——除了死亡以外，還有種別離的傷感，眾人皆捨我而去的悽楚。

我們也因此成為更密切的朋友。現在，經過了將近二十年，我們更加相互依賴——彼此深信，彼此可以傾聽與同情。西華的猝逝，警惕了我們。我領悟到生命何其寶貴，何其短暫，每一天都要珍惜。

如果說，我們因此悲傷，我們也因此淬礪奮發，我們明白了，如果不盡情揮灑，活出我們所有的潛能，人生何其浪費。維迪亞行旅更加頻仍，不過，我們總還能在數週，甚至數月未通音訊後，重新拾起友誼的線頭。

那就是為什麼我會從牛津廣場的地鐵站拾階而上，往北走向上攝政街，朝著尖塔有如削尖鉛筆的教堂走去，而我也知道這座教堂就叫做「聖徒教會」。我們約定在人行道上碰面。

「是啊，是啊，是啊，保羅。」

維迪亞極為重視身體髮膚的保養維護，尤其不樂見極端的改變。要是有人突然極度增肥，或是大幅消瘦，臉色變得蒼白或是突然滿臉面皰，或是突然戴起一頂滑稽的帽子，維迪亞會一律視為危險的徵兆，心智上的差池、沮喪、愚蠢、虛榮，總而言之，一定出了什麼嚴重的差錯。

我看著他迅速地上下打量著我，可以知道他挺滿意我外表上沒什麼改變。他也沒變，我告訴了他。

他說：「我每天晚上還是都會做運動的。」

我們進入那家位於莫替瑪街上的印度餐館「蓋洛爾德」，維迪亞就一直注視著一個戴著眼鏡的年輕印度侍者，維迪亞目不轉睛地跟著他穿梭整個餐廳，彷彿他認得這個人，腦子裡正拚命地尋思彼人的名姓。最後，維迪亞還是舉起手來，召喚這名侍者過來。

「你知道你長得很像我嗎？」

侍者搖搖頭，瞇著眼睛，嘴裡難以置信地囁嚅著這個問題。「我是不知道的，先生。」

維迪亞二十幾歲的時候，一雙失眠的眼睛，眼皮厚重地耷著，黧黑的雙頰，一頭亂髮濃密不馴，一副角框眼鏡，一抹蹙額不悅的微笑，他的樣子就像許多落腳倫敦的印度作家一樣，疲憊而不耐。維迪亞向他透露的消息，顯然讓這名侍者不安。清楚可見，過去從來沒有人這樣觀察與評斷過他。他匆匆瞥了維迪亞一眼，維迪亞的樣子顯然令他困擾不已，他轉頭偏離眼神，像是哈拉兩句般的笑笑，他嘻開嘴巴，雙眼無神。

維迪亞說：「我跟你很像。」

他湊近端詳那個年輕人的面容，如此熱切，侍者退卻了一步，苦惱地咭咯傻笑。

「也許吧，先生。」

「不過，你卻不以為然。」

「是的，先生。」

「然而，那是真的。你長得像我。」

這段離奇的對話讓侍者窘困，卻略略讓維迪亞省思尋味，他好像看到年輕時候的自己站在面前。侍者開始膽怯，忖思著他的面容五官，怎麼透過這個五十來歲，心滿意足地對著他咧齒而笑的男人而呈現。

「你去找一面鏡子瞧瞧，」維迪亞說，「去啊，你看了就會明白。」

那侍者，過去要攬鏡自照之前，大概從來沒這麼歡喜過，輕輕微微地晃了晃他的頭，印度人的方式，意思是他會去照照鏡子的。可是，我看得出來，他可沒打算從鏡中看出、確認與肯定兩人形貌有任何相像之處。

而且，所謂神似，也不過僅存於維迪亞心裡。我就看不出兩人之間有何相似之處。

「好了，」維迪亞說，「我們準備點菜了吧。」

用餐之時，維迪亞告訴我，他剛剛收到第一本公共借閱權利金支票，大約一千五百英鎊。我收到的金額大致相仿，借閱較為頻繁的作家收到的會再多一些。這個以公共圖書館基金來補助作家的偉大計畫終於在英國生根了。幾年前，我曾經請維迪亞簽名連署，支持這個公共借閱權利法案。他悍然拒絕。我什麼都不簽。現在，他卻洋洋自得地誇耀著他的支票。

「出版公司也想要這筆錢，」他說，「可是，他們憑什麼？東西都是我們寫的。」

我說：「公共借閱權利法案可真是歷盡滄桑才通過立法的。美國根本沒這回事。長期以來，根本沒人注意到這個議題。」

「是嘛。」他從椅子上略略起身，環顧左右。「我在這裡怎麼一個熟人也沒看到。」

「你心裡想見到哪一位嗎？」

「沒有特別想見到什麼人。不過，要是在倫敦餐館裡頭看到本人認識的人，也是挺不錯的。」

「前天我還在法國蝸牛餐廳碰到布魯斯．查特文[1]。」

「布魯斯．查特文是哪根蔥？」

維迪亞就是這樣蔑視任何人的。

「他講話的樣子，」維迪亞說，「他那種輕浮氣質。他言語間專門挾名人以自重。他分明就想要拋開身為伯明罕初級律師之子的羞恥。」

我說：「我想，他並不在乎那些。」布魯斯是我的朋友，而我懷疑這也是維迪亞詆毀他的原因。

1 布魯斯．查特文（Bruce Chartwin）：英國知名的年輕旅行作家，伯明罕初級律師之子，一九四〇年出生於英國雪菲爾，卒於一九八九年。查特文曾經是蘇富比藝品拍賣公司最年輕的董事，一日睡醒，感覺自己雙眼因為「看了太多藝術品」而盲目，遂辭去高薪職位。他的面容俊俏優雅，穩定婚姻生活二十三年，婚外卻兩性情人不斷。一九七七年，他離開原先任職的《週日泰晤士報》，前往南美洲巴塔哥尼亞高原旅行，長達六個月的自我放逐之後，完成了他的第一部作品——《巴塔哥尼亞高原上》。

「不，你錯了。你看看諾爾．卡沃德[2]就知道了。他母親開了間出租公寓。他就裝得一副堂而皇之的德性——撇著英國舞台劇的腔調。故作姿態。他知道自己其實平庸得很。那全都是做出來的樣子。你想想他有多難受啊。」

他還在環顧餐館，尋索著熟識的人面。眼見無熟人在座，他才坐定吃起他的咖哩明蝦，似乎頗為失落，彷彿他出席了，其他與會者卻一一爽約一樣。

「你的菜怎麼樣？」

「還好，不過，午餐——午餐實在是種干擾。打斷了一整天的功夫。午餐占據了一整天的心思，害得早上手忙腳亂的，下午也報銷了，晚上的胃口也全沒了。」

「那麼該怎麼辦呢？」

「本人傾向將一天清楚區分作三個部分。早上工作；午餐輕便；下午用點點心；運動；再準備晚上——晚餐。晚餐比較隆重些。」

諸多維迪亞用來近乎挖苦的字眼中，「隆重」就是一端。可是，如果你聞言微笑以對的話，他就會發言反詰，如此，你就知道，他是當真的了。「非常隆重」有時候意指浮誇或是空洞，有時，也意味著重要或是有力。

他問道：「你知道畢奔登嗎？」

那是南肯辛頓新開的一家餐廳，位在一處知名的裝置藝術地標建築中，通常稱作米其林大樓。畢奔登係經實業家泰倫士．康倫爵士開張主持，他堅持稱呼他的時候，絕對不能漏了他的頭銜。維迪亞跟他有過一面之雅，而他嫌惡康倫的魯莽無禮與他時時誇耀的爵士爵位。

「下次一定要想辦法在那裡弄張桌子，保羅，好不好？本人在那裡會快活些。」

我嘴裡說，好啊。真叫我裹足不前的還是消費層次。那可是家五星級餐廳。而不管我們上哪裡用餐，最後買單的總是我，因此，我也盡量跟些昂貴的地方保持距離，例如，克萊里奇大飯店、麗池飯店、或是那家康諾特。我總是偏愛在相對冷清的餐館用餐，這些地方往往也沒那麼美輪美奐。

筆跡學與簽名

我知道他之於筆跡學的愛好，就給他看我在那個星期收到的一封信。信是拿著黑色原子筆手寫在一頁法律文件尺寸的黃色紙張上。信上沒有起頭稱呼，沒有簽名，只是一頁文字。我說：「你覺得如何？」

「喔，天哪。喔，天哪。喔，天哪。」維迪亞臉色轉為一幀飽受折磨、痛苦難當的面具。他手指畫過紙張，一路快速瀏覽。「這個人麻煩大了。」

「這是約翰．艾爾利希曼，那個水門案涉案人寄給我的。他在牢裡寫的。他現在在寫一本

2 諾爾．卡沃德（Noel Coward）：英國知名音樂劇作家，作曲、填詞、演唱、舞蹈的全才藝人，一八九九年出生於倫敦郊區某個村落中，卡沃德年幼期間即綻現演藝天份，在母親的鼓勵之下，全心往專業藝人方向發展。一次大戰之後，卡沃德的父母為了讓諾爾全力以赴，就將他們位於倫敦的房子改作出租公寓營利，增加收入，好讓他沒有後顧之憂。

書。」

我們用畢午餐。我買單。我們離開蓋洛爾德之後，就往蘭涵，國家廣播公司大樓附近的聖徒教會散步過去。維迪亞指出，蘭涵一度是棟旅館，後來又改建為國家廣播公司辦公大樓，海外新聞服務部門在裡面還有幾間辦公室。

「以前，我在裡頭還有一間辦公室，」維迪亞說，「我就是在這裡開始寫作的，裡面的自由撰稿辦公室。天啊。」

「你那時候在做些什麼？」

「加勒比海新聞報導。我製作節目。其中一個就是『加勒比海之聲』。我頭都快想破了，不曉得自己究竟寫得出，還是寫不出書來。我的《米奎爾街》就是在那裡開頭的。」

我雖然知道他曾經任職ＢＢＣ，聽他自己提起還是滿出我意料之外的。他認為作家不該受正職禁錮，並且自豪於他僅僅工作十週，幫一家銷售水泥的公司撰寫廣告文案，領取固定薪水。而那段日子，作為他一輩子的受薪歷史，必然會扭曲他看待固定工作世界的視野與角度。

我們步入蘭涵時，他嘆道：「多好的教堂啊。」

「聖徒教會，」我說，「湯瑪斯．納許。」

「納許只蓋過這座教堂，」維迪亞說，「氣勢如此強盛。你看，他是怎麼處理最簡單的線條。一八二〇年代，教堂剛剛蓋好的時候，他們還揶揄這棟建築。誰也不表贊同。」

我說：「吉卜齡就在這裡結婚的。」

維迪亞哂笑。他最愛爭辯了。

「就在他赴美之前，」他說，「當然，他的太太也是美國人。」

我說：「亨利．詹姆斯還是他的伴郎呢。」

「然後，吉卜齡就搬家回英國，住進一棟堂皇隆重的房子，結果什麼也沒寫出來。」維迪亞說。

「他寫了些很棒的短篇故事。」

「比不上《山丘簡單故事集》[3]。」

我說：「他晚年寫的故事要細膩得多。」

維迪亞說：「每個人都這麼跟我說。」他搖搖頭，「我已經開始嚴重懷疑虛構小說了。虛構文學現在究竟走到哪一步了？又能扮演什麼角色？」

「扮演虛構小說一貫的角色啊，」我說，「就是闡述真實境況啊。而且，我覺得非小說也是如此。」

「沒錯，沒錯，沒錯，」維迪亞說，他覺得我的答覆頗為適切。「不過，我心裡還是挺納悶的。我認為，我們所理解的小說概念，已經過時了。」

我們並肩走著，走到攝政公園，再沿著花缽旁邊的步道漫步，一直到他跟哈雷街的牙醫約定的時間到了，我們才在那裡道別。

強烈反諷的是，維迪亞之於時髦餐館，逐漸濃厚的興致，竟然不約而同地跟他日益嚴重的

3《山丘簡單故事集》（*Plain Tales from the Hills*）：吉卜齡出版於一八八八年的短篇故事集。

牙齒病況——牙齦毛病、一次牙齦切除手術，以及痛苦的根管治療——同步進展。有時候，我也跟他約在他的牙醫診所見面。我認識的英國人之中，他是少數幾個擁有私人牙醫的一位；大部分英國人都極力忍受著國家健保局指定的不耐煩牙醫，每隔四個月約見一次，每次給予病人十五分鐘的關注，輕疏倉促之間，自然無暇診斷維迪亞罹患的那類牙齦疾病。

我們再度共進午餐時，維迪亞每用他疼痛的牙齒咬下一口，就皺眉畏痛一抽，我們聊著賺錢理財。我們通常都會聊到錢，作家都會聊到錢的——鬻文維生如何徒勞無益；英國的重稅懲罰系統何等駭人；外人又如何誤解作家，只想從低給付，存心揩油；利令智昏，有錢就變笨了；還有，我們可以再多賺一點錢嗎，拜託？

維迪亞說：「我知道該怎麼解決——我的解決方式。」

「洗耳恭聽。」

「我要在銀行裡存進一百萬英鎊，」他說，「不是等值的房地產一百萬，不是珠寶黃金這些貴重品，不是股票。我要在我的銀行戶頭裡存上一百萬。」

我說：「我想，那也不是不可能的。」心裡不想掃他的興。其實，我也茫然無知，一個人究竟該怎麼攢到這麼多錢？

「可是，你已經有一百萬了吧，保羅？」

「你在開玩笑啊。」

「你一定從《蚊子海岸》那部電影賺到一百萬了吧？」

「連邊都沾不上呢。也許只有五分之一吧。」

「是嘛。」他很意外，甚至有些驚駭。

「而且，我還用這筆錢買了棟房子。所以，錢也沒了。」

「演員一定就拿了幾百萬。」

「沒錯，」我說，「不過，作家可沒份兒。」

他說：「我一定會存到我的一百萬的。」而我起身買單。

我們又再一道兒吃過一次午餐之後，我陪著他走到他的出版公司，他準備在三百本《畢斯瓦先生的房子》上簽名，那是一個書迷俱樂部一系列簽名書特賣中的一本。我站在他身邊，幫他將書本攤開到假書名頁，好讓他簽下大名。一如往昔，他拿著一管鋼筆，沾著黑色的墨水。「當年，我寫這本書的時候，磨禿了一枝筆。鋼筆尖都磨到金子的部分了。變成一根小小的筆頭。你想像一下，我費的工夫。」

他簽名，我疊書。

「簽名書有什麼意義？只不過虛偽地膨脹書本的價值而已。我卻永遠收不到這筆利潤。獲利的總是別人。那些人都管他們自己叫出版家——他們跟那些推著手推車賣書的攤販有什麼不一樣？」

我把書推給他。他簽得飛快，將他的名字縮寫與姓氏鉤畫成一個草寫花體。

「這些書可以賺上一筆大錢，」他說，「還會在市面上再度出售。我為什麼要幹這檔撈什子事兒？」

然後，他就停筆不簽了。他把筆套套回鋼筆，站起身來。他已經完事了。

我說：「書還沒簽完呢。」

他說：「夠了。」儼然已經說服自己，簽這些書是個錯誤。

當天稍後，我們在我家裡用茶。我的兩個兒子都在樓上自己的房間裡寫功課。我喊他們下樓來，跟維迪亞說聲哈囉。我以他們為榮；我想要維迪亞看看他們。而今，他們都長成適切的年齡。維迪亞向來無法與年幼稚童相處——他相當不喜歡兒童——不過，多年以前，他對我的孩子卻愛屋及烏地疼愛有加。

「那你在做些什麼功課呢，馬賽爾？」

「英文習題。還有一篇俄文論文。」他吞了口口水，繼續說道，「寫的是恐怖伊凡。」

「跟我講些恐怖伊凡的事情。」

馬賽爾說：「我正在讀亨利．托耶特關於他的書。」

「我知道托耶特寫的《托爾斯泰》。你說的這本書是關於恐怖伊凡的？」

「這是他的新書。這裡還買不到。」

「你看他的美國版嗎？」

「不，他的法文原著。」

「可是，這是你的俄文論文。」

「我的論文是要用俄文寫的。那本書卻是法文寫的。」

「沒錯，沒錯，沒錯，」維迪亞說著，挺滿意這個答覆的。「那你呢，路易斯？」

「英文論文。我的菲利摩爾。」

「菲利摩爾是怎麼回事？」

「這是每年的大論文。內容嚴肅之外，篇幅也要長些。」

「你的論文又長又嚴肅嗎？」

「我還沒寫完。我的主題是關於邪惡的吸引力。」

「是的，」維迪亞說，側首沉思半晌，嘴裡喃喃低語：「邪惡的吸引力。」

「亞哈[4]，」路易斯說道。「理查三世。」

「你應該讀讀《高老頭》[5]的。」

路易斯點點頭，不確定維迪亞究竟是向他推薦了一本書，還是一個作者。

兩個孩子都上樓回到自個房間以後，維迪亞說：「你實在很幸運，有這兩個好孩子。他們聰明有禮貌。兩個都是好男孩。」

我當然贊同他的看法，同時，我也刻意站在書櫃前方，架上一整排維迪亞寫的書，從當年我跟悠默一同在坎帕拉買的，一直到他最近出版的作品。

我說：「維迪亞，你可願意為這些書簽名嗎？」

他說：「今天不忙，改天再說。」

4 亞哈（Ahab）：聖經舊約人物，以色列第七位國王，亞哈之妻耶洗別是西頓國王之女，她信奉巴力等假神。受耶洗別影響，亞哈在都城撒瑪利亞為巴力修建廟宇，建立亞舍拉柱像使民眾敬拜。從來沒有人像亞哈那樣出賣自己，行耶和華眼中看為最可憎的事，耶和華神對他的怒氣也比以往更甚。（〈王上〉16:29-33，21:25-26）。

5 法國作家巴爾札克的悲劇小說，揭露金錢的罪惡，指出金錢毀滅人性，破壞家庭關係，到了觸目驚心的地步。

他已經在稍早替所有的《畢斯瓦》簽名時，說服了自己，簽名書只是一場騙局。其他人可以因簽名書獲利，作者則不然，作者總是一無例外地飽受剝削。他還講個笑話安慰我，說是某個作者親筆簽了太多本書，到頭來，最罕有的，也是最值錢的，反而是沒給他簽到名的書。

每年十月，將近諾貝爾獎揭曉之時，維迪亞的名字就會屢屢出現在充滿信心的揣測文章當中，將他列為出線機率極高的候選人。他從來就不會提到這個獎，對於這些揣測也不予置評。相反的，他還刻意地輕忽無視於每年這場文壇盛事。還是我提起這個話題的。一九七三年，派區克·懷特得獎之時，我對維迪亞說，我何等樂見懷特獲得肯定——我喜歡他的小說及他幽默、時而又像在幻覺中的散文風格。此外，他也傳達出既特殊又鮮活的澳洲形象。

維迪亞說：「我看過他的東西。我覺得沒什麼了不起的。」

三年過後，索爾·貝婁獲獎。維迪亞說他從來就不讀他寫的東西。一九八三年，威廉·高汀[6]獲獎時，他哈哈大笑。

「告訴我，高汀到底是幹了什麼才搞到這個獎的？」

接著，一九八六年，奈及利亞作家沃爾·索因卡獲獎。

「你以為如何，維迪亞？」

「他寫過什麼東西嗎？」

維迪亞並不打算聽我應答。我們剛好走在通往維多利亞與亞伯特博物館的克倫威爾路上，他的腿像在分列式前進一般僵硬，腳步更沉重地踩在街道上，我猜想他一定有心事。或許，他一想到沃爾·索因卡桂冠加冕，十九萬英鎊應聲入袋，心裡就波瀾起伏，難以平復吧。不論如何，維迪亞只要一想到非洲，就會激動不已，或是哀傷低迴。

他說：「諾貝爾獎委員會又亂搞了一次。」腳步重重地踏在人行道上。

「搞了什麼？」

「在文學上撒尿，就像他們每年幹的勾當一樣。」

我開始大笑。

「而且還是站在高崗上撒尿，」他說，「撒在書上。」

謠言與事實

終究，我們還是從午餐約會改到晚餐相聚。「晚餐比較隆重。」同時，晚餐不會像午餐一樣，打斷一整天的安排。然而，我們共進晚餐並不比相約午餐頻仍。一次或兩次，接著就一年不見。他出國遠行——為了他的伊斯蘭研究書籍而長途跋涉，或是重返印度，抑或，相當經常地，前往布宜諾斯艾利斯。

我也輾轉行旅異國，我去了中國與非洲，回到美國，也受邀巡迴促銷新書。幾乎，不論我走到哪裡，都有人向我問起維迪亞：V.S.奈波爾對你的寫作有何影響？或是，奈波爾如何助你

6 威廉・高汀（William Golding）：英國小說家，生於一九一一年，作品諷喻人性中固有的邪惡與理性文明的矛盾，代表作品為長篇小說《蒼蠅王》、其他小說還有《繼承人》、《塔尖》等，獲一九八三年諾貝爾文學獎。

一臂之力，晉身作家之林呢？這些都不是可以簡單回答的問題，至少無法一語道盡，可以洋洋灑灑地寫滿一本篇幅五百頁的專書。外界咸知我們是朋友，而在我剛開始寫作之時，我們之間存在著師徒關係。由於，維迪亞通常會避免巡迴各地，促銷新書（「書籍自有天命，好書自己就會出頭」）讀者總會納悶他究竟是個怎麼樣的人。而我也會老老實實地告訴他們，我從來沒碰見過像他這樣子的人。

「作家都是些彆扭鬼，」維迪亞說，「你因為長期獨處而彆扭。」

我也經常聽別人傳述他的故事——人家特別找我出來，以為，我就得知道我的朋友的一言一行。

每次，有人在傳播些讓維迪亞顏面無光的謠言時，往往都會有好幾個不同版本。維迪亞匆匆抽身離開阿姆斯特丹，就是一個很好的範例，可以說明一樁簡單事件的突變過程與結果。我聽說的第一個版本是個住在阿姆斯特丹的荷蘭人告訴我的，他說，一年以前，維迪亞曾經災難性地造訪此地。維迪亞從倫敦飛來見他的荷蘭出版商，也同意展開一週的知名度造勢活動。大約在他抵達一個小時以後，出版商安排了場記者會：奈波爾在講台上，荷蘭觀眾等著問他問題；攝影機、錄音機、記者等等，萬事俱全。

第一個問題是一個女人提的，措詞對立意味濃厚，她詰問維迪亞，要他解釋他對於非洲的侮辱態度。

維迪亞說：「我不予置評。」

那個女人一定要他回答。

維迪亞說：「我犯不著聽你這些廢話。」

語畢，他大步走下講台。攝影機和燈光一路追逐著他，跟著他直直走出大廳。他回到載他過來的計程車，車上還擱著他的行囊，叫司機掉頭回機場。他當天就飛回倫敦，行李原封不動，他連原先預定下榻的旅館都沒去看過，整個行程就因為一個他認為不中肯的問題而觸礁擱淺。

維迪亞匆匆離開阿姆斯特丹故事的第二個版本刊載在荷蘭的《箴言報》[7]上，頭條標題：「奈波爾蒞臨，光火，閃人。」

這個版本說道，奈波爾原本預計在低地國停留五天，可是，兩天之後，他就「氣沖沖地」離開了。因為維迪亞在阿姆斯特丹筆會中心的公開討論會上，要求所有的問題一律以書面提交，可是他一看到讀者提問的內容，就不住地嘲弄訕笑。舉例而言，有人問他：「您認為我們的世界在十年，或是二十年後會如何變化？」就被他喝倒采，羞辱了一趟。為了挽回局面，不至冷場，荷蘭主持人就問了個問題，大意是某些專有名詞，例如「法西斯」和「共產主義」描述的都是歐洲的觀念，不盡然可以貿然用在與我們自己有著基本差異的其他社會。維迪亞略略表達認同之時，有個阿姆斯特丹自由大學的女子發言問道：「如果說『法西斯』與『共產主義』不適用，那麼我們該用『富有』和『貧窮』作為度量標竿嗎？」

「為什麼要說『富有』與『貧窮』？」維迪亞反唇相稽，「為什麼不說『懶惰』與『進取』，『有知識的』與『文盲』，『好』與『壞』呢？我們早就該正視人類的其他面向了。」

7《箴言報》（*Het Parool*）：二次世界大戰期間，由荷蘭抗納粹地下組織所創的報紙。

一聽到如此莽撞的回答，一位荷蘭作家，瑪格瑞塔．佛谷森立即還以顏色，開始（根據那份報紙透露）「沒完沒了的敘說奈波爾對於伊斯蘭的負面貶抑態度」，還特別挑眼他在書中所說，荷蘭其實已經從印尼語言中消失無蹤了，大肆抨擊。

「你問這些東西要做什麼？」維迪亞（「忿忿不平地」）說，「好賣弄你懂得比我多嗎？你當然懂的比較多啊！」

「可是，如果你要談智慧上的明晰的話——」佛谷森小姐回應道（「口沫橫飛地」）。

「我可不認為你懂什麼智慧上的明晰。」

維迪亞從椅子上起身，嘟囔著這種聚會根本「毫無意義」，決定即刻前往機場，他在機場退回他這個下午的酬勞（七百五十基爾德），然後搭機回家。

究竟哪個版本才是真的？

維迪亞告訴我說：「面對人家跟你無理取鬧的時候，哪個版本又有什麼關係？」

「到底是那裡不對勁？」

我在荷蘭曾經有過非常愉快的經驗，大部分當地人英語都說得很流利，知性上充滿好奇心，而且還行萬里路，旅遊經驗廣泛。他們並不會將本國海外殖民史當作神話，英國和法國人有時就難免了，將寄生變荒異族美化成文明教化的神聖使命。即使在荷蘭最為偏僻的鄉間小鎮，都有數百人出席聆聽自英國遠道而來的小說家演講。可是，維迪亞不予苟同。

「荷蘭人，」他說，「專吃馬鈴薯的。」

梵谷知名畫作裡的意象，說明了關於這個文化的一切，他也如此認為：醜陋、白痴、油膩膩的廚房裡，挨餓的貧農擠在一盆馬鈴薯前面，忙不迭地塞進嘴裡，狼吞虎嚥。

我也聽過其他類似的故事，只是我不再浪費工夫去證實，因為這些故事聽來都栩栩如生。許多人抱怨他的行徑，甚至他的作品。維迪亞早就習慣外界異議了。他說：「我想，每次在本人寫完一些東西以後，除非聽到一些痛苦悲鳴，不然，本人就不算真的寫了些什麼大不了的東西。」而任何牽扯到一絲不苟的嚴峻態度的故事，尤其是跟食物有關的，其真實性就無庸置疑了。

他在紐約市參加一場晚宴。他啜著他的酒。很滿意——他堅持選酒。侍者送上餐點，大家自己動手。主菜是一道葷菜，可是，由於維迪亞是宴會嘉賓，主人同時還多招待了些蔬菜餐點。維迪亞揮手叫他們別上。整個餐會上，他就只是啜著他的酒，小口小口地咀嚼著他的麵包。

坐在他身邊的女人說了：「奈波爾先生，您什麼餐點都沒用啊。」她是珠・海恩茲夫人，女性藝術贊助人，並主持部分的海恩茲食品企業。

「是的，我是個素食者。」維迪亞說。

於是，她指了指餐盤說：「可是，碗裡也有蔬菜啊。」

維迪亞解釋道，他注意到所有上桌的蔬菜，都被某人——他沒有指名道姓——用接觸過葷菜的餐具碰過。

「那些蔬菜已經給玷污了。」

另外一次舉辦於倫敦的餐宴上，也發生過類似的事情。賓客互遞餐點，維迪亞一匙不取。他只是啜著酒，嚼著他的麵包。宴會女主人詫異於維迪亞之漠視上菜用餐，她先前就知道維迪亞吃素，所以還特別幫他準備了額外的蔬菜。她看著維迪亞對著熱氣騰騰的餐點，揮手表示無意取用。

經過太太私語通報，宴會主人餐後不動聲色地趨近維迪亞。

「今晚菜色有什麼不對嗎？」

維迪亞說：「我沒看到為我準備的菜。」

主人說：「不過，這些都是蔬菜啊。」

「那不是我的蔬菜，」維迪亞說，「那是每個人的蔬菜。」

只有非印度教徒才會對這種行為大惑不解。我在印度的時候，有一天，有個乞丐向我走來。我那時坐在一棵菩提樹下，吃著一顆街頭小販剛剛幫我剖開的椰子。乞丐向我要些盧比。他說，自己已經餓了好幾天，而他看起來也像：腰布襤褸、雙眼發黃、雙手瘦得像鳥爪一樣。

「你肚子餓嗎？」

「是的，大人。」

「剩下的椰子你就拿去吧。」

他拒絕了。他是個種性位階高級的乞丐。我不過是個外國人，賤民一個。他斷不能吃下經我手指玷污的椰子。即使，他就要死於飢渴，也萬萬不能就著經過我的嘴唇沾染的容器飲水。他可是個婆羅門。

維迪亞也是個婆羅門。他同樣以自己在文壇上的成就為榮。某次類似的場合，他應邀擔任倫敦一場大型晚宴的榮譽貴賓，此外還有很多人獲邀赴會。晚餐之前，有個女人刻意走到他面前，對他說：「你寫了一本內容不實的書來扭曲倫敦——就是《史東先生》。書中陳述都不是真的。你完全誤導了我們的生活方式。」

維迪亞不予答覆。相反的，他立即離開宴會，此時，賓客都還沒到齊，誰也沒坐定，餐點也還沒上菜。

我問道：「那女主人怎麼辦？你走之前什麼都沒跟她說嗎？」因為，這段故事是維迪亞親口告訴我的。

維迪亞搖搖頭。「叫那個侮辱我的愚蠢女人自己去向她解釋，我為何不見了。」

約莫就在同時間，他對一個訪問者說道：「我對於不欣賞我的作品的人，一點興趣也沒有，因為，假如你不喜歡我寫的東西，你就是不喜歡我。」經過諸如此類的交鋒之後，他說：「英國是個次等人類國家——遊手好閒的政客、齷齪寒傖的作家，還有些心術不正的貴族。」

至於那些發現他要求過多的人，不論演說還是朗誦，他都堅持收取高額費用、頭等艙、五星級飯店、專屬司機、專人侍候、專用秘書，以及名牌葡萄酒，維迪亞總是一以貫之地答覆道：對我，就要像你對世界級的腦部外科醫師或是太空物理學者一樣的禮遇。

他全面性的概括定論以及惡毒刺骨的評論，為人廣泛引述。您以為非洲怎麼樣？一位訪問者曾經這樣對他提問。非洲的將來與前景如何？

他說：「非洲沒有前景。」

他對印度人同樣不假辭色。他說，他們不讀書。「假如，他們還真讀了點什麼，也是為了神秘幻術而讀。他們讀宗教經典，他們讀聖詩——智慧之書，對他們有好處的書。」他跟我說，印度女人把頭髮留得那麼長，實在很糟糕：「長髮促發強姦。」他語出驚人，人盡皆知他曾經指出，印度人額上那一點紅色的種性標記，意思就是說：「我的腦袋空空。」

如果你問他，他的書在他的家鄉千里達銷售狀況如何，他說：「千里達現在還沒人讀我的書。目前敲鑼打鼓在那裡是層次比較高，比較受歡迎的活動。」他還一度寫道：「我正好喜歡西班牙的舞蹈。」可是，稍後，他在接受訪問時卻痛批非難舞蹈。「跳舞？我從不跳舞。我會覺得很羞恥。舞蹈根本就是叢林餘毒。尊嚴掃地。我厭惡各種階級低下的文化表現活動。」

他曾經獲邀遠赴舊金山參加兩場作品朗讀。他開出他的太空物理學家天價，對方也如數奉上。兩場朗誦會門票都預售一空。維迪亞朗讀。不過，觀眾卻頗感失望，因為他在會後拒絕回答任何問題。而當主持人試著問他為什麼一點也不肯遷就時，他裝著自己沒聽到她在問什麼，反而要她評賞他的粗呢外套，說著：「挺不錯的外套，你不覺得嗎？南非做的。」

不過，他向我坦白他不接受提問討論的原因。「我是受邀過去朗誦我的作品，不是去回答那些愚蠢的問題。」

回程飛機上播放的電影反而讓他耿耿於懷。他討厭那部影片。他提到影片的片名。

「保羅，你知道這部電影嗎？」

我說，我不知道。

「負責製作這部片子的人都該罰。他們合該被好好痛打一頓。狠狠抽他們鞭子！誰也不許製作這麼爛的片子。簡直愚蠢。揍他們一頓。」

另外一趟飛行，這次是飛往千里達，也叫他怒髮衝冠。飛機起飛後，他站在走道上，打算脫掉他的毛衣。一名空服員就快步向他走來。

她說：「請你不要脫掉襯衫。」

「你明白了吧？」他告訴我，「這裡有個頭腦簡單的西印度群島傢伙。他打算脫掉他的襯衫，飛到千里達去——赤膊著上身——就像他們在他的島上一樣。」

「那你怎麼反應？」

「恐怕，當時我聲音提高了些。我對著他們吼道。我說，你們全都是些臭屄。原諒我。當時我真的很生氣。」

他在印度也吼過，當人家要他進入寺廟之前先脫掉鞋子的時候，他就暴跳如雷，包括在進入波里地區歷史遠古的加岡納斯神殿[8]時亦然。維迪亞指出，這些寺廟的地板都遠比他的鞋底要骯髒、噁心的多，而且如此污穢、從不清掃的地板，豈能再遭鞋底褻瀆？這種觀念簡直荒謬。這段軼聞重複披露在倫敦《泰晤士報》上，報導指出，當時兩造略起「口角」。

某次參加過奧勒岡州，波特蘭市的朗誦會之後，他坐在車裡，由專人開車前往機場，朗誦會也是由他的美國出版公司籌辦的。他的司機，一名當地女人，長途開車之際，就和維迪亞隨興聊天，問他對波特蘭感覺如何，而他，先前才剛剛去過西雅圖，就順口提起兩個城市的異同。

「西雅圖是個海洋城市，」她說，「波特蘭肯定就是個內陸城市了。」

「你認為波特蘭的特色在哪裡？」

---

8 加岡納斯（Jagannath）：一名Juggernaut，這個字在印度神話中涵義是指護持神毘濕奴（Vishina）第八化身——黑天神（Krishina）的神像。波里（Puri）這座神殿具有八百年悠久歷史，對印度教徒來說，可謂宇宙之神的居所，傳說中的四大聖地之一。

她說：「這是一個小鎮。」

維迪亞聞言勃然大怒，對著那個女人咆哮道：「我不去小鎮的！我從來就不到小鎮的！」

那個女人戰戰兢兢地繼續開車，他則在後座氣惱不休。彷彿，他是被人家拐來波特蘭的，人家騙了他，害他誤信波特蘭是個大城市似的——波特蘭當然也算得上，資產充裕、市容繁華，而且書香濃郁，是西雅圖的年輕姊妹市。

那女人眼看維迪亞爆發的怒氣，嚴重影響了她駕車行進，就緊握著方向盤，心裡盤算著該講些什麼。

「那，那就多謝你大駕光臨，」最後，她終於說道，「我真的不指望您會來。我想，您以後是不會再到波特蘭來朗誦了。」

「你謝我，更讓我發現你有多蠢。」維迪亞說。

我絕不能哭，那女人心想。她應付著顛峰時段，高速公路上穿流不息的交通，感覺熱淚盈眶。她一早起來，先做早餐給先生吃，送孩子上學，再摸黑趕到維迪亞下榻旅館，跟他會合，代付了他的旅館帳單，將他的費用交給他，再送他到機場。此時，為了避免再度激怒維迪亞，她只是很有禮貌地說自己並不笨，一面繼續開車。

維迪亞說：「你確實蠢笨，假如你對我有任何了解的話，就不會邀請我到你們這種小鎮。」

「不過，你是別人送上門的，」那個女人說，「你要知道，這是你的公關給你安排的。她還特別指出，說你是自己想來的。」

「他們根本不了解我！」維迪亞吼著，「他們根本不了解我！」

那個女人把車子開上航站大廈交流道的時候，他還是七竅生煙地鬼吼鬼叫。

「他們也笨！他們哪來的膽子，把我送到這裡來！」

那女人說：「那是他們職責所在，把你放到觀眾前面。」她將車子停靠在道路邊緣。她覺得頭暈目眩。稍後，她對我說：「感覺就像被一塊兩吋厚四吋寬的木板轟了一記。」她下車來，從車廂裡將維迪亞的行李提出來，擱在人行道上。

維迪亞說：「請幫我把行李提進來。」隨即轉身直直走進航站。

進入大廳，那女人將行李堆上登機櫃檯旁邊的地磅上。

就在維迪亞即將開口說話時，她退縮了一步。她想，他又要開罵窮吼了。不過，他說：「你的手真可愛。好纖巧。」

那女人一言不發，迅速離他而去。她回頭找到她的車，雨刷上夾著一張停車罰單，七十二美元。她開車回家，一路低聲啜泣。

那個女人也是我的朋友。她告訴我這段故事時，不住地說：「你的朋友奈波爾為什麼要這樣對我？」這些故事讓我噤聲退避。我無法回答。

諸如此類，別人嘴裡先嚷著：「你一定要聽聽這個，」再主動告知的軼聞，維迪亞自己說，通常都是真的。有時候，連我都難以想像他的怒氣或是他無情的殘酷言語，因為我們從來沒吵過架，我也從未親眼目睹像小道流言所描述的，那般不堪的場景。

還有一個我從來沒向維迪亞求證的故事——不敢問他，因為我心裡暗自希望那是真的。就算不是真的，這種事發生的可能性也大得很。

維德．梅塔（Ved Mehta）是個知名的印度作家。維迪亞也認識他。維迪亞曾經提到《紐約客》雜誌，他說，在威廉．邵恩的編輯領政下，該雜誌對他的作品一直興趣缺缺，維迪亞還補上一句：「當然囉，他們早就雇了乖乖聽話的印度作家。」

維德．梅塔的視障目盲與他的文采齊名。有個紐約人懷疑他在裝瞎。那人看梅塔出席某個紐約宴會，對著一群認真專注的人侃侃而談，應接對話，儼然成為言談重心，那人就想要試探他一下。他從不相信梅塔真的毫無視覺能力，因為，梅塔的作品總是不厭其詳地描述人們臉龐的表情，細膩繁複地闡述色彩與紋理的微妙差異，截然清晰地加以區別。

那人就躡手躡腳地潛行到梅塔落坐之處，趁著這位作家還在繼續發言之時，這個心存疑惑的人就開始對著他扮鬼臉。他傾身向前，對著梅塔的雙眼揮手。他把大拇指倒栽在鼻頭上，其他四根手指對著維德．梅塔的臉，不住地上下揮動。

可是，梅塔依舊照常朗朗發言，態度從容，咬字措詞清晰完美，長篇大論，滔滔不絕，絲毫不因那人惡作劇而停頓。

那人使出他的最後一計，他將臉湊近到梅塔跟前只有一呎，然後極力向前挺伸他的舌頭。可是，梅塔還是一無阻挫地說著，毫無停滯，彷彿，那人根本不存在一樣。

那人終於了解自己錯得有多離譜，他覺得不安，想要離席回家。離開宴會之時，他向女主人說：「我一直以為維德．梅塔在裝瞎，或者，他只是誇大了他眼盲的狀況。現在，我確實相信，梅塔真的是個瞎子。」

「那不是維德．梅塔，」女主人說道，「那是V. S.奈波爾。」

第十五章
重要作品

維迪亞中年晚期的某個時刻，當他專注在某一本書上，閉門遁世，案牘勞形，他的筆跡因焦慮與專注，字體越寫越小，在他描述手頭上正在進行的作品時，他就會打斷自己的話頭說道：「這是重大作品。」他誇張的肯定，「重大」二字就非大寫開頭不可了。

過去，他曾經說過：「這本書很重要。」或是「這是本大書。」一面抬眼望去，好像看到這些書就在空中盤桓，正如先知約瑟夫・史密斯凝視著天使莫羅尼手中，金光閃閃的摩門教金盤一樣。好幾次，維迪亞也曾經用同樣的話語讚美過我。《蚊子海岸》是本大書。我的非洲主題小說都是些大書，它們甚至還是重要的書。不過，這些書都算不上意義重大。《大河灣》就很重要。維迪亞就是這樣子，他一再重複，「這本書意義重大。意義重大。」

他在挖苦自己嗎？據我所知，他可沒這個意思。他只要一提到自己的作品，語調間就流露出至高無上的尊崇。我從來沒見過別人像他這樣完全投入寫作的。那就是他的身教。他的投入與信念，令我著迷，也鼓舞著我，由是，我追隨著他，卑微地說出相當於「偉大的主，我該做些什麼好事，才能成就永恆的生命呢？」的話，來求教於他。維迪亞對於寫作的信念已經近乎神秘魔幻，因為文學創作是某種形態的祈禱，某種擾人不安的禱祝。他可不是那種跟讀者平起平坐的作者，相反的，他是類似高僧宣教的作者。他也絕對不會違逆他的誓言：倘若他說某本書意義重大，他就是當真的。

維迪亞的寫作多半像是文學皮影戲一樣，充斥著質感僵硬的側面剪影，各個都是經過他敏銳觀察刻畫的暗影，對維迪亞而言，陰影的意義似乎遠高於投射或是形塑暗影的真人實物。他完成（雖然不是他首部出版的作品）的第一本小說，《米奎爾街》最後結束在一次戲劇性的離別，正如敘述者說的：「我離開了他們，所有的人，快步走向飛機，我不回頭顧盼，只是盯著自己眼前的影子，像個手舞足蹈的侏儒跳躍在柏油路面上。」

《自由國度》一書最後一個句子，同樣也有著這樣晦暗的預示。「十七個月以後，這些人，或是諸如此類的人，就會知道沙漠中完全的挫敗；而直升機低空拍攝的新聞照片顯示他們迷路了，他們企圖步行回家，沙地上投射出長長的身影。」

或許是因為書名陰暗無亮，《幽黯國度》的陰影也不少，不過最佳形象卻出現在阿姆利則[1]：「每個錫克教徒都附帶著一個敏捷的黑影。」而在他最新出版的《信仰之外》（*Beyond Belief*）一書中，幾乎看不到任何關於山川與氣候與色彩的描述，他特別寫到陰影，在伊朗「晴空之下，天光雲影恆常地形塑，又形塑了濯濯不毛的灰棕色山脈的山脊與低坡」。同一本書中，他多以樹影評斷樹木，而非樹葉，就像他寫到巴基斯坦白夏瓦外圍的樹叢一樣：「細長的雜交白楊木，幾乎不留下樹影。」而吉隆坡的賽馬場上，「濃綠，久經日曬，仍舊，樹影暗黑」。而德黑蘭的城牆，「投射出斜長的牆影，逐漸變細到頂，再消失無跡。」甚至，活人也可以徒留身影，例如巴基斯坦的傭人，「每個巴基斯坦人家家裡的下人，細瘦骯髒的影子」。

彷彿，在維迪亞看來，投影自有其實體。

當然，他不會輕忽地玩弄文字。他特別字斟句酌，因此，他也是個嚴苛的傾聽者。他用的每個字都是刻意的，經過推敲長考；他力求簡約，而他特別擅長使用原色，發掘出模稜兩可與細膩微妙的字義。就他而言，使用諸如deliquesce（潮解、溶化、液化）這種字眼，是非常不尋常的，雖說，他也曾經用過一次，出現在《幽黯國度》中；nigrescent（稍黑的、易於變黑的、轉黑的）則僅見於《神秘的按摩師》。他寧可採「坐墊形狀的」（Cushion-shaped）一詞，而捨「墊狀的」（pulvinate）不用；偏愛「強韌如皮革」，無視「革質」；他總是選擇「延誤」（delay），捨棄「蝸步遲滯」（cunctation）。任何帶有炫技意味的措詞，或是刻意表達風格、誇耀、虛矯的材料，任何只是為了製造效果而拼湊的文字，他一概齒冷鄙視。寫作本身絕對不能招惹讀者的注意。「我只是希望我的散文非常簡明易懂。我不想詰屈聱牙，讓讀者讀得結結巴巴地。」他執拗於敘述事實，毅然決然地連根拔除作品中任何虛張浮誇的地方，以他鍾愛的字眼構成演變出某種風格，某種表達意念與意念本身的方式，像是說話語氣的語調，鋪陳著容易辨認的句子結構。他的風格形成的自然而然，也最為突出，因為，這種風格就在於摒斥風格。他獨出一格，前無古人，後無來者。

1 阿姆利則（Amritsar）：印度北部城市，錫克教聖地。

他早期作品中的輕靈快捷已經消失了，大部分的幽默也不見了。他現在的作品內容更緊密了，更見平易，剝除了一切花腔文藻。他總括地描寫山川風貌的技巧依然和過去一樣有力，卻簡明扼要多了，文字效果完全集中在幾個畫龍點睛的字眼上，日光乍現、氣候豹變、敏銳凸顯石頭或是木材或是一道褪去的光線。他此時的作品更添加了一層淡漠的冷靜，充塞著單一色彩的不同細微變化，也因為單色而益形有力；失去了華麗的辭藻，不過，他從來就不放心華麗辭藻。而今，他嘗試創造出新的遊記文學形式，他讓行旅中接觸到的各色人等自由抒發，自剖表白——有時候，一連十幾頁的獨白，整本書讀來像在聆聽一群人絮絮叨念著他們的生活，一連串的人聲話語，而他則鮮少插嘴介入。

我總能從他的作品當中，汲取教訓。我不敢斷言，當地人滔滔不絕的獨白，就是描寫一個偏遠異國最好的方式。維迪亞總是說：「讓讀者一目了然，自行判斷。」所有的談話，就像俄國小說中，長達十頁的懺悔性演說一樣，反而模糊了我的視線。他最近出版的書，翻來就像是史塔德·特柯爾謄寫錄音帶記錄的敘事，只不過，維迪亞的敘事屬於冷酷而經過刻意選擇的那種——帶有預設立場的（tendentious），又是一個他幾乎不會用到的字。

他不是在開自己玩笑，不過，他緊守住自言自語的習慣。嘮嘮叨叨念著：「這是重大作品，」也是他在我身上探測其可能性的方法。

我全盤接受。他也試驗出滿意結果，同時，在他心裡，他確實相信，這本書將是重大作品。

相知相惜的友誼

有一天，他說：「你能到肯辛頓來見我嗎？」

我說，可以，就跟維迪亞在約定的地方會合，我們約在一條小街上，一座鮮紅的電話亭見面。

他說：「請幫我打一通電話。」

按照他的指示，我撥下電話號碼，接通電話，請幫我找某個女人講話；維迪亞告訴我，那個女人的名字叫做瑪格麗特時，我緘默而不多評論。語氣冷漠地接聽電話的男人，召喚瑪格麗特過來接電話，男人言語間彷彿懷疑其中有詐。我對瑪格麗特說，維迪亞會在某個特定時間致電。

我掛斷電話以後，維迪亞說：「這話要解釋起來就太無聊了。」

他不需要解釋。我也不會納悶奇怪，如此優秀的作家能將自己手上尚未完成的作品稱為「重大作品」，還是一位參加白金漢宮花園宴會的貴賓（女皇陛下授命張伯倫爵士邀請……），下一刻卻像個小孩一樣，哀求我幫他撥個電話號碼，因為——無庸置疑？——他擔心，他自己那一口無法變裝的語音，恐怕會招引一記閉門羹。他不想聽人家喝令他滾蛋。他也是人生父母養的啊。

現在我懂了，只有朋友才能如此理解，儘管表面上，他使出渾身解數，一力擎天，其實，他也有脆弱、不確定的時候，此外，為著他冷酷挖苦的癖性，有時甚至還不公道。他盯著食指浩繁的非洲大陸說：「弓箭蠻族！」或是「卡非！」他目光掠過英吉利海峽，眺向荷蘭說：「專吃馬鈴薯的！」他對著整個中東地區蹙起眉頭，喃喃抱怨：「嘓雞仔先生。」

可是，他也曾經細膩地描繪過非洲，寫到歐洲則不勝感激，至於中東地區，他寫了一整本有關伊斯蘭的書。因此，當我試著更清晰地看待他之時，我總是避免評斷一些我無法理解的事端。

最深刻的友誼，不在於勾肩搭背與氣氛熱絡地相互舉杯時，熱誠而意氣相投的歡宴作樂；相反的，深刻的友誼應該是種莊嚴的相互理解，彼此也鮮少論及。真正的朋友，很少會講到「友誼」兩字，也很少提及兩造之間如何相連。友誼之中，存在著某種信任，只有非常少數的人能夠彼此呼應；某種照料，只有非常少數人能夠幫忙：諸如此類的事例，就是對於友誼的考驗。你抑制了自我，接受了這個人——他的要求、他的沉默——而這也是互惠互利，有來有往的。友誼關係中沒有同門手足對峙的複雜惡意——那種鬥爭就像是一籃螃蟹彼此傾軋。友誼同樣也缺乏浪漫愛情的熾熱，或是婚姻關係的契約關聯。然而，只要你一察覺到對方有任何困擾，或是無法應對的暗示，你心中油然而生一股同情，其深刻不亞於愛情。剩下的部分，你就全盤接受，絲毫不加懷疑。那並不是盲信，而是包容接受，甚至就像一種保護一樣。

友誼並不起自強力的傾慕愛意，而是來自於和善相待，察覺到彼此的匱乏虛弱。友誼是富於憐憫的親密關係，有力的善意，以及清楚知悉彼此的缺陷與不完美的地方。反過來說，我覺得權勢的吸引與聚散，本質上與動物交配殊無二致，對照起來，有如物種演進與強化的過程，就像動物的交配選擇一樣。自然界裡，掠食者追捕噬食虛弱與受傷的個體。動物之中，多所可見賣力活躍的求偶動作，強者吸引其他個體聚眾成群，表現出強烈的群眾心理和行為：動物物種之所以成功賡續，就在於牠們摒斥蹣跚停頓，跟不上團隊的個體。動物世界裡，畸形怪胎以及軟骨沒用的傢伙只有注定等死。友誼特別專屬於人類社會，而所有關於友誼的涵義，不免都指向一個結論：朋友是糟糕的配偶。

人類彼此喜愛，則為了完全相反的理由，因為，即使我們柔弱而無力作為，我們仍舊互持善意。我們在這一點上是相同的，此外，還有許多相同之處：我們的智慧、同情與自尊。多年以前，在非洲時，維迪亞就已經喜歡我了。在我鼓足勇氣承認，我想寫一本書之前，他就已經說過：「你是個作家。」

當初，我看起來一定非常無助。可是，他在我身上看出其他力量來，或許是我心中的某些東西吧。他從臉上看到我的靈魂，從我的掌紋曲線看出我的文才技藝，我的野心與情緒則寫在我的筆跡中那傾斜的角度與筆劃。

我曾經以為他堅強無比。我們成為朋友。我看出他有許多弱點——而他也看出我的。我們因此而成為更加密切的朋友。大多數作家都彆扭古怪，由是，他們彼此間的交情也相當罕見，他們也只能孤身終老。我覺得自己非常幸運。

校讀原稿

友誼也意味著相互幫忙。我們的友誼也起自於一則小惠。維迪亞說：「你有車嗎？」緊接著，他禮尚往來，讀了些我先前寫的東西。他沒有任何義務；他根本就不認識我；我也不是他的學生。這樣彼此幫忙，純粹是互惠性質。經常，同一樁善意行為可以利澤雙方。我從打字稿開始校讀他的《模仿人》；那是我在幫他的忙。而他讓我先睹為快，逐字閱讀《模仿人》，從中我也獲益良多；那就是他在幫我的忙。

經過多少年，他會請我幫他處理一些簡單而神秘的忙，好比，幫他撥個電話號碼。不時，他也會請我幫他校讀他的書稿的打字原稿。

作家拜託朋友讀他的打字原稿——這種污漬斑斑，型式暫時充派的稿件——只是為了搏取對方的鼓勵。處在這種孤獨而容易引發偏執妄想的行當中，我們需要聽到友善的好話。而且，除非這個作家認為他的作品已經至臻完善，他不會輕易讓人過目檢閱，以獲求嘉言回饋。接著，就是付梓出版，批評將蜂擁而至，不過，屆時，作家的精力心神已經轉移到其他創作了。因此，作品初次見光與第一次獲得的讚美，就具有決定性的影響，經常還是拍板定案的關鍵。這可是趁著作者內心最為脆弱的一刻，榮幸備至地一窺其內心丘壑。除非初閱者必然許以美言，任何作家都不會輕言曝光作品。

「我想請你看看我的新書，」維迪亞說，「這是重大作品。」

那就是《大河灣》，一疊打字稿紙。場景鋪設在非洲。即使在我開始閱讀之前，我已感受到一絲絲的憂慮。當年，維迪亞自己說過，他怕那些「叢林野人」、「弓箭蠻族」。大部分非洲地區都具體實現了他最恐怖的夢魘，野蠻殘忍，無知粗鄙。他對非洲不抱多少希望。「非洲沒有前途。」

我翻開書稿。我讀道：「納札魯汀，當初他將這爿店鋪便宜地賣給我，以為等到我接手經營的時候，我就知道不容易了。」

這句反常地乏味的開場白的敘述者，沙林，是個穆斯林。這倒新鮮了。維迪亞身為婆羅門，自己也是半個印度教徒，對於穆斯林，他從來沒顯示出多少興趣，而他也多次明確地表示，他絲毫不同情穆斯林，他將印度的四分五裂與巴基斯坦的高壓專制都歸咎到伊斯蘭民族主義者。而在非洲的時候，他又每每不由自主地趨近那些印度杜卡瓦拉。

沒多久，我馬上就覺得這本書不對勁，不只是因為開場破題的第一個句子，某些細節也讓我憂心。沙林除了豆子以外，什麼都不吃。穆斯林當然可以吃肉，只要確定動物經過妥善完備的方式屠宰，意即「哈拉爾」，也就是伊斯蘭語彙中潔淨可食的肉（kosher）。維迪亞不知不覺地將自己豆食者的形象投射在他的敘述者身上。我在頁緣上批了一句：只吃豆子嗎？

這本小說展現了維迪亞對於薩伊河灣一處城鎮，吉山干尼深入淵博的了解。早期他替雜誌撰寫的一篇關於剛果的文章，〈剛果新帝王〉一文中，維迪亞曾經寫道，斯丹利維爾——斯丹利瀑布站——如何落實為《黑暗之心》中克茲先生陰魂不散的棲息地，而且「七十年後，這處河灣大幅變貌，猶如康拉德的幻想成真」。他意有所指，講的正是莫布杜的殘暴統治。

我發現自己飛快地翻閱這束打字原稿，對於內容我幾乎無可置評。這是一本好書。《大河灣》涵括了非洲昏昏欲睡以及恣意狂暴的特質，維迪亞的鼻子分析了臭氣與腐敗，帝國的失敗與廢墟。這本書同時也是一段愛情故事。沙林和一名外僑的太太伊薇之間，有一段情事。沙林也是個乖戾易怒的人。一日，他自覺遭到伊薇輕忽，就痛踢伊薇一頓。她吃痛哭泣。沒過多久，她又躺回床上，邀他共赴雲雨。他意識到這是兩人關係的盡頭了。「她的胴體曾經如此柔嫩、順滑，溫暖洋溢。」你一定以為他會跟她做愛。他握著她的兩條腿，左右大開。沙林接下來的舉動，讓我一把將書稿從面前甩開：「我朝著她兩腿中間猛吐口水，一直吐到我嘴裡口水盡乾為止。」這是什麼跟什麼啊？伊薇反抗——這是當然的囉——她對著他吼叫，掙扎著甩脫他的掌握。於是，沙林又開始打她。「再一次，骨頭撞擊著骨頭；每一拳揮出，都害我手掌作痛。」

我朝著她兩腿中間猛吐口水，一直吐到我嘴裡口水盡乾為止。

我一向覺得維迪亞的情色與暴力場景，難以卒讀，現在，更是難上加難，難如登天一般。難道是因為，我不想讀到諸如此類的場景，因為它揭露我的朋友的某些面向嗎？作家寫到性愛的時候，最能渾然不覺地告白自我。維迪亞的場景往往充滿了侵略性，離奇而無歡。女性胴體不堪而脆弱；而且還帶著體臭。他總是認定女人小便失禁，身體潮濕多菌，穿著皺巴巴的衣服，胯部皺褶重重，腋下一片汗濕污漬。即使，她們有意改善這些狀況，多半也徒勞無功。在《自由國度》中，巴比在琳達的房間裡發現一只小香囊。「那是一包下體除臭劑，商品名稱叫人驚駭。這個賤人，巴比心裡想著，這個賤人。」

而《模仿人》裡面曾經有個西班牙妓女，被勞夫．辛格帶回他的旅館房間：「她的身材就像是打從地獄放出來的，卻頂著一張孩童般的笑臉。」她形體非常肥胖。兩人的做愛動作猶如直腸科大夫出診。「指甲、舌頭、呼吸與嘴唇都是如此脫離肉體的探索工具……繼續往下探索。她將我翻轉為俯臥姿勢。用相同的工具繼續探索。」

《游擊隊》書中，嫌惡與肉慾交織在對女性清晰的敵意中。「自由派白人」女性珍，每在雙頰遭人痛摑之後，就會被撩得慾火中燒，「下手之重，她的下巴落開，無法合攏……接著，她又被甩了幾巴掌。」她發現，「儘管她既驚慌又厭惡，她的下體居然變得濕漉漉的。」奇怪的是，維迪亞，任何人亦然，竟然會將一般厭惡女性者的陳腔濫調信以為真，誤將巴掌當前戲，挨揍當春藥。稍後，珍在黑權公社裡，遭到公社領袖吉米．阿罕穆德強姦。吉米有個「一觸即發」的毛病：「就像那樣，沒抽送幾下，他短小緊繃的精力就洩漏殆盡，就這樣草草了事。」不過，這檔子胡搞瞎搞不是重點：臉上挨巴掌反而更能撩動珍的慾念。而吉米其實是個同性戀：「長久以來，他一直期盼著布萊恩溫暖堅實的肉體，和他令人消憂解懷的唇與舌。」儘管如此，珍還是待在公社裡，只是讓吉米粗暴地肛交，吉米還譏笑她說：「你沒帶你的凡士林過來。」這個時候，他早洩射精的毛病顯然已經不藥而癒了：「他越插越深，直到他幾乎挺身坐在她屁股上為止。」事後沒多久，吉米一聲令下，珍就被開山刀給亂刀處死了。

維迪亞在他有關艾薇塔．裴隆的隨筆中，提到艾薇塔豐滿鮮紅的嘴唇，暗示著「此姝夙負口交技術之盛譽」。他描寫阿根廷男性雄赳赳氣昂昂的男子氣概，以及他們在肛交一節的之一心一意。「除非他搞過她的屁眼了，不然，威武男兒還不算完全征服他的女人……La tuve en el culo, 我插過她屁股了……有如某種性交的惡魔彌撒。」在他其他作品中，他會描述某個男人的臉色「就像剛剛發起來的麵糰」，接著暗示，有時候明講，臉如麵糰代表此人熱中手淫，正如狄更斯也曾經在尤里．希普[2]雙眼周圍畫上多重眼圈，暗示夜間自體性慾活動過度。假如，將作家筆下人物的情慾和幻想，視同作家本身的情慾和幻想並不為過的話——而且，如此聯想又

---

2 尤里．希普（Uriah Heep）：狄更斯知名小說《塊肉餘生記》中的人物，是小說主人翁大衛．考伯菲爾的房東。

有何不妥呢？——那麼，我就覺得維迪亞的看法讓我提心吊膽了。

最近，維迪亞在《信仰之外》裡寫道：「過去的日子裡，我在這裡經常會因為性興奮而感到昏眩，」這是描寫巴基斯坦東北部拉合爾紅燈區妓女雲集的一景。「直到我三十有五了，我還是著迷於娼妓，經常尋花問柳。」倘若那是真的，當年他在坎帕拉，直直地凝視著我眼睛，當時他三十四歲，他說：「我已經放棄性愛了。」又怎麼能符合現在這一套說法呢？兩種說辭根本就天差地別，當然不能相符，只是，此時我相信他較晚期的自剖了——他過去也曾經嗜好嫖妓，這也使我益發堅信，只有經過時間沉澱，才能辨別真偽。

可是，現在我手上捧著《大河灣》，吐口水一景卻在我心中盤桓不去，還有破題第一句前途黯淡的句子。剩下的部分我都喜歡。我們見面共用午茶。我帶著打字書稿前往。

「保羅，你覺得如何？」

「你說得對，這本書確實是重大作品。」

「你沒有什麼修改建議嗎？」

「開頭第一句很妙，」我說，「不過，第六頁有一句更棒。」

「指給我看。」

那句話隱藏在段落之中。這句話寫道：「這世界就是這樣；微不足道的人，允許自己淪落到微不足道的人，都不配在這世上占有一席之地。」

這句話當然只是出自一個長居剛果叢林、半開化的印度店家老闆之口，然而，在我看來，卻是展開一本小說最簡潔有力的方式了。

維迪亞將句子圈起來，畫成一個氣球，沿線拉到句子應該插入的位置，第一頁最上方。

「你有道理，」維迪亞說，「我確定這樣一改，書一定會多賣幾本。」

「還有一件事，沙林吃了一大堆豆子。他從來都不吃肉啊。」

「這一點，帕芝也有些意見。」

「我想，給他點肉吃吧。」

那一年，《大河灣》順利進入布克獎最有希望獲獎書單。我正好是布克獎評審之一。我重讀此書，併同許多其他入圍書籍，我看到維迪亞確實將句子遷到卷首，如我建議的一樣。同時，他也將沙林改寫成一個可信度較高的肉食者。可是，面臨決定關頭時，我卻投了反對票。我那一票正好成了決定性的關鍵票。我偏愛派翠克．懷特的小說《泰伯恩記事》[3]。

「派翠克．懷特？你還是讓我死了吧。」一位評審委員說道。

另外一位委員對我說：「我還以為奈波爾是你的朋友呢。」

「那又怎樣？我就是不喜歡吐口水那一幕。小說結尾也不能取信於我——那些來來回回的，過訪倫敦等等。」

3《泰伯恩記事》（*Twyborn Affair*）：懷特在這本小說中正面處理長期困擾著他的性別認同議題。小說分為三個部分，書中的主要角色起先是一次世界大戰時期，法國一位希臘人的妻子，優朵西雅；接著，將近二次大戰開端，他又化身為倫敦妓院老鴇伊迪絲．特里斯特；一直到小說中段，他才顯現本色，以艾迪．泰伯恩身分出現。評家以為懷特身著女裝的說服力差強人意，但是文筆與風格要比他先前作品輕鬆多了。

最後，我們只有妥協在潘妮洛普．費滋傑羅的《離岸》一書上，而大多數人都揶揄我們的決定。他們都說奈波爾應該獲獎。不過，維迪亞早就以《自由國度》一書榮獲過布克獎了。有人以為，有我擔任評審，維迪亞一定十拿九穩。才怪哩。

目標：一百萬英鎊

雖然，維迪亞總是堅持寫作自有公道，好書自己會出頭，西華的經紀人效率之高，還是讓他印象良深。這位經紀人就是我介紹給西華的，他也是我的經紀人。維迪亞要我居中牽線介紹，沒多久就晉身客戶行列。維迪亞的預付版稅與合約條件比起以前都大幅提高。說不定，他很快就會攢到他的一百萬英鎊了。

某一次我們聚會的時候，維迪亞說道：「我很不滿意我的出版公司。」

我將他介紹給我的出版公司。

我的出版老闆問我：「我可以做些什麼來吸引他呢？」

「給他一百萬英鎊。」

「絕無可能。」

「不然，你就在一家上好館子給他訂張桌子晚餐。不吃午餐喔。『晚餐比較隆重。』接著，你要讓維迪亞選酒。這樣並不保證成功，只是至少他不會半途離席，揚長而去。」

「你真以為他會孟浪到這種程度？」

「這種事情以前就發生過。」

我也獲邀陪坐用餐。我的出版公司老闆很緊張。維迪亞點了一瓶勃根地白酒，一道明蝦主菜。可惜，那道明蝦不新鮮。維迪亞說，失陪了，他得走了。我開車送他即時趕回肯辛頓，讓他可以躲在自家房間噁心作嘔。他找到了另外一家出版公司。然而，菜餚不是重點，金錢才是——他還是針對著他的目標，一百萬英鎊。

出版過程當中，有一項瑣碎雜務，就是在書衣上撰寫文案。這段文案還會在出版社的型錄上輾轉流傳。當他收到出版公司預先為《南方一轉》（*A Turn in the South*）所寫作的書衣文案，維迪亞說，這段廣告寫得不盡適宜。他沒有動怒。他耐心寫了一封長信給出版公司，維京出版，說明他的意向。他在信尾作結道：「作家預備做某件特定的事情，也應該感受到自己完成了那件特定的事情。不過，每一本實際出版的書都有其興奮狂熱，逾越作家初衷。因此，讀者與書評在實際出版的書中，看出其他意義也就屢見不鮮了。我一心冀望在維京公司裡，能有人在封面文案上寫些有意思的東西。」

可是，沒有人提筆重寫，經紀人打電話給我，說道：「保羅，維迪亞要我撥電話給你。我們要請你幫個忙。」

這時候是八月。我剛剛結束《騎著鐵公雞》，我的中國遊記的巡迴促銷之旅。正在寫作另外一本小說《我的秘密歷史》。我一面聽著電話，心就不斷下沉。

「可不可以麻煩你，就當作是幫我們的忙，替《南方一轉》這本書寫一段書衣文案？」

這意味著，我得先將手邊的小說擱在一旁，改而操作這種最低微、最無人感謝的出版雜務。意即，我得仔細閱讀維迪亞整本書，再寫一篇廣告文案——文案要短而富於內涵，還要激賞地富有說服力——再寄到出版公司，說不定相關工作人員都度假去了。這在我的寫作生活中，真是一次嚴重的干擾，沒有任何一位作家——更不用提維迪亞本人了——會稍加考慮友情客串一次的。

我說：「我會寫的。」

經紀人笑我如此逆來順受。他當然也不勝感激，同時更驚喜萬端。可是，維迪亞覺得自己正困在難關上，而我也還記得多年前他說的話：「朋友是幹什麼用的？」

一束裝訂書稿送到我家。我津津有味地讀完，覺得還挺喜歡的，美國南方旅程的明朗簡潔：維迪亞的領會，幾近虛心探索，沒有豪言壯語，只有真誠的好奇玩味。他為自己正在撰寫的這一類旅遊書籍，豎立了標竿，因此也有助於其他種類的旅遊書彼此區隔。美國遊記絕對無法以傳統方式書寫——傳統式的美國遊記裡，正如維迪亞解釋道，旅客說：「這是我在這裡拍的照片。這是我剛剛步下當地的老舊巴士，跟在幾個奇怪的男孩後面，提些不妥切的建議，下榻在一些骯髒污穢的旅館。這是我在當地酒吧跟地頭上幾個奇人乾杯共飲。這是我當夜稍晚迷了路。」

那一類的書，充斥市井，刻畫旅人「以異國背景描述自己」。他還補充一句：「端看作家是哪一個，這種旅遊書也可以吸引讀者」，不過，這種方式只有當作者／旅客「與旅遊地格格不入，抑或怪誕駭俗到某個程度」才能奏效。可是，這種方法用在赴美旅遊的旅人身上，就恐難靈光了。「美國不是個異域，或是說，美國沒法子像非洲一樣直接了當地就是個奇異國度。美國太為人熟知了，美國照片太多了，關於美國的書也早已滿坑滿谷；而且，美國上下制度健全，井井有條，想要隨意瀏覽，探究些為人所不知的眉目，也就沒那麼容易了。」

這對我來講，又是極富啟發的一課，原來，旅遊寫作還有這麼多不同面向。同時，維迪亞好像，再一次，直接對我講話，當地巴士上的一名旅客，酒吧裡買酒請當地人共飲，我迷路了也可以拿來大作文章。二十三年來，我還在不斷地向他學習。

於是，我的廣告文案就這麼開頭：「《南方一轉》投下完全新鮮的一瞥，注視一個地區與情境，這個地區於某些人而言，已經淪為滑稽漫畫了，對其他人而言，則猶然混沌難解。」

我心知維迪亞一定不放過任何一個字眼地考究詳審這段文案，我寫來也更加謹慎、小心翼翼，緊抓著維迪亞所期盼的用字精確與創新，斟酌推敲再三，好讓文字順理成章：四十八歲的人了，還要重溫學徒生涯的謙卑與束縛。那短短三百字，耗掉我兩天的工夫。我請經紀人將文案帶過去給維迪亞，有如學生繳交一篇重要論文給教授一樣。試探了友誼，也考驗了我的文字功力。

經紀人捎回維迪亞的回覆，潦草寫就：維很感激。

迷思

維迪亞寫《抵達之謎》的時候，他又跟我討了個不尋常的幫忙。這本書的萌芽蓋有年矣。一九六六年間，維迪亞曾經給我看過某個故事的幾頁文字，說他想要回頭把故事寫完。他說：「這是我熱身的方式。」為了要進入寫作的情緒，他會一而再，再而三地複印那幾頁，描述基理柯[4]某幅畫作所描繪的經典一景的段落。事隔二十年，他還是用那幾頁相同的文字，當作一本小說的部分材料。

我在他狹窄的皇后宮門巷公寓裡，跟他一道用茶。

「前幾天，我在格洛斯特路上遭人襲擊，」他說，「一個黑仔跟我越走越近。他裝成要走過我身邊的樣子，接著就往我腦門側邊——重擊一拳！」

「那可真要命，維迪亞。」

「當時，我也給嚇了一跳。」

可是，他講起來卻氣定神閒的。他身邊擱著一個檔案夾，夾子裡一疊四吋厚的稿紙，不消多問，一定又是打字原稿。

維迪亞說：「我現在這本書走到一個微妙的關頭。」他兩眼還瞥了瞥那個檔案夾。

「就是這疊稿子嗎？」

他莊嚴地點點頭。「這是重大作品。」

他沒說那是過去一則舊故事的延續；除了「這是重大作品」以外，他什麼也沒說。他只是提到這本書尚未完成。

「也許，我永遠也無法完成這本書。」

我心想，這話說得多滑稽啊。我說：「可是，你還是得把書寫完啊。」

「萬一我腦子受傷了，那該怎麼辦？」

「維迪亞，你的腦袋好得很呢。」

「萬一又有人襲擊我怎麼辦？本人在格洛斯特路上看到的那些混混，其中有一個傢伙說不定會嚴重傷害我。屆時，我就沒法寫完這本書了。我怎麼寫得完呢？腦子都給打壞了。」
「如果那樣的話，你在心智上就不適於寫作了。不過，那也只是你的胡思亂想罷了。」
「那才大有可能呢！我告訴你，我才剛剛被一個黑仔打了！」
「也許你該待在威爾特郡靜養。」
「我會的。不過，本人總還是會上倫敦來辦些雜務。本人的銀行經理。本人的出版公司。本人連剪個頭髮也得進城來，」他說，「保羅，我要你讀讀這本稿子。讀仔細些。」
「當然。我樂意之至。」
「而且，要是我的腦子真給打壞了，沒法子繼續寫下去的話，我要你幫我把書寫完。」
我靠背後仰，調整視角，好看清楚他臉上是不是在微笑。可是，不，他鐵板著臉，堅定篤實，而且，斬釘截鐵地堅定，好似武士擬就遺囑一般。
「你會注意到書裡重複不少。那是故意的。保留重複的部分。還有書中的律動，句子流動的方式——那個也要保留。看了你就會明白我的敘述是怎麼架構的。你就接著搭話，讓敘述自然流出。」
從他說話的樣子判斷，我似乎看起來已經接受他的委託，幫他寫完《抵達之謎》了，而他

4 基理柯（Giorgio de Chirico）：義大利畫家，創立「形而上」畫派，一八八八～一九七八，以極端安靜不合理的透視呈現不安的感傷，影響超現實主義繪畫。

腦部也受到重創，坐在一旁看著我猛搖筆桿，魔法師的徒弟的最後一關，他的身影有如陷阱般地落在我的身上。

「保羅，你覺得怎麼樣？」

「我覺得很榮幸，那是當然的。也是個挑戰。有點像是福特．馬竇斯．福特與康拉德合寫一部小說[5]，或是像史蒂文生與他的繼子，洛伊德一塊兒寫些東西[6]。」

「不，不一樣。這是重大作品。」

我帶著這一大包沉重的稿子回家。我讀過一趟——全書的四分之三——閱畢掩卷，我信心全失。我絕對無法幫他寫完這本書，甚至連評論這本書也辦不到。我根本不喜歡這本書。全書讀來像是一大段有學問的個人獨白——重複再三，正如他所言；模糊、迂迴，雲深霧重，書中無處不顯得晦澀如謎，一樁再乏味不過的村野插曲被他擴大到冗長無垠的篇幅。我從來沒讀過像這樣的作品。這部小說也許可以成就像是《芬尼根守靈夜》[7]的經典巨作，那種讀者買來研究，卻無法一氣呵成讀完的書，一部企圖強烈的失敗作品，來日有待英語系所闡述與辯護。

書中可以發覺維迪亞的平房與威爾特郡，甚至還可以捕捉到一瞥史蒂芬．田南特的身影——他鼓脹的粉紅色大腿，他的草帽。然而，還是不太有趣。那個瘋子似乎代表著英國固有特色的式微，而非（如我忖思的）這位變裝皇后地主的生涯顛峰。裘利安．傑布也在書中。錯不了的，他那張「小老太婆臉」。維迪亞將他改名作艾倫。我知道他其實是個很成功的電視節目製作人。維迪亞卻將他改頭換面，淪為一名醺醉終日的馬屁精，可悲而空洞。他就「愛作秀」。書中的傑布同樣也自殺以終，安插在一段輕蔑的段落裡，字裡行間的悲憫不比聽說傑布排出一顆腎結石多。「接著，有一天我聽說了——就在事件發生過後幾天——他某個晚上喝得爛醉如泥之後，吞了些藥丸就死了。還真是種作秀式的死法。」

可是，真叫我困惑不解的是下面這一段：「某個秋日午後，我走過傑克的老舊小屋與頹圮的農場時，突然感覺行將窒息。我就要走到那個角落的時候，窒息感也差不多過去了，我清理了農場，將那些舊金屬與纏繞的鐵線和原木木塊都堆在山毛櫸樹叢下面。（可不能堆在靠近戶外火坑的樺樹旁邊；那些樹種在路的另外一邊。這些山毛櫸種在農場邊，大樹現在正值壯齡，

5 福特・馬竇斯・福特（Ford Madox Ford）：英國小說家兼文學評論，一八七三～一九三九。他在英國、德國與法國三地受教育，一次世界大戰之前，他與旅居非洲的英僑作家約瑟夫・康拉德交好，兩人曾經合寫兩部小說，《繼承人》（一九〇一年出版）與《羅曼史》（一九〇三年出版）。福特自己的代表作，咸信為《好軍人》一書，藉著觀點與時空的轉移，探討兩對夫妻的情慾。

6 史蒂文生（Robert Stevenson）：蘇格蘭小說家、散文家與詩人，一八五〇～一八九四，畢生寫出許多膾炙人口的兒童文學經典作品，如《金銀島》（一八八三年）與《雙面醫生》（一八八六年）等，史蒂文生也曾經與繼子，美國作家洛伊德・奧斯彭合寫過小說《錯誤的盒子》（一八八九年）與《破壞者》（一八九二年）等。

7《芬尼根守靈夜》（*Finnegan's Wake*）：愛爾蘭作家詹姆斯・喬伊斯生前最後一部巨作，出版於一九三九年。喬伊斯企圖在小說中體現一項歷史理論，意即凡事萬物都是循環性的，一而再，再而三地不斷重複。喬伊斯撰寫此書長達十七年，終於寫成一本由四個部分組成的小說，敘述書中主角與家人與熟識朋友等人（象徵著全人類），一夜之間斷斷續續的夢境。《芬尼根守靈夜》的故事取材自一首愛爾蘭同名滑稽民歌，歌中述及一名工人不慎摔落致死，卻在親友為他守靈之時，傾倒了一瓶威士忌而轉醒復活。喬伊斯在書中穿插大量的文字遊戲，本書因而愈發難讀。

樹冠最低處的樹枝垂得很低很低，夏天，提供了美妙、廣闊又遮蔭完全的樹蔭，讓我想起《吉普賽人之友》與《拉文格羅》裡的喬治．巴羅[8]。）走過櫸木林和農場後，走在荒草蔓生的小徑上，感受到熟悉的孤寂，我的呼吸才又順暢起來……」

讀到這裡，換我行將窒息了。我再怎麼樣也無法插入這部敘述。我根本看不懂這書在講什麼。我的困惑讓我焦慮。這本書到底在幹嘛？文字刻意寫得平乏無味、毫無幽默，如此冥頑不化地禁絕任何閱讀樂趣，即使行文到如此語意模糊的段落亦然，就像行將窒息這一段，還扯些櫸木和樺樹的。不過，這本小說我也只看了部分。等維迪亞完成全書之後，我就會懂了，我很確定。而我也絕對沒辦法幫他添加一個字眼的。

「你一定得自己寫完這本小說，」我再次見到維迪亞的時候，就向他坦白表示。「我能力不及，沒辦法幫你寫完。」

「萬一我的腦子被打壞了怎麼辦？」

「只要你留在威爾特郡，就沒有人會去損害你的頭腦。待在那裡，專心寫作就好。拜託你，維迪亞，我幫不上忙的。」

「你看得出來，這本書是重大作品吧。」

「絕對如此。」

他知道我素來景仰V. S.普利契特。他跟我說，普利契特只是二流寫手，證據就是他都年近九十了，還淨寫些短篇故事，而且，這老頭到現在還覺得寫作是人生一大樂事：「對他來說，寫東西容易的要命。」維迪亞一度在接受訪問時宣稱：「我成就了極為浩瀚大量的作品，」接著，講到他著作的品質，他說：「我們現在談的可是一件偉大的成就。」

普利契特自己說過——善哉其言——所有的作家內心在深處都是狂熱分子。

《抵達之謎》出版了，許多書評家也都看得如墜五里霧中。維迪亞說自己從不理會書評。一位英國書評，向來以冬烘保守、老派村氣知名，大力讚揚本書為大師級經典作品。德瑞克．瓦爾克特則不敢苟同。他一點也不喜歡這本書。這可是項改變。維迪亞曾經多次對我引用德瑞克．瓦爾克特的詩，言下頗為讚賞。瓦爾克特早期也曾經題獻過一首詩，〈拉文提爾〉，給維迪亞——詩中大意為某次造訪千里達鄉間某個貧窮地區。過去，我知道這兩位作家以朋友相交，而我欽佩瓦爾克特的詩，就像佩服維迪亞的文一般。

瓦爾克特在他的書評中抨擊維迪亞。「奈波爾的迷思，外界將他視為不世出的奇才、文壇奇葩、好唱反調的天才……長久以來，一直是齣鬧劇。這也是他選擇激越的迷思——雖然，只有他自己才知道為什麼……如此混亂與絕望之中，隱藏著某些驚人的貪婪。此外，這項迷思也失真了。迷思之外，另有事實。奈波爾的偏見。」

瓦爾克特繼續說道，維迪亞的坦然不過是種族歧視而已。「倘若奈波爾對待黑人的態度，

---

8 喬治．巴羅（George Borrow）：英國旅行作家兼語言學家，一八〇三～一八八一，曾獲譽為十九世紀最富想像力的散文作家。巴羅的父親是職業軍人，喬治在童年期間就隨著父親駐紮地不時更替，足跡行遍英倫三島，一八二五年，他因為健康問題離開倫敦，在英國鄉間展開波希米亞式的漫遊，這段遊歷，再加上他跟吉普賽人的接觸，就成為他的經典代表作《拉文格羅》（*Lavengro*）與《吉普賽人之友》（*The Romany Rye*）兩本書的寫作背景。

帶著他可厭的輕蔑……舉個例子，轉向針對猶太人的話，還有多少人會讚美他的坦然？」私底下，他都管他叫V. S.奈霍爾（Nightfall，黃昏、傍晚之意）。

瓦爾克特身為黑人，論及這項議題，自然有其權威，不過，維迪亞也是有色人種的一員。如果真要嚴格講究色澤的話，相對於瓦爾克特的牛奶咖啡，維迪亞就算是加倍濃縮咖啡了，這也是為什麼，有時候，維迪亞在英國露臉會遭人歧視。種族歧視的指控非常嚴重，可是，一想到維迪亞自己出身的族裔，便又覺得古怪。而且，瓦爾克特還是攻擊一個仰慕他的作者：他可是當今在世少數幾個維迪亞還肯開口讚美的作家。雖然，瓦爾克特出生在迎風群島的聖露西亞島上，他卻早在一九五八年歸化千里達，成為永久居民（以及永久作家），當時，他還不過二十來歲而已。他是個與維迪亞非常近似的當代作家，出身同一座島嶼，在許多方面，都是維迪亞的兄弟作家。兩個棕膚人，來自地圖上的同一點。

我沒跟維迪亞提起那篇書評。算是我幫他一個忙。

幾年過後，瓦爾克特獲頒諾貝爾文學獎。因為諾貝爾文學獎基本上充滿政治考量（今年頒給波蘭人，明年給個南美洲人，後年再挑個千里達人），也就是說，維迪亞失去了他的機會。或許，他再也無緣得獎了。兩個千里達諾貝爾文學獎得主？就跟兩個阿爾巴尼亞諾貝爾獎得主一樣渺茫。

維迪亞或許會喃喃自語，「他們又來了，撒尿在文學上。」不過，我不會輕信的。德瑞克．瓦爾克特可是某個他讀過而且還記得的作家，所以，從此以後，我再也沒向他提到諾貝爾文學獎了。又幫了他一個忙。

第四部

逆轉

第十六章
別離詩賦

突然間，維迪亞受勳了——五十八歲，受封爵士，帕特也連帶地晉身夫人。英國這類銅牌大多贈與年事較高的老人家——安格斯·威爾森受封時，年逾七旬；V. S.普利契特與史迪芬·史班德都在八十歲的時候，而P. G.伍德浩斯九十歲時才獲封騎士——之於其他文人，皇家榮銜幾乎從來不曾降臨過。敘勳名單中鮮少出現作家姓名，因為作家都是些可疑的傢伙，無所回饋於協助草擬名單的政客，政府機關裡也欠缺盟友暗助，作家素來就以扒糞和唯恐天下不亂而惡名昭彰。演員就保險多了，群眾人氣也旺些。正如維迪亞過去有言，皇室頭銜往往都賞給女皇子民中比較詭詐的那些人。儘管如此，維迪亞還是接受了勳爵士團中最低的一階，最下級的勳爵士（the Knight of Batchelor），而非較為隆重的薊勳爵士（Knight of Thistle），或是最為尊崇的聖麥可與聖喬治第二級爵士（Knight Commander of St. Michael and St. George，縮寫為KCMG，熟知內幕的人都說它是：「皇上也要叫我神。〔The King Calls Me God〕」）。

維迪亞在英國封爵，說不定是因為他與一兩位勳爵孰識交好。其中之一，就是三十多年前，我在斯多克維爾初識的修．湯瑪斯，其人言談乏善可陳；他曾經一度拔擢高升為斯溫諾頓湯瑪斯男爵，而觀其友人，他又與柴契爾夫人過往從密。我客居英國十七年來，作為一個異國旁觀者，最大的樂趣之一，就是看著身邊熟人一旦受封之後，原本平淡無奇的家族姓氏，頓時花綵環繞，有時候，還會因男爵爵位或勳爵封號而變形。原本普通的史密斯或瓊斯，穿著棕色西裝，卑恭屈膝，一路爬上當權政黨高階，膝蓋處也因而磨得發亮，現在他頂個只合稱呼十二世紀十字軍的頭銜，搖身一變成為儼然無可接近的草包勳爵鞋尖帶鉤大人，擎著某個奇怪的裝置，揮舞著他的旗幟。每次聽我發表這般懷疑不信的言論，英國人就會對我嘶鳴一句：「你只是羨慕而已。」我當然會羨慕啊，雖然那些受封晉爵人等一律稱說，日常生活毫無改變，其實，改變得才明顯呢。先不提其他事情吧，頭銜就保證受封者在上好餐館，一定會有張精緻卓越的桌子。

當她在白金漢宮為維迪亞（為了某些未加說明的原因，維迪亞將帕特留在家裡）封爵時，女皇晃了晃她的小抄，模糊地說了句：「奈波爾。你也在書上。」

重疊漸隱在倒敘場景之中，回到康諾特飯店攤滿菜餚的桌上，午餐殘餚，紅酒殘杯，麵包屑，黏搭搭的湯匙，白色帳單對摺，盛在一只白色淺碟上送來，維迪亞還在咀嚼著，一邊說道：頭銜算什麼……我有個主意，他們應該在郵局裡出售頭銜……你進到郵局，買些郵票，再把郵票貼在一本小冊子裡頭……三本集郵冊換一個MBE。六本換個OBE。一打集郵冊就值上一個爵士頭銜。

維迪亞應道：「是的，女皇陛下。」再深深一鞠躬。只是，依他自己估算，維迪亞的減價動爵士，恐怕只要八本集郵冊就換得到。

擠簇成團梵文音節構成維迪亞的全名，使之幾乎無法發音，要將這個名字附加在舊式的盎格魯─撒克遜動爵士頭銜之後可不簡單。即使如此，他現在還是晉身為維迪亞德哈爾．蘇拉吉普拉薩德．奈波爾爵士。在他之前，只有印度板球球員與政客和油光滿面、腰纏萬貫的印度大亨享此榮銜。外人無法得知，他究竟打算如何擺出自己的身段來，不過，幾經組合實驗之後，他就決定以維迪亞爵士一銜對外。帕特也成了奈波爾夫人。帕特同樣無法甩掉一股荒謬的感覺，想起來，前一天她還在剝球芽甘藍的老葉子，捏著她從特易購（Tesco，英國最大的連鎖超市）買回來的海綿蛋糕，蛋糕走氣不新鮮了，她心裡也跟著略略傷感，然後，第二天，她的名字就改了，她聽來就像一則作家列傳裡的傳奇女英雌。

我也跟著變了，或者說，我終於領悟到自己從早年初識維迪亞以來，一直扮演的角色為何了，因為，就某種意義而言，他始終是個騎士。我也一貫將自己當作他的隨從──司機、夥伴、一旁替他扛著矛槍的步卒、制服工友、跑腿雇員；忠心耿耿、能幹的得力助手──細膩周延地處理偶爾他要我介入的事情。保羅，我要你幫我處理一下這個。那也是我的運氣。我從來不曾違逆過他；我們從來沒有吵過架。因為，他不是個完美的騎士，我只有充當完美的隨從，維迪亞爵士的影子。

而他似乎也知道這一點。當他買了第一部電腦，還上了幾天課學習怎麼操作，他寫信給我，只是拉拉雜雜地話些家常，主要是為了測驗印表機。他歡喜愉悅，自己摸索著學會電腦了，對於一個握著鵝毛筆沾墨塗鴉，坐在千里達一所小學堂，開展他的寫作生涯的人來說，那真是科技上的一大勝利。

而在那張印得整整齊齊的信紙下緣，他就著黑色墨水寫道——不請自來、自動自發地，他究竟在想什麼？——你的作品就像是給我的典範與激勵。

難道我不曾多次對他明說，或是暗示，如上完全相同的話語嗎？而今，他對我奉還同樣的字句，就像送我一份禮物一樣，尤其是現在，在他身分地位最為顯赫的時刻。

夫妻之道

我在電話上跟他說：「我想過去看你。」

我有消息要告訴他。我再一次把我的腳踏車牽上火車，搭乘二等班車到達薩里斯伯里。當天我一整天都不舒服，沮喪似乎引發某種消耗性疾病，光禿樹枝與潮濕田野的景色使我無神低垂的情緒更加沉重，蹼雞與紅松雞在泥濘的池塘裡奮力覓食。希望不再，我的力氣也消散不復，而從薩里斯伯里踩著腳踏車上坡，騎到鹽田鎮，只讓我感覺更糟。

「告訴我，告訴我，告訴我，」維迪亞站在他家大門前迭聲問道。他的言行間毫無近日晉爵的痕跡。「發生了什麼事情？」

他是我歷來認識的人當中，預感最為強烈的一位。有時候，他固然也會猜錯，不過，更多時候，他看穿我的情緒的本事，精準得讓人膽怯，尤其是在我意志低落之時。或許是因為我的情緒如此密切反映出他自己的情緒，同時也符合他自己的無精打采，他的直覺只是聽到他熟悉的回聲而已，也許，泰半情況下，某些人有先見之明——預感就是響起熟悉的鈴聲。再說，他長期離群索居也有幫助。在維迪亞曾經推薦要我閱讀的少數幾部作品中，《魂斷威尼斯》裡，湯瑪斯．曼曾經寫道：「獨處孕育了我們各自的原創，給我們殊異而危險的美——與詩。然而，同時，獨處也給了我們完全相反的東西；逆常的、法理不容的、乖謬的。」維迪亞的獨處，類似湯瑪斯．曼所言，將他往兩個完全相反的方向推送。

我停好我的腳踏車。我說：「我太太和我就要分開了。」

「天啊。」

帕特也走了出來，站在廚房門邊虛弱地微笑。她看來病得好重，我一時再也無法扯些自己的家務事。她像是一縷幽魂，鬼魂般蒼白——白髮、白膚、嘴唇毫無血色，而她慘白得幾近半透明，薄如紙張的皮膚上，蜘蛛般細長的靜脈血管，好似羊皮紙上的線條。她氣若遊絲，雙肩佝僂，身子因長期失眠而搖搖欲墜，而她睜著無色的雙眼看著我。我擁抱著她，親吻她，我可以感覺到她的瘦骨，她所有的虛弱無力都可以握在我的雙手中。奈波爾夫人。

「保羅，你好嗎？」

「我很好。」

我才剛剛踩了十五哩的腳踏車，我健康良好，這樣我還有什麼好抱怨的？

帕特準備午餐的時候，我跟維迪亞在酒窖裡選酒，同時談起我的情況。我太太已經同意分居。我可能會離開英國。

我說：「以前，我一直以為我會在這裡待個十年。你瞧，自從我搬到英國以後，現在都快要十八年了。」

他說：「你也碰上了些好事。」他轉過身去。他正聚精會神地端詳著酒架上的酒瓶。「你不覺得這裡的人挺好的嗎？」

「是啊。」我說。

這裡的人不錯，可是，置身其中，我只感覺自己像個異國旁觀者。我無法不想起我在美國碰到的那些英國人，他們在遠遠短於十八年的時間裡，就可以被周遭社會接受，並成家立業。他們可以充任官員、政客、商人、教育家、當地文人：頤指氣使的蘇格蘭人坐鎮在他自家的職業仲介所裡；名下房地產水漲船高的阿爾斯特人；區域計畫委員會裡的利物浦人，否決我對麻塞諸塞州土地的申請，我生於斯土，而他根本就不是本地人呢。我在電視上看到他們，或是與他們親身相逢。我聽得出他們的口音，他們別想瞞得過我——倫敦、伯明罕、英格蘭西南各郡、康瓦爾郡、威爾斯、漢柏河以北地區。他們在美國舉足輕重，融入全美整個體制，也像其他人一樣窮發牢騷或是盡情吹噓。而我又何曾得以加入英國，成為其體制的一部分呢？我一直是個外國人，其他移民也幾乎都跟我一樣。對我挺好的這些人，同時也迫不及待等我離去。

我跟維迪亞略略講了些諸如此類的話。他蹲低湊近他的酒架，盤桓思量著他的葡萄酒收藏。

他說：「可是，英國待你不薄啊。」

「當然，我想這個地方也造就了我。」

他說：「關於另外一件事情。」他的意思是我與太太分居一事。「你不必離開英國啊。那是你的房子，你的不動產。你可以待下來啊。」

「我不在乎房子。為什麼現在這些物質上的東西看起來都這麼傷感呢？光是待在房子裡都叫我沮喪。」

「天啊。」

我的消息害他震驚不已，我再講下去，自己也覺得不堪了。我說：「這個酒窖已經挺有規模了。比我上次看到的要大得多了。」

維迪亞說：「這些都是我的波爾多紅葡萄酒。」他一聽我改變話題，語氣就輕鬆多了。他指著架上的酒瓶和開封木箱裡的酒瓶，酒瓶瓶頸凸出。「這些就是我的勃根地——這裡是勃根地白酒，紅酒擱在另一邊。今年的紅酒果香比較濃。我的波爾多單寧酸就高了。我讓他們一瓶瓶地躺下來。去年的嗽泰恩酒[1]真完美——厚實、濃郁。」他挑出一瓶來。「這是瓶大酒。」

我看看瓶身上的標籤：一瓶波爾多。

他說：「這酒果肉味道還重。我還要再等上一會兒。」他將酒瓶放回原處。他又拎出另外一瓶。「這瓶還新鮮。有點果味，但是溫順。你會喜歡的。這瓶是經典佳釀。」

「經典佳釀」四個字回應著多年前康諾特的一頓午餐。那一天讓人難以忘懷，不是因為我們討論到勳爵士頭銜，而是那紙帳單將我徹底乾洗，我口袋空空地回到多塞特。當年，那瓶經典佳釀同樣也是一瓶勃根地白酒，每啜飲一口，都有股破產貧窮的滋味。

「最好別跟帕芝提到任何事情，」他說，「關於另外那件事情。」

---

1 嗽泰恩酒（Sauternne）：法國產的一種甘甜的佐餐用白葡萄酒。

「她看起來身子骨不太對勁。」

維迪亞說：「她沒事的。」

午餐吃的是我們一貫共進的菜餚：水煮魚、綴上西洋芹的馬鈴薯、沙拉。還有酒，酒喝得極少。維迪亞小口啜飲。他刻意將酒瓶放在我伸手不及的地方。由他來負責斟酒。他進食時，刀叉之運用精準無比，顯然，他仍然深受牙病所苦。他身後正好就是一幅霍克尼的蝕版畫作，毛髮森森的裸體男人躺在皺亂的床上。

過去，我與維迪亞多次共餐的場合，我總是利用時間向他求證一些我道聽塗說的故事：你真的那麼說嗎？你真的那麼做嗎？而他通常都會說沒錯，或者，他會更正詳情，蜚短流長純屬空穴來風。我始終都想問他，關於維德．梅塔的故事究竟真偽如何，可是我還是忍住，按下不表，因為，我內心深處老是期望著，這個故事每個字都是真的。我問他晚餐的故事：那不是我的蔬菜，還有那些是玷污的蔬菜。都是真的。我們之間一位共同的朋友曾經跟我傳報，維迪亞曾經反覆再三地說，我要大大地出名！不過，這話就過於敏感，不好讓他親自證實。

話題從板球運動轉到板球球迷，接著聊到哈洛德．品特。維迪亞最近去過品特家裡作客；安東妮亞夫人牽的線。他說，品特的兒子非常的不快樂——而且，要是你的禿頂症跟他一樣嚴重的話，你還開朗得起來嗎？品特給維迪亞看一張他兒子的照片，好幾年以前拍的，看起來年輕多了，他頭上所有的頭髮都還在，微笑著留影，這孩子過去是他的兒子，現在，只是空於遐想而已。維迪亞覺得這可是無意間流露內心思維的否認。

「你的孩子怎麼樣？」

「馬賽爾在劍橋以第一名畢業，現在在耶魯；路易斯在牛津。」

「天啊。」

我們談到一位報社老闆。維迪亞說：「他是個非常笨的人。當然啦，他的毛病就出在他根本不讀書。他是個猴仔。」

帕特說：「他也做了些好事。以前，大家一直預測說他撐不下去，一定會倒的。」

「他的成功算不上什麼。他以為出版和印刷是同一碼子事。他賣報紙還不如去賣米袋，或是鞋子。他一點概念也沒有。」

帕特出言抗議，數秒之間兩行熱淚就滾落臉頰。她啜泣著，數落著維迪亞講話不公平，而他像個實驗室技術人員一樣，掄刀用叉分解著面前那條魚。

我第一次目睹這樣的爭執，要回溯到二十五年前的烏干達，此後經年，相同的場面不斷重複。每次他們爭吵總是突如其來，總是非常不愉快。眼淚害我束手無策。而看到女人如此病重，還淚眼婆娑，更叫我手足無措，因為，她的眼淚似乎另有委屈，不是為了那些瑣碎的爭執哭泣，而是為了某些更深層的原因，近乎絕望。

「我不想跟妳吵架，」維迪亞嚴峻地說道，「不要再哼哼唧唧的了。」

「咱們換個話題吧，」我說，「維迪亞，你最近有沒有去藝品拍賣會啊？」

「只是去看看，」維迪亞說，帕特抽著鼻子。「佳士得是有些可愛的植物主題藝術品。至於東印度公司藝術品，我已經改變想法了。我看過太多垃圾了。」

他對印度藝術的素養可比專家，不論任何時期，從蒙兀兒以降到東印度公司，一直到殖民期間最後幾年都瞭如指掌。他的收藏繁浩龐大。提這個話題不但安全，對我也多所啟發。過去，我跟他學了不少，自己也買了些水彩與銅版鏤蝕畫。

我盡量撐住這個話題，一直到帕特情緒恢復平靜為止。即使我還坐在那裡，這幅場景看來也可以構築一篇優秀的短篇故事。有個人去看他最好的朋友，對他傾訴自己的婚姻危機，他很快就要和他的太太分居了。那位朋友不以為然——你一定要盡量維持你的婚姻，這樣的結果最好——偏偏同時間，那位朋友不斷地跟他的太太爭執，其態度之嚴厲惡毒，那人從來不曾跟他即將分居的太太如此衝突過。或許，他該三思而行，重新思考他的決定……

我說：「失陪一下。」

「樓梯走上去就到了。」維迪亞說著，一眼看穿我聲請告退的原因。

我朝著浴室走去，經過帕特的房間時，瞥見她的床頭櫃上站著一本伊本·巴圖塔寫的《遊記》[2]和一本洛克寫的《政府二論》[3]。我讀過伊本·巴圖塔，這位作者是世上最偉大的旅人，可是，我沒看過洛克的書，我想，假如我讀過的話，或許我就會多了解帕特一些。

我回身下樓之時，她正在廚房裡忙。

維迪亞說，回到我的麻煩上面，「船到橋頭自然直，時候到了，你就知道該怎麼辦了。」

以前曾有一次，在傾心相談之後，他寫信給我，信上說道：「讓你煩擾不已的關係中，我擔憂，其情色本質恐怕將伴隨著疲憊與躁怒。疲憊與躁怒適足明示這段關係的力道……你只能設法與之和平共處，正如你多年與之共存至今；而今，已經無法將疲憊與躁怒淨除逐出你的關係了。」

我們在客廳共享咖啡——帕特，這時候非常安靜，為大家端上咖啡，維迪亞，陷入沉思；而我只是絕望無助。我需要他給我一套解決辦法，不想再聽他講些老掉牙的「你不會有事的」，而是一些比較細膩的建議。

帕特說：「你怎麼不帶保羅到外面散散步呢？再沒多久就要天黑了。」

「保羅已經明確表示，他對散步一點興趣也沒有。」

我說：「我倒挺想到外頭走走的。」

預知別離

上次我來看他的時候，開了一輛車來。維迪亞曾經建議我們一道兒開車兜風，我們就上路

2 伊本・巴圖塔（Ibn Battuta）：中世紀最偉大旅行家，被譽為阿拉伯的馬可孛羅，一三〇四～一三六九。其著作《遊記》（*Travels*）勾勒出伊斯蘭世界版圖，具有崇高歷史和地理價值，對於伊斯蘭研究貢獻良多。巴圖塔二十一歲時，前往麥加朝聖並開始旅行，足跡遍達今天的土耳其、伊朗、印度、斯里蘭卡、中國、蘇門答臘、東非和西非。

3 洛克的《政府二論》（*Two Treatises on Government*）：約翰・洛克出版於一六九〇年的政治著作，討論家庭、父母對於子女的義務以及父母彼此間的義務（婚姻合約是他對於家庭說明的一部分），以及公民在政治社會中的權利與義務。個人的活動所攝取的土地、所有物及最終攝取金錢，構成了洛克對於自然狀態轉移到公民（政治）社會的早期階段。

開到威爾斯佛德莊園。失心瘋史蒂芬．田南特已經死了，莊園也出售易主。大宅子被拆了，整個地產經過推土機輾平，預備開發成一處住宅社區。有個女人看到我們目光梭巡著這片物業，就走近維迪亞問道：「你是奈波爾先生嗎？」維迪亞搖搖頭，回答道：「不是。」

我心裡一直記掛著我送他的那棵日本楓樹小苗。有時，我一想起來，自己也好笑。當初，我又怎麼曉得，他打算栽種一個全綠的庭園呢？全綠的庭園，我聞所未聞，而他朗朗聲明，大面積草坪只會讓觀者聯想到全面剪草作業，而頓感疲倦不堪，也逸出我的常識範圍。

我們看著那棵樹，小苗已然長成，開枝散葉，樹幹不斷加粗，大枝強韌，小樹枝細長。

「葉子一開始當然是紅色的，不過，這棵樹的樹葉最終顏色還是綠色的。所以，還是挺可愛的。」

我們走到屋後，沿著狹窄的下坡小徑，通往沼澤濕地，木製人行橋下，小溪湍急奔流。

「事情終究會解決的。」維迪亞說。

「不過，我已經失去方向了。」

「那種事情很自然的，不是什麼要命的大災難。看看你自己的生活。」

「這件事看起來完全不一樣。好像完全不重要一樣。」

他凝視著橋下的溪水。「這股水流，急著向前衝。水流不過在這裡匯集。水裡的魚可不小。」

我說：「我覺得害怕。我今天不該來的。」

「不，」維迪亞說，「你心裡有事。很好，離開她吧。」

過去，在他奉送某人諸如「千萬不要再寫文章了」，或是「離開烏干達吧」，或是「離開她吧」之類的勸告後，他總會補上一句：「他鬆了一口氣。」而今，他正等著我說，我也鬆了口氣。起先乍看像是令人懊喪的潛在危機，經他化解鼓勵，已經轉變為一次千載難逢的解放良機了。

維迪亞說：「你看事情的洞察力會因此提升的。」

我心想，

有時你聽說，輾轉第五手
像一段墓誌銘：
他萬念俱灰
剛剛收拾打包完畢，
語音聽來總是
確定，你也肯定，
如此大膽、純淨、
翻天覆地的一步。

我們走在一條暗黑、看來油膩的小溪邊上的步道。我思忖著，是不是因為我在場，而促使他跟帕特大起勃谿呢？因為帕特感到虛弱無助，她需要有人一旁見證嗎？或許，當她和維迪亞獨處的時候，她覺得維迪亞對她的壓抑，令她難以忍受。

維迪亞走在前面，我突然感覺，我再也不會跟他見面了，再也不會見到帕特了，我再也不會回來了。英國總是將我擋在一臂之外的距離，不讓我親近融入，或許也有道理。我並不穩定可靠、無法信守承諾、可憎地多疑不信、慣性地揶揄嘲弄。現在，我又即將背離此地。

站在河岸上，我回想起自己和他也在烏干達走過類似的地方——地表濕濡，亂草受風啪嗒作響，壓低偃伏在草地上；林木樹幹扭曲，河水上漲，汩汩奔流如逝——就像在肯亞高地，以及盧安達之旅中的健行路段，還有坎帕拉市外的鄉野，開車到邦波路的另外一端。我們都增長了不少歲月，年紀上的差距也縮短了，哀樂中年，兩人益趨相仿，而今兩人也絕口不提寫作了。他一聽到作家和書籍出版的事情就生厭，我也差不多。

我突然冒出一句話：「我從來沒遇到過比這個還棘手的問題。」

維迪亞說：「有問題才好。你是個作家，可以拿問題來做點文章。」

我說：「我寧可沒有這些問題。」我心裡在搖旗抗議。

他又說了一次：「有問題才好。」頭也不回地穿過潮濕的草地。

我心想，這就意味著他不想再聽我談這個話題了。我不怪他。他不是拒絕提供我解決的辦法，而是，情勢無奈，根本沒有解決的辦法，只有讓我一走了之了。

「離開她，」他說，「你知道我的規矩的。」

他的規矩就是：絕對不給任何人第二次機會。他的敘述者勞夫・辛格在《模仿人》裡面就解釋過了。他的書上寫著，要是有人讓你失望——讓你落空、冒犯了你、不遵守承諾——你就叫這個人滾蛋。沒戲唱了。而且，即使那個讓你失望的人是你的密友、情人，或是優秀的雇員，你就更有理由結束關係，攆他們走人，因為這些人對你不利的風險高出普通人太多了。朋友是最不該讓你失望的人，所以，也是你最不該寬容，給予第二次機會的人。

維迪亞似乎心事重重，也許，他只是謹慎而已。我抓不準他的情緒心思，不知怎地，也小心翼翼起來。而今，我們經過二十五年的交誼，在某些方面還是像兩個陌生人一樣——彼此還是保留了些秘密。因此，每當我們落單獨處之時，總是不能放鬆警戒，而略顯隔閡。

我說：「我喜歡你們家的樹長滿了院子。景色很美。」

「我就是這麼計畫的。讓這些灌叢和喬木與樹籬長高，把房子隱藏起來。」隱藏，我們都在找地方隱藏，這樣我們才能靜心工作。我也一度暫居於此，就在不遠的地方，住在多塞特郡。那都是往事了。我來拜訪他的時候，心中感覺某些事情即將為我開展，而我在這裡的生活，就要結束在這最後一次造訪。

屋子裡，蛋糕已經切好，整整齊齊地排列在托盤上等著我們了，一旁還佐著熱茶。帕特一邊倒茶，一邊抱歉，此時，她只是一位臉色蒼白的老太太，多年以前，在非洲的卡塔加山寨庭園裡，我還曾經遐想思慕著一親芳澤。

維迪亞讓我看了幾張他在盧安達狩獵行中拍下的幻燈片。以前，我從來沒看過。有一張是我戴著牛角眼鏡，身穿粗呢外套，當時，我還成天嘲笑那些全副武裝的旅非旅客，套著沙漠靴，穿著卡其獵裝。幻燈片裡的我不過二十啷噹，站在維倫加火山群間。

維迪亞說：「這幅景象真是了不起，不是因為拍照背景，而是，這麼多年來，你幾乎沒什麼改變。」

那就證明了他的理論，我坦誠如昔，而且還保持心智健全。要是我發胖了，或是出現任何肢體上的改變，就代表我缺乏道德修為與意志力。

在我即將離去，將腳踏車推往大門的時候，維迪亞說：「不要難過，」接著又說：「你不會有事的。」

只是，當我在薄暮中踩著腳踏車，順著鄉間小路下坡時，我心想：不，有問題才不好呢，我不需要這些問題，我不要這些問題。我的問題已經夠多了。

這個昏暗的下午如此憂鬱。因為我，一個大男人騎在腳踏車上，我踩著踏板，沿著凋殘的白石楠與成排樹籬與黑色的樹木前行，企圖讓車軸裡輕微的喀吋聲來自我催眠，暮色沉沉像貓的皮毛。騎到同一個轉彎處，一對雉雞飛起，只不過，這次嚇了我一跳。我脫口驚呼一聲，心口絞縮作痛。不過，稍事喘息過後，我看到那對雉雞飛舞。我又覺得好多了，感覺又多了些希望。

第十七章
婚禮就是歡喜的葬禮

我似乎從人間蒸發了。我死了。我離開了倫敦，離開了我的家與家人。我好似自己前生那個男人的鬼魂，縱橫旅行了大半個地球，尋覓一處較為單純、有陽光與沒有回憶的所在。我花了兩年時間，逍遙遊歷在大洋洲之間。我回到非洲，探究自己寫作生涯開始的地方——早在維迪亞出現之前，甚至早在悠默遷入之前——沒有任何特定的記憶，只有非洲廣袤無垠、飛砂揚塵的平原曠野，灰撲撲的臉頰，以及泥磚砌就的小屋讓你回顧前塵。有個我在馬拉威教過的小女孩，當年她纖細沉靜，而今形體龐大，歡聲笑語不斷，套著一襲寬鬆的衣裙，七個子女中，三個杵在她的小屋門口，目瞪口呆地瞅著我。我沒找到悠默。我在馬拉威北部看到大象，家族成群，吞噬整個叢林，咀嚼著雜木。我去到墨西哥與厄瓜多爾。我什麼也沒寫。我問自己，有問題好嗎？

大洋洲把我拉了回來。我在鯨群翻泳之間划著小艇，偶爾也溜下海裡，傾聽牠們詠唱。哈雷卡拉火山[1]錐上迎接黎明；一位超布連島民輕聲說道：「跑羅先桑」；梔子花的芬芳，日全蝕，我自己養蜂釀造的蜂蜜甜美可口，日正當中時，睡在威美亞灣沙灘上，全身骨骸所吸收的熱氣；鳴鳥吟唱，天空蔚藍。我發覺這一切背後的相互關聯，心裡想著，上帝是一條魚。就這樣，我又起死回生了。

可是，其他所有事物都終止了，不光是我的前生而已——還是我自己年紀也到了？——朋友和舊識也紛紛凋零。過去，他們雖然也會感覺不舒服，但總會痊癒無恙，現在，他們病了，元氣江河日下，接著，我就聽說他們死了。五位女性友人死於乳癌，一位死於血癌，而我在夏威夷最好的朋友，罹患重病，還強顏歡笑：「我很好。」然後猝然逝去。兩位叔伯與兩位姑嬸，長期纏綿病榻之後，終獲解脫；還有好幾位鄰居也走了——心臟病、癌症與愛滋病。

這些人中無人死於溺水或是車禍或是墜機或是居家不慎引發的意外。這些都是無法避免的死亡。每一樁事例中，人體都失敗了：注定一死，肉體凡胎的極限。我從來不曾如此密集地參加喪禮。然而，即將到來的變故，仍舊讓我措手不及。

有一天早上，我在夏威夷接到我母親打來的電話，告訴我，當時已經體衰多年的我的父親，被送進鱈魚角的某家醫院。我半夜裡跳下床來接她的電話。她說，進一步變化她會隨時通知我的。我重新躺回床上，床頭小碟子裡盛著一朵梔子花，沁人的芬芳滲入我對父親的出神緬想，回憶更加甘飴。那是真實的緬想，影像就像夢幻般連續呈現：父親的臉龐、花朵驟然釋出花粉的香氣、馥郁的花朵（父母親結婚照片上，母親手裡捧著的花束，身旁站著父親）、潔白的花瓣、豐盈的花朵、墨綠色葉片、我身旁那碟梔子花的甜香——從我的父親沿著聯想的串連，牽引到切斷的花梗。

當我聯想到剪斷的花枝，心痛地回想起父親甜美溫和的性格時，我醒悟道，不管過去他看起來如何強壯，而今，他已經行將入木了。

電話鈴聲再度響起，我的母親：「你趕快來。他時間不多了。」

我父親去世的那一天，他還是微笑滿面。他甚至還自豪的朗朗歡笑。他說：「保羅，你看起來挺好的，」而當他看到全家人都聚在他的床前，在他臨終前夕，表達對他的感激——還有誰能比他更謙卑呢？——他說：「闔家團圓，真是太好了。」

我一直陪伴在他的床邊，直到分離的一刻，我的兄弟金恩與喬伊也隨侍一旁，父親經過二十分鐘痛苦掙扎地喘氣呼吸後，終於深深吸入他最後一口氣，幾乎正好就在九點鐘鳴之時。看著父親去世在海恩尼斯的病床上，我心裡從來不曾如此充溢著淒慘孤寂的落寞。

「悲傷悼念是純潔而神聖的，」一位九十三歲的女士在信上告訴我：「你會發現你的父親從來不曾離開過你，反而持續活在你的心中，似乎時時引導著你。」

她說的精準無差。在他過世之後，我猶然強烈地感受到他的存在。可是，我像想念一位朋友一般地渴望著他。我們之間從來就沒有「議題」可資爭執。他以我為榮，我也深愛著他——愛他，最主要是因為他任我自由翱翔。我告訴他我要去非洲兩年的時候，他為我高興。還有：「誰也不欠你什麼。」他經常寫信給我。他放任我自由開創，因為他也釋放了自己。他身受父

1　哈雷卡拉火山（Haleakala）：位於夏威夷第二大島，茂宜島上，是世界上最大的休火山。高一萬呎，火山口周圍長二十一哩，深三千呎，環繞周圍九座火山錐的小徑總長更超過三十哩。

母摯愛；他知道該怎麼去愛。

維迪亞回信。我將父親的訃聞寄給了他。「聽起來，他像是個非常強韌的人，不論他年紀如何，他的離開將造成無以替代的遺憾。」

為帕特寫訃聞

我們藉著通信討論《紐約客》雜誌上披露的幾封維迪亞寫給我的信。這些信件是「給一位年輕作家的信」。他跟我敘說信件刊出的反應。只有兩人回饋。一個朋友寫了封信來。另外一封信是個傻瓜寫來的。

他出版了《世界出路》（*A Way in the World*）一書。裡頭寫著萊禮的故事，奧利諾科河上的老人，遭到西班牙人挾持，寄望能找到黃金，免於一死。二十年前一個大雪紛飛的晚上，維迪亞在紐約跟我講過這個故事。他說，現在他正計畫著出去旅行，準備寫下一本書。這本書將接續他在一九七九年的伊斯蘭見聞——遊歷馬來西亞、印尼、伊朗、巴基斯坦等地，結果並集結為《在信徒的國度》（*Among the Believers*）一書。

他希望自己還有寫完那本書的興致。預感再度襲上他的心頭，他擔心自己已經過氣，趕不上時代了。他接著抱怨道，回顧自己的寫作生涯，幾乎沒有幾個真心祝福他的人，也從未接受任何實際的幫助。他說，他這一路走來，始終孤軍奮鬥。「我只有完全靠自己。」

最後這段話實在教人費解。他獲得的鼓勵還不夠多嗎？姑且不提他獲得的文學獎吧——舉凡英國各種贏得來的獎項，他都拿過了。他的朋友都很傑出又有社會地位，對他也都百般關愛。他的預付版稅豐厚，往往遠超過他的著作的銷售量，而他的書一向賣得有限。接著，憑著他的文學聲望，他開價六十四萬美金，將他的個人檔案賣給位於土爾薩的奧克拉荷馬大學，其中還夾帶著數百封我寫給他的信。

他有一位美國舊友一度神情責難地向我說過：「維迪亞什麼都要。」

可是，什麼都要，就代表全盤接受，願望獲允之時，應准的禱告可不會分做兩堆，一堆好的願望，一堆不好的願望，而願望總有其後果：你忘了，如果你向人家要求麻布袋裡所有的東西，就不能甩了袋子不要。維迪亞說薩爾曼・魯西迪的教訓就是這麼回事。一開始，他打算寫得既有原創性，又震懾人心。他只想求名。事後，他果然成為全世界最出名的作家，他的名聲的代價就標在他的腦門上，正如一則願望獲准的殘酷寓言。

這個時候，維迪亞——維迪亞爵士——的願望也逐一實現：他心想事成，要什麼有什麼了。他有著非常特定的要求。他祈求有個地方可以稱做家。而今，他有三個家，倫敦兩間公寓，威爾特郡一棟房子。他一度嚮往生活方式「不折不扣地時尚」，還要「大大的有名」。他住在肯辛頓，又獲封爵士。他曾經希望銀行戶頭裡存有一百萬英鎊。現在，他當然已經超值一百萬了。

當他從伊斯蘭國家遠遊返家之時，他驚駭莫名地猛然發現情況危急。他緊急捎信給我，說是帕特病篤。「遠超過我所能承受的限度，」他說，「自從一九五二年一月或二月，她就一直跟著我。我不忍心看她就在這個房子的隔壁房間受苦，沒有舒緩的希望，只有等待大限到臨的解脫。」他向我哀求，請我以追憶往事的方式，代撰她的訃聞。他提醒我，我也認識帕特一段漫長時間。他知道我對她的真摯關懷。他不要帕特為人遺忘，他隱隱暗示著，他自己無法動筆為她寫些什麼。然而，在我看來，我們鑽研寫作這門藝術，除了其他目的之外，就是為了這樣的時刻。

這時候，我終於了解他們之間的衝突了。維迪亞告訴我：「現在，我們幾乎隨時都在吵架。」帕特，她娘家的姓氏竟然嘲弄人地叫做「海爾」（Hale，按即「地獄」〔hell〕諧音），知道自己垂危臨死；她勃然狂怒——悲傷、憤慨。天地不仁，如此不公，為什麼一個對生命索求得這麼少的人，這樣一個浪擲半生歲月在侍候、照料某人，保持緘默，從不用刻薄言語損人，恆常地抱歉，還請人家包涵她的人——這樣一位智慧與簡樸的模範；勤儉、脆弱、謙卑、對他人總是美言有加、甜蜜貼心地說著：「我經常想到你」，而且，這個世界上幾乎只有她寄過一張生日賀卡給我；她如此含蓄自抑，略帶羞卻，足不出戶——死亡就這樣悄悄盯上她，何等的不公平。

帕特壓抑在維迪亞的陰影下，其經過歷程之黑暗，遠超過任何人的影子經驗。即使她對維迪亞熱中嫖妓一節毫無所悉，維迪亞自稱此類慾火一直延燒到他三十有五過後，她也痛苦地逐漸熟悉他和瑪格麗特之間的關係，他如何帶著她四處旅行，如何出雙入對地參加派對。每個人都知道。維迪亞也不加掩飾他和瑪格麗特的韻事，這段關係就這樣延續下去，像戀愛一樣。

奈波爾夫妻為什麼不乾脆分手呢？難道是因為帕特默許維迪亞在外另結新歡嗎？還是維迪亞的婚外情並不會影響他們的婚姻？然而，人生遠比這些要複雜的多。

就任何層面而言，帕特都被維迪亞拋在腦後。早在多年之前，我就察覺到這一點，她就像個憂心忡忡的女人，那種老派婦女，若在另外一個國家，就會稱做神經衰弱的那一型。她衰弱的健康肇因於她的生活方式，一個監禁家中的太太，一個居家臥床的病患，坐立不安地，來回衝撞在維迪亞計畫用來囚禁她的家牢。當然，因為她的生活方式害她患病，而她的生活一成不變，她的健康就每況愈下。隨便找個江湖郎中都會說：「這是神經過敏症。」她不住顫慄，她內向自省，深居簡出，經年苦於失眠，苦悶遲疑，可是，只要她和維迪亞同處一室，她又像個母親一樣地對待他——保護過度、熱切呵護、淚眼婆娑、長期煎熬。維迪亞則扮演剛愎任性的孩童，對著負傷的母親無理苛求。

每個人都喜歡她，近乎憐憫地關懷著她。維迪亞出門遠行時——說不定，瑪格麗特就陪在他身邊——帕特就料理張羅著他的雜務。我不由感到，帕特或許要比一般人猜想的還要強韌。維迪亞才是那個無法獨立運作的人。他的「旅行書」當中，最叫我困惑的是，他幾乎不曾隻身獨行，而他也從不透露自己的旅伴是什麼人。我懷疑，維迪亞的旅行書中的敘述泰半經過粉飾，因為書中從來就找不到瑪格麗特的身影。

帶著一個心愛的女人旅行，還有什麼挑戰可言？在我看來，不管目的地在哪裡，這樣子的旅行都像是度假。對一個晚上可以擁著他的情人，聽她嬌聲褒獎他是天才的男人而言，天下沒有異域他鄉可言。我總是避免閱讀諸如此類的遊記，頭等艙旅客先生夫人啟程展開一段令人滿意的探險之旅（「我太太發現一件精巧的雕刻……」）。這一類的度假遊記，除非忠實記錄夫妻同遊時，彼此間你死我活的婚姻衝突：惡毒的口角、忌妒、性、瑣碎爭端、不忠出軌、誣控亂訴、文化震撼，或是苦惱冷戰等等，否則我毫無半點翻閱的興趣。

如果，帕特因為維迪亞將她摒除在他的旅行與寫作之外，除了維迪亞，她也絕對不會對第二人傾訴一言半語。她反而為他掩飾。她可是報章雜誌偶爾提到的奈波爾夫人。她跟著他亦步亦趨，就像知名政客身邊穩重可靠的太太一樣，忠實扮演賢內助的角色，絕不流露出對夫婿的任何不滿。維迪亞總是向我抱怨他們之間的爭吵，我想像著氾濫淚水，然而，儘管摩擦不斷，衡量他們的婚姻狀況，他們似乎相處得出奇的好。

帕特教養良好，閱讀極為廣泛深入。除了讀書以外，她幾無其他嗜好。她曾經也想寫作，不過，就我曾經看過的幾篇完稿而言——一篇造訪千里達有感，另一篇記錄某次召開於倫敦的政治會議——她的文字都不甚簡練。文如其人，毫無血色，略帶單調，偏偏甜美得讓人難受；她平鋪直敘，沒有賣關子的技巧，無啥幽默，只是羞答答地束手縛腳。維迪亞才是那個咆哮竟天的人，也是聚光燈焦點下的首席女高音。她並不像她表面上那般柔弱，然而，他也不像他裝出來的那樣強韌。他們相互倚賴。或許，他要她待在家裡，就像某些男人只有在出軌不忠的時候，才能一振雄風，恢復充沛性慾：就像男人一定要背叛媽咪，而且，廣義說來，還要媽咪知情和允許。

帕特愛著維迪亞——無條件地深愛著維迪亞——讚美他、為他而活、以最無私的態度樂見他的成功。她經歷過他的每一本書，即使是維迪亞帶著瑪格麗特旅遊——伊斯蘭世界與美國南部各州——所集結寫成的書《在信徒的國度》與《南方一轉》，成書之際，她同樣也與有榮焉。她待在家裡，她讀書，她料理家務——雇請粉刷工人、監督房屋翻修、操作一些辛苦而單調的工作、支付帳單——準備迎接維迪亞遊罷歸來。她等待他的方式，暗示在壁爐邊上，富有古趣而舒適的道具：室內拖鞋一雙、最喜愛的靠枕、菸斗以及手織的羊毛圍巾、爐上文火燉著一鍋蔬菜湯，就要滾熟。

多年以前，他們還在非洲的時候，維迪亞以他一貫卸除對方心防的作風，仗恃著自己驚人的坦率，主動告訴我，說他們婚姻之間已無性事。我知道他們總是分房而睡。除此之外，我也無意多加探索。不過，她既然知道他在外一切隱情，講到他寫的書，怎麼還是極力揄揚？而他們的婚姻還是照常運作這麼多年——確實，兩人一直維繫婚姻到現在——這究竟是怎麼回事？

答案就在於她寵愛著他。可能，寵愛之中，對他也有一絲憂懼——害怕會失去他，害怕自己之瑣碎平庸，害怕自己遭到拒絕。不只如此，她是個不自私的人；關愛他人使得她不屈不撓，所以說，那些憐憫帕特的人都錯了。帕特自有其堅韌之處——昭顯在她長期獨處之道。她思慮周詳。她溫柔和善，她慷慨大度，她含蓄內斂而寬宏大量；她是優雅合禮的典範，心中長存感恩；她具備所有維迪亞所缺乏的人格特質。他們能夠結褵四十年，自然不屬意外，然而，這段婚姻卻嚴重損害了她的健康。

大限之前，人人平等，可是，正如動物界中最迅捷的掠食者——獅子、土狼、以及最為成功的肉食動物，中非野狗——素來擇弱而噬。死亡的陰影籠罩在純真稚弱的人身上，那些跌蹼在路上，或是根本就搞錯方向的人。死神，作為一個機會主義者，掠過強者，撲向衰弱與粗疏的個體。

死亡再度伺機出擊，就在他來信告知帕特病篤後，沒過多久，維迪亞再度來函：「而今，不過五天，她已經喪失神智了。現在，她只能專注在眼前最迫近的事物。」雖說，行將入木，她在維迪亞眼中似乎還是青春綽約——她的臉頰上還是輝映著光彩。他深感懊悔。他說：「我太將她視為當然了。我驚愕（於）自己的悲傷——甚至連她還安安靜靜地活在她的房間裡，都讓我追悔不已。」

光是這封信，就促使我加緊行文，趕快寫下我的追憶。她已經喪失神智了。我寫完我對帕特的追念，傳真給維迪亞，請他代我向帕特致上我的關愛。

兩天過後，該來的就來了。我從我那部喋喋嘎響的傳真機，收到抬頭注明酪農小築的縷縷紙捲，讀到：帕特已於數小時之前去世。護士召喚維迪亞過來目睹帕特在世的最後一刻。「此情此景，令我魂飛魄散。」接著，葬禮工作人員就接手了——夜班護士、日班護士、醫師、不旋踵間，葬儀社負責人的助手，維迪亞看他感覺有如「狄更斯筆下人物」。維迪亞沒有在旁觀看，甚至連帕特屍體入棺後，抬出家門，他也避而無視。不過一個星期以前，帕特還跟他一同前往南安普頓就醫。

「她走的時候，我覺得鬆了口氣，」維迪亞寫道，「我打電話通知了一些親友。我還以為自己可以重新開始工作。可是，我又感覺十分疲憊，於是就寫了這封信給你。」

我的訃聞登在《每日電訊報》上面，標題為：「奈波爾夫人」。

V. S.奈波爾出版的許多作品當中，只有一次提到帕特．奈波爾，而且還是迂迴提及（《幽黯國度》一書前言中，奈波爾稱她做「我的旅伴」）。可是，每一本奈波爾寫過的書背後，都可以找到她的智慧、她的鼓勵、她的關愛與她的洞察力。

他曾經告訴過我：「她是我的精神動力。」她同時也是任何一位作家創作生涯中最寶貴的一個人——第一位讀者。

早在烏干達，三十年前，我想應該是在極端不尋常的情況下，我初次結識帕特．奈波爾，隨即留下極為深刻的印象。奈波爾在坎帕拉的馬克瑞瑞大學校園分配到一棟宿舍，校舍部門人員徵詢維迪亞，他的大名打算如何銘刻在門牌上呢？維迪亞說，他不想留名在任何招牌上面。人家跟他說，他的宿舍門上一定得寫些什麼。他說：「好吧，就在我門牌上刻著TEAS（茶館）四個字母吧。」

他跟我講到這個故事的時候，帕特猛然爆出欣然理解、「他真糟糕喔」的笑聲。接著——這是最不尋常的部分了——維迪亞繼續原本進行中被我打斷的事情。他正對著帕特朗誦，《模仿人》最後一章的某些段落，他才剛剛完成這本小說。

能夠加入如此私密的儀式，讓我深感榮幸。他念了大約兩頁——令人驚嘆地敘述倫敦南區一家旅館的旅客共同參加的一場笑語淚水參半的歡宴。當他朗誦完畢的時候，我心裡想著，真是太棒了。

「帕芝？」維迪亞徵詢地問著，因為，她沒有回應，一語不發。帕特正在仔細地思考著。

好半晌，她終於說：「那些眼淚，我不是那麼確定要不要。」

她意志堅決，外表卻溫柔婉約。四十餘年來，儘管身體虛弱，日後又重病纏身，她一直是個忠實摯愛的伴侶。這樣的指稱要比「妻子」一詞來得恰當（《模仿人》書中的敘述者曾說，「妻子是個糟糕的字眼」）。奈波爾夫婦不習慣在外人——至少在我面前——述說往事，不過，我也從家常閒談之間，知道他們在婚姻生活早年，經常要忍受因為收入微薄、不穩定與家無恆產所帶來的不便；維迪亞經常笑自己，他唯一受雇支薪的工作只撐了六個星期。帕特也笑，不過，她在一間女子學校擔任了幾年的歷史教師。

而她在四十歲不到的年紀，就辭去教職，以便多花些時間跟維迪亞相處，她在麻斯維爾山、斯多克維爾與威爾特郡勤儉持家；也伴隨著維迪亞遠行印度、非洲、千里達與美國。她為《失落的黃金國》一書作研究，蒐集資料，也在維迪亞紀實轉寫〈千里達殺人事件〉一案中，助他一臂之力。

帕特身為第一讀者，她智慧聰穎、意志堅定，又富有深刻的道德意識，她在維迪亞的作品中扮演著活躍的角色。她體會到作家需要忠誠的反對意見，就像他們需要讚美肯定一樣。她樂於在知性上對陣搏鬥，而且，每當維迪亞和我在某個議題上相持不下之時，她總會說：「我最喜歡看到你們兩人爭論了。」這句話，她總是像個母親一樣地說著，而我也深為感動。

我敬愛她的甜美溫柔與她的無私坦然，也愛她珍視卓越的寫作、溫和的氣候與和善的人群的方式。至於其他與之相反和負面的人事物，她則無暇為之分神。（她說：「人生苦短。」）

她在我眼中，永遠像我第一次看到她一樣，地點在肯亞北部的卡塔加山寨花園裡，維迪亞借居此地以躲避我們在烏干達的政治動亂，以完成他的小說。帕特微笑著，陽光下展卷讀書，偶爾提筆寫作，而且總是留神諦聽——越過姹紫嫣紅的九重葛樹籬——滴滴答答的打字聲。

「多謝你為帕特寫了這樣一篇可愛又慷慨的回憶，」維迪亞來信寫道，「我和她說了你對她的關愛。稍後，我會再多寫一些。」

可是，稍後，他不再來信，只有謠言。這些傳言荒唐無倫，我一概拒斥。其實，我早就該學乖了。有關維迪亞繪聲繪影的流言中，最荒謬的往往也最真實。

迅速再婚

帕特．奈波爾病逝後兩個多月，維迪亞再婚了。他墜入情網。他向來大言不慚於如此熾烈的情慾。即使帕特在世之時，他也可以公開侃侃而談——還披露在《紐約客》雜誌裡——大談他時過中年，才在阿根廷和瑪格麗特實現性慾滿足之歡愉。同一篇訪談中，他自己還精選了幾項奈波爾教條傳遞給大眾：「我有一顆興致盎然的心。」以及「我受不了花朵。」還有「我剩下不到一百個月的日子。」（那時候是一九九四年；一九七九年，他也說自己只有一百個月的日子。）接著「我受不了女人的聲音。」

那篇《紐約客》文章中，指名道姓地提到瑪格麗特，她身為維迪亞的長期愛人，當時還在狀況之中。「自在性愛之於我，來臨的相當晚，」維迪亞對訪問者提到瑪格麗特時如此說明，一旁帕特還在灶下忙著張羅午餐。「來的像是一股強大難擋的情慾。康拉德有句話講得好：『愛情來得太遲，就不再是輝煌燦爛的幻夢，反而像是具足啟發與無價的惡運。』」

不過，新任奈波爾夫人卻不是瑪格麗特。她是娜迪拉．康農．阿爾維，在肯亞出生與成長，是兩名移居非洲的巴基斯坦人的女兒。三十餘年以前，維迪亞和我曾經在奈洛比一家「杜卡瓦拉」陽台上，見過一個面容與她酷似的小女孩。當時，維迪亞一看到她就討厭，不過，大部分的兒童都不得維迪亞緣。

而今，娜迪拉四十二歲，離婚後，母兼父職帶著兩個青少年。一九九五年十月，維迪亞在美國駐巴基斯坦總領事，位於拉合爾的家中舉辦的晚宴上與娜迪拉相遇，而帕特正躺在威爾特郡等死。

正如許多圍繞著維迪亞的故事一樣，這段傳聞現存也有兩個版本。第一個版本說道，阿爾維太太素來仰慕維迪亞的作品，晚宴上輕移蓮步走向維迪亞，對他說：「我可以吻你嗎？」

維迪亞說：「我想我們應該先坐下來談。」

三個星期以後，他們決定共結連理。眼前只待帕特歸西，好訂下婚期。結果，兩人就在一九九六年四月十五日完婚。

這一切——地點、女方姓名、其仰慕與「我可以吻你嗎？」——我都是在《每日電訊報》上讀到的，披露在一則記者阿密特．羅伊採訪他們倫敦結婚午宴的報導中。這篇報導既無人更正，也未遭反駁，維迪亞一向深慮周延而固執堅持，如果報導不實，他一定不會坐視的，因此，我也據信屬實，直到某個親身參加拉合爾晚宴的朋友，告訴我下面這個版本為止。

「是我在總領事晚宴上介紹他們認識的，」他說，「我想讓奈波爾見見幾個可以讓他寫進書中的角色。我看到娜迪拉坐在另外一桌上。我過去跟她說：『猜猜看，誰也在這裡？』接著說，『我想介紹你們倆認識。』她告訴我，她沒聽說過V. S.奈波爾這個名字，更沒看過他寫的東西。隨後，我就伴著她去見他。當時，奈波爾正在晚宴餐桌上據案大嚼，她靠了過去，我介紹他們兩人時，她說，『好棒喔』，還有『真是榮幸』以及『我知道你的書』，接著在他臉頰上啵了一個大香吻。他窘得臉紅，不過也很受用。接下來，整個晚上他們都膩在一塊兒。就在那第二天，他打電話給我說，『我用不著你幫忙了，因為娜迪拉要帶著我四處走走，而且，我們馬上就要去巴哈瓦浦（Bahawalpur）了。』他打電話給我時，娜迪拉就在他旅館房間裡。」

他們在肯辛頓南區一家印度餐館中舉辦結婚午宴。維迪亞與他的新婚妻子手牽手坐在主桌。這可是個全新的維迪亞。以前，我從沒見他牽過帕特的手。這也是個被女色迷得樂陶陶的維迪亞，和過去那個對我說，要是他看到電視上有人接吻，就會側首避開螢幕的人，有著天壤之別。而今，他也是個沉默寡言的維迪亞。新任奈波爾夫人代他發言，而她的言談聽來，非常近似維迪亞總是稱之為「哼哼唧唧」的講話。

娜迪拉說：「他很驚訝，在一個伊斯蘭國家竟然會有一個女人走過來吻他，」說明自己在兩人初識之際的異端表現。「我嚇著了很多人，不過，我在巴基斯坦就是習慣這樣嚇人。」（兩年之後，她在一九九八年五月十日倫敦《週日泰晤士報》一篇訪問中，再度修正這個吻，訪問引述娜迪拉自己的話說，「我的吻可不是什麼傻裡傻氣又隨便的吻，或是什麼草包腦袋的啵……那可是個向他致敬的動作。」）接著，她描述兩人初識之後，如何結伴同遊巴基斯坦，她說：「我想，我們一下子就愛得要命了。」

兩人情事發展如此突然，娜迪拉自己也頗為訝異。「作家與本人之間可能是對立不同的，這種人你不會想再見面。我發現作家就是本人。我遇到一個組合，一個美好的人與一個有遠見的人組合在一起，他有著了不起的同情心，他讓我想起我的過去。他是我的靈魂伴侶。他是我一直在找的人。我發了瘋似的愛他。我想，我永遠都會瘋狂地愛著他。」

娜迪拉還沒打算止住。不過，就我對維迪亞的了解，此時此刻合該他大聲呼喊：「不要再哼哼唧唧的了！」

可不，維迪亞對著《電訊報》來人說：「你知道娜迪拉嗎？她的名氣和她的作品？她名氣很大的。」

婚宴午餐中，娜迪拉捏緊維迪亞的手，附耳低語：「我要你。」而在座觀禮賓客狼吞虎嚥著咖哩大王明蝦與巴達里可爾瑪雞丁。受邀嘉賓中，除了他的經紀人、過去他在牛津的導師、一兩個文學批評家、某個維迪亞每每稱之為「不男不女的年輕人」的傢伙之外，還有哈洛德．品特與安東妮亞．費哲夫人。我遠在十萬哩之外，蹲踞在哈雷卡拉火山山坡上。

維迪亞和我經常談到菲力浦．拉金。一九七四年夏季，他的詩集《高窗》初次出版的時候，我們都買了。拉金的詩——尖酸、刻薄、風趣、右翼、憤世嫉俗、輓歌氣質、嘲諷、不屑於名聲、憂懼著死亡——正好符合許多維迪亞的心緒。拉金在〈萬聖降臨節婚禮〉一詩中，寫到婚禮中的各個面孔。

……每張臉看來都表明了，
正是他們如何看待別離：孩童皺著眉頭
不解而乏味；父親們渾然不知
如此莫大的成功，又全然滑稽
而女人家交換著，
秘密，就像在一場歡喜的喪禮一樣。

維迪亞提到過娜迪拉的「名氣與她的作品」，還說她「名氣很大的」。不過，娜迪拉的名人光環與我當年名滿坎帕拉與邦迪布吉歐的情況很類似。娜迪拉成名在拉合爾以南兩百哩，薩特累季河上一個小鎮巴哈瓦浦。她為《國家報》（拉合爾發行）每週撰寫一篇「巴哈瓦浦來函」。專欄一旁印著她的玉照，護照相片質地、全臉、半調色正面照，照片上一個面目模糊的短髮女人，緊繃著臉，挑聳的深黑眉毛，像一對字母上區別發音的符號，高踞在她那對圓睜杏目上。

為了要證實維迪亞對她的褒獎，我找來娜迪拉發自巴哈瓦浦的一系列文章。

在〈對不起，先生，不過，你說溜嘴了！〉一文中，她寫道：「文字真是美妙的東西。它們極端的有用，有時候甚至還不可或缺；你可以用它們去溝通、去哄騙、去挫折、去傷感、去仰慕、去奉承、去愚弄……」最後，她結語道：「如果文字斯（原文如此）去了它的意義，生命也就斯（原文如此）去了它的意義。」

娜迪拉也藉著〈懷念薩迪昆的老人家〉一文感慨巴哈瓦浦一所公立學校，薩迪昆公校退休教師只能支領些微的退休俸，或者連退休金都沒有。結論：「難怪我們的教育系統走得歪歪倒倒的。」

一個星期以後，娜迪拉在〈電腦憂慮〉裡，哀嘆電腦科技的崛起。她當時的丈夫倒在這篇文章裡露了臉：「早期他沉迷電腦損害了我們的婚姻。」娜迪拉討厭她的電腦。每一樣配備都會出岔子——磁碟片、印表機、字型、拼音檢查；再加上巴哈瓦浦不時斷電，更是雪上加霜。同時，「我一直從磁碟片斯（原文如此）去我的文章，有時候連磁碟片都斯（原文如此）去了。」

如此可愛、不修文法、拙劣、大膽——難道這樣的文章不會讓維迪亞拂袖而去嗎？娜迪拉先前嫁的人的生活之優渥，多少類似巴基斯坦富有的農場大地主的封建式享受。那一類的生活形態——你同樣可以在印度看到——猶如一眼瞥見古老的俄羅斯，地主的實驗農場上，就像托爾斯泰筆下人物一樣，統領著許許多多的貧農、佃農與雪花花的銀子，因為，同一棟屋簷下，這個人和娜迪拉及他的第一任妻子，某個日爾曼女人，以及兩度婚姻所產生的眾多子女，統統住在一起。

故事接下來的發展，也跟俄羅斯小說如出一轍。娜迪拉在當地以專欄作家之尊有了些名氣。於是她反彈了。她離家前往拉合爾。拉合爾有幾個男人對她大獻殷勤，跟著她在城裡四處晃逛，他們追求她，卻不經久。她除了「巴哈瓦浦來函」專欄的微薄稿費之外，身無分文，而她也不再居住在她的小鎮上了。至於她離婚一節，據聞，她前夫連她的嫁妝都沒退還給她。當她接獲請柬，得以認識維迪亞之時，她正過著飢餓交加的日子。

她在拉合爾對我的朋友說：「他是誰呀？他寫過什麼東西嗎？」

你怎能不佩服她那一啵呢？

稍後，人家說：「你最近有沒有聽到維迪亞的消息？他結婚了。」

從那篇描述他的結婚午宴文章看來，維迪亞似乎十分快活。我未獲邀請，也不意外。我人在夏威夷，隔著半個地球，而我也仍未忘懷帕特的去世，也深深遺憾，她的喪禮竟然只有幾個人參加。

不祥的預感

維迪亞完婚後幾個月，我接到《紐約客》雜誌文學主編比爾·布佛的電話，告訴我他們的雜誌即將在英國威爾斯邊界上，一處標緻精巧的「歪河黑村」二手書鎮[2]，贊助一項知名文藝

2「歪河黑村」（Hay-on-Wye）二手書鎮：「歪河黑村」原本只是個英國威爾斯地區的偏遠小鎮，黑村位在一處山坡上，歪河在山腳下流過，Hay-on-Wye意即「歪河上的黑村」，火車不到，交通不便，當地居民只有一千三百位。一九六一年，英國人理查·布斯（Richard Booth）突發奇想，將這個小鎮建立為全世界第一個書鎮，並經常舉辦文藝活動與讀書節以發展地方特色，吸引觀光客。七〇年代中期，布斯已擁有二十餘名員工和一百多萬冊書，並且在一九七六年名列金氏紀錄上擁有最多二手書的人。

節活動。

「我們想請你和維迪亞一塊兒出席，」布佛說，「搞個文學對話之類的活動。」

「維迪亞討厭文藝節慶，」我說，「他從來就沒參加過任何一場。而且，你的活動我聽起來也感覺像狗展一樣。你問過他了嗎？」

「保羅，我們還指望你能幫我們邀請他呢。」

「門都沒有。他只會對我吼而已。」

「自從他再婚以後，他做人就圓融多了。他是個全新的維迪亞，真的。」

我說：「他不會答應的。」

「我們猜想，要是你去邀他的話，他說不定就肯了。他會聽你的。你是他的朋友。」

「你相信我，他只做他自己想做的事情。」

「薩爾曼．魯西迪也會去。」

「那對維迪亞一點吸引力也沒有。當年阿葉托拉．柯梅尼對他宣判格殺令的時候，維迪亞聽了還哈哈大笑。我跟你說，他不會想去的。」

「可是，維迪亞的新太太說不定會想去。」

「我不認識維迪亞的新太太。」

「保羅，如果你能幫我們去請他的話，就是幫了我們一個大忙。」

「他不會做白工的。」

「我們會付車馬費的，當然，是在合理的範圍之內。他要的很多嗎？」

「多喔。」

「保羅，拜託……」

我最禁不住人家求我了。或許，大家也都知道我的弱點。他們總是可以得到預期的效果。酪農小築的電話是一個聲音低沉的女人接的。我心裡清楚精確地知道她置身何處：窗邊的白沙發上，窗外正是樹籬西側，綠色的灌叢、綠色的喬木、一株紅葉楓樹。那也是帕特經常落坐的地方，因為維迪亞討厭接電話。

她問道：「你是誰？」

我告訴她我的名字。

她將電話交給維迪亞的時候，我聽見她說：「保羅．索魯找你。我要見他。」

當時，我就該知道，這樣就夠了，可是即使在那個時候，我還是不確定維迪亞對這項文藝活動會說好，還是不好。

第十八章
文學是寫給傷殘與受創的人

講到旅行，我湊巧就有個根深柢固的癖好，每當回到一個遙遠的城市，就要在同樣的路徑上散步，暫停在同樣的角落，踱進同樣的餐館，點同樣的菜，逛同樣的商店瀏覽，確認店員與制服司門是否還是老面孔，甚至摸摸同一根柱子與大門——每在重新出發與進行一些新探索之前，沿著已知的路徑，儀式般從頭更新往昔熟悉的景物。這並不是什麼強迫性的癖癮。只是讓我精神放鬆。每進入一個陌生的城市，我就會規畫一條路徑，然後牢牢熟記。

五月底，英國絕不讓你失望的春季。而今，我只是一名旅客。佳士得的展售室就列在我的倫敦步行道上。我從布朗旅館走到國王街，正好趕上「印度影像」拍賣會前展。

佳士得的人一面招呼著我，一面對我說：「你的朋友奈波爾前腳才走。」他把我列入偶一為之的競標者，維迪亞則是鑑賞家。「他可能還在這棟樓裡呢。」

我們梭巡在畫作之間，可是沒見到他的蹤影。我想讓他驚喜一下，說不定邀他一同午餐。他同意前往「歪河黑村」上台對話。我心裡企盼著能與維迪亞一同觀畫，他一雙銳眼對於印度風景畫作極富賞析力。可惜，他已經走了。

我繼續自己類乎妥瑞症的散步，感覺像個信心療法的術士，又像個鑽研迷宮的進階高手。當天清早我才剛剛抵達倫敦，口袋裡揣著一張威爾斯新港市來回的頭等廂車票，讓我歡喜滿足。第二天，我從佩汀頓車站出發，第一次翻閱報紙，接著再重讀一遍《九龍塘》的第一章，這本小說我才剛開始動筆。去年冬天，我在香港待了一段時間。

如果我的人生走勢能夠改變的話，現在，我說不定就在牛津郡或是索美塞特郡的房子裡寫作——那種，好比說，代牧古厝或是闊步莊園之類的房子裡。房子裡洋溢著壁爐薪火旺茂的芬芳，以及麵包出爐的香氣。「爸爸在書房裡寫作。」過去，我一直夢想著歸隱在英格蘭西南部各郡，逃離倫敦與兼差父長的壓力，每逢週末假日，我的孩子就會帶著女友，或是太太，甚至孫子女下鄉來訪。我會穿著還沾染著泥巴的威靈頓高統靴，跟著其他親友與鄉間仕紳，聚在當地火車站前等著他們，靠在我們的路華車上，諦聽著火車進站的聲音。村子裡人家都叫我「那個美國人」，黑馬酒館裡粗野的當地人帶著虛偽與厭惡的歡快神情跟我招呼，「晚兒好啊，老爺。」他們會講些文言古語好對我屈尊俯就，或是向我傳述一些他們從書上看來的地方民俗，讓我聽的都煩到呆了。我一轉過身去，就會被他們叫做「北佬」。

無所謂！英格蘭西南部是全世界最可愛標緻的地方。現在我才知道。過去三十四年來，我一直盯著這個地方遐想，時斷時續，可惜，這一切只能流於空想，我知道這是絕對不可能實現的了。只要一想到「絕對不可能」這幾個字，再看看那讓人永難忘懷的，青綠色的群峰層巒，我雙眼就悔恨地隱隱刺痛。

一場文學對談

到了新港，有輛計程車在等著我。司機之前還從事教職，能說威爾斯語，他載我到阿柏嘉維尼，再穿過黑山，掠過陳舊雜亂的村莊。此處距離倫敦過遠，無法通勤往返，鄉間看來從未現代化，猶如六〇年代或是七〇年代的英國。「黑」村位落在一座小山上，「歪」河則從山腳下流過。一九九六年六月一日下午，我在一家像是客棧的旅館放下行李，用過午餐，隨即前往文藝節現場。

維迪亞和娜迪拉當天早上從酪農小築出發，已經先我一步到達了。

「保羅，這是娜迪拉。」

當年那個坐在奈洛比陽台上，身上裹著小公主一樣的紗麗，瘦骨嶙峋、怒目瞪視的七歲小女孩，而今已經長成一個魁碩的女人。她既黑又高——比維迪亞還高——而且保持高度警戒，她一雙眼睛坦白無隱地上下打量你，這種目光，我從來沒在巴基斯坦女人臉上看到過。她臀部上的紗麗鬆垮垮的，好像她最近才掉了幾磅。她等著我跟她寒暄幾句。我轉身對著維迪亞說：「我昨天才在佳士得的印度展錯過和你碰面的機會呢。」

維迪亞還沒來得及開口，娜迪拉就狠狠地搡了他的肩膀一下，嗔道：「你這個壞蛋！你怎麼沒跟我說你到那裡去了。」

她又搡了他的肩膀一下，繼續大聲呵斥著他。此舉足以顯示，這個新婚滿月的女人性格中無謂的專擅霸道。以前，我從來沒看過任何人碰過維迪亞。

「你再也不准買那些畫了。」

維迪亞平靜地說：「保羅，你剛剛洩漏了我的秘密。」神情有些抑鬱不歡。

我步向一張桌子為自己倒杯咖啡時，有人介紹薩爾曼．魯西迪跟維迪亞認識，接著我瞥見《紐約客》的比爾．布佛四處招手，我們就一同走向一頂巨大的白色馬戲團帳棚。

我走過薩爾曼身邊時，他對著我微笑，搖頭不已。他說：「以前我從來沒見過他。」

「他跟你說了什麼？」

「他說，『你還好嗎？』我說，沒事啊，我還好。他說，『好，好，好。』」薩爾曼忍不住哈哈大笑。

我們依次坐下，維迪亞、比爾．布佛和我，坐在那頂大馬戲班帳棚下的舞台上。觀眾不少，不過，還是有種狗展的氣氛。我們應邀表演，立著兩隻後腿獨立步行，跳圈圈，好讓讀者大開眼界。布佛說：「對談後的發問時間，你們打算怎麼進行？」

維迪亞說：「不回答任何問題。」我篤定確知他深惡痛絕這類活動，不過，既然是他自己答應在先；可不是我掐著他的脖子逼他蹚這趟渾水的。他的一般理念就是：「作者不可先行於作品之前。」或是更有甚者：「作者自當隱形遁世。」書籍才是重點。不過，眼前一本書也沒有，只有座無虛席的帳棚裡，一張張瞠目瞪視的臉龐，以及一種提訊審問的況味，台下每一張臉都像一顆熾亮的燈泡。

比爾散漫雜蕪地開場——他提到我的新書時，維迪亞就懊怒地坐立不安——比爾說：「保羅，你比維迪亞年輕二十歲，」最後問了一句：「身為一位作者，維迪亞給了你什麼呢？」

我謝過他，然後說：「比爾，我要先提出兩點更正。我並沒有比維迪亞年輕二十歲。我今年五十五，維迪亞六十四。我們認識在三十年前，當時，我確實感覺自己比維迪亞年輕了二十歲。那時，我感覺非常年輕。我覺得自己遇見了一位年長得多、智慧得多、經驗也比我豐富太多了的人。」

維迪亞靜坐一旁，冥想出神。他一言不發，我們上台之前也幾乎未曾交談。他穿著一件暗色西裝外套，底下套著一領毛衣，暗色毛線長褲，深色的皮鞋。他似乎聽得很仔細，而我也很感謝有這個機會表達我對他的敬意。

「而你問到，他給了我什麼？」我說，「我以為，他給了我一切。最主要的是，他給了我自信，讓我相信自己可以成為一個作家。他說，每個作家都不一樣，如果你寫的好，就可以獨領風騷。我一定要寫自己的書，不能模仿別人的作品。我的創作一定要出自內心，而每一本書都需要一個下筆的理由。」

向左看，我可以瞥見維迪亞在點頭。要我先起頭對話，讓我心生不悅，而且，我也覺得自己越講越沒章法。

「一九六六年，我初次結識維迪亞的時候，我連一本書也沒出版過。維迪亞是我遇到的作家當中，第一個富有完整的使命感，完整的自我意識，對他自己與對他的小說，堅持著絕不妥協的態度。假如他立下了一條規矩，他就會徹底遵守到底。他說，作家一定要走出自己的路來。他問過我一次，或是兩次：『你確定你一定要走這條路嗎？你確定你一定要當個作家嗎？你確定你一定要過這樣悲慘的生活嗎？』當時，我才二十四歲。我說：『我豁出去了。』」

維迪亞坐在我身旁，距離近到我可以聽見他一絲不耐的嘆息——或許，只是他在費力地喘氣調息。雖說他坐的這麼近，他的眼神卻不落在我，抑或觀眾身上。他落坐自成一種角度，讓他仰首望天，而他身邊另外一端，比爾．布佛傾身跟他交談——對著他的肩膀，因為維迪亞始終側身不願面對他。他的肢體語言說明了他寧可身在他方。

比爾開始再問我一個問題，此時，出於謹慎——因為，維迪亞，這場野台戲的巨星一直緘口無言——我轉而向維迪亞問道：「你曾經寫過，『身為受害者就是悖離常理的。』這句話是什麼意思？」

維迪亞清了清嗓子開言道：「嗯，我想『被害者』一詞或許已經遭到擴大引申了。我當時只想到那些在政治上完全無助的人，他們毫無權利，無處申訴，我心裡想著：他們總是悖離常理。之前，我花了幾年的工夫研究奴役與革命之時，得到這個結論。奴隸沒有任何權利——我現在在想的是加勒比海沿岸的奴役狀態——而作為受害者就是悖於常理。奴隸就是悖於常理的一群人。那是真的。這個字現在已經被引申出廣義了。之前，我想到『被害者』的時候，並不是像現在這個字義。我思考的時候，是以一種非常實際、現實的方式。我不會一概而論的。」

我說：「所以，你那麼說的時候，不是從現代意義出發的。」

「不，我的意思跟某個窩在大學裡找不到工作的人絕對不一樣。」維迪亞說話時帶著一股急躁的精力，通常只有他在焦躁易怒時才會如此發作。我已經注意到他侷促不安的坐姿，也看得出來，他另有心事。「不，那是另外一種被害者。」

觀眾裡有人聽他似乎在嘲弄大學而哄然發笑，這段笑聲歇落之時，我還是持續著這個話題，想要引他多談一些。

維迪亞揚首，目中無物，說道：「關於我自己，我不會這麼想。我只處理我手邊現有的材料，我也不會像這樣一概而論。」

我感覺被他頂了回來，也沒多說什麼，就任憑沉默冷場。輪到維迪亞端菜上桌了。或許他也對：我的問題顯示他的不適令我尷尬，使得我企圖對他逢迎，討他開懷。

他趁著四下無聲，自信充沛地響笑數聲：「抱歉，我不是故意要中斷對話的。」

布佛想要挽救這停斷了的片刻，說著：「保羅，倘若我可以插嘴的話，昨天晚上我才從紐約飛過來，而我搭火車過來的時候，心裡想著你的書。在某些方面，世上再也找不兩位作家，像二位的差異這麼大，然而，你們還是有些近似之處。其中一點就是，兩位都是在英國成為作家，建立文名的。就你而言，維迪亞，你是在負笈英國，在牛津求學之時，才成為一位作家的。對保羅而言——你，保羅，同樣也在定居此地時成為作家。住在英國對你們二位有什麼樣的影響呢？」

我比個手勢請維迪亞先回答。

維迪亞說：「這是個非常重要的問題。」

他蜷縮在他的椅子裡，用心專注，再度抬起目光，對著馬戲團帳棚棚頂支架說話。「各位應該要考量到，」他說，「寫作其實是一種體力勞動業。書籍也是具體的產品。書籍要經過印刷、發行、評論、閱讀、經銷——書本是種具體的成品，是一項商業活動。書本也是工業社會發達後的一種效應。你不可能光是拍拍鼓就能打出一本書來的。」接著他讓這句話沉溜下來。「因此，一九五〇年間，我剛剛出道寫作時，假如你要用英文寫作的話，全世界就只有一個地方可以讓你成為一個作家。就是這裡。不會是美國，因為我在美國沒有熟人，也缺乏管道。我只有在這裡才有人接應。當然，我也絕對不能待在其他英語系國家，因為，我想他們國內連出版業都付諸闕如。」

他皺起眉頭，雙臂抱在胸前，看來昂然不屈。「一九五〇年，情況跟現在大不相同，現在變得相當多。澳洲、加拿大自己的出版業都已經羽翼豐滿，印度現在也在發展他們自己的出版業了。而老是以外國身分寫作，是件非常困窘為難的事情。」

布佛問道：「為什麼說為難呢？」

「因為，很少有人能分享你的經驗、你的成長背景，」維迪亞說，「我的弟弟，他還在世的時候，有一天還跟我說，或許他是這個世界上唯一能夠真正理解我寫的東西的人。至於他嘗試寫作的東西，我也比一般人要多一分了解，我們有著共同成長的背景。如果，我們所要針對的觀眾／讀者，是一群跟我們一樣的人的話，我們就會變型為完全不同的作家。寫作的時候，我總是刻意處在真空狀態，幾乎總是為自我而寫，幾乎總是驅除觀眾，不要預設讀者。我感覺，美國作家和他的美國讀者，或是一個法國作家與他的法國讀者之間，那種美好的關係——我總是為一些漠視我的材料的讀者而寫。」

布佛說：「那你為什麼不回歸千里達呢？」

「你不可能拍拍鼓就打出書來的！」維迪亞高喊著，「就是這麼簡單。我還能怎麼辦？」

他坐在椅子上劇烈地搖晃著身子，哀求地望著布佛，故作不解之姿來嘲諷他。「我的意思是，想像地進入——那種探尋。誰會出版你的書？哪些人會想閱讀呢？又由誰來評論呢？誰會花錢買書呢？誰要付錢補貼你的勞務呢？那些都不屬於探尋。」

觀眾看到維迪亞脖子青筋凸起，火氣上升，傳出一陣不自在的笑聲，布佛捱過笑聲停頓後又說，千里達充裕的文化素材當然就是維迪亞的虛構小說的取材來源。

「是啦，是啦，難免吧，因為當你開始寫作的時候，你手上也就只有這些材料，」維迪亞說，「那也是你二十啷噹的時候縈繞胸懷的材料。這一層材料也很重要，因為，那是種完整的經驗。年事稍長之後，經驗都會修改。不過，那是非常純真的。」

「關於觀眾的問題，我只是很納悶，」我說，「你是什麼時候才發展出這種什麼人在讀你的書的意識？」

「我壓根兒從來沒有意識到過有什麼人在讀我的書。我很少碰到讀過我的書的人，」他說，觀眾笑了起來。「我碰到過太多太多人，一個勁兒瞎吹亂捧，還能跟我做完訪問。」笑浪此起彼落，接著一片死寂。冷場中，維迪亞又微微一哂，說道：「不過，我可沒打算再度中斷談話。」

「沒的事，你並沒有中斷對話。」

「喔，那好。」

我說：「可是，現在的寫作環境已經變了。」

顯然的，他不想對我提問。因此，我只有自屈謙卑的訪問者位置，再三提出問題來請求他開講。他的影子再度落在我身上。我介意嗎？一點也不會，只是因為我們在這裡，占據了整個舞台，面對著一群認真的讀者觀眾。只是，我有預感——是的，預感——維迪亞無意與他人分享舞台。

「而今，你曾經說過，撰寫《畢斯瓦先生》一書就像是你的伊甸園，」我說，「我只是想像著某種天堂——當然是要加引號的，特殊意義的天堂。我想，你一定知道你那句話的意思，要不要跟我們再多說明一些呢？」

維迪亞皺皺眉頭說道：「嗯，嚴重的焦慮。嚴重的貧窮。倫敦超乎尋常的污穢生活條件，尤其是對於像我自己這一類的人。很難找到安身棲息的地方。」

觀眾一聽維迪亞提到自己親身受到英國種族歧視的妨害，莫不豎起耳朵，專注起來。外界經常將維迪亞看做一個專賞別人閉門羹的勢利眼，整天牢騷滿腹的抱怨者。

「一九五八年，奇蹟般地，我在史崔特罕山碰到一位女士，她讓我住在她的房子的頂樓，」他說，「她全天工作，所以，白天整個房子只有我一個人。對我來說，這真是一段美好的經歷。當時，這本書已經寫到第二年了，我也開始感覺自己作為一個作家的力道何在。我非常非常快樂。出書之後，人家對這本書有什麼評語，我都不在乎。」

他講到這段將近四十年前的寫作歷程與完稿後的滿足快意時，顯得十分愉快。我向後坐進椅子裡，搜索枯腸，想要再挖出什麼問題來請教他。

「而那也的確是我的伊甸園，」他說，「因為那種投入與幸福的單純潔淨之中，有種純真。過去——你也知道，現代人說不定都忘記了——過去，你出版了一本書，接著就沒事了。沒有人會來採訪你，沒有電台訪問，沒有電視節目。書籍出版以後——就自生自滅。當時很多方面都是這樣。當時沒有像現在這種展示作秀的要素。那就是某種純淨。」

我說：「當時，你知道自己在寫一本企圖宏大的書嗎？」

「是的，當時我就知道我正在寫一本企圖恢弘的作品，而這份體認在我心中益發堅定。這本書一開始不過是個概念，我一面寫，才一面發展完備的。」

我說：「我想再多探討這個話題，因為，我曾經讀過所有關於《畢斯瓦先生的房子》的書評，而這也是我第一次聽你說，你一點也不在乎書評怎麼寫。一般書評反應都相當不錯，卻也不見欣喜若狂。他們樂見這樣一本書出版面世。《新政治家》……」

「爛書評！《政治家》上面那篇爛書評。還是我自己的紙頭呢[1]！」

「你感覺如何呢？」

「我不在意！」維迪亞洋洋自得地說，「我知道塵埃落定以後，就不會有問題的。我還得安慰我的編輯呢。我總是習慣說，『算了啦——不會有問題的。』」他想到自己還去安慰編輯，就哈哈笑了起來。「當然，我在美國還得安慰一連串心碎的編輯了。『沒問題的！不會有事的！』假如是女編輯的話，還哭成淚人兒，說著，『我們應該要安慰你才對的，結果反而是你在安慰我們。』」

我說：「那是你去印度前不久的事情。」

他點點頭，等著我提出下一個問題。現在，我已經確切就定平庸的訪問者位置，而維迪亞

1 奈波爾在一九五七年到一九六一年之間，曾經固定為《新政治家》雜誌撰寫小說書評。

凌駕騰空，變身為非常非常有名的受訪者，文藝活動的焦點。這樣也好：他開心，我也開心。他不想聽我，或是任何人，扯些寫作方面的廢話。那只會叫他厭煩。不過，一談到《畢斯瓦》，他就活躍健談起來了。

「你寫過三本有關印度的書，直接反映你在印度生活與旅行的經驗。同一個地方，大部分的人都只寫一次，接著就走人了，再也不回頭。」

「保羅，當初我就諮詢過你，還有幾個人的意見。我曾問你，『我該再寫一本和印度有關的書嗎？』那個主意是從其他源頭冒出來的。我問你，而你說，『時間揆隔了十三年。你應該再寫一本書的。』」

我腦中沒有自己說過這樣的話的印象。不過，如果我真講過的話，那麼，我想我也可以在他重返印度與出版《印度：受傷的文明》（*India: A Wounded Civilization*）一書上，略略表點功勞。

「那是一本完全不一樣的書，」他說，「我第一本寫印度的書是非常個人式的反省。那本書——你知道，我們家族在一八八〇年間就遷離印度了。當時我們在北方邦東部比哈爾地區過著赤貧襤褸的生活，飽受兵變叛軍和其他土豪劣紳的蹂躪。印度是個隨時教人髮指膽顫的主題，而膽怯焦慮就是我第一本書的主題。第二本書就比較客觀分析了，因此，書中敘述的距離也就拉開了，而我也只是想要再次前往印度，寫一本不一樣的書。第三本書中，我已經掌握住這種新的寫作方法，旅遊書，『旅遊』兩個字在這裡有些突兀。不是以你單方面的想像去探索一種文明，而是透過當地人活過的生活經歷，摸索出這種文明的形態。」

我說：「對我而言，最有意思的就是再回到某個國家，再仔細端詳那個地方，再寫她一次。」

「這個世界日新月異，我也會變，」維迪亞說，「我想要在既有的知識上，添加新的概念。我不想自我重複。我期盼著每一本書都不同於先前經歷的紀錄。有關旅遊書的事情——我發現自己做的津津有味的，記錄下當地人的敘述與說明，盡可能地貼近事實。好像，我比較偏好這一類的旅遊，而不是跌跌撞撞地冒險犯難，再捏造呈現在虛構小說裡，寫些毛姆風格的小說。」

我意識到，該是再提出下一個問題來戳戳他的時候了，就說：「接下來，我還要再請教你一些問題。昨天，我在倫敦參觀佳士得公司『印度影像』預展，有人跟我說，我不巧正好錯過了你。」

維迪亞說：「喔，我的天哪。我的秘密全曝光了。」我也知道，這樣起頭提問實在荒唐。不過，我還是繼續問下去。「我想問你，影像與寫作之間的關係。影像和你對於欣賞繪畫的愛好與你的寫作，三者如何在精神上增長你的想像力呢？」

維迪亞語氣固執而存疑地說：「我覺得這中間沒什麼關聯。我認為文字與文字所描繪的畫面是兩碼子事。而且，運思文字以及我們人腦中發生的事情，跟形象化的印象是全然不同了。需要的天賦也截然殊異。我認為我還夠不上評判藝術的資格。」

「我想，你太客氣了。你評論藝術，總有獨到之處。你也蒐集藝術品，還掛滿了你的牆壁呢。所以？」

「保羅，可是我不認為文字和繪畫之間有任何關聯。」

他又再次堵斷我的話頭，只是，我無法理解，他為什麼要否認自己在繪畫藝術上的天份呢？我說：「你在書中刻畫的意象，固然是以文字呈現，不過，意象也始於觀察——描述某人的陰影、皮膚肌理、毛髮、陽光、色彩、事物形狀等等。顯然，兩者所需要的天份不同：蘭希爾[2]可以描繪皮草，你卻能描述皮草。」

他說：「我想，或許是我與生俱來的，這種專注熱切地觀察事物的本領。」終於承認了這一點。「我記得我還很小的時候，就意識到自己喜歡觀察。我會非常仔細地觀察人家的臉孔，研究這張臉在講什麼。研究手掌跟人體的型態，人的肢體和五官。」

「難道，畫家做的不就是相同的事情嗎？」

「我不知道。我喜歡繪畫作品中的線條。我喜歡葛飾北齋創新的地方。還有貝拉斯克斯[3]處理色彩的方式。這些和架構一個句子或是形塑一段敘述都相當不同。」

「可是，你不觀察的話，又該怎麼寫作呢？觀察的天賦變形到寫作身上。」

他說：「你不能不觀察。」終於同意了我始終不斷暗示的引子。「讓我跟你講個和觀察的天賦有關的故事。也是我生命中剛開始的少數幾段記憶，當時，我應該只有六、七歲。學校放假，我住在千里達鄉下奶奶家裡。那裡有個老師，一位學校裡的印度老師，推著一輛小型的手推車搬運他的家當。我父親將他攔住，跟他說了幾句話。接著那個老師就說，『我可不像某些人，淨會炫耀，找一台像樣點兒的推車，甚至還去開一輛貨車來搬我的東西。我就是要自己費力氣來搬，攤在大夥兒面前，讓他們笑我。』我聽了心想，『原來，這就是窮苦人家的行為模式。』一個年僅六歲的小男孩，竟然會觀察到這麼悲哀的現象。『他因為窮，才會像這個樣子。他是個我們尊敬的老師，可是，事實上，他也是個窮人。』因此，這種觀察異秉一直深埋在我的心裡。或許吧，確實也跟我對手寫筆跡的感覺有關。你知道，本人喜歡以筆跡來評斷人物，或是以他們的父母，或是他們的長相，或是你行走、談吐的方式，來評頭論足。整個人。對我來講，算不上玄疑。」

我問道：「你講的這些，不都流於表相皮毛，以貌取人嗎？」

「不，這不光是表相而已，因為相由心生，你的一生就寫在自己的臉上。」

「不過，這些還都是表相啊——難道，表相其實可以流露我們的內在思維嗎？」

「沒錯，我們要對自己的相貌負責。」

隨著話語交流，信心逐漸增強，場面看起來比較像是對話了，即使是我這廂急切的問話，他那方不情願的回答所構成的，我說：「我想要問你關於大學的意見。你曾經說過，牛津讓你失望。如果，現在你再重回大學的話，你想，你會如何度過大學時光呢？」

維迪亞忿忿不平地說：「我想，這些英語課程只會帶來災難。」他換了個坐姿，看起來鬥志高昂，斬釘截鐵地滔滔不絕起來。「英語課程正在大肆毀滅文明與思想。我到牛津的時候是

2 蘭希爾（Sir Edward Henry Landseer）：英國畫家與雕塑家，一八〇二～一八七三，以畫動物聞名，善於表現動物的健美與生氣。

3 貝拉斯克斯（Diego Rodriquez de Silva）：西班牙畫家，一五九九～一六六〇，西班牙國王菲力浦四世的宮廷畫師，畫風寫實。

一九五〇年，我想我們都知道，英語不是個適於認真研究的主題，抵不上一個嚴肅的學位，比不上研究物理的學位，也不像醫學研究一樣值得投入。」

觀眾聞言騷動，有人懷疑他在妖言惑眾，維迪亞重複闡述過他的主題之後，也有人同意他說中了一半。很明顯的，我敲中了他敏感的痛腳，這下他一定跳將起來，狠狠地發作。

「當時，我們就知道選擇研究英語，根本就是避重就輕，英語課程只是上個世紀的神學課程的延伸。不過，負笈牛津所為何來？不過就是學著打獵，享受應接不暇的社交生活，稍後，再生產一系列沒完沒了的神職人員。距今約莫一百年前後，史威特教授——你知道，就是蕭伯納戲劇裡的奚金斯教授的原型」（他說的是亨利．史威特，一八四五～一九一二，語音學家兼語言學者。）——「他跟其他幾個始作俑者奠定開辦了英語課程，一種新形態的無所事事，專門用來侍候頭腦簡單的懶人。就這樣，好似一道英語文學的皇家宣言，就像英國歷史一樣，變成一門嶄新的研究。一九五〇年，研究範圍止於一八三〇年，他們不鼓勵學生再繼續研究下去，其實，沒幾個人想再向下探索。十八世紀的膚淺反而讓他們安之若素。」

維迪亞上身端直地坐著，雙臂再度抱在胸前，講話的聲音近乎咆哮。

「因此，時至今日，這個非科目、非主題發展到現在，已經被一些包藏著政治動機的人給把持住了。大學已經變成一個不允許自由思想的地方了，而今，你的老師不會要求你對某一部作品提出原創性的想法。不過那是一種政治路線！一九五〇年，我們在牛津時，人家對我們說，只有放假的時候，才是求學的黃金時段。只有放假的時候，你才會去讀很多很多的書。放假就是要你去大量閱讀。現代人讀的非常、非常少，理論卻越來越複雜。大學生產了一整個世代的人，他們不會讀書，不會思想，只會鸚鵡學舌，拾人牙慧。」

台下觀眾零散地傳出喝采聲。有誰聽說過別人如此抨擊英語系所，或是這樣評估英語研究的？物理比英語重要——確實，英語研究本來就廣泛低於其他所有學門。

「這一點尤其傷害新興國家，較為弱勢的文化，他們得花上極高的代價才能培養出一個知識分子。他們送這些精英到牛津、劍橋，他們送他們到美國的大學深造，結果，這些人回國以後，滿嘴鸚鵡學舌，扯些先進國家的政治廢話。他們都墮落了！」

「墮落」兩個字剛剛出口，語音方歇之際，馬戲團帳棚各處立即爆發澎湃的叫好聲。好不容易，舞台上終於醞釀出值得撐開偌大一頂帳棚的表演，怒火高昂的小說家極力嘶吼，一個印度人變幻出正宗的繩梯戲法。

「而我認為，英語課程應該確認為愚蠢課程！」他高聲呼喊著，「絕對不能與物理課程，或是醫學課程，或是天文學相提並論！不應該再撥經費供養英語課程，所有的教授和所有的講師都應該從類似的職位上連根拔起，改派擔任其他工作。我不知道，他們還能做些什麼別的事情？他們還會做什麼！過去，我們會說，『派他們去做公車車掌吧！』可是，現在我們知道了，公車車掌只是另一種形式的遊手好閒而已。」

對話進行到這裡，我也沒有必要再插嘴。我等到觀眾的笑聲與喝采停頓平靜之後，再度匍伏潛入他的影子底下，再度提問：「那麼，你認為文學系所都應該取消解散嗎？」

「我想，文學應該在私底下閱讀，」維迪亞說，「文學不是為了年輕人而存在的。文學是為老人、歷盡滄桑、遭到創傷、受到損害的人的，他們閱讀文學，尋找可以和他們的經驗共鳴的地方，或是某種類型的慰藉。」

我說：「遭到創傷、受到損害的人？」

維迪亞已經開懷咧嘴，勝利式地呵呵暢笑。「豐衣足食的部族社會不需要文學，他們只要搗著山藥，就開心快活得很！」

「可是人類不能背棄讀寫的能力，不是嗎？」

「不行，你走不了回頭路。你也裝不來，你洗不掉腦子裡學過的東西。」

「一時片刻之前，你聽起來和毛澤東沒兩樣。」

維迪亞大笑，略為放鬆先前長篇大論，口誅撻伐的緊張，他說：「我怎麼聽起來像是毛澤東在講話了？你是說，『派他們去做公車車掌』那一段嗎？」

「做了就會了，」我說，「毛語錄中就有這麼一條。」

「就像史魁爾斯先生[4]說的一樣嗎？」

「還有：下鄉學搗芋。」

維迪亞說了，語調像在說句公道話般地：「文學會給自己找出路的。終究還是會有讀者的。現在，除了大學以外，你還有文學獎所產生的恐怖壓力，這是種出版業界極為可怕的墮落。正如我先前說的，我出第一本書的時候，根本沒有人採訪，什麼也沒有，書就這樣自己去流通，自己去找出路。假如當初有這些文學獎，我的書又沒沾到任何獎項的話，出版公司不早就把我踢出倫敦了。」

「不過，文學獎只是生意手段，促銷方式而已，」我說，「有意思的是，大學也是一門生意呀。」

「而且也是閱讀習慣養成的幫兇之一，因為大學只認可學生閱讀某些文章，」維迪亞說，「有人跟我說，美國已經不教法蘭西斯．帕克曼[5]的東西，也不再肯定學生讀他了。他們不鼓勵任何人去讀他的書。可是，他是個偉大的作家。《奧瑞崗步道》（*The Oregon Trail*）是一部偉大的作品。不過，你在美國找不到他，看不到他的書，因為，他的政治立場與當道不合。這就是那種虛偽的英語課程強加在整個文明的殘暴苛政。」

「所以說，閱讀應該是種私人活動囉。」

「沒錯，一種私人活動。你的朋友向你推薦一本書，接著你就靜靜地看完。你不要別人指導你該怎麼思考。」

「可是，假設現在你又回到了牛津，你會學些什麼呢？」

---

4 史魁爾斯先生：維迪亞指的是狄更斯小說《尼可拉斯．尼可白》（*Nicholas Nickelby*）書中一個角色威克佛德．史魁爾斯（Wackford Squeers），他是個殘酷的學校教師，不但尖酸刻薄還專門虐待學生，書中主人翁尼可拉斯．尼可白受雇於同一所學校，擔任教師，史魁爾斯的行徑令他髮指，最後終於成功地將他逐出校園。稍後，史魁爾斯再度出現，並且共謀不利於尼可拉斯．尼可白的詭計，所幸被男主角與其朋友識破。

5 法蘭西斯．帕克曼（Francis Parkman）：美國歷史學家，法蘭西斯．帕克曼還在哈佛大學念書時，就已經決定今生將致力於法國、英國與印地安人在美國大陸上活動的歷史。一八四五年夏季，他與一位朋友同遊在蘇族與龐尼族的勢力範圍之內，為他的寫作計畫蒐集第一手的史料與印象，並於一八四九年出版了《奧瑞崗步道》一書，記載他此行見聞。

維迪亞說：「我要做些同樣懶散的事情。」溫和地笑笑，聽起來又像個西印度群島島民了。「研究英語這整件事，就是一種懶散的形式，你知道。只是排遣時間而已——不必認真。就像我們需要一個減壓艙一樣，從青少年時期銜接到成人期。」

我說：「不過，牛津歲月對於你日後成為一個作家，是一段樞紐時期。」

「不，不，不。牛津和我後來寫作沒有關係。除非，你考慮到，或許說是獨處的效應吧，或是說長期獨處，或是說，長時期鬱鬱寡歡，不過，那也可以出現在其他地方。」

「你不必大老遠上牛津去落單獨處吧？」

「不必上牛津而落落寡歡，或是貧寒交迫。」

布佛一直坐在一邊，有時跟著大笑，有時看來又像是驚駭不解。他說：「早先，你講了一些我覺得挺耐人尋味的話，就是當你說，旅行寫作就是要比某些虛構小說來得真切。請問，你現在覺得你的非小說寫起來比較真誠，也比較能讓自己滿意嗎？」

「確實。現在，每當我要直接撰寫虛構小說，就會有一大堆麻煩，因為，我的虛構小說已經寫完了，」維迪亞說，「而且，我也已經寫了四十年了。我已經極力趨近完美地掌握我的經歷。我不能再走回頭路去寫些我現在排斥的東西，因為我想知道，怎麼會有人刻意要去偽造一段現實中完全可以成立的經歷呢。怎麼說，為了戲劇效果，每個人就都得濃彩盛裝的嗎？上個世紀裡，物換星移，江山代有才人出，來者迅速地修正了古人，作者一代修正一代，一本書修正上一本書，寫作形式發展之迅速多元。我想，既然你已經可以掌握這樣多采多姿的材料了，這麼多不同文化匯集，而小說只有在處理單一文化的時候最方便——單一種文化，就那麼一套行為模式，大家都能理解，幾乎就像珍．奥斯汀一樣。寫這一類的小說比較容易。不過，當整個世界從四面八方交會沖激的時候，小說那種形態就無法絕對地呼應這種趨勢，而撒謊隱瞞又如此輕而易舉。每當我讀到從東南亞出口的書籍，我就感到憂慮。我想，『撒這個謊是為了什麼？又為什麼這是個謊言呢？』就好像你在讀一本自傳的時候，不斷地思考著，『這書裡漏掉了什麼？又扭曲了些什麼？』一樣。」

我說：「所以說，對於這種發展新型式的必要，你的反應就是《抵達之謎》與《世界出路》這兩本書嗎？」

他說：「所有偉大的作品都是一種創新的形式。蒙田的散文——完全的創新。剛開始，他也是寫一般傳統的散文，接著他的散文形態就不斷發展，他寫到他自己，寫到他置身其中的戰爭，他寫到殘暴酷行，他寫到新大陸的發現，而他同樣自我解嘲地寫他自己，這個既現代又新穎的人——絕對的新穎。這也就是蒙田之所以為蒙田。所有偉大的作家都是獨創一格的創新作家，他們跟其他人都不一樣。」

我喜歡他這段侃侃高言，不僅是他對於偉大作家的結論，更因為這段話透露出維迪亞自負到什麼程度。他將自己視為前無古人的獨創作家，而今，我終於了解他的理由了：他的榜樣就是米歇爾．愛昆．德．蒙田（一五三三～一五九二）[6]。

6 米歇爾．愛昆．德．蒙田（Michel Eyquem de Montaigne）：法國思想家，對於道德與心理的問題進行獨立思考，著有《隨筆》（*Les Essais*，一五八〇～九二）。蒙田曾經擔任過兩屆法國波爾多市長，宗教戰爭時期也領他說：「大學院校裡面，沒有人教學生要創新，他們教學生要抄襲別人。抄襲賦予最高的價值。而我不曉得，你該如何去評判那些衍生的形式？我不知道，假如你的創作形式不是原創的，無法表達新的視野，你該從何評斷高下呢？有人說，『用風格來評斷。用人物角色來評斷。』我不知道。」

布佛說：「兩位都出版過帶著強烈自傳意味的小說。可是，不管是《抵達之謎》或是《畢斯瓦先生的房子》，《我的秘密歷史》或是《我的分身生涯》也好，自傳式的小說有個問題，就是故事一講過，就不再算是故事了。一講完就沒了。自傳式的小說一出，接下來，再撰寫類似小說的可能性也就枯竭了。」

維迪亞比了個專橫的姿態，模仿葛擂硬[7]的神情語氣，說道：「我覺得我要說，我不是反對敘述的基本教義派。我們一定以敘述來處理創作。沒有敘述，著力點也沒了。」他扮個鬼臉，吸引觀眾注意。他說：「所以，現在我還能對小說說些什麼呢？我們現在需要的就是敘述寫作，不管是用什麼形式都好。或許，保羅必須投入這種自傳式小說的理由，是因為他的經歷一直很獨特。他不是在寫一個平凡的麻塞諸塞州童年生活。他多年旅行，他經歷了許多不同的文化，他深入探索與吸收了不同的文化。而且，因為這樣特殊的經歷，他必須在他寫的書中定義自己。他就是不能再繼續用第三人稱方式敘述，含糊帶過，不去定義敘述中的參與者是誰，旁觀者又是誰，這個講話的『我』是誰，那雙『眼睛』又是誰。不然的話，讀者會看著這種第三人稱的敘述，一頭霧水地問，『這究竟是誰寫的？』」

這段話聽來離奇，對虛構文學失去信心，近乎於宣稱小說只會誤導讀者，完全是子虛烏有，如果你不說小說已死的話。不過，這也不是新聞了。早在三百年前，在《魯賓遜漂流記》的第一冊上市造成大轟動之後，丹尼爾．狄佛就曾經在續集中說過大致相同的話：「捏造情節、虛構故事當然是一種可恥的罪惡，這一點卻甚少遭人追究。這種謊言會在你心上鑽出一個洞來，接著，或多或少地，就在洞裡豢養著撒謊的習慣。」這種話，不論是狄佛說的，還是維迪亞說的，我都礙難同意，而且我覺得，就像維迪亞一樣，狄佛講這話只是給自己方便，以及迎合清教徒的心理。

我說「不過，在你的第一本書《神秘的按摩師》中，有的時候你以第三人稱方式寫作，有時候又換到第一人稱。我認為那是最驚人的革命性創新了。在此之前，我從來沒讀過有類似創舉的書。你當時這麼寫是因為——」

「因為無知！」維迪亞高喊著，接著大笑。「而且，不論第一、第三人稱，兩個人都是虛構的——也就是說，敘述者也是我筆下創造的人物。」

布佛問道：「我可否請教你，令尊是如何影響你的？」

「我們不應該談到這個，比爾，因為關於本人的寫作——實在太深刻，也太個人了。」

軍參戰，然而，他從一五七一年起即專注於散文寫作。起初他專力於古代道德哲學與歷史，但受懷疑論學說的影響，遂逐漸轉移到自我研究上，《隨筆》的文體無拘無束、生動有力，隱喻加上自由聯想，以解除形式化修辭與系統化哲學的束縛，對後世的思想家影響深遠。

7　葛擂硬（Gradgrind）：狄更斯小說《艱難時世》裡的人物，是個只講實惠，眼中只有現金買賣關係的人。

對談到此，幾乎已經過了一個小時。布佛向我們致謝，觀眾鼓掌喝采的時候，維迪亞轉身再向布佛重複一次：「我不回答任何問題。」

我們跟著散場人潮步出帳棚時，我說：「你也和我住同一間旅館嗎，維迪亞？」

他說：「我不過夜。我這就要回威爾特郡。」

他神色為難——不像在台上時那麼急躁緊張，卻顯得疲憊而意興闌珊。

「那間旅館好像挺雅致的，」我說，「稍晚，我們可以一起吃頓晚餐。」

「旅館房間讓我覺得好寂寞。」

他望見娜迪拉穿過散場群眾向他走來。他朝她揮了揮手，而她一看見他，馬上就加快腳步。她動作迅速，像個軍人一樣大步前進，擺動著雙臂。雙手握拳。

他說：「我們再聊。」

維迪亞和娜迪拉擁簇著上了他們的車子，薩爾曼・魯西迪從後面趕上來。他那雙眼瞼厚重的眼睛，原本就讓他看起來隨時隨地都在嘲諷貶抑，此時，他的眼神再輕蔑不過了。他手中握著一本小筆記本，盯著一面滿是潦草塗鴉的頁面猛瞧。維迪亞應該可以從薩爾曼的筆跡中，看出許多訊息：他的字跡端直、充滿、信心、字字緊密相連、粗黑、不像英文、寫在一張無行無線的紙上。即使上下顛倒看，還是傲慢專橫，維迪亞一定會說，他應該會印象良深的。

「我學到了兩件事，」薩爾曼說，「第一，關閉英語系所；第二，文學是寫給一些傷殘受創的人看的。哈—哈！」

第十九章
交換

維迪亞說過：「我們再聊。」不過，那是不可能的。我寫信給他，但一整年我的行蹤幾乎都飄忽不定，鮮少在同一個地方停留到可以接收一封信件或是一紙傳真。我總是行旅匆匆——非洲叢林裡待了兩個多月，再次就著河水汲飲；紮營在尚比西河上游，安哥拉邊境的巴洛斯蘭，利屯加，洛吉王的園地上；泥巴漿河水喝的不夠，我還病倒在馬拉威南部偏遠的丁地沼澤旁的營帳裡，嚴重脫水；莫三比克泛舟，附近不遠的朱攀加（Chupanga），李文斯頓夫人就埋骨在一棵猢猻樹下。我在尚比西河下游，河岸塵灰中看到一隻獅子的爪印。從足跡看來，這隻大蟲曾經杵在岸邊小解。

我說：「母的。」

兩個疑心重重、積極尋釁的澳洲女人質疑我的觀察，那種人你經常會在這類地方遇見。

「你怎麼知道牠是母的？」

「母的都是後位紓解（retromingent）。妳說不定也是。」

「你這話是什麼意思？」

「蹲著小便。」

接著，我又到了香港，趕在中國攫取香港之前，大量蒐集相關資料。我的腎臟經歷非洲脫水而出毛病，痛風也接踵而至。

這一切，我都像平常一樣如實地向維迪亞報導：明信片、航空信。我沒辦法打電話。維迪亞沒有回應，我也不覺得不尋常。我知道他還在撰寫《信仰之外》，他的伊斯蘭作品的續集。你會說：可是，即使你忙著寫書，你還是會回信給他，幫他寫封面廣告，校讀他的手稿啊。沒錯，不過他的規矩跟我不一樣。我發現，一般而言，規矩只會製造麻煩。

我們之間不再有共同的朋友。我無從得知他的生活究竟發生了些什麼事情。這倒離奇了，三十年來，我一直頗為清楚他日常生活中的起伏變化。

傳真惹風波

一九九七年稍早，《今日印度》（德里發行）雜誌副刊上登了一篇維迪亞與娜迪拉的專訪，側寫他們共同的新生活。娜迪拉掌握了兩人的生活。僅就其中一端而言吧，她下令關閉了土爾薩的奈波爾檔案。維迪亞說：「娜迪拉比較會鼓勵我。帕特有時候非常頑固，批判也非常嚴厲。」還有：「我想我犯了個大錯。過去我把寫作看得太認真了。」專訪執筆人發現娜迪拉專橫傲慢並寫道：「她喜歡別人尊稱她為奈波爾夫人。」

然後，大概在歪河黑村文藝節過後一年，我在夏威夷一角韜光養晦，竟然收到一名專門買賣現代初版舊書的書商寄來的一本型錄。某些項目勾起我的注意：

編號三三六，索魯，保羅。《方與印度人》。一九六八年，波士頓市休頓米福林出版。他的第二本書……本書經索魯題獻贈與作家V. S.奈波爾：「獻給維迪亞／與帕特／無上關愛／保羅。」防塵書衣包裝完善，書況近乎良好……索魯與奈波爾一九六六年於非洲結識，時機地點大致與本書背景相符，他們的友誼延續了三十年，可以回溯到兩人都還是相當年輕的時代，兩人文名都尚未達到他們現在的成就……一本卓越的名人珍藏本。美金一千五百元。

編號三三七，索魯，保羅。《與安妮一同犯罪》。一九七二年，波士頓市休頓米福林出版。他的第一本短篇小說集。……本書於出版當月經索魯題獻贈與作家V. S.奈波爾：「獻給維迪亞／與帕特／無上關愛／保羅。」……卓越的名人珍藏本，題贈時間接近索魯研究奈波爾作品之著作即將上市出版之際。美金一千五百元。

編號三三八，索魯，保羅。《V. S.奈波爾：作品初介》。一九七二年，倫敦朵奇出版。早期批評這位千里達作家V. S.奈波爾作品的文學研究著作……極少見……。美金八百五十元。

最後一本待沽項目上沒有題獻。我猜想，應該是我透過出版商——他也是維迪亞的朋友，捎給他的，好讓他盡早看到。我希望他會喜歡這本書。而他也的確中意，稍後他在幾封熱情洋溢的信中也如此表示。那本型錄裡還有好幾本我的書，我納悶著，不曉得另外那幾本是否也都是從威爾特郡鹽田鎮酪農小築的書架上給掃了下來。顯然的，有人在家裡大掃除。

我想，型錄上的價目索價過高，跡近勒索。而且，假設這些書已經經過書商轉了好幾手，恰如許多「蒐藏品」市場的常例，維迪亞恐怕只拿到一點零頭——「現代第一手」公司附屬在破布骨董貿易，其從業人員不過就是經過美化的破銅爛鐵經銷商而已。我把這一頁型錄傳真給他以玆揶揄，並且在底下問候一句：「你好嗎？」

他的新任太太回傳了一封信。我從來沒收過長相如此殊異的訊息，搖擺不穩的筆跡，猶如小學生繳交的作業。我端詳著，斜眼盯著紙捲從我的傳真機一吋吋地推出來。我第一個想法只是，這個哼哼唧唧的巴基斯坦女人失心瘋了。

光是她寫信的方式，文字排列在紙上的樣子——超大號的字母，段落瘋狂地頭重腳輕，標點符號蕪亂恣意，還有十九世紀的大寫開頭概念，離譜的措詞語法，更離譜的文法——即使以巴哈瓦浦的標準來看，都嫌散漫。此外，它也傳達另一種意涵。經過兩三頁的文字段落之後，發信者的筆跡逐漸凌亂的程度與方式，同樣也可以用來觀察他待人處世的態度。那也是維迪亞教我的。娜迪拉從信紙第一頁頂端開始，先以大寫字母對我高聲控訴，接著就逐漸傾斜踉蹌，第二頁就好像另有旁人接手塗鴉，字體更坍垮地歪倒一旁，我讀來像是那一類通常用於表示粗嘎嘮叨呵斥的斜體字。而我也看得出來這是封嘮叨呵斥的信。

我的立即反應是替維迪亞感到深深地尷尬。

她一開始先是八竿子湊不著地指稱，絕對輪不到我替她撰寫訃聞。我嘴裡一邊喃喃自語：「什麼？」一邊繼續讀下去。她想要先釐清幾件事情，接著她又東拉西扯了一通。滿紙印度涇濱，不過，我還看得懂。

娜迪拉說，我替帕特撰寫的那篇訃聞差勁得很，根本就算不上是訃聞，應該被歸類在虛構小說的範疇之內，而且，訃聞裡頭講我自己的篇幅還比提到「可憐的帕特」的隻字片語多。我盯著這個女人的方體字「可憐的帕特」，心想，她跟維迪亞在拉合爾打得火熱的時候，另外一個不幸的女人正重病垂危，躺在威爾特郡等死。

娜迪拉接著說，假如我替帕特寫訃聞算是幫了維迪亞一個忙，那麼，維迪亞首肯在歪河黑村座談活動露臉，也就還了我的人情。她轉而糟蹋詆毀安排這項活動的比爾・布佛。她又胡言妄語地糟蹋這項活動。她誣控我企圖害得維迪亞在談到非洲議題之時，表現得狂熱而極端。她說，維迪亞已經在兩本小說裡，直言陳述非洲的事實了。我並沒有克紹箕裘，延續他的典範。我歪曲報導了非洲。

她抓著這一點繼續發揮，她說自己讀過我寫有關非洲的一些東西——她並沒點明究竟是哪幾本書。她暗示道，我對維迪亞斷章取義。當然，維迪亞心胸如此寬闊，不會介意後輩文人引述，她說，不過，我應該要了解，他的生平馬上就要公諸於世。她在暗示，維迪亞的傳記即將出版。因此——那樣也形成某種警告——我最好有自知之明，做個負責任的朋友，因為，難道我不知道，維迪亞總是盡量將自己區隔在自由派的瑣碎褊狹之外嗎？

最後，娜迪拉肯定她對維迪亞的文學經紀人的友誼，在信末署名「娜迪拉」。

我心想，她發瘋了，接著，我哈哈大笑，將傳真紙握在手中，揉成一團。她是個神經病！她絕對是在威爾特郡氣得捶胸頓足，跳腳狂吼。那是可想而知的。這個女人是個能見度甚高的人，在大部分英國各地都會被人當面以「有色的」或是「巴基」羞辱與詆毀。威爾特郡向來是強硬的右翼退休軍方人員與仇外農民的避難所。這當然，對這位來自巴哈瓦浦的發信女士而言，是一場惡夢。

這封信實在荒唐無稽，因為這根本就是無妄之災，我什麼也沒做，卻惹來這樣一封信。我身為帕翠西亞．奈波爾訃聞起草人，當然不足以合理化她的指控。而文藝節座談會那碼子事，箭頭就更指錯方向了——什麼時候，又有誰能夠強迫維迪亞，說些或是做些違逆自己的意志的事情？他這人可是具有鋼鐵意志的。那篇訃聞也是維迪亞請我寫的。事後，他也向我致謝。我手上還有他的信呢——信上只有感激與悲悼。

剛開始，我還只是將她的信當作是她必須對維迪亞證明她的本事。她早就決定掌控局勢，堅壁清野，清除家中一切廢物。一定就是她動手出清那些，早在她進門之前，就以愛意和關懷題贈給維迪亞的書。這也是新婦理家之際，必經的修正主義路線。她已經轉變為嘉莉．吉卜齡、芬妮．史蒂文生，而且還朝著珍．卡萊爾的目標前進，成為克雷根樸托克長期受難的烈女，調侃與護衛著她任性的丈夫[1]。

我反覆思索著她的信，越想就越好笑，越笑越大聲。她發狂的行文風格、不及格的文法、拙劣的筆跡，在在證明她寄出之前，維迪亞未曾過目。他對於標點符號要求之嚴苛。差勁的文法令他牙根鬆動般地緊張不快。我曾經看過他對著諸如此類寫的一場糊塗的東西驚聲尖叫，就像有人對著一席齷齪的地毯哀嚎一樣。連最輕微的笨拙愚行都會令他不快。我清晰地記得，在斯多克維爾，他如何抽抽噎噎地告訴帕特和我，他看到一名工人坐在他的床上——光是想到那個人將他的屁股擱在維迪亞睡覺的地方就叫他受不了了，而他幾乎就要嚶嚶啜泣起來。這一篇謾罵信函適足以驚嚇一個將英語科系看做墮落的表徵，文明衰敗的病灶的人。這是一封詭異、自取其辱的信件。我想，他應該要看看。

我將娜迪拉來信傳真給他，附上一條訊息：「我剛剛收到你的太太傳來的信件如附於下。我會另外寫信回覆她，不過，我當然也相當困惑，不解她如此撰文，寫這封信給我的動機何在。」

他那一廂沒有回音。那倒怪了，不過，至少——除非，娜迪拉攔截了我的傳真——他也該看過她那封瘋狂的來信，指控我寫了篇丑表自己的訃聞，還說我恐嚇脅迫維迪亞參加一年多以前的歪河黑村活動。

1 湯瑪士・卡萊爾（Thomas Carlyle）是一七九五年出生於蘇格蘭的英國歷史學者，他在一八二六年間，娶妻珍・貝理爾・衛許（Jane Baillie Welsh），卡萊爾夫人極為博學，修養極高，對於卡萊爾日後寫作生涯協助甚多。他們在一八二八年遷居珍位於克雷根樸托克（Craigenputtock）的農場，在那裡他寫下畢生最知名的作品《衣裳哲學》（*Sartor Resartus*），書中透露他在精神層面上的演變歷程，並於一八三三年至一八三四年在雜誌連載問世。卡萊爾夫妻的婚姻生活並非一直平靜無波，後世研究指出，若無珍在他們夫妻困苦與暗淡的年代，堅定不移地支持與鼓勵，湯瑪士不可能積聚如此崇高的名望與財富。

他是我的朋友。三十年來，他一直是我的朋友！他本性上不是個過河拆橋的人——而他一生中也沒幾座橋好讓他練習發展這種技能。再怎麼說，他也只是個多愁善感的人，苦於自己性格中殘酷的傾向，而就像許多嚴苛乖戾的人一樣，他也有濫情感傷的一面。他抑鬱寡歡。他動不動就輕易落淚。

停過一段合適的空檔，我回信給娜迪拉。我抑扼著自己的本能衝動，自我約束，不要連篇挖苦她，或是模仿她在「巴哈瓦浦來函」專欄裡的語氣損她一頓，「巴哈瓦浦」（Bahawalpur），我已經開始孩子氣地反覆喃喃念道，因為這個字跟肚子（bowel）之接近——「巴肚哇噗」（Bowelpur），我一想到這個名字，眼前就浮現一個本質上有如糟粕的蕞爾小鎮。她不會覺得有趣的。而且，就算我模仿她在「巴肚哇噗」專欄的風格，說教成性地夸夸高談，曲解誤用英語字彙，三不五時就提到她的老公，還有她的註冊商標：「斯去」與「失去」不分，屢屢遺漏定冠詞與不定冠詞，我確定，她一定領會不到其中趣味的。所以，我就寫道：

親愛的奈波爾太太，

我並沒有寫信給你，我寫給維迪亞，因此，今天收到你回覆的傳真，實出我意料之外，而貴函中錯誤的訊息與好鬥的語氣，也令我驚詫。

你對我為帕特·奈波爾所寫的訃聞有異議，我不解其故。帕特是我深深摯愛的女士；那篇文字並不像你所說的，是個「幫忙」，而是一項出於關愛的勞務。恰如你的用詞，你誣控我替「可憐的帕特」，寫了篇昭表自己的訃聞。你以這種方式提到她，何等不妥，因為，在她重病垂危之際，你卻與維迪亞有染。我附上維迪亞在收到訃聞之後寫給我的信，信函內容一開頭就說：「多謝你為帕特寫了這樣一篇可愛又慷慨的回憶……」

我並沒有逼迫維迪亞前往歪河黑村，雖然，我記得是你敦促他動身的。維迪亞坐在舞台中央，自由抒發。他的所言所行，完全出自他煥發的才氣。任何人以為我對他有任何影響力，都是愚不可及的。

你說：「讀過你寫非洲的文字。」我再度茫然不知，你究竟在講什麼。過去三十年來，我寫了很多跟非洲有關的書與隨筆。雖說，我也清楚你的意思不過就是要唐突我的作品，然而，我還是看不懂你整個段落在講些什麼。

顯然地，你意圖以這封信函對我挑釁。你可以看出，我並未因此動氣，你的語氣、你的錯誤的假設與你古怪的言論，只是讓我迷惑不已。

過去三十二年來與維迪亞交往的友誼中，我鮮少要求，卻大量付出，因為我讚佩維迪亞的作品。你不該如此措詞遣字地寫信給我。然而，讀到你提起不准我寫你的訃聞，我還是忍不住微笑。

你初來乍到。言行應當更謹慎。許多過來人都經歷過你的位置，她們也都曾經像你這般自信滿滿，也都犯下跟你一樣的錯誤。

相信我，假如我有心要寫你的訃聞——或是任何相關文字——我都會樂於提筆的，不消吩咐。

接下來，石沉大海。或許，這般沉默也不足為奇。在非洲，每當一名外僑再婚之時，新婦總是開除他所有的傭僕，敬告他的一干舊友謝絕往來。娜迪拉的行徑正好如出一轍，不過，我幾乎確定的是，上頭應該沒有維迪亞的影子。維迪亞是我的朋友。

友誼回顧

縱然，一句我們再談，而此後我們再也沒有見面，我還是知道他的近況變化。我每每看見他的照片登在媒體上，兩次在印度雜誌上看到他，他的面容看起來大幅改變：面色黧黑、短髭叢生、雙眼深陷、噘著嘴、頭髮灰白交雜——蕪亂猖獗的長髮，看來似乎被缺齒鈍鏽的剪具啃過。而他說過，你的一生就寫在自己的臉上。

過去，每當我經過二手傳播聽到維迪亞異於常人的觀點和駭人聽聞的高見時，我總是忍不住縱聲大笑，雖說，有時也笑得很心虛，就像當我讀到他在一段訪問中告訴記者說：「法語現在已經不足掛齒，無足輕重了，現下已經沉淪為某些黑人和阿拉伯人說的語言。」——當然，也是這個皮膚微黑的維迪亞本身使用的語言。而他在舊金山一家餐館用餐時，他看看鄰桌食客，對他的友伴說：「你說，你看過像他們長得這麼難看的人嗎？你說，他們是不是故意坐在我們旁邊來懲罰我們？」

我們之間的差異何等懸殊。而今遭他擯斥冷落，我才清晰地看出來。我心裡一直清楚，他跟陌生人相處的時候，總是喜歡驚擾與試探對方，而我的態度總是迎合討好——只要有禮靜聽就好。他對於女人的看法更是唐突與無稽兼而有之，可是，另外一方面也（正如奇癖怪行一般）洩漏了不少和他自己有關的訊息：「我的經驗中，極少數女性曾享受過真實的情慾。」你怎能不笑他呢？維迪亞？在所有人當中，竟然將自己當成真實情慾的鑑賞家。大多數情況下，他在這類報導中的評論語氣，總是憤怒異常，不過，我的解讀卻是憂懼。如此憂懼深入他內心深處。他這個人，還在牛津求學的時候，就（用他自己的話說）「墜入沉鬱深淵」長達二十一個月。

自此之後，他就不斷抨擊牛津。他說他「厭恨」他就讀的學院。除了惡劣的回憶之外，別無其他記掛，「而且，我的智慧遠在那裡大多數人之上。」他說，他在牛津時，一度想要用瓦斯結束生命，自殺未遂，全是因為，「他身上銅版不夠餵瓦斯表」，買不到瓦斯。我讀到這段多年秘辛時，實在很難忍住訕笑，原來是他的小氣儉吝阻擋在生死之間；當時假如有人慷慨解囊的話，維迪亞說不定就成功喪命了。不過，這件事後，害得他兩年來一直沉溺在神經崩潰的狀況中。「當時，外人令本人心驚膽顫，本人不願意出現在他們面前。」

他說，獲邀以貴賓身分參加晚宴——那對維迪亞而言，可是一種福佑。這句話，是對著另外一位訪問者說的，聽來頗為真切。他說他喜歡「覺得自己備受珍視」的場合。備受珍視，要求的可不只是主人家美言阿諛，辦治精饈美酒待客而已；還要有人專注聽講，負責買單，正如我所熟知的。不管是誰撿起帳單，他都會說：「那個人就是喜歡付賬。」「他就是想出錢。」此外，世間還有比授贈勳爵士更能具體表達維迪亞所獲得的珍視嗎？受封晉爵也是《神秘的按摩師》裡，狡詐的學究加納施．雷姆蘇邁爾的夢想，而他後來也搖身一變為不易親近的G.雷賽．

邁爾爵士。畢生以享受榮銜和奉承為樂的人，只有在內心啃噬著莫大的排斥與不安全感以及深切渴盼著歸屬。然而，當時，難道不是維迪亞提醒我，若要更深入了解他，我一定要知道過去，他不過是個「赤腳殖民地人民」。

從我初次嘗試寫作開始，我也期盼著安全感。可是，我知道要適可而止。我的父親告誡過我：「不要要求太多。」而他也總是掛在嘴上的話是：「待人寬善。」

維迪亞的性情像一道謎。我覺得，最低劣差勁的行徑就是在巡迴促銷新書時，野蠻專橫地對待你的隨行地陪，或是對秘書頤指氣使，或是恣意羞辱任何因為緊張而說些傻話的下屬。難道，維迪亞強迫性地威嚇這些人，肇因於他一度感到自己被人排斥嗎？他並不愛多說自己遭受種族歧視的經驗，不過，他也確認自己知道種族歧視在英國的狀況。他的殘酷，可以視作某種極端地報復，雖說，每個人都無法理解，他為什麼專撿無辜的美國人與英國制服服務人員及誠摯的荷蘭人出氣。

維迪亞認為他並不是印度人。他將自己看做「一個新人」。不過，他的行徑就跟個種姓制度裡的上層印度人一樣。而維迪亞經常擺出「你知道我是什麼人嗎？」的姿態，這種姿態專屬於某些印度官僚，也總是一種能力低劣的徵象。我耗上一段漫長時日才理解到，維迪亞在任何方面，都不像個英國人，甚至一點不英國化，反而是個深入骨髓、徹底的印度人——種姓意識、種族意識、對於食物狂熱挑剔，神經兮兮地憂懼著自己的身體會遭到「玷污」。由於，他是個出身西印度群島的印度人——於是他渾身帶刺，感覺自家文化腹背受敵——他的態度近乎於自我諧仿的程度。

他的認知訛誤之多，不勝枚舉。他發表關於非洲的錯誤陳述，他似乎以為非洲大陸起於倫敦南區，一路延伸到加勒比海沿岸，整塊區域密林深鎖，裡面住著一大群跳著吉魯巴，群魔亂舞的「叢林野人」。這些泛泛之論只為了徒勞無功地，加強他的小說《大河灣》的論調。這本小說體現維迪亞對於叢林的恐懼。不過，非洲的精髓就隱藏在叢林中，是溫善多於殘猛的，也是維迪亞永遠無法領略的。

他以印度為主題，寫了三本書，每一本書裡，他對印度的認知都更迭不一。不過，他還是看錯了。我從未跟他爭辯他的觀點。質疑他，他就是你的敵人；豐厚地款待他，就有機會讓他和善的與你相處。珍重他，他就是你的了。難道我不曾珍重他嗎？所以，我們從來沒吵過架。

一九八三年，他在接受訪問時說道：「在一個大規模延伸的家庭裡成長，會養成終生對於家庭生活的厭惡。」接著又說：「也因此，我衷心希望，千萬不要有自己的孩子。」可是，無論如何，他都討厭小孩。他的書裡幾乎找不到孩童，即使有，也都不快樂。

身為一個父親，看他溢於言表地惡斥孩童，經常讓我憤怒，為人父母，恁誰都有足夠的動物直覺，能夠察覺那種敵意。我的保護意識也因此高漲。同時，我也認為，厭惡孩童，自己又沒孩子的人，說不定本身就相當幼稚，才會將其他兒童都當作潛在威脅。我認識的人中，維迪亞是最需要旁人照顧的了。他無時無刻都眉頭深鎖，他不能下廚料理，從不清理家務，不願開車，需要協助，非要占據注意的焦點不可。

而今，遠離他的影響，這一切我全看清楚了——我並不是吞忍至今才和盤托出，或是像在閱讀起訴書一樣地想通了。我將他當作一個性格帶有深刻缺陷的人，同時，作為一個朋友——

我們的友誼也奠基在他的缺憾上面，因為性格上的缺點往往能夠激發每一段友誼基礎下的同情。這一點，我一直了然於心，卻僅止於此，而當我偶爾膽敢多加思索時，我總是顛倒是非。

為了維持我的自尊，也替維迪亞辯護，每當我感到他小氣寡吝時，我總會說他慷慨大度；我覺得他冷酷無情時，就說他不過是行徑怪異而已。我為帕特撰寫的訃聞，只是用上柔焦鏡美化一段不幸的婚姻。我如此執筆，不是為了姑息維迪亞，而是苟且饒過自己一回。我羞於坦承他待人極為惡劣，對我更是予取予求和頤指氣使。假如，我不加掩抑的話，我就得承認自己性格軟弱。不過，打從一開始我就知道，我有點怕他。倘若你親眼目睹自己的朋友對著別人大發雷霆，很難不想像萬一相同的怒火傾洩在你頭上，將是何等光景。

之前，我欽佩他的文才。接著，我也只是傾服他的文采而已。最後，我開始納悶他的文學才華了，認真的納悶，而且，當我發現自己看他最近出版的新書時，禁不住不耐而頻頻跳頁之際，就忍不住懷疑了。過去，我還會說那是我自己的問題。現在，我知道他不論是寫作還是為人，都同樣地偏執狂熱。

這些點點滴滴，其實我根本不想深思。那也是為什麼我從不考慮寫他，因為，以他作為寫作主題，意味著我必須針砭他的性格，說出我失望的情緒，以及從實坦白交代。還是忽略掉維迪亞的缺陷比較單純些。讓別人來做他的鮑斯威爾，寫他的傳記吧。

不過，那張臉揮之不去。某些我無法忘懷忽略的事情，盤桓在眼前，龐大迫人，如此嚴重地扭曲。他的人格橫霸住他的面孔，永遠無法復原地扭曲，牢牢地糾結在非難與牢騷與折磨之下，他的鼻子也因為怒氣咻咻而肥厚。索爾．貝婁跟他初次見面時，第一次看到他的臉，就說道：「被他那副尊容看過一眼，我就可以跳過贖罪日了。」歲月給了維迪亞一張固定而頑吝無感的面具，兩眼眼角再添加幾道多疑不信的魚尾紋。他一眨不眨的凝視眼神，猶如猛禽覓食。你絕對不會想要讓這樣一張臉轉而面對著你自己的臉。要是換了個人的話，維迪亞可能會說那真是張醜臉。

曾經，一個訪問者向維迪亞提到，說我一度形容他是個悲天憫人的人。維迪亞摒斥那樣的描述。他說，悲天憫人是個「政治性」字眼。這樣的形容當然和政治一點也扯不上關係。不過，維迪亞扭曲我的意思也是對的。我會那麼說，只是要積極地替自己文過飾非而已，因為，我真心感受到他根本就缺乏悲憫情懷。

他寫的書曾經有助於我的教育養成，而且，更廣泛地教育我如何辨識優秀與拙劣的文學表現——有時，良例惡例就在同一頁上。他有些書確實優異，甚至像先知一般充滿智慧，其他作品就不堪卒讀而荒誕不經。書評家往往用些幼稚字眼，諸如「天才」、「傑作」等等，來連接維迪亞和他的書，或許，背後原由跟我說他悲天憫人一樣吧，因為，他近期出的書既古怪又掛一漏萬的。他只是記下旁人嘮嘮叨叨的長篇獨白，這些成篇累牘的訪談又處理的像是紀錄文件一樣，其中維迪亞幾乎不置一詞。多年以前，我曾經因為他獨到的觀察而對他深深折服，他說，哥倫布竟然從來沒提到新世界氣候之炎熱。然而，維迪亞的《印度：百萬叛變的今天》一書中，也甚少述及地貌風景，對於氣候，更幾乎隻字不提。書中沒有氣味、沒有炎熱、沒有塵土，沒有汗流浹背的男人，沒有紗麗綷綷摩擦的聲音，沒有喇叭齊鳴的擁擠交通，什麼也沒有，只有一個個喋喋不休的印度人。他的伊斯蘭作品也一樣，此外，還有維迪亞對於伊斯蘭宗教天真浮淺的領會，以及他對阿拉伯文化的無知，因此他也一直無法理解可蘭經。

可是，他絲毫不感挫敗。他對一個訪問者說道：「我最討厭『小說』這兩個字了。」他自始至終不間斷地譏訕「故事」這個詞兒。他極力暗示小說已死。終我一生，我從沒聽說哪個知識分子如此表述過，只有幾個學院裡的乏味學究，從來就不曉得虛構文學是怎麼回事的象牙塔民，會講這種話。或許，維迪亞那一類的小說已死。那樣說，也夠公道，可是，一如往昔，維迪亞總是放眼天下，一語概之的。維迪亞改變心意之時，你最好也跟著改，不然，就請自便。

他堅持自己是對的，寫作就是一回事——他的事；那個約翰．厄普戴克，他可以非常風趣，優雅的文句裡，迂迴委婉的智慧，讀來讓人會心一笑——那個厄普戴克，維迪亞特別挑明點出，不知怎地，就是過氣了。維迪亞用「鍍金造句」一詞，來輕蔑厄普戴克的散文。他對納布可夫的觀感亦然。維迪亞眼中沒有閃爍耀眼的散文，也沒有通往金石碑銘的途徑。「我可不想聽（讀者）說，『喔，我的天哪，這段文字寫的真好！』若是那樣，我就失敗了。」他只推崇一種他自己稱之為「多刺的」（brambly）風格。他還推舉理查．傑佛瑞，一個名不見經傳的威爾特郡自然學者，作為典範。維迪亞如此堅持，反而讓我對他疑竇叢生：我已經開始留意提防他的教條了。

我們只能在自己能力範圍之內寫作。厄普戴克寫出厄普戴克所能寫的，而我也盡一己之能，寫出自己最好的作品。我無法刻意選擇表現「多刺」，譬如說，我在描寫悠默如何沉溺在性愛歡愉時，回想往昔旖旎，我感覺無限甜美，因此，我寫道：「當她和裘利安做愛的時候，經常，與總是傍著燭光一豆，她熱切地高聲呼喊著性愛的狂喜，好似毒蟲注射解癮，她的雙眼向著她的頭骨內翻，而她注視著，持續呼嗥，白色大眼猶如視野無限的目盲僵屍。她的歡鳴，與她劇烈起伏的胴體，鬧得燭焰振顫，裊裊生煙。稍後，癱軟欲眠，性交過後的遲鈍疲憊，她會像條蛇一樣繾綣在裘利安身上，要他給她一個孩子。」讓維迪亞自己渾身長刺去。他不再打算討好他的讀者了。他失去了他的幽默，他描述人事物的文采也黯淡遲鈍了，他詆毀大學（就像理查．傑佛瑞一樣），他惋惜讀者，他企圖舉辦一場喪禮，埋葬小說。可惜，維迪亞好比一個只能預見邪魔歪道的占卜者，因為他自己也只是個愛發牢騷的、可悲的傢伙，外人也很少拿他當一回事。

他從不否認自己脾性彆扭，然而，他還提升了彆扭的境界，適足證明他藝術家的氣質，這種話可以激怒任何其他必須工作餬口的人。那是個蹩腳的藉口——偏偏還出自某個絕不容許任何藉口的人。他也承認自己難以相處，可是，他不但不把這一點當作缺點，他還含蓄表示，他倨傲無禮的性格是一種美德，藉以表達他特殊之處。那連美德的邊也沾不上。

我不介意他總是前後矛盾。矛盾是人性之必然。他一度宣稱英國是二流的；他講到心術不正的貴族以及「遊手好閒的政客」。然後，他欣然接受勳爵士的封號。難道他的行為都是合乎邏輯的嗎？偽善地加入一個以偽善著稱的帝國？

我覺得英國雖然狹隘，卻頗為寬厚和善。四十年來，維迪亞還是不了解，英國人不會整天歸咎他人，也不是一支殘酷的民族——其實，諸如被動、羞怯與謙遜的特質，才是主流。英國人愛好秩序，總是對牢騷滿腹的人——他們用「哼哼唉唉」（whinged）來巧妙地形容這類人物——並且對他們深表遺憾。時機不順遂的時候，他們就會彼此低語：「不可抱怨」。維迪亞跟這種黏液體質的冷靜性情完全相反：他是動不動就急躁跳腳的亞洲氣質——這可是他自己的措詞——他的殖民地人民經驗越是激動不安而傷痕累累，英國女房東對他如何輕蔑不敬，還有後殖民地時期，身為一個千里達的印度人又如何遭到島上黑人排斥等等。

他因而成為一個專門歸咎別人的人。他怪罪這個社會。他痛責教育制度。他把帳算在那些「愚笨而平庸的人」，一般人頭上。他縱溺自己在人家對他搖尾乞憐與逢迎拍馬的快感中。他變成晚宴餐會上的常客，以及威權強勢的美國大使館的嘉賓。

而今，這就是我看到的，一個面目猙獰的朋友，然而，那卻只是個無聲的影像。我既不曾寫到，也不願說起：維迪亞還是模糊地威脅性的污點。可是，世界在我眼前益發清晰。沒有他的回應——他沒有回信給我，他沒有一通電話，我和他距離太遠，派不上任何用場——我落得更清楚掌握自己的進步，從他的學生晉升到和他平起平坐的同儕。在我心中，我猜想他現在遠比我軟弱，遠比我匱乏，這也是為什麼他珍惜我的友誼。

我雖然不願意探看未來，卻也記得他說過的一句話，「任何關係，任何偶然邂逅的人，總有要叫他們走開的時候。到時候，你就叫他們走開了。」

經歷二十九年的合作關係之後，他離開了他的出版商，安德瑞．朵奇。更換出版公司不是什麼石破天驚的事情，拂袖而去，沒有一句道別才少見。他隻字片語也沒跟朵奇交代，朵奇怨嘆道：「連一張明信片也沒有！」而他們的交情不僅僅是「作者—出版商」的商業關係。那是一段密切合作的友誼。維迪亞告訴過我，他欽佩朵奇意志堅定、智慧卓絕，並且富有企業家的膽識，同時，朵奇的架子也夠大，硬是將可疑的假酒退回餐館去。在他跟朵奇決裂之後，維迪亞講起他，就全然不是那麼回事了。

說到「你就叫他們走開」，消失在狀況外，謎一般的瑪格麗特，現在她又芳蹤何處呢？她和維迪亞認識在一九七二年，我在一九七七年經維迪亞介紹認識她，一九七九年又再度見到她。一九九四年間，維迪亞曾經在《紐約客》雜誌上公開讚揚兩人的情愛韻事，還明白揭示自己熱情如火。維迪亞狂熱的率直一度令帕特苦惱，如果沒冷落她的話，他還公開昭告全世界，這段歷經二十年的婚外性關係，還是像乾柴烈火一般，劈啪滾燙。

瑪格麗特，他隱匿在陰影中的妻子，伴隨著他四處旅行，帕特則守在家中。帕特有次哀傷地講起瑪格麗特，「他的愛人女士」，伊人伴隨著維迪亞出席宴會。維迪亞探索文學成就的過程中，瑪格麗特一路相隨。多年來，我一直沒有再見過她，卻總可以聽到旁人提起她的行蹤。因為，維迪亞經常巡迴停留美國駐外各地使館，總會有個外交官跟我說：「前天晚上才看到你的朋友維迪亞。」「我們為他舉辦了個小型招待會。」通常還會再附帶一句：「他的朋友瑪格麗特也和他一道。」

那真是最離奇的一節了。維迪亞在寫他第二本以伊斯蘭為主題的書《信仰之外》時，還不時聽到類似的閒言閒語。二十四年來，他依舊熱情澎湃，他還是帶著瑪格麗特旅行。然後，他遇到了娜迪拉：此後就再也沒人談起瑪格麗特了。帕特死了。瑪格麗特消失了。維迪亞娶了娜迪拉。瑪格麗特遁入陰影中。維迪亞一位印度朋友，拉胡爾．辛吉，在一本印度雜誌中寫道，瑪格麗特是「一位阿根廷友伴」，維迪亞與娜迪拉完婚之時，她「心碎欲絕」。

任何關係……總有要叫他們走開的時候。我一直以為「所有的」只是他的誇張語法，涵括所有人，可是我除外。我們還是朋友。至於他的音訊渺然，嗯，他本來就出名地不愛跟外界聯絡啊。我只不過是從他暴躁易怒的新太太那裡收到一封瘋狂無稽的信而已。說不定，此事他根本就一無所知。

故事待續

娜迪拉信上還有一件事情令我不解：她提到維迪亞近日即將出版的傳記。我從來不曾想到如此迫在眉睫的可能性。我知道維迪亞曾經面試過幾個可以考慮的傳記寫手，卻未曾定案。這項寫作計畫一開始就沒有好兆頭，除了自虐狂之外，還有誰會去擔任某人欽定的傳記作者？接下這樣一樁無人致謝，又報酬微薄的苦差事。閱覽他人信件固然有其娛樂價值——用維迪亞的話說，私人通訊有其「恐怖趣味」。不過，那類的書籍，總是近乎於聖徒傳記，傳主總是被理想化到無以復加的地步。

娜迪拉信中還有另一項言外之意：不要寫維迪亞。這就冒犯到我了。我之所以成為一個作家，就是要做個自由人，用維迪亞的話說，不接受任何指示。然而，每當有人要求我寫維迪亞，我總是直接拒絕。我從來就沒有替人捉刀寫傳的興致。直到娜迪拉來函之前，我也從未考慮以維迪亞作為寫書的主題。我會將相關書信與我的回憶，交給維迪亞指定的鮑斯威爾，讓那個人頂下這項任務。維迪亞是我的朋友。為這樣的友誼寫一本書，倒是個值得玩味的點子，卻絕無成書的可能。友誼自有其規矩。

此外，環顧書海，我也找不到先例模式：從來沒有人如此刻畫友人過。文學史上，我還不知道哪一本書曾經鉅細靡遺地撰寫過這類的友誼——好比說，年輕的山繆爾．貝克特出書闡述他與年長的詹姆斯．喬伊斯交往相處的歷年往事。打從早先我在烏干達認識維迪亞開始，門生與學徒的主題就一直縈繞我心，令我好奇著迷。亨利．詹姆士在《局部畫像》文集[2]中側寫屠格涅夫，筆鋒帶到福樓拜的段落，讓我心裡想到維迪亞。

「可是，他的文才之中，有些狹窄卑吝的地方，」詹姆士寫道，「他性情冷酷，而他也願意割捨所有的一切，只為了文名躍起，發光閃耀……福樓拜渴望企求，堆砌他所有的字彙，只為觸動讀者感傷動情的心弦。然而他內心深處卻從來不為所『動』，不肯發出任何一道聲音。他某一類的經驗太過豐富，其他經驗卻頗為缺乏。然而，像這樣子某種器官上的失能，如果我可以這麼說的話，反而讓認識他的人，對他引發出某種善意。如果福樓拜的文采如此動人，卻也如此局限，畢竟，那只是人性一端罷了，可是，表現在一個強而有能、卻無法表達自己的人身上，就令人肅然起敬了。」

年輕的高爾基，也算得上是年長的托爾斯泰的門生了，曾經如此寫過托翁：「雖然我敬佩

2《局部畫像》一書收錄了亨利．詹姆士推崇他的長輩與當時文壇先進，如愛默生、屠格涅夫、喬治．艾略特等人的散文，出版在一八八八年。保羅．索魯引述的段落文字，則可見於亨利．詹姆士寫於一九〇三年，另外一篇以屠格涅夫為主題的散文中。

他，我卻不喜歡他……他過度誇飾地心不在焉，除了他自己以外，他什麼也看不見，什麼也不懂。」

所以，就作家嚴格而言，這樣的書還沒人寫過。即使如此，又有誰能夠書寫還在進行當中，尚未蓋棺的友誼呢？維迪亞有個熟人則力勸我應該動筆，說什麼：「又不是寫授權版本，寫一本影子傳記嘛。」我說不。作為朋友，我們的故事尚未終了。維迪亞自己也說過：「寫每一本書都要像在寫最後一本書一樣，像在總結概述一樣。」

「我絕對不會寫任何關於維迪亞的書，」我說，「他是我的朋友。我不能一面寫他，一面還跟他維繫交誼。維迪亞自己說過，寫書一定要站在一個可以著力的角度出發；寫書是為了要宣揚某種終結，一段終曲。在朋友或是友誼，壽終正寢之時，需要的是一個結局，某種死亡。而我現在兩者皆無。」

第二十章
維迪亞爵士的影子

有時候，維迪亞看起來像個笑柄，管自己叫V.S.奶波子，大搖大擺地走在我的夢中，嘴裡不屑地嘖嘖有聲，抑或在清晨，寤寐間，意喻無窮的假面遊行中，初醒之際，我赫然看見，他出現在我眼前，重演我最懼怕的憂慮：黑面維迪亞，怒目瞪視的西印度群島人，拄著一根手杖，頂著他從盧安達帶回來的滑稽軟帽，厲聲喝斥著我，拿著一張我無銀支付的餐館帳單戳著我，或是講些讓我不知所措的訓示。保羅，你一定要離開她！或是有問題才好啊！

現在，娜迪拉也來串場，裹著蜘蛛網般的紗麗，猶如夢魘降臨，一張令人生畏的大臉，露出橫膈膜上紫色的肚皮，純印度風情，像哈洛德百貨公司美食大廳裡，某個面目醜陋的「門薩席布夫人」（memsahib，印度人對歐洲婦女的尊稱），挑三揀四地選購昂貴的酸辣醬，尖聲銳利地逼問我。我在這些幻想中，總是扮演膽戰心驚、面頰潮紅的店員，而她則是個潑辣悍婦，趾高氣揚，滔滔不絕地數落我的不是。

我不會因此驚慌苦惱。維迪亞過去總愛說：「奇蹟經常發生。」他指的是寫作，或是寫作的報酬——賺到一百萬英鎊，變得「非常非常有名」。他就是這麼說的。除此之外，人生就剩下堅此百忍，不變應萬變。

假如，有人就是想要從你的生活中消失，即使大羅真仙下凡也無計可施，無法挽回。在你神智清醒的時刻，你想，我幹嘛非要去見一個不想見到我的人呢？不過，人不急不慌，一急就亂。你給難倒了。倘若他無心回信的話，你怎麼樣也逼不出他的回應。即使你打電話給他，電話不過就一勁兒響著鈴聲，不然就是相同的答錄機留言訊息，重複執拗地嘲笑你：嗶聲後留下姓名俾便回覆。

正如英語有言，沉默是最堅定的答覆。沉默有如一重黑幕。抑或，這一切不過是個恐怖的錯誤。

我真的不知道該怎麼辦。娜迪拉的信不斷地刺痛著我，因為，我確定，那封信一定是她背著維迪亞寫的。她竟敢愚弄我的朋友！她躡手躡腳地將信箴塞進傳真機，再毀掉原件。我曾經將她的信傳真回去，也用郵件寄回去給他們，只是，這種信件太容易辨識，可以再次攔截。太太總是蟄伏在傳真機旁邊，徘徊窺伺，猛力攫取。所以，那個可憐的小個頭男人還被蒙在鼓裡。她對我胡亂謾罵一通，不准我寫任何與他有關的事情。好像我想寫似的！好像我能寫似的！好像我曾經幻想動筆過一樣！

懸疑令人生恨。希望渺茫，我心憂瘁。我想要將這檔撈什子拋諸腦後。比這個重要的事還多著呢，香港馬上就要被大英帝國雙手奉上，交給中國承接，而我剛寫完的小說，一齣寫在中國移交周邊上的黑色喜劇，即將出版。我答應出版公司做促銷旅行，趁著英格蘭景致明媚，從不叫人失望的春光，進行為期一週，從這個星期天到下個星期天的巡迴打書。四月不是殘酷悽楚的月份；四月是最美的月份，我的生日月份，到處都是花苞與希望：當四月帶著她甜美的陣雨。[1]

意外相逢

那可不是平凡無奇的一週。直到英國大選投票日，我都還在倫敦。氣氛興奮異常，坊間預料，經過了二十四年，受夠了民氣低落的保守黨驕矜自滿的作風，工黨勝利在望。

我一早飛抵倫敦，走進陽光迷霧中的星期天上午——四月的太陽有如閃著淚光的微笑。我下榻在肯辛頓的旅館，皇家花園，窗外就是肯辛頓宮與海德公園西側景致，蛇行湖上有人划船，板栗滿樹生花，迎風招展，還有圍裹維修的亞伯特親王紀念碑。

我很高興，我在這裡只是個觀光客。我達成了我的目標：有生之年，一定要離開倫敦，絕對避免上班工作。我曾經夢想著隱居在英格蘭西部郡邑，可是，我的備用夢想卻實現在一處陽光普照的小島上。而今，我是個五十五歲的人了，一個夏威夷居民，兼差的養蜂人。那天早

1「當四月帶著他甜美的陣雨／浸透三月的乾旱，潤濕深根」（Whan that Apprill with his shoures sote / The droughte of Marche hath perced to the rote,）這是中古英語文學作品《坎特伯里故事集》的第一、二行詩句。請注意，原文中的「四月」屬陽性，作者引用時刻意改作陰性，凸顯四月之豐美溫柔。

上，海關的移民局官員問我：「你就是那個作家嗎？」有時候，這樣子的陌生人還會問我：「你的朋友奈波爾現在怎麼樣了？」

最令我欣喜的還是，回到倫敦可以看看我的孩子。時近中午，馬賽爾從大廳打電話給我，隨即上樓到我的旅館房間。他自己剛剛寫完一本小說。他既緊張又自豪，不過，哪有像我這麼以他為榮呢。

「爸，什麼事情不對勁嗎？」

我一直自我安慰，告訴自己我現在非常快樂，可是，他看得出來，我心頭罩著一層陰霾。

我說：「奈波爾。」

我告訴他娜迪拉一個月前的來信。

他說：「拜託！」

我告訴他接下來的事情。

「她聽起來滿橫的。」

「假如維迪亞知道的話，應該會阻止她的。她說我幫帕特寫訃聞的那堆話，全是胡說八道。」

「說不定他知道。」

我說：「不，不可能。亂七八糟的英文會逼瘋他的。那封信真是亂來，」說著，我眼前就浮現那張信紙，所有的印刷體字母，像是一紙勒索贖金的字條。「不過，我想我永遠也無法確定。真是滑稽。維迪亞過去會盯著別人的散文，跟對方說：『答應我，你一定會放棄寫作的。』」

馬賽爾突然作出一記鼾聲，表示這段軼聞他已經聽過太多次了，早就聽煩了，煩到他即將進入半睡眠狀態。

「我知道，我知道，」我說，「不過，聽著。我要說的是，他總是愛說當對方聽他這麼說的時候，鬆了多大的一口氣。」

「那你以前也跟我講過了。」

「那麼，假如說友誼即將破裂，或是有人要離婚了，他會說：『有問題才好呢！』或是說：『這樣對你有好處。』、『現在你可解脫了。』這些話呢？」

「你都跟我講過了。」

「好吧，你想不想一起去吃午餐？」

「我們走吧。」

在電梯裡我總會感覺到某種奇異的變化，我得屏住氣息，好抵銷腦子裡因為下降而驟增的壓力，我不由地又喋喋不休起來。

我說：「他不知道。」

「爸，你簡直中邪了。」

「可是，我怎麼樣也沒法子確定他到底知不知道。」

「那又怎麼樣？他是個魔鬼。你不是說跟他吃飯，他從來不買單的？」

「他在其他方面挺大方的。」

走出電梯時，馬賽爾說：「我還記得他到我們家的那一次。『那你現在又在念些什麼呢，小人兒？』」

「那是你最後一次見到他嗎？」

「不。後來，你還叫我送一些東西給他過。一部手稿，包成一個大包裹。」

「《抵達之謎》。」

「他跟我問東問西的。其實，他對我還算滿好的。當時我在西敏寺，第二年。那時候正好是冬天。他還請我喝茶。」我們站在旅館進門處，踩在最上層的那一級階梯上。「我還翻過那本書。簡直是無聊胡扯。我們往哪裡走，左邊還是右邊？」

往左走意味著公園和格洛斯特路，往右走就會碰到肯辛頓高街和茶館。非往左不可：這是我到達倫敦的第一個早上，往左就不會錯開我根深柢固的路徑，就像烙印在我腦子裡的電路一樣。

「往左，」我說，「我們往切爾西方向走。國王路上多的是吃東西的地方。」

我們停在肯辛頓十字路口上，等著變換交通燈誌時，馬賽爾說：「我想，這次大選，工黨應該可以輕鬆獲勝。」

我說：「只要他寫封信給我就好了。這樣我就會知道，他究竟知不知道那整樁胡鬧亂搞的事情了。想起來真叫人吃驚。他上次寫信給我，帕特才剛剛過世，差不多一年多前。這個新來的女人還以為自己是珍．卡萊爾呢——」

「爸！」

「只要聽我說完就好。不要噓我，這樣下去我真的會受不了。我也不曉得，這件事情為什麼這麼讓我煩心。」或許是因為我再度回到英國，置身其中，往事泉湧上心，讓我透不過氣來。這些焦慮，在夏威夷我都可以統統扔到一邊去。夏威夷無處讓我觸景生情，可是在倫敦，觸目所及，各色人事物都叫我焦慮攻心，像要發瘋。「說不定，她現在正急著幫他過河拆橋，總有一天，他早上醒來，才發現自己一個朋友也沒有了。」

馬賽爾只是走在我後面，我知道他咬緊牙關，痛惡我這樣一路上自言自語，不過，我也沒辦法。我感謝他在一旁做我的聽眾，即使他滿心不樂意，可是，我就是給撩得非講話不可。

「另一方面，我知道他在寫他的伊斯蘭書，所以，說不定他根本就閉關寫書去了，而她大權獨攬，專斷地處理他的日常生活。可是，這樣還是很不公平。她那封信。」

一路走在格洛斯特路，我駝著背，嘴裡嘮嘮叨叨的，一次又一次轉過身去跟馬賽爾說：「知道我的意思嗎？三十多年欸！那是一段友誼欸！」

「你以前都說你一個朋友也沒有。」

「我還是有幾個啊。強納森[2]就是啊。維迪亞是另一個。」

「你可以打電話給他啊。」

「維迪亞不接電話的。」

「跟他寫信啊。」

「信我也寫了。要我再寫的話，我看起來就太差勁沒用了。要是他——」

我們走到格洛斯特路上一處彎曲而危險的路段，這裡經常發生車禍，之字型設計正好湊成

2 這裡指的是強納森・雷班（Jonathan Raban），也是一位旅行文學作家，保羅・索魯十分欣賞他的作品。

一個看不見對面來車的曲道，車輛飛馳相撞，路旁排水溝往往散落著破碎的車窗玻璃。不過，此刻我早已麻痺不覺了。

說到「他」那個字的時候，維迪亞出現在曲道上，緊繃著微黑面皮，面無表情，快步朝著我的方向，從人行道上走來。他就是我憂慮的夢中怒目瞪視、大搖大擺的角色。我囉唆嘮叨的一長串不知所云，竟然能驅迫他現身在我眼前，好比降靈會上，靈媒喃喃禱祝，念力發出一塊塊面目模糊，強差人意的心靈體（ectoplasm），代表離去的靈魂或是經過召喚顯靈的愛人。那是維迪亞，看來瘋狂，我才暗自懷疑這真的是他嗎，因為，他看起來完全不像是一年前的那個人。他是G.雷賽・邁爾。

真令我倉皇失措的還是當我叫住他時，他竟然兀自往前走。他沒看見我。時間是星期天下午一點鐘，白花花的太陽光下。他就在三十呎之外。

我自言自語，再憂懼不過地咕噥著：「我們是碰上什麼了？」

我意識到自己不知不覺地說了句誇張台詞，卻讓我更為緊張，因為，這像是在情況棘手時，才會講的話。這句話不能推進劇情發展；只是聚焦在現況上，凍結住當下時刻。

維迪亞還是沒認出我來，也不看我，顯然的。他應該只是一個空幻鬼影，偏偏看起來又足夠扎實。他的臉色發黑，其他部分都灰撲撲的。那是因為他臉上剛剛養起來的鬍子，黑白參差的短硬鬏毛。他跨步前行，手杖敲擊著人行道；他戴著一頂娘娘腔小帽，帽沿軟趴趴的下垂，還有，一件粗呢外套，一領套頭毛衣。他正是雷賽・邁爾，一個小個頭老兵，朝著海德公園快步往北前進。可是，馬賽爾跟我就站在同一條人行道上。這到底是怎麼了——？

經過幾秒。甚至連幾秒的時間都不到——只有幾百分之幾秒吧。他朝著我的方向瞥了一眼，還是沒瞥到我，接著就從一個英國老兵，迅速蛻變為一個小印度人。變成加納施・雷姆蘇邁爾。

倫敦街頭踽踽獨行的小個子印度人，臉上往往帶著迫害受難的脆弱神情。他們知道英國野蠻人與一幫平頭小混混環伺一旁，隨時準備對他們下手。而且，假如他們真的挨打了，又有誰來解圍助拳呢？街頭雜碎專挑身型最小號的印度人加以嘲弄。因此，加納施絕對避免目光接觸。在一個有如驚弓之鳥的印度人眼中，我跟我兒子就像一對恃強凌弱，專門恐嚇巴基仔的無賴，幾乎把持了整個人行道，準備要他好看。

維迪亞！真的是他。在這樣一個居民多達七百五十萬的都市裡，我們的路徑竟然奇蹟般地交逢了。他面色憂懼，盯著我——不光是憂懼，還帶有深刻有如恐怖憎惡的神情，因為，他看到兩個危險的組合，一對討厭的本尊和分身。而不過一時片刻之前，他在想些什麼？不消多疑，他的加納施妄想症一定在他眼前產生許多對他奚落辱罵的面孔：猴仔、痛恨書本的長毛怪獸；嘓雞仔先生裹著長袍，踩著涼鞋；卡非，西印度群島上，面目紫黑的非洲人，身上裝飾性的疤痕，胯下晃著碩大的老二；倫敦周圍各郡跳出來的劣貨，對他吼著：「你寫的書內容不實！」醉鬼與民族陣線嘍囉與莫斯萊分子[3]以及對移民心懷仇恨者，還有那個在他寫《抵達之

3 民族陣線（National Front）是英國的右翼政黨，極力排外；愛德華・莫斯萊爵士（Sir Edward Mosley）則參與發起英國法西斯主義者同盟，因此，莫斯萊分子指的就是英國的法西斯主義者。

謎》的時候，就在這條路上毆擊他的傢伙——所有他個人的鬼神學論中，形形色色的亂舞群魔，紛紛出鬧，隳亂他心目中的太平文明。他一直心驚膽寒。而今，眼前矗立著兩個邪惡的孿生兄弟，一對小太保，專門恐嚇巴基仔，跨著大步走向他，穿著他們的馬汀大夫皮鞋，就要狠狠地踹翻他的屁股。

「維迪亞？」

「保羅！」悶悶地一哼，發自兩扇疲憊而飽受菸害的肺葉。

他抬頭望向馬賽爾，仰首的角度害得他帽子差點兒滑落，因為馬賽爾的個頭幾乎是他的兩倍。

「這是你的兒子！」

「馬賽爾。」我的兒子說道，一面伸手過去。

我問道：「你要上哪兒去？」

他不耐煩地說：「我剛剛用完午餐。正要往公園小小散步一會兒。」語音緊張不安。

他嘴裡說著，腳下又準備快步前進。從我們上次見面到現在，已經睽隔一年有餘，可是，他看來還是急著脫身走人——總還是，悸動難平的樣子。

為了讓他停下腳步，我說：「你的書進行的怎麼樣了？」

他說：「再過一個月，再過一個月，」換上一口氣，似乎還是急著想往前走。「這本書費了我偌大的工夫。」

我說：「我也聽說這本書很不錯，」只是憑空瞎謅一句評語，口頭上竭力糾纏，爭取時間，但盼他能停下腳步，讓我能思索一下。我有話要他跟說，只是，我究竟要跟他說什麼呢？

「我得走了。我要去散步——」

我渾身發熱，我緊張的顫抖，我幾乎喘不過氣來。我結結巴巴地說道：「維迪亞，你有沒有收到我給你的傳真？」

「用不著。」他幾乎要側身逃開。他橫向移動，微微躬著身子，往下壓了壓他的帽子。

「那麼，我們該怎麼辦呢？」

「難道我們不必討論一下嗎？」

「有。現在，我一定得——」

他往後縮了縮嘴巴。他的臉色益發凝黑。他的嘴角向下扭曲。那正是我在烏干達第一次見到他的時候，他臉上那副無助而飽受折磨的表情。他按在手杖上的指頭發白，緊緊握住杖頭。

「和血吞下，自己走啊。」

他走開的時候，我心裡突然想起四個字，「倉皇逃離」。他走遠了，模仿人的化身。他憂懼滿懷，而且他急著走避。

原來，這一切他都知道。結束了。我一點也沒想要去追他。再多說也沒有用了。我也了解某些事情結束之時，所引發的震撼，就像被人家猛地摑了一計耳光一樣——我全身血液翻騰奔流，痛楚不已。我的朋友，提起她在奧瑞崗州遭到維迪亞羞辱時，說道：「就像被一塊兩吋厚四吋寬的木板轟了一記。」

望著維迪亞朝著海德公園倉皇逃離，我注意到一件頗為驚人的事情。這樣一個明亮耀眼的四月天，陽光斜射進格洛斯特路，維迪亞身型非常渺小，而且還在急速地縮小中。此外，似乎他在到達肯辛頓路之前，就會消失一樣——如此微小，其實，他根本沒有投射出身影。少了影子，他看起來比過去還要袖珍，以及更加黑暗，彷彿他不是個實體。彷彿，他就是影子。和血吞下，自己走啊。一如往昔，這又是一句刺激性的訓示。可是，他講的話要比他的樣子硬槓多了，因為，他看起來確實就像個維迪亞·乃—波爾爵士。

馬賽爾說著：「真是個蠢蛋。」

我覺得暈眩，因為我終於解脫了。我看了出來，一段友誼的結束正好開啟了某種理解。他選擇了我，我也因此被他禁錮；在他排斥了我以後，我終於重回自我，脫離他的陰影。他釋放了我，他讓我睜開雙眼，他給了我一個主題。

我們走到克倫威爾路之前，我已經在腦中開始構思這本書了，就從我們相逢的開始寫起。那就是最重要的一點。

後語
回憶與杜撰

《維迪亞爵士的影子》寄給出版社後不久，我在一些舊紙堆裡淘沙鑠金，找到一本封面寫著「日記」兩字的舊筆記本，標示著日期，以及還算得上是標題的題目，「當我發了瘋的時候」。這倒是一樁意外發現，因為在我寫這本奈波爾書的時候，除了幾封信，以及我在一本專門記錄可以充作小說材料的筆記本上，寫下的一頁詳細敘述的夢境之外，這本《維迪亞爵士的影子》完全是憑著記憶寫成的。我心想，這是個可以證實我的記憶的機會。

三十二年前，在非洲，V. S. 奈波爾要我答應他，絕對不要再寫日記了。他說，諸如此類的日常練習，只會妨礙想像力的運作。此後，我除了旅途上不殫繁瑣逐日記錄的見聞，方便日後轉化為遊記書寫的材料之外，或多或少都遵行自己的承諾不渝。在我寫這本關於友誼的書長達一年左右的時間裡，我不斷地驚愕體會，對話與場景何等清晰地重新浮現在我眼前。每天早晨，我都先冥想一段時間，閉上眼睛，手指摩挲著太陽穴，像個演得過火的千里眼一樣。逐漸地，我可以聽到與看到奈波爾。而撰寫一段經歷的練習也有幫助，其實，所有的寫作本身還不都是回憶的慢跑。

另外一重機制也有助於喚起我的回憶。那是維迪亞本身性格使然：要求嚴苛、武斷、吹毛求疵地專注；跟他在一起，無時不刻，我都得戰戰兢兢的，更甭提小心翼翼了。與他相處，總是只有緊張的一面，擔憂自己會踏錯一步，因此，回想起來，往昔的一景一物，絲縷片段幾乎全部回到我的心頭。就記憶神經學而言，這一定是出於動物本性，與求取生存的本能有關，人都是因為焦慮才能清晰牢記景物與聲響。所以，我才能在幾乎無須筆記協助之下，寫完這本書。

書寫完之後，我自己也大吃「二」驚。首先，在我心中，這段友誼的結不斷地鬆解。我培養出如此深沉專注的習慣，記憶與過濾，我發現自己關不掉活躍的回憶。完書後，追想起來，還有我沒寫進書中的對話片段或是完整的談話。我過遲地想起維迪亞儀式般地倡言：「我會去和他開個戶頭」，意即，他會叫某人屈服，不再找他麻煩；還有，「六十歲的女人滿腦子只想著性」；以及，我在坎帕拉開車載著他跑的時候，他曾經說過：「他們在千里達都管這些（讓車輛減速的路面突起）叫做『睡著的警察』。」

某些諸如此類的回憶，不僅是單行驚人之語，本身也足夠寫成一段插曲。某次茶會中，某位維迪亞認為我應該認識的書評家（「他非常有教養；他太太有錢的不得了」）在會中放了一段粗俗滑稽的留聲機唱片，高聲傳送廁所盥洗的聲響，惹得維迪亞雙眉緊皺，驟然起身離席。我們在倫敦共進一次時間冗長的午餐，在座的還有一位我的親戚，只是一直到書寫完了，為時已晚，無法再加進書中，這位親戚才浮現到我的意識上層來。後者是相當淒慘的一餐，佛洛伊德學派人士會歸咎到我自己在這一部分上的壓抑。

另外一則鮮明的回憶，就牽涉到維迪亞的朋友柯林．麥克因尼斯（一九一四年～一九七六年）了，麥氏於一九五〇年代，在倫敦是個居無定所的新聞記者，也寫了幾本小說（《黑桃城市》、《絕對的初學者》）。維迪亞過去經常掛在嘴上，說什麼即使只是跟麥克因尼斯相處一小段時間，就會搾乾他所有的元氣：「他拿掉了我的精力。他吸乾了我的力氣。他走的時候，我都虛脫了。」經常地，維迪亞之於我，也有相同的效應。許多這類的事後來追想都瑣碎而微不足道，然而，詳細追究，卻又構成一段友誼，幾乎所有的瑣事都不能輕忽。

然後，我找到這本日記。這本重新出土的筆記本裡，密密麻麻的頁面記載著，當時我深陷恐懼陰影，種種糾擾我心，狂熱與無所不包的饒舌多言，還有一顆坐困愁城的心中，過分詳細而繁雜的句子。就我的經驗而言，我不記得自己寫過這樣一本日記，也不足為怪。我鮮少寫日記，而且幾乎都跟生活上遭逢危機有關。日記不但不能協助我牢記回憶，反而是我加速遺忘的方式。將所有的焦慮憂思付諸筆記本中，近乎於將苦惱一股腦兒地倒進桶子裡——當然是默默無聲的垃圾桶，而非潛在地較為刺激的餅乾桶。

「當我發了瘋的時候」，標題中如此自嘲，暗示著即將發狂，卻被我用神智較為清楚的筆跡框了起來，有別於筆記本裡春蛇蚯蚓般的潦草書寫，這個標題指的是我生命中一段不確定的時日，幾乎耗去大半年的光陰，大半年間我不曾寫作，只是自覺多餘地深入自己的靈魂，而徒勞無益。我幾乎不存在；我無所事事；我行尸走肉、我像一把稻草、一餐殘羹冷餚；我再也無足輕重。這樣的日子裡，我無心工作，馬賽爾，我精嫻俄語的長子，對我說的話也無法寬慰我，他說：「那不是什麼新鮮事了。那是十九世紀俄國文學一再重複的主題。Lishnii chelovek。可有可無的人，爸！」

難道，這就是為什麼，這本日記有股俄國氣質與腔調嗎？冷清的街道、夜闌時分、凌亂的房間、含糊的回答，還有無可辯駁的「接下來該做什麼？」，林林總總構成黯淡無望的前景。走筆至此，我微笑著回顧過去情緒障礙嚴重的自己，有如患上食慾過盛症的奧勃洛莫夫[1]，可是，當年我臉上可沒有微笑。諷刺的是，雖說，我答應維迪亞再也不寫日記了，這本筆記本裡卻寫滿了與他共度的夜晚，不是和他一同晚餐，就是跟他通電話談話。

假如，寫日記是我賴以遺忘的技術，那麼，我成功了。在這本日記裡，用掉四頁頁面，描寫我和奈波爾在肯辛頓共進的一頓晚餐，我卻已經忘得一乾二淨。對話雋永而真實。奈波爾入座之後，迫不及待地就告訴我，他和他的經紀人之間有問題。

「我要你先幫我解決我事業的問題，接著，我再聽你講你感情上的問題。」

他關心的還是錢。他覺得自己的價碼給低估了，便宜賣空了。現在，他又有個寫書的主意。他要想辦法弄張理想的出版合約。

他問我：「你能幫我寫信推薦給什麼人嗎？」

這一切討論如此急迫，我們手上連菜單都還沒翻開。我喜歡他這樣單刀直入，就說我會寫封信給我自己的出版商，對他提這個主意——那是一趟他還在計畫中的旅行。接著，我就傾吐了自己左右為難的困境。

他只是勸我一走了之——拋下一切，離開這個國家，展開新生活。這點他非常堅定，如此堅決，不留討論空間。我個人卑微的意見，他充耳不聞，一逕兒地繼續談到他近日的讀書心得。他說（我從這本日記看到），索美賽德·毛姆令他心盪神馳。他想寫些有關普魯斯特的批判研究《contre Sainte Beuve》與毛姆的東西，對照比較兩位作者的美學思維。我說，雖然我喜歡毛姆的遊記作品，尤其是《店鋪裡的紳士》，還有《梣木齋》，以及他某些短篇故事，可是，我覺得毛姆大部分的作品都不堪卒讀。

維迪亞粗暴不耐地回應：「我感興趣的不是他的作品，我只對這個人有興趣。」

我沒由來的，冒冒失失的，前言不接後語，尋索著他的忠告，我說，我在考慮該不該去找心理醫師諮詢。

奈波爾說：「不，不，不，不。」

「那麼，我的問題還有解嗎？」

「你永遠也不能解決的。根本沒有解決的辦法。你總是會給人家分成兩半的。」

第二天（這就是日記最大的好處，絲毫不差的日期紀錄）下午，他打電話給我，問我有沒有幫他寫信給我的出版商。我誠實地對他說，來電此時我正在寫著呢。他嘆了口氣問我，他究竟該怎麼辦，如何處置那個怠忽職守的經紀人。「這樣實在太糟糕了。他讓我失望。」

我說：「涼拌。」

---

1 奧勃洛莫夫（Oblomov）：俄國作家岡察洛夫（Ivan Goncharov）的同名小說主人翁，歷來一直被視為昏庸懶惰的地主典型。

這下可輪到我乖謬使壞了，就像他自始至終只會給我些「非勸告」一樣。或許，他懷疑到這一點，因為，他重新提起我「感情上的問題」，重複說道：「沒有解決辦法的。」

我說：「我很擔心。」

「別擔心。像在看戲一樣就好。」

看我自己發瘋演出的好戲？

幾個星期過後，諾貝爾文學獎揭曉。這類的獲獎宣布，以及先前數週的揣測，維迪亞總是很難調適，尤其是外界每每將他視為極有希望的候選人。我記得我們之間討論到奈及利亞作家渥爾．索因卡獲獎；維迪亞說：「他寫過什麼東西嗎？」；而最後，維迪亞又是如何說，諾貝爾獎委員會又是如何一如往昔地，「撒尿在文學上……還是站在高崗上撒尿。」

可是，我的日記顯示，這段對話還不僅止於我所記得的。詆毀過諾貝爾獎委員會之後，維迪亞語鋒一轉，又抨擊起寫作這一行了。

「我對這一項專業已經逐漸失去信心了，」他說，「我想我太傻了。就像是懷疑你的情婦曾經背著你偷人一樣。」

日記稍後數頁間，我們談到倫敦的書店，倫敦書店在我心中是一處慰藉的來源。

維迪亞說，書店只會惹他發火。他說：「我走進書店裡，都是些垃圾，像玩具店沒兩樣。」

我納悶著，除了這些不及涵括在書裡的追想與發現，我還漏掉了什麼嗎？

當我決定下筆寫作《維迪亞爵士的影子》時，我意識到這是一本前無範例的書。有些作者確實在他們的書中描寫他或她與年紀較長的作家間的友誼，只是，這類書籍總是記述些美好時光，就如鮑斯威爾一絲不苟地逐日記錄，寫下《約翰生博士傳》，或是約翰生自己在他最早的精心作品中，側寫他多年沉浮黃湯（而且還是個殺人兇手）的朋友，《理察．薩威奇先生傳》，通篇對這位貴友讚美有加，或是令人費解地替他開脫答辯。《約瑟夫．康拉德，私人回憶》或許最接近我所要嘗試撰寫的形態，因為，福特．馬竇斯．福特在記述他與康拉德的友誼時，描述了類似的年齡差距，此外，福特比較年輕，當時也正積極地發展他的文壇人脈，就像我初次結識奈波爾的時候一樣。不過，即使是這本書對我也沒有多大的助益，因為，我要描述的是一個朋友的角色，而非助手隨扈；朋友通常屬於忠誠反對的一員，提出相反的意見時，反而最受到信賴。許久過後，我才發現自己要寫的書，或多或少類似丹尼．迪德羅所寫的一本法國誌異《拉摩的侄子》（一七六一年）。

事先，我就知道，某些人一定會誤解的。早在出版之前，我的書就曝光在八卦專欄上，因為，只要一提到文壇怨懟，或是任何狀似口角爭執的事情，都可以撩動藝文俗仔或是懶惰的知識分子趨之若鶩。幾份不同的報紙提到我的書時，記者不約而同地用上「鬥爭」一詞。何鬥爭之有？三十年的友誼戛然而止，連一句事前通知也沒有。鬥爭可就綿宕經時了，兩造沒完沒了地戳切砍殺。我的書最大的妙處，就在於結局之乾脆簡潔。其實，這本書還是喜劇收場，結束後，我終於解脫禁錮，回首過去驚人的三十年，在我看來，「絕望、誠懇而有趣」，就像康拉德說到他和福特的友誼一樣。

其他人，記者們，則指控我濫行「修正主義」。怎麼連政治正確的語彙都已經如此「毛化」！當然，我在這本書中。看待某些事件的角度不同，不過，這也是事過境遷之後，再度回顧的優勢，這時候你站得越高，看得也越真切。「背叛」兩個字也用上了——記者最愛的鹹腥字眼。不過，這一點倒好笑了，雖說這是非寫作人士，還有當拘泥於字面意義的人看到一部真人研究作品時，所體會的平庸的觀察。作家專注於冥想著這個世界，以及他們最為熟悉的事物。有時候也包括了重新創造我們身邊最親近的人物，才能援引為主題。寫作這一行的本質，就是將個人私密公諸於世，只不過運用想像力加以改頭換面罷了。

作家的工作就在於演繹蛻變。唯有完整的真相才有助於我們了解這個世界。最優秀的作家也是最狂熱的，因此，一個作家最真實的寫照，絕對不會是一宗德性研究。聖徒傳記型的寫手，歌功頌德，粉飾美化到最後，祇是在藐視傳主而已。任何一本書只要偏離暗示如此狂熱素行的魅惑，而且還引導讀者誤將其主角看做單純可愛的人物，就是在玩信用詐欺的把戲。此外，寫書要是不能別出心裁，付梓印刷又有什麼意義呢？我將自己這本書看做一項取材自回憶的誠實創作。回憶難免缺損，因此，找到那本舊日記才會如此吸引我的注意力。可是，找到那本日記，也證明了我從來就不需要寫日記。

我的書面世之時，書中主角沒有發出半句怨語。瑪格麗特，我前友人的前友人，在布宜諾斯艾利斯接受倫敦《標準晚報》專訪時，主動幫忙地說：「這本書裡每個字都是真的。」就在本書出版的同一個月——也是維迪亞破天荒的第一遭，過去他一聽旁人提起耶誕節的種種儀式性活動，就嗤之以鼻——奈波爾家開始寄送耶誕卡給親朋好友。

國家圖書館出版品預行編目資料

維迪亞爵士的影子：一場橫跨五大洲的友誼／保羅．索魯（Paul Theroux）著；秦於理譯. -- 二版. -- 臺北市：馬可孛羅文化出版：家庭傳媒城邦分公司發行，2019.03
面；　公分. --（當代名家旅行文學：MM1144）
譯自：Sir Vidia's Shadow: A Friendship Across Five Continents
ISBN 978-957-8759-57-2（平裝）
1.索魯（Theroux, Paul）2.奈波爾（Naipaul, V. S.（Vidiadhar Surajprasad））3.傳記
785.28　　108000735

【當代名家旅行文學】MM1144

維迪亞爵士的影子：一場橫跨五大洲的友誼
Sir Vidia's Shadow: A Friendship Across Five Continents

作　　者❖保羅．索魯（Paul Theroux）
譯　　者❖秦於理
封面設計❖兒日
總 策 畫❖詹宏志
總 編 輯❖郭寶秀
編輯協力❖曾淑芳
校　　稿❖魏秋綢

發 行 人❖凃玉雲
出　　版❖馬可孛羅文化
10483台北市中山區民生東路二段141號5樓
電話：(886)2-25007696
發　　行❖英屬蓋曼群島商家庭傳媒股份有限公司城邦分公司
10483台北市中山區民生東路二段141號11樓
客服服務專線：(886)2-25007718；25007719
24小時傳真專線：(886)2-25001990；25001991
服務時間：週一至週五9:00～12:00；13:00～17:00
劃撥帳號：19863813 戶名：書虫股份有限公司
讀者服務信箱：service@readingclub.com.tw
香港發行所❖城邦（香港）出版集團有限公司
香港灣仔駱克道193號東超商業中心1/F
電話：(852) 25086231　傳真：(852) 25789337
馬新發行所❖城邦（馬新）出版集團Cite (M) Sdn Bhd.
41-3, Jalan Radin Anum, Bandar Baru Sri Petaling,
57000 Kuala Lumpur, Malaysia.
電話：(603) 90563833　傳真：(603) 90576622
讀者服務信箱：services@cite.my
輸出印刷❖中原造像股份有限公司
二版一刷❖2019年3月
定　　價❖599元

ISBN：978-957-8759-57-2（平裝）

城邦讀書花園
www.cite.com.tw